Janssen   Lange

Handbuch der Schiffahrtskunde

für Kapitäne und Steuerleute auf kleiner Fahrt und in großer Hochseefischerei

Janssen Lange

Handbuch der Schiffahrtskunde

für Kapitäne und Steuerleute auf kleiner Fahrt und in großer Hochseefischerei

ISBN/EAN: 9783954270255
Erscheinungsjahr: 2012
Erscheinungsort: Bremen, Deutschland

www.maritimepress.de | office@maritimepress.de

Bei diesem Titel handelt es sich um den Nachdruck eines historischen, lange vergriffenen Buches. Da elektronische Druckvorlagen für diese Titel nicht existieren, musste auf alte Vorlagen zurückgegriffen werden. Hieraus zwangsläufig resultierende Qualitätsverluste bitten wir zu entschuldigen.

Janssen   Lange

Handbuch der Schiffahrtskunde

für Kapitäne und Steuerleute auf kleiner Fahrt und in großer Hochseefischerei

Inhaltsverzeichnis.

1. Arithmetik.

1. Das Zahlensystem.

Unser Zahlensystem gründet sich auf die Zahl zehn (Dekadisches oder Zehnersystem). Zur Darstellung der Zahlen bedient man sich der Ziffern 0, 1, 2, 3, 4, 5, 6, 7, 8, 9. Sie heißen Einer. 10 Einer sind gleich einem Zehner, 10 Zehner sind gleich einem Hunderter, 10 Hunderter gleich einem Tausender usw. Nach der Anzahl der Ziffern unterscheidet man ein-, zwei-, drei-usw.-stellige Zahlen.
Von rechts nach links gezählt, stehen die Einer in der 1. Stelle, die Zehner in der 2. Stelle, die Hunderter in der 3. Stelle, die Tausender in der 4. Stelle. Es ist: 25 = 2 Zehner und 5 Einer, 364 = 3 Hunderter, 6 Zehner und 4 Einer, 5437 = 5 Tausender, 4 Hunderter, 3 Zehner und 7 Einer, 45 678 = 4 Zehntausender, 5 Tausender, 6 Hunderter, 7 Zehner und 8 Einer.
Allgemein gilt folgendes Gesetz: Z e h n E i n h e i t e n i r g e n d e i n e r O r d - n u n g b i l d e n e i n e E i n h e i t d e r n ä c h s t h ö h e r e n O r d n u n g, o d e r e i n e E i n h e i t i r g e n d e i n e r O r d n u n g b i l d e t z e h n E i n - h e i t e n d e r n ä c h s t n i e d e r e n O r d n u n g.
Die Zahlen sind entweder unbenannt 1, 2, 3 usw. oder benannt 7 m (Meter), 5 kg (Kilogramm), 8 DM (Deutsche Mark) usw.

2. Addition.

Die gegebenen Zahlen beim Addieren (Zusammenzählen) heißen S u m m a n - d e n oder P o s t e n, die gesuchte Zahl heißt S u m m e. Diese enthält also so viele Einheiten wie alle Summanden zusammen. Das Zeichen der Addition ist das stehende Kreuz (+), gelesen „plus". Es lassen sich nur benannte zu benannten oder unbenannte zu unbenannten Zahlen addieren; z. B.

	1212		11
	94839		578 DM
+	8721	+	27 „
+	3865	+	23 „
+	267		
Summe =	107695	=	628 DM

Zu beachten ist, daß die Ziffern gleicher Ordnung untereinanderstehen müssen.

3. Subtraktion.

Die Zahl, von der subtrahiert (abgezogen) wird, heißt M i n u e n d, die Zahl, die abgezogen wird, heißt S u b t r a h e n d. Das Ergebnis heißt R e s t, Unterschied oder Differenz. Das Zeichen der Subtraktion ist der waagerechte Strich (—) und wird gelesen „minus". Auch beim Subtrahieren ist darauf zu achten, daß gleiche Ordnungen untereinander zu stehen kommen. Enthält irgendeine Ordnung des Minuenden weniger Einheiten als die entsprechende Ordnung des Subtrahenden, so borgt man eine Einheit von der nächsthöheren Stelle des Minuenden, erhält also in der niederen Ordnung 10 Einheiten mehr und kann nun die Subtraktion ausführen. Zum Zeichen, daß geborgt ist, macht man an der betreffenden Stelle einen Punkt; z. B.:

5738	Minuend	3758 kg
— 3857	Subtrahend	— 1909 „
1881	Unterschied	1849 kg

4. Multiplikation.

Die gegebenen Zahlen beim Multiplizieren heißen **Multiplikand** und **Multiplikator**. Die Zahl, die multipliziert wird, heißt Multiplikand, die Zahl, mit der man multipliziert, heißt Multiplikator, beide heißen **Faktoren**. Das Ergebnis der Multiplikation heißt **Produkt**. Das Zeichen der Multiplikation ist ein Punkt (·) oder ein liegendes Kreuz (×), gelesen „mal". Multiplikand und Multiplikator können vertauscht werden; z. B.: $5 \cdot 7 = 7 \cdot 5 = 35$.

Bei mehrstelligen Faktoren multipliziert man den Multiplikanden mit jeder Ordnung des Multiplikators. Die so erhaltenen Produkte werden mit ihren gleichen Ordnungen untereinander gesetzt, und ihre Summe ergibt das vollständige Produkt beider Faktoren; z. B.:

$$
\begin{array}{r}
5423 \\
\times\ 736 \\
\hline
32538 \\
16269 \\
37961 \\
\hline
3991328
\end{array}
$$

Mit 10, 100, 1000 usw. multipliziert man, indem man der Zahl 1, 2, 3 usw. Nullen anhängt; z. B.:

$$43 \cdot 10 = 430;\quad 43 \cdot 100 = 4300;\quad 43 \cdot 1000 = 43000$$

5. Division.

Die gegebenen Zahlen beim Dividieren oder Teilen heißen **Dividend** und **Divisor**. Dividend ist die Zahl, die geteilt wird, Divisor die Zahl, durch die man teilt. Das Ergebnis heißt **Quotient**. Die Division ist die Zerlegung einer Zahl in zwei Faktoren, von denen der eine (der Divisor) gegeben ist. Das Zeichen der Division ist der Doppelpunkt (:), gelesen „dividiert durch". Der Dividend steht immer vor, der Divisor hinter diesem Zeichen; z. B.:

$$45 : 5 = 9$$

Eine Zahl wird durch 10, 100, 1000 usw. dividiert, indem man 1, 2, 3 usw. Stellen abstreicht; z. B.:

$$
\begin{aligned}
6728 :\ &10 = 672{,}8 \\
6728 :\ &100 = 67{,}28 \\
6728 :\ &1000 = 6{,}728
\end{aligned}
$$

6. Gerade und ungerade Zahlen, Primzahlen und zusammengesetzte Zahlen.

Jede Zahl, die sich durch 2 ohne Rest teilen läßt, heißt **gerade**, jede andere ungerade.

Eine Zahl, die nur durch 1 und sich selbst teilbar ist, wird **Primzahl** genannt, alle anderen heißen **zusammengesetzte Zahlen**.

1, 2, 3, 5, 7, 11, 13, 17 usw. sind **Primzahlen**.

4, 6, 8, 9, 10, 12, 14, 15, 16 usw. sind zusammengesetzte Zahlen.

Jede zusammengesetzte Zahl kann man in Faktoren aus Primzahlen zerlegen, diese heißen dann **Primfaktoren**; z. B.:

$$15 = 3 \cdot 5;\quad 18 = 2 \cdot 3 \cdot 3;\quad 20 = 2 \cdot 2 \cdot 5;\quad 68 = 2 \cdot 2 \cdot 17.$$

7. Teilbarkeit der Zahlen.

1. Eine Zahl ist durch 2 teilbar, wenn ihre letzte Ziffer eine gerade Zahl oder Null ist.

2. Eine Zahl ist durch 4 teilbar, wenn die durch ihre beiden letzten Ziffern gebildete Zahl durch 4 teilbar ist. Z. B.: 1924; 24 : 4 = 6 und 1924 : 4 = 481.

3. Eine Zahl ist durch 8 teilbar, wenn die durch ihre drei letzten Ziffern gebildete Zahl durch 8 teilbar ist. Z. B.: 4832; 832 : 8 = 104 und 4832 : 8 = 604.

4. Eine Zahl ist durch 5 teilbar, wenn ihre letzte Ziffer eine 5 oder eine 0 ist.

5. Eine Zahl ist durch 25 teilbar, wenn ihre beiden letzten Ziffern Nullen, 25, 50 oder 75 sind.

6. Eine Zahl ist durch 3 oder 9 teilbar, wenn ihre Quersumme durch 3 oder 9 teilbar ist. Z. B.: 765; Quersumme 7 + 6 + 5 = 18, also durch 3 und 9 teilbar.

8. Der größte gemeinsame Teiler und das kleinste gemeinsame Vielfache.

1. Die größte Zahl, durch welche sich zwei gegebene Zahlen ohne Rest teilen lassen, ist der größte gemeinsame Teiler dieser Zahlen.

Die kleinste Zahl, die sich durch mehrere gegebene Zahlen ohne Rest teilen läßt, heißt das kleinste gemeinsame Vielfache dieser Zahlen.

Man findet den größten gemeinsamen Teiler zweier Zahlen, indem man das Produkt aus ihren gemeinschaftlichen Primfaktoren bildet. Z. B.: 225 und 885;

$$225 = 3 \cdot 3 \cdot 5 \cdot 5$$
$$885 = 3 \cdot 5 \cdot 59;$$

gemeinsame Primfaktoren sind 3 · 5, also ist der größte gemeinsame Teiler = 15.

Bei großen Zahlen wendet man auch wohl folgende Regel an:

Man findet den größten gemeinsamen Teiler zweier Zahlen, indem man die größere durch die kleinere dividiert, dann die kleinere durch den Rest, dann den ersten Rest durch den zweiten Rest usw., bis die Division aufgeht. Der letzte Rest ist der größte gemeinsame Teiler. Z. B.:

$$7344 : 4572 = 1; \text{ Rest } 2772$$
$$4572 : 2772 = 1; \quad \text{,,} \quad 1800$$
$$2772 : 1800 = 1; \quad \text{,,} \quad 972$$
$$1800 : 972 = 1; \quad \text{,,} \quad 828$$
$$972 : 828 = 1; \quad \text{,,} \quad 144$$
$$828 : 144 = 5; \quad \text{,,} \quad 108$$
$$144 : 108 = 1; \quad \text{,,} \quad 36$$
$$108 : 36 = 3; \quad \text{,,} \quad 0$$

Für 7344 und 4572 ist demnach 36 der größte gemeinsame Teiler.

Man findet das kleinste gemeinsame Vielfache mehrerer Zahlen, indem man jede derselben in ihre Primfaktoren zerlegt; dann unterstreicht man die Primfaktoren, die am häufigsten in einer Zahl vorkommen und bildet aus diesen ein Produkt.

Beispiel 1: Es ist das kleinste gemeinsame Vielfache aus 24 16, 9, 2 und 18 zu berechnen.

$$24 = 2 \cdot 2 \cdot 2 \cdot 3$$
$$16 = 2 \cdot 2 \cdot 2 \cdot 2$$
$$9 = 3 \cdot 3$$
$$2 = 2$$
$$18 = 2 \cdot 3 \cdot 3$$

Das Produkt ist $2 \cdot 2 \cdot 2 \cdot 2 \cdot 3 \cdot 3 = 144$.

Schneller führt folgendes Verfahren zum Ziel: Man schreibt sämtliche Zahlen als Faktoren nebeneinander, streicht die kleineren weg, die in den größeren enthalten sind, und dividiert die anderen durch ihre gemeinsamen Teiler. Die erhaltenen Quotienten und die nicht ohne Rest teilbaren Zahlen werden wieder hingeschrieben, darauf die etwa vorhandenen Faktoren der übrigen Zahlen gestrichen und dies Verfahren fortgesetzt, bis kein gemeinsamer Teiler mehr vorhanden ist. Das Produkt aus den übriggebliebenen Primzahlen und den gemeinsamen Teilern ist dann das kleinste gemeinsame Vielfache.

Hiernach stellt sich die Rechnung der vorstehenden Aufgabe wie folgt:

$$2 : 24 \cdot 16 \cdot 9 \cdot 2 \cdot 18$$
$$2 : 12 \cdot 8 \cdot \qquad 9$$
$$3 : 6 \cdot 4 \cdot 9$$
$$2 \cdot 4 \cdot 3$$

Es sind zu multiplizieren: $2 \cdot 2 \cdot 3 \cdot 3 \cdot 4 = 144$.

B e i s p i e l 2: Es soll das kleinste gemeinsame Vielfache der Zahlen 7, 5, 14, 21, 32, 15 und 4 gesucht werden.

$$7 \cdot 5 \cdot \quad 14 \cdot 21 \cdot 32 \cdot 15 \cdot 4$$
$$2 : \quad 7 \cdot 21 \cdot 16 \cdot 15$$
$$3 : \quad 7 \cdot 16 \cdot 5$$

Es sind zu multiplizieren: $2 \cdot 3 \cdot 7 \cdot 16 \cdot 5 = 3360$.

9. Brüche.

Ein Bruch ist ein bestimmter Teil eines Ganzen. Teilt man das Ganze in 2, 3, 4, 5 usw. gleiche Teile, so heißt jeder Teil ein Halb ($\frac{1}{2}$), ein Drittel ($\frac{1}{3}$), ein Viertel ($\frac{1}{4}$), ein Fünftel ($\frac{1}{5}$) usw. Ein Ganzes besteht demnach aus 2 Hälften, 3 Dritteln, 4 Vierteln, 5 Fünfteln usw. Die Zahl über dem Bruchstrich heißt Z ä h l e r, die unter dem Bruchstrich N e n n e r.

Ein Bruch, dessen Zähler kleiner ist als der Nenner, heißt e c h t e r B r u c h.

Ein Bruch, dessen Zähler größer ist als der Nenner, heißt u n e c h t e r B r u c h.

Ein Bruch, dessen Zähler gleich 1 ist, heißt S t a m m b r u c h.

Ein Bruch, dessen Zähler und Nenner gleich sind, ist gleich 1.

Brüche, die denselben Nenner haben, heißen g l e i c h n a m i g, Brüche mit verschiedenen Nennern heißen u n g l e i c h n a m i g.

Brüche, die mit einer ganzen Zahl verbunden sind, heißen g e m i s c h t e Z a h l e n; z. B. $5\frac{3}{4}$, $7\frac{1}{4}$, $3\frac{1}{2}$.

10. Heben und Erweitern der Brüche.

Einen Bruch h e b e n heißt, Zähler und Nenner durch dieselbe Zahl teilen z. B.

$$\frac{72}{168} = \frac{72 : 24}{168 : 24} = \frac{3}{7}$$

Einen Bruch **e r w e i t e r n** heißt, Zähler und Nenner mit derselben Zahl multiplizieren; z. B.:

$$\frac{5}{7} = \frac{5 \cdot 4}{7 \cdot 4} = \frac{20}{28}$$

Durch **H e b e n** und **E r w e i t e r n** wird der Wert des Bruches nicht geändert.

Beispiel: die Brüche $\frac{2}{3}$, $\frac{3}{4}$, $\frac{5}{6}$ sind so zu erweitern, daß sie gleichnamig werden.

Das kleinste gemeinsame Vielfache aus 3, 4 und 6 ist 12, also kann man statt $\frac{2}{3}$, $\frac{3}{4}$ und $\frac{5}{6}$ die gleichnamigen Brüche $\frac{8}{12}$, $\frac{9}{12}$ und $\frac{10}{12}$ setzen.

11. Verwandeln ganzer und gemischter Zahlen in unechte Brüche und umgekehrt.

Eine **g e m i s c h t e   Z a h l** wird in einen **u n e c h t e n   B r u c h** verwandelt, indem man die ganze Zahl mit dem Nenner multipliziert, zu diesem Produkt den Zähler addiert und die Summe als Zähler über den bisherigen Nenner schreibt. Z. B.:

$$5\tfrac{3}{4} = \frac{23}{4}; \quad 4\tfrac{2}{7} = \frac{30}{7}$$

Man verwandelt einen **u n e c h t e n   B r u c h** in eine **g e m i s c h t e   Z a h l**, indem man den Zähler durch den Nenner dividiert; der Quotient ist dann die ganze Zahl, der Rest wird als Zähler über den bisherigen Nenner geschrieben. Z. B.:

$$\frac{24}{8} = 3; \quad \frac{27}{8} = 3\tfrac{3}{8}.$$

12. Addition und Subtraktion von Brüchen.

G l e i c h n a m i g e   B r ü c h e   w e r d e n   a d d i e r t,   i n d e m   m a n   i h r e Z ä h l e r   a d d i e r t   u n d   d e n   N e n n e r   b e i b e h ä l t.

Beispiele:

$$\frac{5}{7} + \frac{3}{7} + \frac{2}{7} + \frac{4}{7} = \frac{14}{7} = 2;$$

$$\frac{2}{15} + \frac{4}{15} + \frac{7}{15} + \frac{11}{15} = \frac{24}{15} = 1\tfrac{9}{15} = 1\tfrac{3}{5}.$$

Sollen ungleichnamige Brüche addiert werden, so sucht man zunächst das kleinste gemeinsame Vielfache sämtlicher Nenner, **d e n   H a u p t n e n n e r**, und macht sie dann durch Erweitern gleichnamig, indem man sie auf diesen Nenner bringt. Beispiele:

1)
$$
\begin{array}{l|l}
\frac{7}{12} & 5 \cdot 7 = \frac{35}{60} \\
+ \frac{3}{4} & 15 \cdot 3 = \frac{45}{60} \\
+ \frac{8}{15} & 4 \cdot 8 = \frac{32}{60} \\
+ \frac{2}{5} & 12 \cdot 2 = \frac{24}{60}
\end{array}
$$

$$3: \frac{12 \cdot 4 \cdot 15 \cdot 5}{4 \cdot 5}$$

$$3 \cdot 4 \cdot 5 = 60 = \text{Hauptnenner.}$$

$$\text{Summe} = 2\tfrac{4}{15} \qquad \frac{136}{60} = 2\tfrac{16}{60} = 2\tfrac{4}{15}.$$

2)

$$
\begin{array}{r|l}
 & \quad\quad 24 \\
4\tfrac{2}{3} & 8 \cdot 2 = 16 \\
+ 7\tfrac{5}{6} & 4 \cdot 5 = 20 \\
+ 6\tfrac{3}{4} & 6 \cdot 3 = 18 \\
+ \tfrac{7}{8} & 3 \cdot 7 = 21
\end{array}
$$

Der Einfachheit halber läßt man den Nenner hier fort

$$2: \frac{\cancel{4}\cdot 6 \cdot \cancel{4}\cdot 8}{3 \cdot 4}$$

$$2 \cdot 3 \cdot 4 = 24 = \text{Hauptnenner.}$$

Summe $= 20\tfrac{1}{8}$ $\tfrac{75}{24} = 3\tfrac{3}{24} = 3\tfrac{1}{8}.$

Gleichnamige Brüche werden subtrahiert, indem man die Zähler subtrahiert und den Nenner beibehält. Z. B.:

$$\frac{5}{8} - \frac{3}{8} = \frac{2}{8}; \quad \frac{8}{17} - \frac{6}{17} = \frac{2}{17};$$

$$8 - \frac{3}{7} = 7\frac{7}{7} - \frac{3}{7} = 7\frac{4}{7}; \quad 5\frac{5}{12} - \frac{3}{12} = 5\frac{2}{12} = 5\frac{1}{6}.$$

Ungleichnamige Brüche werden subtrahiert, indem man sie auf den gleichen Nenner bringt und dann subtrahiert. Z. B.:

$$
\begin{array}{r|l}
 & \quad\quad 48 \\
\tfrac{15}{16} & 3 \cdot 15 = 45 \\
- \tfrac{17}{24} & 2 \cdot 17 = 34 \\
\hline
\text{Rest} & = \tfrac{11}{48}
\end{array}
\qquad
\begin{array}{r|l}
 & \quad\quad 84 \\
8\tfrac{5}{12} & 7 \cdot 5 = 35 \\
- 3\tfrac{2}{7} & 12 \cdot 2 = 24 \\
\hline
\text{Rest} & = 5\tfrac{11}{84} \quad \tfrac{11}{84}
\end{array}
$$

$$
\begin{array}{r|l}
 & \quad\quad 35 \\
6\tfrac{2}{5} & 7 \cdot 2 = 14 \\
 & \quad\quad 49 \\
- \tfrac{3}{7} & 5 \cdot 3 = 15 \\
\hline
\text{Rest} = 5\tfrac{34}{35} & \tfrac{34}{35}
\end{array}
$$

Anmerkung: Es ist hier $1 = \tfrac{35}{35}$ geborgt und zu $\tfrac{14}{35}$ addiert. $\tfrac{14}{35} + \tfrac{35}{35} = \tfrac{49}{35}.$ Dadurch wurde die Subtraktion möglich.

13. Multiplikation und Division von Brüchen.

Brüche werden multipliziert, indem man Zähler mit Zähler und Nenner mit Nenner multipliziert. Da sich ganze und gemischte Zahlen in Bruchform darstellen lassen, so hat vorstehende Regel allgemeine Gültigkeit. Beispiele:

$$9 \cdot \frac{2}{5} = \frac{9}{1} \cdot \frac{2}{5} = \frac{18}{5} = 3\frac{3}{5}; \quad \frac{5}{6} \cdot 13 = \frac{65}{6} = 10\frac{5}{6};$$

$$\frac{2}{3} \cdot \frac{4}{5} = \frac{8}{15}; \quad \frac{6}{7} \cdot \frac{13}{19} = \frac{78}{133}; \quad \frac{9}{11} \cdot \frac{13}{17} = \frac{117}{187};$$

$$6 \cdot 4\frac{4}{5} = 6 \cdot \frac{24}{5} = \frac{144}{5} = 28\frac{4}{5}; \quad 9\frac{3}{5} \cdot \frac{5}{12} = \frac{\cancel{48}4}{\cancel{5}1} \cdot \frac{\cancel{5}1}{\cancel{12}1} = 4;$$

$$5\frac{5}{6} \cdot 9\frac{6}{7} = \frac{\cancel{35}5}{\cancel{6}2} \cdot \frac{\cancel{69}23}{\cancel{7}1} = \frac{115}{2} = 57\frac{1}{2}.$$

Brüche werden durch einander dividiert, indem man den Divisor umkehrt und dann multipliziert. Beispiele:

$$\frac{6}{7} : \frac{2}{7} = \frac{\cancel{6}3}{\cancel{7}1} \cdot \frac{\cancel{7}1}{\cancel{2}1} = 3;$$

$$\frac{32}{39} : \frac{48}{65} = \frac{32}{39} \cdot \frac{65}{48} = \frac{10}{9} = 1\tfrac{1}{9}; \qquad 6 : \tfrac{2}{3} = \frac{6 \cdot 3}{1} = \frac{3}{1} = 9;$$

$$\tfrac{3}{4} : 8 = \frac{3}{4} \cdot \frac{1}{8} = \frac{3}{32}; \qquad 2\tfrac{1}{5} : \tfrac{3}{4} = \frac{11}{5} \cdot \frac{4}{3} = \frac{44}{15} = 2\tfrac{14}{15};$$

$$4\tfrac{2}{3} : 3\tfrac{1}{2} = \frac{14}{3} : \frac{7}{2} = \frac{14}{2} \cdot \frac{2}{7} = \frac{4}{3} = 1\tfrac{1}{3}.$$

Zusammengesetzte Aufgaben. Bei der Auflösung zusammengesetzter Aufgaben ist zu beachten, daß die höhere Rechnungsart stets vor der niederen auszuführen ist. Beispiele:

1)
$$\frac{\frac{3}{4}+\frac{2}{3}\cdot\frac{8}{9}}{\frac{11}{12}:\frac{4}{5}-\frac{1}{3}} = \frac{\frac{3}{4}+\frac{16}{27}}{\frac{55}{48}-\frac{1}{3}} = \frac{\frac{145}{108}}{\frac{13}{16}} = \frac{145 \cdot 16}{108 \cdot 13} = \frac{580}{351} = 1\tfrac{229}{351}$$

$$\begin{array}{r|l} & 108 \\ \tfrac{3}{4} & 27 \cdot 3 = 81 \\ +\ \tfrac{16}{27} & 4 \cdot 16 = 64 \\ \hline & \tfrac{145}{108} \end{array} \qquad \begin{array}{r|l} & 48 \\ \tfrac{55}{48} & 1 \cdot 55 = 55 \\ -\ \tfrac{1}{3} & 16 \cdot 1 = 16 \\ \hline & \tfrac{39}{48} = \tfrac{13}{16}. \end{array}$$

Soll die Addition oder Subtraktion vor der Multiplikation oder Division ausgeführt werden, so schließt man die zu addierenden oder subtrahierenden Zahlen in eine Klammer.

2)
$$\frac{(\tfrac{3}{4}+\tfrac{2}{3})\cdot\tfrac{8}{9}}{1\tfrac{1}{2}:(\tfrac{4}{5}-\tfrac{1}{3})} = \frac{\frac{17}{12}\cdot\frac{8}{9}}{\frac{11}{2}:\frac{7}{15}} = \frac{\frac{17}{12}\cdot\frac{8}{9}}{\frac{11}{2}\cdot\frac{15}{7}} = \frac{17\cdot8\cdot2\cdot7}{12\cdot9\cdot11\cdot15} = \frac{952}{1485}$$

$$\begin{array}{r|l} & 12 \\ \tfrac{3}{4} & 3 \cdot 3 = 9 \\ +\ \tfrac{2}{3} & 4 \cdot 2 = 8 \\ \hline & \tfrac{17}{12} \end{array} \qquad \begin{array}{r|l} & 15 \\ \tfrac{4}{5} & 3 \cdot 4 = 12 \\ -\ \tfrac{1}{3} & 5 \cdot 1 = 5 \\ \hline & \tfrac{7}{15}. \end{array}$$

3)
$$\frac{(8\tfrac{5}{6}+11\tfrac{1}{2}-14\tfrac{15}{20})\cdot\tfrac{7}{8}}{4\tfrac{1}{2}} = \frac{67\cdot7\cdot2}{12\cdot8\cdot9} = \frac{469}{432} = 1\tfrac{37}{432}$$

$$\begin{array}{r} 8\tfrac{5}{6} \\ +\ 11\tfrac{3}{6} \\ \hline 19\tfrac{8}{6} = 19\tfrac{4}{3} \\ -\ 14\tfrac{15}{20} \\ \hline 5\tfrac{7}{12} \end{array} \qquad \begin{array}{r|l} & 60 \\ 20 \cdot & 4 = 80 \\ 3 \cdot & 15 = 45 \\ \hline & \tfrac{85}{60} = \tfrac{7}{12}. \end{array}$$

14. Dezimalbrüche.

Der Unterschied zwischen einem Dezimalbruche und einem gewöhnlichen Bruche besteht nur in der Schreibweise. An die Stelle des Bruchstriches tritt das Komma. Hinter diesem erscheint der Zähler des Bruches.

Der Nenner wird nicht mit hingeschrieben. Er besteht aus 1 und soviel Nullen, wie Stellen hinter dem Komma sind. Es ist:

$$0{,}3 = \tfrac{3}{10},$$
$$0{,}03 = \tfrac{3}{100},$$
$$0{,}003 = \tfrac{3}{1000}.$$

12   Arithmetik

Ferner ist:

$$7\tfrac{3}{100} = 7{,}03,$$
$$7\tfrac{125}{10000} = 7{,}0125$$
$$\tfrac{8}{1000} = 0{,}008.$$

Man verwandelt einen gewöhnlichen Bruch in einen Dezimalbruch, indem man den Zähler durch den Nenner dividiert und dem Rest jedesmal eine Null anhängt; z. B.: Es soll $\tfrac{3}{4}$ in einen Dezimalbruch verwandelt werden:

$$3 : 4 = 0{,}75$$
$$\underline{30}$$
$$28$$
$$\overline{20}$$
$$20$$

Geht die Division auf, so heißt der Dezimalbruch **endlich**. Oft geht die Division nicht auf, sondern kann unendlich weit fortgesetzt werden; z. B.: $\tfrac{2}{3} = 0{,}6666\ldots$

Solche Brüche heißen **unendliche** Dezimalbrüche. Kehren bei unendlichen Dezimalbrüchen die Ziffern des Quotienten in einer gewissen Reihenfolge wieder, so heißt der Bruch ein **periodischer** Dezimalbruch, die wiederkehrende Gruppe von Ziffern **Periode**. Periodische Dezimalbrüche sind z. B.:

$$0{,}324324$$
$$0{,}4090909.$$

15. Addition und Subtraktion von Dezimalbrüchen.

Dezimalbrüche werden addiert, indem man ihre gleichnamigen Stellen addiert, d. h. Komma unter Komma setzt und wie ganze Zahlen addiert; z. B.:

$$\begin{array}{r} 35{,}367 \\ 9{,}0482 \\ 194{,}3 \\ 7{,}45613 \\ 14{,}005 \\ \hline 260{,}17633. \end{array}$$

Dezimalbrüche werden voneinander subtrahiert, indem man sie so untereinander schreibt, daß Komma unter Komma zu stehen kommt, und dann wie ganze Zahlen subtrahiert; z. B.:

$7{,}42 - 2{,}9364;\qquad 10 - 0{,}634;\qquad 10 - 5{,}7;\qquad 14{,}5 - 9$

$$\begin{array}{r} 7{,}4200 \\ -2{,}9364 \\ \hline 4{,}4836 \end{array}\quad \begin{array}{r} 10{,}000 \\ -0{,}634 \\ \hline 9{,}366 \end{array}\quad \begin{array}{r} 10{,}0 \\ -5{,}7 \\ \hline 4{,}3 \end{array}\quad \begin{array}{r} 14{,}5 \\ -9{,}0 \\ \hline 5{,}5. \end{array}$$

16. Multiplikation und Division von Dezimalbrüchen.

Zwei Dezimalbrüche werden miteinander multipliziert, indem man sie wie ganze Zahlen multipliziert und vom Produkte soviel Dezimalstellen von rechts nach links abstreicht, wie beide Faktoren zusammen haben; z. B.:

$$5,37 \cdot 3,4;$$
$$\begin{array}{r} 5,37 \\ 3,4 \\ \hline 2148 \\ 1611 \\ \hline 18,258 \end{array}$$

$$0,5768 \cdot 0,0013$$
$$\begin{array}{r} 0,5768 \\ 0,0013 \\ \hline 17304 \\ 5768 \\ \hline 0,00074984. \end{array}$$

Ein Dezimalbruch wird mit einer höheren Ordnungs-
einheit multipliziert, indem man das Komma um soviel
Stellen nach rechts rückt, wie die höhere Ordnungseinheit
Nullen hat; z. B.:

$$0,7 \cdot 10 = 7,0,$$
$$0,7 \cdot 100 = 70,0,$$
$$0,7 \cdot 1000 = 700.0,$$
$$0,6368738 \cdot 10000 = 6368,738.$$

Man dividiert eine Zahl durch einen Dezimalbruch, indem man das Komma im Divisor fortläßt und es im Dividenden um soviel Stellen nach rechts rückt, wie der Divisor
hinterm Komma hatte. Ist der Dividend eine ganze Zahl,
so wird die entsprechende Anzahl Nullen angehängt; z. B.:

$$0,35 : 0,7 = 3,5 : 7 = 0,5; \qquad\qquad 24,28 : 6,07 = 2428 : 607 = 4;$$

$$84 : 13,36 = 8400 : 1336 = 6,2874.$$
$$\begin{array}{r} 8016 \\ \hline 3840 \\ 2672 \\ \hline 11680 \\ 10688 \\ \hline 9920 \\ 9352 \\ \hline 5680 \\ 5344 \\ \hline 336 \end{array}$$

Bleibt bei der Division ein Rest, so kann man weiter dividieren, wenn man
diesem und jedem folgenden eine Null anhängt. Will man auf eine bestimmte Anzahl Stellen genau rechnen, so muß man stets noch eine Stelle mehr ausrechnen.
Ist diese eine 5 oder mehr, so wird die vorhergehende Stelle um 1 erhöht.

17. Positive und negative Zahlen.

Die Reihe der natürlichen Zahlen läßt sich anschaulich darstellen, indem
man auf einer geraden Linie von einem Anfangspunkte, dem Nullpunkte, aus
eine beliebige Strecke als Einheit nach rechts fortgesetzt abträgt

Fig. 1

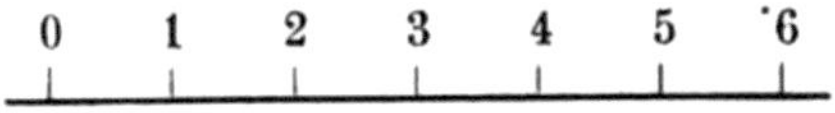

und die Teilpunkte mit den Zahlen 1, 2, 3 usw. bis ∞ (unendlich) bezeichnet
(Fig. 1). Die so mit den Zahlpunkten versehene Linie wird Zahlengerade
genannt. In dieser Zahlengeraden bedeutet die Addition ein Vorwärtsschreiten,
die Subtraktion ein Rückwärtsschreiten. Wenn man vom Nullpunkte um eine

beliebige Anzahl Einheiten nach rechts schreitet und von dem erreichten Zahl-
punkte um genau soviel Einheiten wieder zurückgeht, so kommt man wieder
auf den Nullpunkt zurück; es ist daher $4-4=0$. Ist nun der Subtrahend größer
als der Minuend, so reichen die auf der betrachteten Zahlengeraden darstellbaren
Zahlen nicht mehr aus, um den Wert der Differenz anzugeben. Man nimmt dann
eine Erweiterung der Zahlenreihe vor, indem man die Zahlengerade über den
Nullpunkt hinaus nach links verlängert und auf diesem Teile der Geraden, von
Null beginnend, die Einheit fortgesetzt abträgt und die so erhaltenen Punkte im
Gegensatz zu den rechts gelegenen Punkten mit -1, -2, -3 usw. bezeichnet
(Fig. 2).

Fig. 2

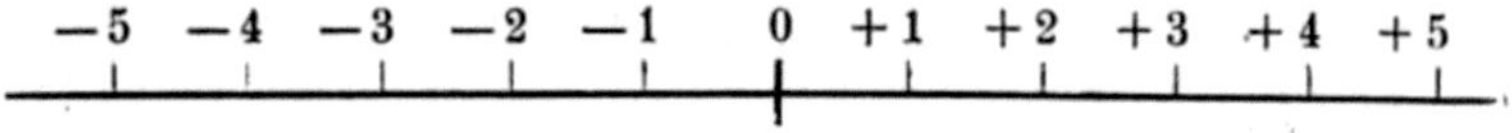

$$-5 \quad -4 \quad -3 \quad -2 \quad -1 \qquad 0 \qquad +1 \quad +2 \quad +3 \quad +4 \quad +5$$

Die Differenz $4-7$ führt dann zur Zahl -3. Die mit dem Pluszeichen versehenen Zahlen werden als p o s i t i v e, die mit dem Minuszeichen versehenen als
n e g a t i v e bezeichnet; mit gemeinsamem Namen heißen sie a l g e b r a i s c h e
oder r e l a t i v e Z a h l e n.

Eine Anwendung der erweiterten Zahlenreihe findet man auf der Thermo-
meterskala; die Teilstriche über Null bezeichnet man mit plus, die unter Null
mit minus. Eine ähnliche Darstellung zeigt der Pegel.

Für die Rechnung mit algebraischen Zahlen ist zu beachten, daß die Zeichen
$+$ und $-$ nicht nur als Rechnungszeichen, sondern auch als Vorzeichen für
Zahlen dienen.

Unter dem absoluten Wert einer Zahl versteht man seinen Wert ohne Rücksicht auf das Vorzeichen. Zwei Zahlen von gleichem absolutem Wert, aber mit
entgegengesetzten Vorzeichen, wie z. B. $+3$ und -3, heißen e n t g e g e n -
g e s e t z t e G r ö ß e n. Die Summe zweier entgegengesetzter Größen ist gleich
Null.

18. Addition und Subtraktion algebraischer Zahlen.

Z a h l e n m i t g l e i c h e n V o r z e i c h e n w e r d e n a d d i e r t, i n d e m
m a n i h r e a b s o l u t e n Z a h l e n w e r t e a d d i e r t u n d d e r S u m m e
d a s g e m e i n s a m e V o r z e i c h e n g i b t. H a b e n d i e z u a d d i e r e n -
d e n Z a h l e n v e r s c h i e d e n e V o r z e i c h e n, s o s u b t r a h i e r t m a n
i h r e a b s o l u t e n Z a h l e n w e r t e u n d g i b t d e m R e s t e d a s V o r -
z e i c h e n d e r g r ö ß e r e n Z a h l.

$$
\begin{array}{cccc}
+\,8 & -\,8 & +\,8 & -\,8 \\
+(+\,7) & +(-\,7) & +(-\,7) & +(+\,7) \\
\hline
+15 & -15 & +\,1 & -\,1
\end{array}
$$

E i n e a l g e b r a i s c h e Z a h l w i r d s u b t r a h i e r t, i n d e m m a n
i h r e n e n t g e g e n g e s e t z t e n W e r t a d d i e r t.

$$
\begin{array}{cccc}
+\,8 & -\,8 & +\,7 & -\,7 \\
-(+\,7) & -(-\,7) & -(+\,8) & -(-\,8) \\
\hline
+\,1 & -\,1 & -\,1 & +\,1
\end{array}
$$

$$
\begin{array}{cccc}
+\,8 & -\,8 & +\,7 & -\,7 \\
-(-\,7) & -(+\,7) & -(-\,8) & -(+\,8) \\
\hline
+15 & -15 & +15 & -15
\end{array}
$$

19. Multiplikation und Division algebraischer Zahlen.

Zwei Faktoren mit gleichen Vorzeichen geben ein positives, mit ungleichen Vorzeichen ein negatives Produkt.

$$+3 \cdot +4 = +12; \quad -3 \cdot -4 = +12;$$
$$-3 \cdot +4 = -12; \quad +3 \cdot -4 = -12.$$

Zwei Zahlen mit gleichen Vorzeichen dividiert, geben einen positiven, mit ungleichen Vorzeichen einen negativen Quotienten.

$$+12 : +3 = +4; \quad -12 : -3 = +4;$$
$$+12 : -3 = -4; \quad -12 : +3 = -4.$$

20. Auflösung von Klammern.

Steht ein Pluszeichen vor einer Klammer, so löst man die Klammer auf, indem man sie einfach fortläßt.

$$3 + (5 + 4) = 3 + 5 + 4 = \quad 12;$$
$$3 + (5 - 4) = 3 + 5 - 4 = \quad 4;$$
$$3 + (-5 - 4) = 3 - 5 - 4 = -6;$$
$$3 + (-5 + 4) = 3 - 5 + 4 = \quad 2.$$

Anmerkung: Zahlen ohne Vorzeichen sind positiv.

Steht ein Minuszeichen vor einer Klammer, so löst man sie auf, indem man sämtlichen Gliedern innerhalb der Klammer das entgegengesetzte Vorzeichen gibt.

$$3 - (5 + 4) = 3 - 5 - 4 = -6;$$
$$3 - (5 - 4) = 3 - 5 + 4 = \quad 2;$$
$$3 - (-5 - 4) = 3 + 5 + 4 = \quad 12;$$
$$3 - (-5 + 4) = 3 + 5 - 4 = \quad 4.$$

Ein mehrgliedriger Ausdruck wird mit einer Zahl multipliziert, indem man jedes einzelne Glied multipliziert.

$$(7 + 5) \cdot 6 = 7 \cdot 6 + 5 \cdot 6 = 42 + 30 = 72;$$
$$(6 + 5 + 3) \cdot 9 = 6 \cdot 9 + 5 \cdot 9 + 3 \cdot 9 = 54 + 45 + 27 = 126.$$

Ein mehrgliedriger Ausdruck wird durch eine Zahl dividiert, indem man jedes einzelne Glied dividiert.

$$(12 + 9) : 3 = 4 + 3 = \quad 7;$$
$$(45 + 72) : 9 = 5 + 8 = 13.$$

Zwei mehrgliedrige Ausdrücke werden miteinander multipliziert, indem man jedes Glied des einen Ausdrucks mit jedem Gliede des anderen multipliziert.

$$(20 + 4) \cdot (10 + 3) = 24 \cdot 13 = 312;$$
$$20 \cdot 10 + 4 \cdot 10 + 20 \cdot 3 + 4 \cdot 3 = 200 + 40 + 60 + 12 = 312.$$

Anmerkung: Man führt die Multiplikation und Division gewöhnlich in der Weise aus, daß man die Klammer auflöst und mit den erhaltenen Werten die Rechnung ausführt.

21. Potenzen.

Wenn in einer Multiplikation derselbe Faktor mehrere Male auftritt, so führt man eine abgekürzte Schreibweise ein. Statt z. B. $5 \cdot 5 \cdot 5$ setzt man 5^3 und nennt einen Ausdruck von dieser Form eine Potenz. Eine Potenz ist also ein Produkt aus lauter gleichen Faktoren.

Die wiederholt als Faktor gesetzte Zahl heißt Grundzahl, Grundfaktor, Basis oder Wurzel.

Die Zahl, die angibt, wie oft die Basis als Faktor gesetzt werden soll, heißt Exponent oder Logarithmus.

In der Potenz 5^3 (gelesen 5 hoch 3) ist 5 die Basis und 3 der Exponent. Die zweite Potenz nennt man das Quadrat, die dritte den Kubus:

Eine Zahl potenzieren heißt, sie so oft als Faktor setzen, wie der Exponent angibt.

Jede Potenz von 1 ist gleich 1; $1^1 = 1$; $1^2 = 1$; $1^3 = 1$.

Jede Potenz einer positiven Zahl ist positiv. $5^2 = 5 \cdot 5 = 25$.

Die Potenz einer negativen Zahl ist positiv, wenn der Exponent eine gerade Zahl ist.

$$(-4)^2 = -4 \cdot -4 = 16;$$
$$(-3)^4 = -3 \cdot -3 \cdot -3 \cdot -3 = 81.$$

Die Potenz einer negativen Zahl ist negativ, wenn der Exponent eine ungerade Zahl ist.

$$(-4)^3 = -4 \cdot -4 \cdot -4 = -64;$$
$$(-2)^3 = -2 \cdot -2 \cdot -2 = -8.$$

Potenzen von gleicher Basis werden miteinander multipliziert, indem man ihre Exponenten addiert und mit der Summe die Basis potenziert. $4^3 \cdot 4^2 = 4^{3+2} = 4^5$.

Potenzen von gleicher Basis werden durcheinander dividiert, indem man den Exponenten des Divisors von dem des Dividenden subtrahiert und mit der Differenz die Basis potenziert. $4^3 : 4^2 = 4^{3-2} = 4$.

Hierbei kann es vorkommen, daß der Exponent des Divisors gleich dem des Dividenden und auch, daß er größer als dieser ist. Im ersten Falle entsteht eine Potenz mit dem Exponenten Null, im zweiten Falle wird der Exponent des Quotienten negativ. Dies führt zu folgenden Regeln:

1. Jede Potenz mit dem Exponenten Null ist gleich 1. Es ist z. B. $4^3 : 4^3 = 4^{3-3} = 4^0$. Da aber jede Größe, durch sich selbst dividiert, 1 gibt, so ist $4 = 1$.

2. Jede Potenz mit negativem Exponenten ist gleich dem umgekehrten Werte der Grundzahl mit positivem Exponenten. $4^3 : 4^5 = 4^{3-5} = 4^{-2}$.

Es ist z. B.

$$\frac{4^3}{4^5} = \frac{\not4_1 \cdot \not4_1 \cdot \not4_1}{\not4_1 \cdot \not4_1 \cdot \not4_1 \cdot 4 \cdot 4} = \frac{1}{4^2};$$
$$\text{also } 4^{-2} = \frac{1}{4^2} = \left(\frac{1}{4}\right)^2$$

Ein Produkt wird potenziert, indem man jeden Faktor potenziert. $(3 \cdot 5)^3 = 3^3 \cdot 5^3$.

Umkehrung: Potenzen mit gleichen Exponenten werden multipliziert, indem man das Produkt ihrer Grundzahlen potenziert.

Ein Bruch wird potenziert, indem man Zähler und Nenner potenziert.

$$\left(\frac{3}{4}\right)^3 = \frac{3^3}{4^3}.$$

Umkehrung: Potenzen mit gleichen Exponenten werden dividiert, indem man die Grundzahlen dividiert und den Quotienten auf die gemeinsame Potenz erhebt.

Eine Potenz wird potenziert, indem man die Exponenten multipliziert und mit dem Produkt die Grundzahl potenziert. $(4^3)^2 = 1^6$.

Um eine Summe oder Differenz zu potenzieren, führt man die durch den Exponenten angedeutete Multiplikation aus.

$$(20 + 4)^2 = (20 + 4)(20 + 4)$$
$$= 400 + 80 + 80 + 16 = 576$$
$$= 20^2 + 2 \cdot (4 \cdot 20) + 4^2.$$

Setzt man $20 = a$ und $4 = b$, so ist:

$$(a + b)^2 = a^2 + 2ab + b^2$$

$$(21 - 4)^2 = (24 - 4)(24 - 4)$$
$$= 24 \cdot 24 - 4 \cdot 24 - 4 \cdot 24 + (-4 \cdot -4) = 400$$
$$= 24^2 - 2 \cdot (4 \cdot 24) + 4^2$$

Setzt man $24 = a$ und $4 = b$, so ist:

$$(a - b)^2 = a^2 - 2ab + b^2.$$

Ferner ist: $(20 + 4)(20 - 4)$

$$20 + 4 \cdot 20$$
$$- 4 \cdot 20 - 4^2$$
$$\overline{20^2 \qquad - 4^2.}$$

Setzt man hier wieder $20 = a$ und $4 = b$, so ist:

$$(a + b)(a - b) = a^2 - b^2.$$

22. Wurzeln.

Bei der Potenzierung wird aus der gegebenen Grundzahl und dem gegebenen Potenzexponenten der Wert für die Potenz gefunden. In dem Ausdruck $6^2 = 36$ ist 6 die Basis oder Wurzel, 2 der Exponent oder Logarithmus und 36 die Potenz. Sind die Potenz und der Exponent, hier 36 und 2, gegeben und die Wurzel wird gesucht, so nennt man diese Rechnungsart Radizieren ,oder Wurzelziehen. Eine Zahl radizieren heißt, die eine Zahl in soviel gleiche Faktoren zerlegen, wie eine zweite Zahl angibt.

$\sqrt[2]{36}$ (gelesen „zweite Wurzel aus 36") bedeutet, daß die Zahl 36 in zwei gleiche Faktoren zerlegt werden soll. Die zu zerlegende Zahl (hier 36) heißt Radikand. Die Zahl, die angibt, in wieviel gleiche Faktoren der Radikand zerlegt werden soll, heißt Wurzelexponent (hier 2), der gesuchte Faktor (hier 6) heißt Wurzel. Es ist also $\sqrt[2]{36} = 6$. Die Wurzel ist die Zahl, die, mit dem Wurzelexponenten potenziert, den Radikanden ergibt.

Die zweite Wurzel heißt auch Quadratwurzel, die dritte auch Kubikwurzel. Wenn in dem Wurzelzeichen der Wurzelexponent fehlt, ist immer die Quadratwurzel gemeint.

Beispiele: $\sqrt{4} = 2$; $\quad \sqrt{9} = 3$; $\quad \sqrt{16} = 4$; $\quad \sqrt{25} = 5$;

$\sqrt{36} = 6$; $\quad \sqrt{49} = 7$; $\quad \sqrt{64} = 8$; $\quad \sqrt{81} = 9$; $\quad \sqrt{100} = 10$;

$\sqrt[3]{8} = 2$; $\quad \sqrt[3]{27} = 3$; $\quad \sqrt[3]{64} = 4$; $\quad \sqrt[3]{125} = 5$; $\quad \sqrt[3]{216} = 6$;

$\sqrt[3]{343} = 7$; $\quad \sqrt[3]{512} = 8$; $\quad \sqrt[3]{729} = 9$; $\quad \sqrt[3]{1000} = 10$.

Eine Zahl bleibt ungeändert, wenn sie mit derselben Zahl potenziert und radiziert wird, oder Potenzieren und Radizieren heben sich gegenseitig auf.

$$\sqrt[3]{6^3} = 6; \quad \sqrt[3]{5^3} = 5.$$

Wurzeln mit gleichen Wurzelexponenten werden miteinander multipliziert, indem man die Radikanden multipliziert und das Produkt radiziert.

$$\sqrt{16} \cdot \sqrt{9} = \sqrt{144} = 12; \quad \sqrt{4} \cdot \sqrt{25} = \sqrt{100} = 10.$$

Umkehrung: Ein Produkt wird radiziert, indem man jeden Faktor radiziert.

$$\sqrt[3]{8 \cdot 27} = \sqrt[3]{8} \cdot \sqrt[3]{27} = 2 \cdot 3 = 6.$$

Wurzeln mit gleichen Wurzelexponenten werden durcheinander dividiert, indem man die Radikanden dividiert und den Bruch radiziert.

$$\frac{\sqrt[3]{729}}{\sqrt[3]{27}} = \sqrt[3]{\frac{729}{27}} = \sqrt[3]{27} = 3.$$

23. Logarithmen.

Zur Erleichterung des Rechnens bedient man sich vielfach der Logarithmen.

Der Logarithmus (log) einer Zahl gibt an, die wievielte Potenz von zehn diese Zahl ist.

Z. B.: log von 1000 =   3, weil 10^3 = 10 · 10 · 10 == 1000 ist,

", ",   100 =   2, ", 10^2 = 10 · 10   = 100 ",

", ",   10 =   1, ", 10^1 = 10   = 10 ",

", ",   1 =   0, ", 10   = 1   = 1 ",

", ",   0,1 = — 1, ", $10^{-1} = \frac{1}{10^1}$ = 0,1 ",

", ",   0,01 = — 2, ", $10^{-2} = \frac{1}{10^2}$ = 0,01 ",

", ",   0,001 = — 3, ", $10^{-3} = \frac{1}{10^3}$ ==0,001 ",

Hieraus ist ersichtlich, daß nur die Logarithmen der Ordnungseinheiten ganze Zahlen sind. Für alle anderen Zahlen besteht der log aus einer ganzen Zahl, „Kennziffer", mit angehängtem Dezimalbruch, „Mantisse". Für Zahlen zwischen 100 und 1000 liegen die log zwischen 2 und 3, also Kennziffer 2. Demnach ist die Kennziffer für Zahlen zwischen 10 und 100 = 1, für Zahlen zwischen 0 und 10 = 0. Hieraus folgt:

Die Kennziffer ist für ganze Zahlen stets um eine Einheit kleiner als die Anzahl der Zahlziffern.

Aus der vorstehenden Übersicht folgt weiter:

Die Kennziffer eines echten Dezimalbruches ist negativ; sie hat stets soviel Einheiten, wie Nullen vor der ersten geltenden Ziffer des Dezimalbruches stehen (die Null vor dem Komma mitgezählt).

Zahlen, die sich nur durch die Stellung des Dezimalkommas oder die Zahl der angehängten Nullen unterscheiden, haben dieselbe Mantisse. So ist z. B.:

$$
\begin{aligned}
\text{der log von } 3140 &= 3{,}49693, \\
\text{,, ,, ,, } 314 &= 2{,}49693, \\
\text{,, ,, ,, } 31{,}4 &= 1{,}49693, \\
\text{,, ,, ,, } 3{,}14 &= 0{,}49693, \\
\text{,, ,, ,, } 0{,}314 &= 0{,}49693 - 1, \\
\text{,, ,, ,, } 0{,}0314 &= 0{,}49693 - 2, \\
\text{,, ,, ,, } 0{,}00314 &= 0{,}49693 - 3.
\end{aligned}
$$

Die Mantisse ist stets positiv; sie ist allein von der Größe der Ziffern abhängig.

Da der log für alle Zahlen zwischen 0,1 und 1 größer ist als — 1, für alle Zahlen zwischen 0,01 und 0,1 größer als — 2 usw., so werden diese Logarithmen in der Weise zur Darstellung gebracht, daß man ihnen eine positive Mantisse voransetzt.

Vielfach verfährt man auch so, daß man dem Logarithmus eines echten Dezimalbruches stets die negative Kennziffer — 10 anhängt und dann die positive Kennziffer um ebensoviel Einheiten erhöht wie die negative. Hiernach ist:

$$
\begin{aligned}
\text{log von } 0{,}314 &= 9{,}49693 - 10, \\
\text{,, ,, } 0{,}0314 &= 8{,}49693 - 10, \\
\text{,, ,, } 0{,}00314 &= 7{,}49693 - 10.
\end{aligned}
$$

Eine Tafel der Logarithmen der Zahlen findet man in der Tafelsammlung von Matthies und den Nautischen Tafeln von Fulst. Sie können diesen gemäß den hierzu gegebenen Erläuterungen entnommen werden.

24. Das Rechnen mit Logarithmen.

Der Logarithmus eines Produkts ist die Summe der Logarithmen der einzelnen Faktoren.

$$
\begin{aligned}
\text{Es ist } 2 \log &= 0{,}30103 \\
4 \text{ ,, } &= 0{,}60206 \\
\hline
2 \cdot 4 = 8 \log &= 0{,}90309
\end{aligned}
$$

Man findet den Logarithmus eines Quotienten, indem man den Logarithmus des Divisors von dem des Dividenden subtrahiert.

$$
\begin{aligned}
\text{Es ist } 3 \log &= 10{,}47712 - 10 \\
5 \text{ ,, } &= 0{,}69897 \\
\hline
\frac{3}{5} = 0{,}6 \log &= 9{,}77815 - 10
\end{aligned}
$$

Man findet den Logarithmus einer Potenz, indem man den Logarithmus der Grundzahl mit dem Exponenten multipliziert.

$$
\begin{aligned}
\text{Es ist } 4 \log &= 0{,}60206 \cdot 3 \\
\hline
4^3 = 64 \log &= 1{,}80618
\end{aligned}
$$

Man findet den Logarithmus einer Wurzel, indem man den Logarithmus der Grundzahl durch den Wurzelexponenten dividiert.

$$
\begin{aligned}
\text{Es ist } 125 \log &= 2{,}09691 : 3 \\
\hline
\sqrt[3]{125} = 5 \log &= 0{,}69897
\end{aligned}
$$

2*

25. Beispiele für logarithmische Rechnungen.

Aufgabe 1. $11,24 \cdot 0,937 \cdot 0,005463$

$$\begin{aligned}
\text{Für } 11,24 \quad &\text{ist } \log = 1,05077 \\
\text{„ } \quad 0,937 \quad &\text{„ } \quad \text{„ } = 9,97174 - 10 \\
\text{„ } \quad 0,005463 \quad &\text{„ } \quad \text{„ } = 7,73743 - 10 \\
&\log = 8,75994 - 10
\end{aligned}$$

$$\text{Zahl} = 0,057536$$

Aufgabe 2. $\dfrac{25,47 \cdot 2,764}{17,09}$

$$\begin{aligned}
25,47 \quad &\log = 1,40603 \\
2,764 \quad &\text{„ } = 0,44154 \\
&\log = 1,84757 \\
17,09 \quad &\text{„ } = 1,23274 \\
&\log = 0,61483
\end{aligned}$$

$$\text{Zahl} = 4,1194$$

Aufgabe 3. $18,52^3$

$$\begin{aligned}
18,52 \quad &\log = 1,26764 \cdot 3 \\
&\log = 3,80292
\end{aligned}$$

$$\text{Zahl} = 6352,1$$

Aufgabe 4. $\sqrt{7684,5}$

$$\begin{aligned}
7684,5 \quad &\log = 3,88562 : 2 \\
&\log = 1,94281
\end{aligned}$$

$$\text{Zahl} = 87,663$$

26. Gleichungen.

Wenn zwei Zahlengruppen oder Zahlen vernunftgemäß durch das Gleich-heitszeichen miteinander verbunden sind, so hat man eine Gleichung. Z. B. sind $4 + 5 - 3 = 6$; $10 + 2 = 17 - 5$; $9 \cdot 5 = 49 - 4$ Gleichungen. Dem Werte nach müssen beide Seiten übereinstimmen.

Wird dieselbe Zahl zu beiden Seiten einer Gleichung addiert oder davon subtrahiert, so behält man eine Gleichung. Dasselbe gilt, wenn man beide Seiten mit derselben Zahl multipliziert oder sie dadurch dividiert.

Eine Gleichung wie die obenstehenden, in der die eine Seite nur eine Um-rechnung der anderen ist, heißt i d e n t i s c h e G l e i c h u n g.

Wenn in einer Gleichung ein unbekannter Wert, der mit x bezeichnet wird, vorkommt, so nennt man sie B e s t i m m u n g s g l e i c h u n g. Zur Bestim-mung des Wertes x bringt man alle anderen Werte auf eine Seite und sucht hierfür e i n e n diese Seite ausdrückenden Wert. Z. B. $5 + x = 7$. Hier soll zu x die Zahl 5 addiert werden. Wenn man nun von beiden Seiten der Gleichung 5 subtrahiert, so erhält man $5 + x - 5 = 7 - 5$; also $x = 7 - 5$; $\underline{x = 2}$.

Setzt man für x die Zahl 2 in die Gleichung ein, so hat man $\overline{2 + 5} = 7$, also eine identische Gleichung.

Ferner:
$$\begin{aligned}
x - 6 &= 9; \\
x - 6 + 6 &= 9 + 6; \\
x &= 9 + 6; \\
x &= 15.
\end{aligned}$$

Probe: $15 - 6 = 9$.

Aus den Lösungen ergibt sich die Regel:

Ein Summand auf der einen Seite einer Gleichung wird Subtrahend auf der andern Seite und umgekehrt.

Beispiel: $7 + x - 2 + 5 = 13$
$$x = 13 - 7 + 2 - 5$$
$$x = 3$$

Die Probe ergibt die Richtigkeit der Lösung.

Aus der Gleichung $3 \cdot x = 27$ folgt, wenn man beide Seiten durch 3 dividiert,
$$\frac{3 \cdot x}{3} = \frac{27}{3}$$
$$x = 9$$

Die Gleichung $\frac{x}{4} = 5$ ergibt, wenn man beide Seiten mit 4 multipliziert,
$$\frac{x}{4} \cdot 4 = 5 \cdot 4$$
$$x = 20$$

Hieraus folgt:

Ein Faktor auf der einen Seite wird Divisor auf der andern, umgekehrt, ein Divisor auf der einen wird Faktor auf der andern Seite.

Beispiele: a) $12x - 1{,}5 = 4{,}5$
$$12x = 4{,}5 + 1{,}5$$
$$x = \frac{6}{12} = \frac{1}{2} = 0{,}5$$
$$x = 0{,}5$$

b) $\frac{x}{6} + 7 = 9\frac{1}{2}$
$$\frac{x}{6} = 9\frac{1}{2} - 7 = 2\frac{1}{2}$$
$$x = 2\frac{1}{2} \cdot 6$$
$$x = 15$$

Probe: $12 \cdot 0{,}5 - 1{,}5 = 4{,}5$
$6 - 1{,}5 = 4{,}5$

Probe: $\frac{15}{6} + 7 = 9\frac{1}{2}$
$2\frac{1}{2} + 7 = 9\frac{1}{2}$

27. Verhältnisse und Verhältnisgleichungen.

Ein **Verhältnis** entsteht durch die Vergleichung zweier Zahlen miteinander. Man unterscheidet **arithmetische** und **geometrische** Verhältnisse. Ein **arithmetisches** Verhältnis erhält man durch Subtraktion, ein **geometrisches** durch Division zweier Zahlen. Hier sollen nur geometrische Verhältnisse betrachtet werden.

Geometrische Verhältnisse sind z. B. $12 : 3$ und $20 : 5$. Um anzudeuten, daß zwei geometrische Verhältnisse gleich sind, verbindet man sie durch das Gleichheitszeichen und erhält so eine **geometrische Verhältnisgleichung** oder **Proportion**; z. B.:

$12 : 3 = 20 : 5$ (gelesen: 12 verhält sich zu 3 wie 20 zu 5).

In jeder Verhältnisgleichung unterscheidet man 4 **Glieder**. Das erste und vierte Glied nennt man die **äußeren** Glieder, das zweite und dritte die **inneren** Glieder.

In einer Proportion ist das Produkt der inneren Glieder gleich dem Produkt der äußeren Glieder. Ist $12 : 3 = 20 : 5$, dann ist auch $12 \cdot 5 = 3 \cdot 20$. Diese Gleichung heißt **Produktengleichung**.

Aus der Gleichheit zweier Produkte wird eine richtige Proportion, wenn man die Faktoren des einen Produkts

zu äußeren und die des anderen Produkts zu inneren Glie-
dern der Proportion macht.

$$\text{Aus } 2\cdot 6 = 3\cdot 4$$

wird $2:3=4:6$ $2:4=3:6$
oder $3:2=6:4$ $6:3=4:2$
$4:2=6:3$ usw.

In jeder Proportion kann man 1) die inneren Glieder vertauschen, 2) die äußeren Glieder vertauschen, 3) die äußeren Glieder zu inneren und die inneren
Glieder zu äußeren machen.

Ist in einer Proportion ein Glied unbekannt, so wird es mit x bezeichnet.

$$x:2=6:3$$

x kann sowohl äußeres als inneres Glied sein.

Zur Berechnung von x gelten folgende Regeln:

Ist x ein äußeres Glied, so multipliziert man die inneren Glieder und dividiert durch das andere äußere
Glied.

Ist x ein inneres Glied, so multipliziert man die äußeren Glieder und dividiert durch das andere innere Glied.

Beispiele: 1) $4\frac{2}{3}:5\frac{3}{5} = 2\frac{1}{2}:x$

$$\frac{14}{3}:\frac{28}{5} = \frac{5}{2}:x$$

$$x = \frac{28\cdot 5\cdot 3}{5\cdot 2\cdot 14} = 3$$

$$x = 3$$

2) $4,25:5,75 = x:12,5$

$$x = \frac{4,25\cdot 12,5}{5,75}$$

$$= \frac{12,5\cdot 17}{875}$$

$$\frac{125}{212,5:23 = 9,239}$$

$$x = 9,239$$

3) Wieviel Seemeilen legt ein Schiff in 5 Stunden zurück, wenn es in 3
Stunden 27 Seemeilen gut macht?

$$3^{st}:5^{st} = 27^{sm}:x$$
$$3x = 27\cdot 5$$

$$x = \frac{27\cdot 5}{3} = 45$$

$$x = 45^{sm}$$

28. Regeldetri.

a) Einfache Regeldetri.

Der Regeldetrisatz ist im Grunde nichts anderes als eine geometrische Proportion, worin die inneren Glieder vertauscht sind und das vierte Glied unbe-
zeichnet geblieben ist. Der Regeldetrisatz besteht aus einem Bedingungssatz und
einer Frage. Bei der Auflösung schließt man stets auf die Einheit zurück.

1. **Beispiel:** 5 m kosten 30 DM; wieviel kosten 17 m?

$$5 \text{ m kosten } 30 \text{ DM}$$

$$1 \text{ m kostet den } 5. \text{ Teil, also } \frac{30}{5} \text{ DM}$$

$$17 \text{ m kosten } 17\text{mal soviel, also } \frac{\overset{6}{\cancel{30}} \cdot 17}{\cancel{5}_1} = \underline{\underline{102 \text{ DM}}}$$

2. **Beispiel:** Für $5\frac{3}{4}$ DM erhält man $1\frac{3}{8}$ hl, wieviel für $3\frac{3}{5}$ DM?

Man verwandelt zunächst die gemischten Zahlen in unechte Brüche und schließt dann wie folgt:

$$\text{Für } \tfrac{23}{4} \text{ DM erhält man } \tfrac{11}{8} \text{ hl}$$

$$.. \ \tfrac{1}{4} \ ,, \quad .. \qquad ,, \quad \text{den } 23. \text{ Teil, also } \frac{11}{8 \cdot 23}$$

$$.. \ 1 \ ,, \quad .., \qquad ,, \quad 4\text{mal soviel, also } \frac{11 \cdot 4}{8 \cdot 23}$$

$$.. \ \tfrac{18}{5} \ ,, \quad ., \qquad ,, \ \tfrac{18}{5} \text{ mal soviel, also } \frac{11 \cdot 4 \cdot 18}{8 \cdot 23 \cdot 5}$$

$$\text{Mithin:} \quad \frac{11 \cdot \cancel{4}^1 \cdot \cancel{18}^9}{\cancel{8} \cdot 23 \cdot 5} = \underline{\underline{\frac{99}{115} \text{ hl}}}$$

Zu den vorstehenden Aufgaben ist zu bemerken, daß man die Schlüsse stets im Kopfe macht und die Zahlen gleich in Bruchform schreibt. Auf die Aufgabe 3 der vorigen Nummer angewandt, würde z. B. der kurze Ansatz lauten:

$$\frac{27 \cdot 5}{3} = 45^{sm}$$

Die obigen Aufgaben behandeln gerade Verhältnisse. E i n g e r a d e s V e r - h ä l t n i s b e s t e h t , w e n n d i e Z u n a h m e d e s e i n e n G l i e d e s a u c h e i n e Z u n a h m e d e s a n d e r e n u n d d i e A b n a h m e d e s e i n e n a u c h e i n e A b n a h m e d e s a n d e r e n b e d i n g t .

Z. B. Je mehr Ware, desto mehr Geld.

Je mehr Geld, desto mehr Ware.

Je mehr Zeit, desto größer die zurückgelegte Entfernung.

Es können aber auch Aufgaben mit umgekehrtem Verhältnis vorkommen. E i n u m g e k e h r t e s V e r h ä l t n i s b e s t e h t , w e n n d i e Z u n a h m e d e s e i n e n G l i e d e s e i n e A b n a h m e d e s a n d e r e n u n d d i e A b n a h m e d e s e i n e n G l i e d e s e i n e Z u n a h m e d e s a n d e r e n b e d i n g t .

Z. B.: Je mehr Arbeiter, desto weniger Zeit dauert die Arbeit.

Je mehr Leute von einem Vorrat zehren, desto kürzere Zeit reicht er.

b) Zusammengesetzte Regeldetri.

Zusammengesetzte Regeldetriaufgaben sind solche, die aus mehr als 3 Glie-dern bestehen. Die Aufgaben werden ebenfalls durch Rückschluß auf die Einheit gelöst.

Beispiel: 15 Arbeiter vollenden bei 10stündiger täglicher Arbeitszeit in 9 Ta-gen eine Arbeit. In wieviel Tagen werden 12 Arbeiter bei täglich 8stündiger Arbeit damit fertig?

$$15 \text{ Arbeiter arbeiten } 9 \cdot 10 \text{ Stunden}$$

$$1 \qquad ,, \qquad \text{arbeitet } 9 \cdot 10 \cdot 15 \text{ Stunden}$$

In einem Tage arbeiten 12 Arbeiter $12 \cdot 8$ Stunden. So oft $12 ; 8$ Stunden in $9 \cdot 10 \cdot 15$ enthalten sind, so oft arbeiten 12 Arbeiter einen Tag, also arbeiten 12 Arbeiter

$$\frac{9 \cdot \cancel{10}^{5} \cdot \cancel{15}^{5}}{\cancel{12}_{4} \cdot \cancel{8}_{4}} = \frac{25 \cdot 9}{16} = \frac{225}{16} = 14\tfrac{1}{16} \text{ Tage.}$$

29. Der Kettensatz.

Werden mehrere Regeldetrisätze derartig miteinander verbunden (verkettet), daß ihre Lösung in einem Zuge erfolgen kann, so entsteht der Kettensatz. Den Kettensatz kann man nur auf gerade Verhältnisse anwenden. Er wird deshalb nur benutzt, wenn Umwandlungen fremder Münzen und Maße in einheimische und umgekehrt vorkommen.

Man stellt die Fragezahl rechts oben an die Spitze, beginnt dann links mit der in der Aufgabe vorkommenden ersten Angabezahl, deren Benennung mit der Fragezahl übereinstimmt. Ihr gegenüber stellt man die zweite Angabezahl usw., wobei man darauf achtet, daß die jedesmalige erste Angabezahl der vorhergehenden zweiten gleichbenannt ist. Dann setzt man sämtliche rechtsstehenden Zahlen als Faktoren über und sämtliche linksstehenden als Faktoren unter einen Bruchstrich und löst den Bruch auf.

Beispiel: Ein Schiff ist in Hamburg mit 285 cbm Stückgütern nach Schweden befrachtet zu 8,50 DM per cbm. Wieviele schwedische Kronen erhält der Schiffer ausbezahlt, wenn 5 DM = 8 schwedische Kronen gerechnet werden und 7% für Befrachtung und Kommission abgehen?

$$
\begin{aligned}
? \text{ Kronen} &= 285 \text{ cbm} \\
1 \text{ cbm} &= 8,5 \text{ DM} \\
5 \text{ DM} &= 8 \text{ Kr.} \\
100 \text{ Kr.} &= 93 \text{ Kr.}
\end{aligned}
$$

$$\frac{\overset{2,85}{\cancel{285}} \cdot \overset{1,7}{\cancel{8,5}} \cdot 8 \cdot 93}{\cancel{5}_1 \cdot \cancel{100}_1} = 3604,68 \text{ Kronen.}$$

30. Prozentrechnung.

Überläßt jemand einem anderen für eine gewisse Zeit eine Summe Geldes zur Benutzung, so muß dieser dem Eigentümer dafür eine Vergütung zahlen, die Zins (Zinsen) genannt wird. Die geliehene Summe heißt Kapital und derjenige, der das Geld ausleiht, heißt Gläubiger, denn er glaubt, sein Geld wiederzubekommen; er schenkt dem Geldleiher Vertrauen oder Kredit, deshalb wird er auch Kreditor genannt. Wer Geld leiht, macht Schulden und heißt deshalb Schuldner oder Debitor.

Man bestimmt die Zinsen fürs Hundert (pro cent, %) für 1 Jahr, d. h. man bestimmt, wieviel Mark Vergütung der Verleiher vom Entleiher für die Benutzung von je 100 DM des Kapitals für 1 Jahr erhalten soll. Die Zahl, die angibt, wieviel vom Hundert gezahlt wird, heißt Zinsfuß.

Bei jeder hierher gehörenden Aufgabe kommen vier Größen in Betracht: Zinsen, Kapital, Zinsfuß und Zeit, die so voneinander abhängen, daß, wenn drei derselben gegeben sind, die vierte dadurch bestimmt ist. (Das Jahr wird zu 360 und der Monat zu 30 Tagen gerechnet.)

Man findet die jährlichen Zinsen eines Kapitals, indem man den Zinsfuß mit dem Kapital multipliziert und das Produkt durch 100 dividiert.

Sollen die Zinsen für Monate berechnet werden, so berechnet mat sie zunächst für 1 Monat, indem man die jährlichen Zinsen durch 12 teilt, und multipliziert dann mit der Anzahl der Monate.

Bei Berechnung der Zinsen nach Tagen dividiert man die Zinsen eines Jahres durch 360 und multipliziert mit der Anzahl Tage, für die die Zinsen berechnet werden sollen.

Beispiel: Wieviel Zinsen bringt ein Kapital von 3520 DM zu einem Zinsfuß von 4% a) in einem Jahre, b) in 7 Monaten, c) in 65 Tagen?

$$\text{a) Zinsen} = \frac{\overset{35,20}{\cancel{3520}} \cdot 4}{\underset{1}{\cancel{100}}} = 140,80 \text{ DM}$$

$$\text{b) Zinsen} = \frac{\overset{35,20}{\cancel{3520}} \cdot \overset{1}{\cancel{4}} \cdot 7}{\underset{1}{\cancel{100}} \cdot \underset{3}{\cancel{12}}} = \frac{246,4}{3} = 82,13 \text{ DM}$$

$$\text{c) Zinsen} = \frac{\overset{17,60}{\cancel{3520}} \cdot \overset{1}{\cancel{4}} \cdot \overset{13}{\cancel{65}}}{\underset{1}{\cancel{100}} \cdot \underset{\underset{9}{\cancel{12}}}{\cancel{360}}} = \frac{228,8}{9} = 25,42 \text{ DM}$$

Um den Zinsfuß zu berechnen, multipliziert man die Zinsen (den Gewinn) mit 100 und dividiert durch das Kapital. Beispiel: Mit einem Schiffe, dessen Wert 150 000 DM beträgt, hat man in einem Jahre einen Reingewinn von 20 000 DM erzielt. Zu welchem Zinsfuß hat sich das Kapital verzinst?

$$\text{Zinsfuß} = \frac{\overset{2}{\cancel{20000}} \cdot \overset{20}{\cancel{100}}}{\underset{3}{\cancel{150000}}} = \frac{40}{3} = 13\tfrac{1}{3} \%.$$

Die Prozentrechnung findet auch Anwendung, um einen sicheren Maßstab zum Vergleich verschiedener Werte zu haben; ferner bei Vermittlungsgeschäften und bei der Entlohnung, z. B. der Kapitäne und Mannschaften in der Hochseefischerei. Die Zeit spielt dann keine Rolle; maßgebend sind lediglich die Höhe des Umsatzes und des Vomhundertsatzes (Prozentsatzes). Die Rechnung ist dieselbe wie die Berechnung einjähriger Zinsen.

Beispiel: Nach Abzug von Auktionskosten und Hafenabgaben erzielt ein Fischdampfer von seinem Fange 12 500 DM. Wieviel erhält der Kapitän ausbezahlt, wenn ihm 6% zustehen?

$$\frac{12500 \cdot 6}{\underset{1}{\cancel{100}}} = 750 \text{ DM}$$

31. Gesellschaftsrechnung.

Sind mehrere Unternehmer je mit einem bestimmten Einlagekapital an einem Geschäft beteiligt, so wird ein dabei erzielter Gewinn oder erlittener Verlust der Höhe der Einlagen entsprechend auf die einzelnen Mitglieder verteilt.

Man bestimmt durch Addition aller Einlagekapitalien das Gesamtkapital, dividiert dann den erzielten Gewinn oder den erlittenen Verlust durch das Gesamtkapital und multipliziert diesen Quotienten der Reihe nach mit den Einlagekapitalien. So erhält man den Gewinn oder Verlust für diese.

Beispiel: An einem Schiffe ist A mit 50 000 DM, B mit 70 000 DM und C mit 80 000 DM beteiligt. Verdient werden 25 700 DM. Wieviel erhält jeder?

A = 50 000 DM
B = 70 000 „
C = 80 000 „
S = 200 000 DM

A erhält $\dfrac{\overset{6425}{\cancel{25700}} \cdot \cancel{50\,000}}{\cancel{200\,000}} = 6425,00$ DM

B erhält $\dfrac{\overset{1285}{\cancel{25700}} \cdot 7}{\cancel{20}} = 8995,00$ „

C erhält $\dfrac{\overset{5140}{\cancel{25700}} \cdot \cancel{8}}{\cancel{20}} = \underline{10280,00}$ „

$\underline{\underline{25700,00 \text{ DM}}}$

32. Kohlenverbrauch.

Erfahrungssatz: Bei derselben Maschine verhalten sich die Kohlenverbrauche, wie die dritten Potenzen der Fahrten des Schiffes sich zueinander verhalten.

Beispiel: Ein Dampfer verbraucht bei 11 Knoten Fahrt täglich 7 Tonnen Kohlen.

a) Wie groß ist sein täglicher Verbrauch bei 8 Knoten?

b) Wieviel Seemeilen kann er mit einem Vorrat von 15 Tonnen zurücklegen 1. bei 11 Knoten, 2. bei 8 Knoten Fahrt?

a) $x : 7 = 8^3 : 11^3$

$$x = \frac{7 \cdot 8^3}{11^3} = \frac{7 \cdot 512}{1331} = \frac{3584}{1331} = 3584 : 1331 = \underline{\underline{2,693 \text{ Tonnen.}}}$$

Der tägliche Kohlenverbrauch bei 8 Knoten beträgt 2,693 Tonnen.

b) Bei 11 Knoten Fahrt legt man täglich $24 \cdot 11 = 264$ Seemeilen zurück. Diese Strecke erfordert 7 Tonnen Kohlen. Daher reichen:

$$1 \text{ Tonne für } \frac{264}{7} \text{ Seemeilen}$$

$$\text{und 15 Tonnen für } \frac{264 \cdot 15}{7} = 566 \text{ Seemeilen.}$$

Bei 11 Knoten Fahrt reichen 15 Tonnen für 566 Seemeilen

Bei 8 Knoten Fahrt legt man täglich $24 \cdot 8 = 192$ Seemeilen zurück. Diese Strecke erfordert 2,693 Tonnen Kohlen. Daher reichen:

$$1 \text{ Tonne für } \frac{192}{2,693} \text{ Seemeilen}$$

$$\text{und 15 Tonnen für } \frac{192 \cdot 15}{2,693} = \underline{\underline{1069 \text{ Seemeilen.}}}$$

Bei 8 Knoten Fahrt reicht der Vorrat für 1069 Seemeilen.

Aus diesem Beispiel folgt, daß man bei geringem Kohlenvorrat rechtzeitig die Fahrt verringern muß.

2. Geometrie.

33. Raum, Raumgrößen.

Die Geometrie beschäftigt sich mit den Raumgrößen. Unter Raum versteht man die endlose Ausdehnung nach allen Richtungen.

K ö r p e r , F l ä c h e n , L i n i e n und P u n k t e werden Raumgrößen genannt.

Ein Körper ist ein Teil des Raumes. Er hat drei Ausdehnungen, nämlich L ä n g e , B r e i t e und D i c k e ; letztere nennt man auch H ö h e oder T i e f e.

Die Grenzen des Körpers sind F l ä c h e n , die Grenzen der F l ä c h e n sind L i n i e n , die Grenzen der L i n i e n sind P u n k t e.

Eine Fläche hat zwei Ausdehnungen, nämlich L ä n g e und B r e i t e.

Eine Linie hat nur eine Ausdehnung, nämlich die L ä n g e.

Ein Punkt hat keine Ausdehnung, sondern ist nur eine gedachte Stelle im Raum.

Eine R a u m g r ö ß e kann nur durch eine gleichartige Größe von bekannter Vorstellung, die dann als Maßeinheit dient, gemessen werden.

34. Linien und Winkel.

Es gibt gerade und krumme Linien. Eine gerade Linie oder G e r a d e ist eine Linie, von der jeder Teil dieselbe Richtung hat; sie ist unbegrenzt. Ist eine Gerade an einem Ende begrenzt, so heißt sie S t r a h l. Ein von zwei Punkten begrenzter Teil einer Geraden wird S t r e c k e genannt (Fig. 3, AB). Die krumme Linie ist eine solche, von der kein Teil gerade ist; sie wird auch Kurve genannt (Fig. 3, CD).

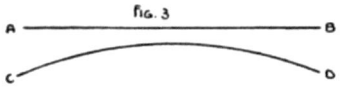

Die Strecke ist die kürzeste Verbindung zweier Punkte (Fig. 3, AB). Die Lage einer geraden Linie ist durch zwei ihrer Punkte bestimmt. Daraus folgt, daß zwischen zwei Punkten nur eine gerade Linie möglich ist.

A l s M a ß e i n h e i t e n f ü r d i e L ä n g e einer Strecke dienen das K i l o - m e t e r (km), das M e t e r (m), das D e z i m e t e r (dm), das Z e n t i m e t e r (cm) und das M i l l i m e t e r (mm). Ein Kilometer ist der 40 000ste Teil des Erdumfangs.

$$1 \text{ km} = 1000 \text{ m}$$
$$1 \text{ m} = 10 \text{ dm} = 100 \text{ cm} = 1000 \text{ mm}.$$

Die einfachste Krumme Linie ist der Kreis. Der Kreis ist eine regelmäßig gekrümmte Linie, die überall gleich weit vom Mittelpunkte entfernt ist (Fig. 4).

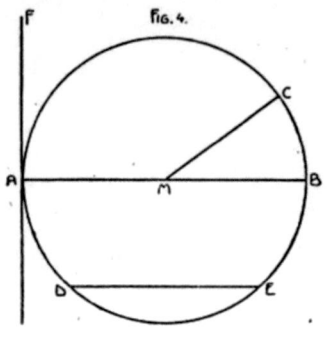

Eine Strecke, die zwei Punkte des Kreises verbindet, heißt Durchmesser, wenn sie durch den Mittelpunkt geht (AB), sonst Sehne (DE).

Eine Strecke, die den Mittelpunkt mit einem Punkte des Kreises verbindet, heißt Halbmesser oder Radius (AM, BM, CM).

Alle Halbmesser ein und desselben Kreises sind einander gleich; ebenso alle Durchmesser.

Ein von zwei Punkten begrenzter Teil eines Kreises heißt Bogen (B͡C).

Eine Gerade, die den Kreis nur in einem Punkte berührt, heißt Berührungslinie oder Tangente (AF). Die Tangente steht in ihrem Berührungspunkt senkrecht zum Halbmesser.

Haben zwei gerade Linien zwei Punkte gemeinsam, so decken sie sich. Haben zwei in einer Ebene liegende gerade Linien keinen Punkt gemeinsam, dann laufen sie parallel; sie haben dann dieselbe Richtung.

Haben zwei gerade Linien nicht dieselbe Richtung, dann schneiden sie sich und bilden einen Winkel (∢).

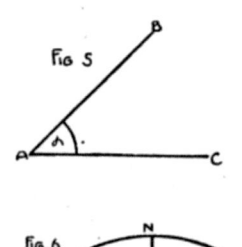

Ein Winkel ist der Richtungsunterschied zweier von einem Punkte ausgehenden Strahlen. Die Strahlen heißen Schenkel, und der Punkt heißt Scheitelpunkt des Winkels (∢ BAC oder ∢ A oder α) (Fig. 5).

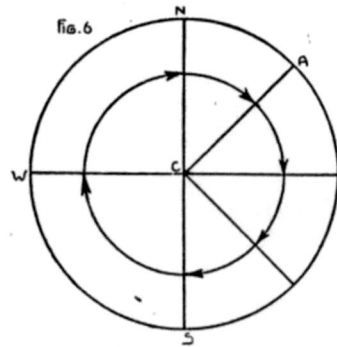

Einen Winkel kann man sich durch Drehung eines beweglichen Schenkels (AC) um den Scheitelpunkt (C) entstanden denken. Denkt man sich den Schenkel AC aus der Lage des feststehenden Schenkels CN in der Pfeilrichtung herum bis wieder in die Lage CN gedreht, so entsteht eine volle Umdrehung oder ein voller Winkel. Jeder Punkt des beweglichen Schenkels beschreibt dabei eine Kreislinie. Der Viertelumdrehung entspricht der Viertelkreis, der halben Umdrehung der Halbkreis. Ueberhaupt entsprechen gleichen Teilen der Umdrehung gleiche Teile des Kreises. Es gilt daher der Satz:

Ein Winkel wird gemessen durch den Kreisbogen zwischen seinen Schenkeln, dessen Mittelpunkt im Scheitelpunkt liegt.

Die ganze Umdrehung und damit auch den ganzen Kreis teilt man ein in 360 gleiche Teile und nennt jeden Teil einen G r a d. Alle ganzen Umdrehungen sind einander gleich, auch ihre entsprechenden Teile. Daher ist der Grad (°) eine Maßeinheit für die Winkelmessung.

Den Grad zerlegt man in 60 gleiche Teile und nennt jeden Teil eine B o g e n m i n u t e oder kurz eine Minute ('). Die Minute wird ebenfalls in 60 gleiche Teile zerlegt und jeder Teil eine Sekunde (")genannt. Handelt es sich um große Kreisbögen, so zerlegt man auch die Sekunde in 60 gleiche Teile und nennt jeden Teil eine Tertie ('''). Neben dieser Teilung ist bei den Seeleuten noch die Strichteilung gebräuchlich. Man teilt die ganze Umdrehung in 32 gleiche Teile und nennt jeden Teil einen Strich. Es ist also 1 Strich = $11\frac{1}{4}°$.

Der Strich wird wieder in Halbe, Viertel und Achtel eingeteilt.

Außerdem teilt man die Umdrehung noch in 24 gleiche Teile und nennt jeden Teil eine Stunde.

$$\text{Da' } 24^h = 360°, \text{ so ist}$$
$$1^h = 15°$$
$$1^m = 15'$$
$$1^s = 15''$$
$$\text{Ferner } 15° = 60^m$$
$$1° = 4^m$$
$$1' = 4^s$$

Stehen die Schenkel eines Winkels senkrecht (⊥) aufeinander, so heißt der Winkel ein rechter (∢ BCD). Ein rechter Winkel (Rechter) ist = 90° = 8 Strich = 6 Stunden.

Haben die Schenkel eines Winkels genau entgegengesetzte Richtung, so heißt der Winkel ein g e s t r e c k t e r (∢ ACB). Er ist so groß wie zwei Rechte, also 180° = 16 Strich = 12 Stunden.

Ein Winkel, der kleiner ist als ein Rechter, heißt s p i t z e r Winkel (∢ DEF).

Ist ein Winkel größer als ein Rechter, aber kleiner als ein gestreckter, so wird er s t u m p f e r Winkel genannt (∢ EFG).

Spitze und stumpfe Winkel nennt man auch schiefe Winkel.

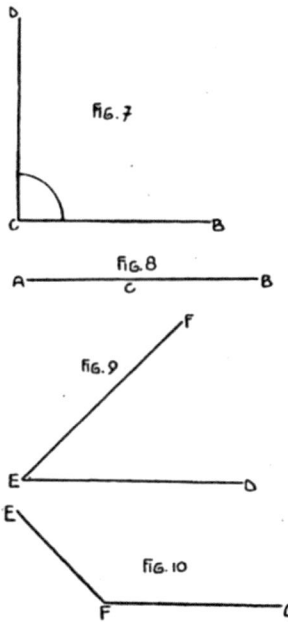

fiG. 7

fiG. 8

fiG. 9

fiG. 10

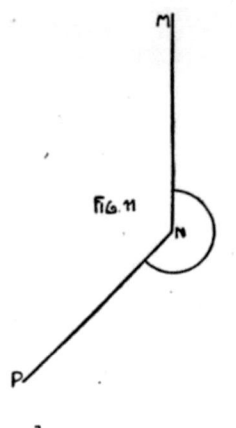

Fig. 11

Ein Winkel, der größer ist als ein gestreckter, heißt überstumpfer Winkel (∡ MNP).

Zwei Winkel, die zusammen 90° betragen —
sie brauchen nicht aneinander zu liegen —
heißen Komplementwinkel. Ist z. B. ein Winkel
57°, so ist sein Komplementwinkel 33°.

Zwei Winkel, die sich zu 180° ergänzen,
nennt man Supplementwinkel; ist z. B. ein
Winkel 100° 20', so ist sein Supplementwinkel
79° 40'.

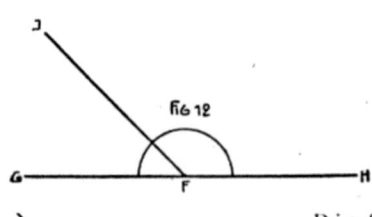

Fig. 12

Verlängert man einen Schenkel
eines Winkels über den Scheitelpunkt
hinaus, so entstehen Nebenwinkel (Fig.
12, ∡ GFJ und ∡ HFJ).

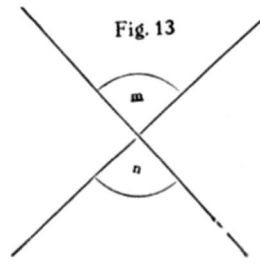

Fig. 13

Die Summe zweier Nebenwinkel ist
gleich 2 R.

Verlängert man beide Schenkel eines Winkels
über den Scheitelpunkt hinaus, so entstehen
Scheitelwinkel (Fig. 13, ∡ m und ∡ n). Scheitelwinkel sind einander gleich.

35. Winkel an Parallelen.

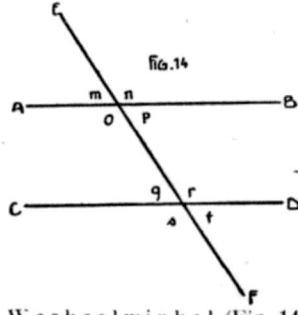

Fig. 14

Werden zwei parallele Linien von einer
dritten geschnitten, so entstehen an jedem
Schnittpunkte vier Winkel, die paarweise so
zusammengefaßt werden:

Winkel, die an derselben Seite der schneidenden Linie und an derselben Seite der geschnittenen Linien liegen, heißen Gegenwinkel (Fig. 14, m und q, n und r, o und s,
p und t).

Winkel, die an verschiedenen Seiten der
schneidenden Linie und an verschiedenen
Seiten der geschnittenen Linien liegen, heißen
Wechselwinkel (Fig. 14, m und t, n und s, o und r, p und q).

Werden zwei parallele Linien von einer dritten Linie geschnitten, so sind sowohl die Gegenwinkel als auch die Wechselwinkel einander gleich.

Umgekehrt läßt sich auch sagen:

Werden zwei Linien von einer dritten Linie geschnitten und sind die Gegenwinkel und Wechselwinkel einander gleich, so sind die Linien parallel.

36. Ebene und gekrümmte Flächen, Dreiecke.

Eine Fläche, in der man nach allen Richtungen hin gerade Linien ziehen kann, heißt eine E b e n e. Eine g e k r ü m m t e F l ä c h e ist eine solche, von der kein Teil eben ist.

Eine allseitig begrenzte Ebene wird Figur genannt.

Man unterscheidet geradlinige, krummlinige und gemischtlinige Figuren. Die einfachste geradlinige Figur ist das Dreieck.

Ein Dreieck ist eine Figur, die von drei Strecken begrenzt wird (Fig. 15).

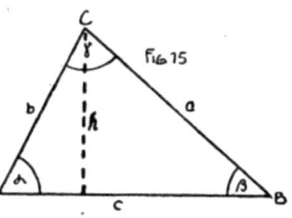

Fig. 15

Die begrenzenden Strecken werden Seiten und deren Summe wird Umfang genannt.

Der senkrechte Abstand eines Eckpunktes von der gegenüberliegenden Seite oder deren Verlängerung heißt Höhe (h).

Je zwei Seiten bilden an jedem Eckpunkt einen Winkel. Die Seiten eines Dreiecks ABC heißen AB oder c, AC oder b, BC oder a, die Winkel heißen ∢ A oder α (Alpha), ∢ B oder β (Beta), ∢ C oder γ (Gamma) (Fig. 15). D i e W i n k e l - s u m m e e i n e s D r e i e c k s i s t g l e i c h 180°.

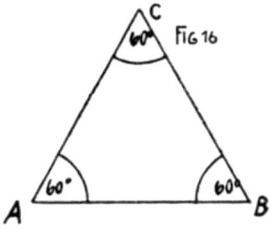

Fig. 16

Hinsichtlich der Seiten unterscheidet man gleichseitige, gleichschenklige und ungleichseitige, hinsichtlich der Winkel spitzwinklige, rechtwinklige und stumpfwinklige Dreiecke.

In gleichseitigen Dreiecken sind alle Seiten einander gleich, und jeder Winkel ist gleich 60° (Fig. 16).

In gleichschenkligen Dreiecken sind zwei Seiten einander gleich. Die gleichen Seiten heißen S c h e n k e l, die dritte Seite heißt G r u n d l i n i e oder B a s i s. Die Winkel an der Grundlinie heißen B a s i s w i n k e l. Sie sind einander gleich (Fig. 17).

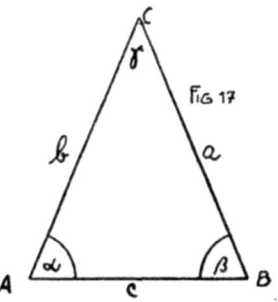

Fig. 17

In ungleichseitigen Dreiecken sind alle drei Seiten verschieden (Fig. 15).

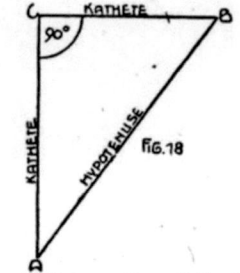

In s p i t z w i n k l i g e n Dreiecken sind alle Winkel spitz.

In r e c h t w i n k l i g e n Dreiecken ist ein Winkel ein rechter (Fig. 18). Die dem rechten Winkel gegenüberliegende Seite heißt H y p o t e - n u s e ; die beiden anderen Seiten heißen K a - t h e t e n. Die beiden spitzen Winkel im rechtwinkligen Dreieck ergänzen sich zu 90°. Sind die beiden spitzen Winkel im rechtwinkligen Dreieck einander gleich, also 45°, so sind auch die Katheten gleich, anderenfalls ist d i e Kathete die größere, die dem größeren Winkel gegenüberliegt.

In s t u m p f w i n k l i g e n Dreiecken ist ein Winkel ein stumpfer.

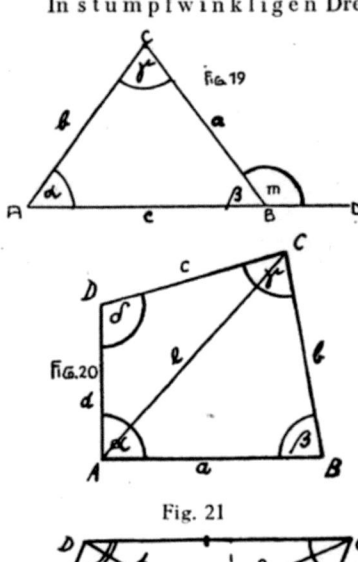

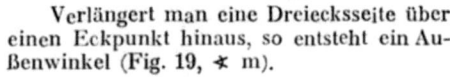

Verlängert man eine Dreiecksseite über einen Eckpunkt hinaus, so entsteht ein Außenwinkel (Fig. 19, ✕ m).

D e r A u ß e n w i n k e l e i n e s D r e i - e c k s i s t g l e i c h d e r S u m m e d e r b e i d e n D r e i e c k s w i n k e l, d i e n i c h t N e b e n w i n k e l v o n i h m s i n d. ✕ m = ✕ α + ✕ γ.

37. Vierecke und Vielecke.

Ein Viereck ist eine von vier Seiten begrenzte Figur. Im Viereck heißt die Strekke, die zwei nicht benachbarte Ecken verbindet, D i a g o n a l e (Fig. 20; e). Sie teilt das Viereck in zwei Dreiecke. Da die Winkelsumme jedes der beiden Dreiecke gleich 180° ist, beträgt die Summe der Winkel im Viereck 360°.

Ein Viereck, in dem die gegenüberliegenden Seiten parallel sind, heißt P a r a l - l e l o g r a m m (Fig. 21). Der senkrechte Abstand der parallelen Seiten wird Höhe genannt.

Im Parallelogramm sind je zwei gegenüberliegende Seiten und Winkel einander gleich, zwei benachbarte Winkel zusammen 180°.

Die Diagonalen im Parallelogramm halbieren einander.

Ein Parallelogramm, dessen Winkel rechte sind, heißt R e c h t e c k (Fig. 22).

Fig. 21

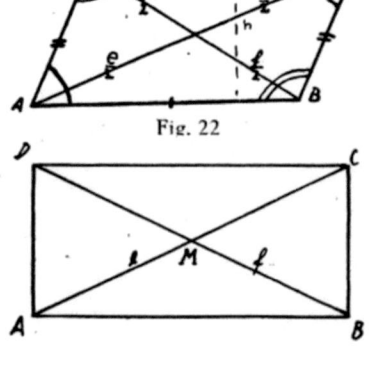

Fig. 22

Im Rechteck sind die Diagonalen gleich lang. Da sie sich auch hier halbieren, ist der Schnittpunkt der Diagonalen von allen Ecken gleich weit entfernt. Man kann einem Rechteck also einen Kreis umbeschreiben.

Ein Rechteck, dessen Seiten gleich sind, heißt Q u a d r a t (Fig. 23).

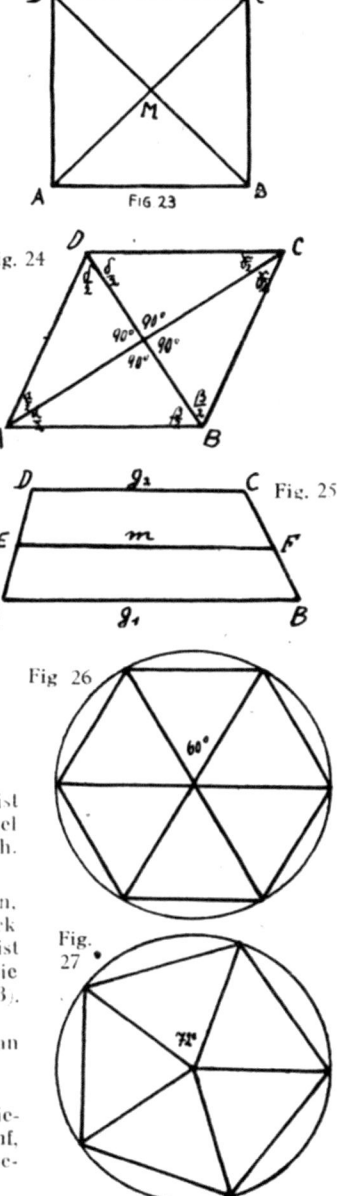

Ein Parallelogramm mit gleichen Seiten und schiefen Winkeln heißt R h o m b u s (Fig. 24).

Die Diagonalen im Rhombus halbieren die Winkel und stehen senkrecht aufeinander.

Ein Viereck, in dem nur zwei Seiten parallel sind, heißt T r a p e z (Fig. 25). Die beiden parallelen Seiten werden Grundlinien, die anderen Seiten Nebenseiten genannt. Die Verbindungslinie der Mitten der beiden Nebenseiten, die M i t t e l l i n i e, ist das Mittel aus den Grundlinien.

$$m = \frac{g_1 + g_2}{2}$$

Sie läuft parallel zu den beiden Grundlinien.

Ein g l e i c h s c h e n k l i g e s T r a p e z ist ein Trapez mit gleichen Nebenseiten. Die Winkel an der Grundlinie sind in diesem einander gleich.

Figuren, die mehr als vier Seiten haben, heißen V i e l e c k e. Sind die in einem Vieleck vorkommenden Seiten und Winkel gleich, so ist das Vieleck ein regelmäßiges (Fig. 26); sind sie verschieden, so ist es ein unregelmäßiges (Fig. 53).

Nach der Anzahl der Seiten unterscheidet man Fünfecke, Sechsecke, Siebenecke usw.

Ein regelmäßiges Fünfeck, Sechseck oder Siebeneck entsteht, wenn man einen Kreis in fünf, sechs oder sieben gleiche Teile teilt und alle benachbarten Teilpunkte miteinander verbindet.

3 Janssen-Lange, Schiffahrtskunde

38. Ellipse, Kreis, Kreisausschnitt und Kreisabschnitt.

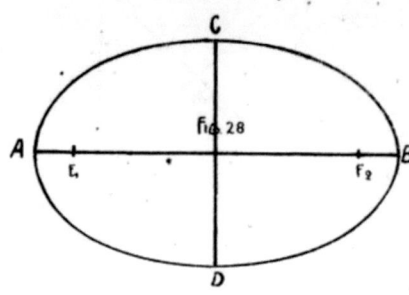

Fig. 28

Als krummlinige Figuren merken wir uns die E l l i p s e und den K r e i s.

Eine Ellipse ist eine Figur, die von einer derartig gekrümmten Linie begrenzt wird, daß die Summe der Abstände eines beliebigen Punktes der Linie von zwei innerhalb der Figur liegenden Punkten, den Brennpunkten, immer dieselbe ist (Fig. 28). Die Strecke AB durch F_1 und F_2 heißt große Achse, die Mittelsenkrechte CD hierzu kleine Achse der Ellipse.

Ein Kreis ist eine Figur, die von einer regelmäßig gekrümmten Linie begrenzt wird, die überall gleichen Abstand vom Mittelpunkte hat.

Die Linie, die den Kreis begrenzt, heißt K r e i s l i n i e, K r e i s u m f a n g oder P e r i p h e r i e.

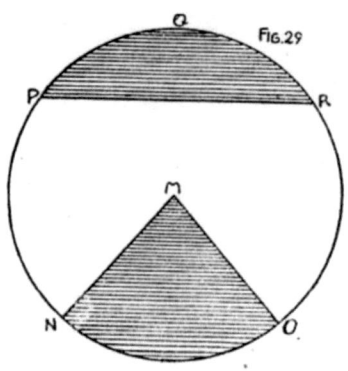

Fig. 29

Ein K r e i s a b s c h n i t t ist eine gemischtlinige Figur, die von einer Sehne und dem zugehörigen Kreisbogen begrenzt wird (Fig. 29, PQR).

Ein Kreisausschnitt oder S e k t o r ist eine gemischtlinige Figur, die von zwei Halbmessern und dem zwischenliegenden Kreisbogen begrenzt wird (Fig. 29, MNO).

Von den Kreisausschnitten, die besonders benannt sind, sind zu merken der Q u a d r a n t, der S e x t a n t und der O k t a n t.

Der Quadrant ist gleich dem vierten, der Sextant gleich dem sechsten, der Oktant gleich dem achten Teile des Kreises.

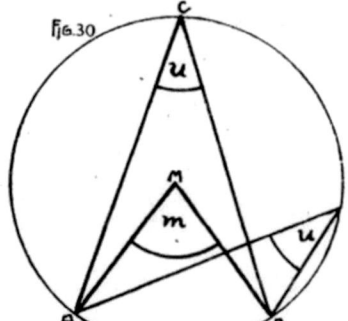

Fig. 30

39. Mittelpunktswinkel, Umfangswinkel und Sehnenviereck.

Ein von zwei Halbmessern gebildeter Winkel, dessen Scheitelpunkt im Mittelpunkte des Kreises liegt, heißt M i t t e l p u n k t s - w i n k e l; ∢ m. Der Mittelpunktswinkel ist gleich dem Bogen auf dem er steht; ∢ m = $\overset{\frown}{A B}$.

Ein von zwei Sehnen gebildeter Winkel, dessen Scheitelpunkt auf dem Umfang des Kreises liegt, heißt U m f a n g s w i n k e l; ∢ u.

Der Umfangswinkel ist halb so groß wie der Mittelpunktswinkel, der mit ihm auf demselben Kreisbogen steht; $\angle u = \frac{1}{2} \angle m$.

Der Umfangswinkel ist also auch gleich dem halben Kreisbogen, auf dem er steht; $\angle u = \frac{1}{2} \overset{\frown}{AB}$.

D e r U m f a n g s w i n k e l i m H a l b - k r e i s i s t e i n R e c h t e r : $\angle u = 1$ R.

A l l e U m f a n g s w i n k e l ü b e r d e m s e l b e n B o g e n s i n d e i n a n d e r g l e i c h (Fig. 30).

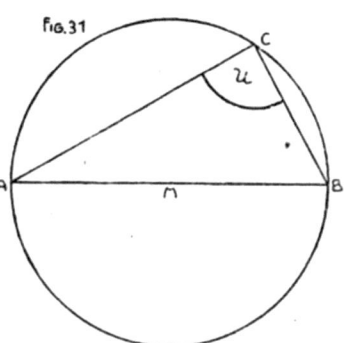
Fig. 31

Fig. 32

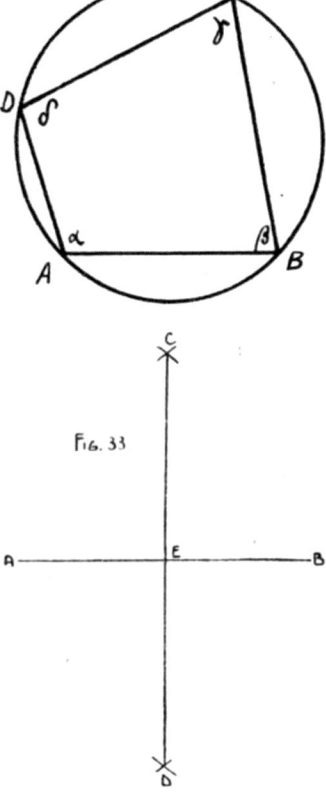

Ein Viereck, das aus vier Sehnen eines Kreises gebildet wird, heißt ein **S e h n e n - v i e r e c k** (Fig. 32).

In jedem Sehnenviereck ergänzen sich je zwei gegenüberliegende Winkel zu 180°; $\alpha + \gamma = 180^{\circ}$; $\beta + \delta = 180^{\circ}$.

Sind in einem Viereck je zwei gegenüberliegende Winkel zusammen 180°, so ist es ein Sehnenviereck, d. h. alle vier Eckpunkte liegen auf einem Kreis.

40. Zeichenübungen.

1. **A u f g a b e.** Es ist eine Strecke zu halbieren.

L ö s u n g. Man schlägt mit beliebiger, aber gleicher Zirkelöffnung um die Endpunkte A und B (Fig. 33) Kreisbögen, die sich in zwei Punkten, C und D, schneiden. Die Verbindungsstrecke dieser Punkte halbiert die gegebene Strecke, so daß AE = BE wird.

Fig. 33

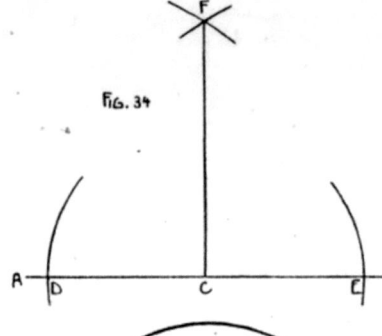

FiG. 34

2. Aufgabe. In einem beliebigen Punkte C einer geraden Linie eine Senkrechte zu errichten.

Lösung. Man schlägt um C (Fig. 34) einen Kreisbogen, der die Strecke AB in zwei Punkten schneidet. Um die Schnittpunkte D und E schlägt man wieder mit beliebigem, aber gleichen Halbmesser Bögen, die sich in F schneiden. Verbindet man nun F mit C, so ist CF die verlangte Senkrechte.

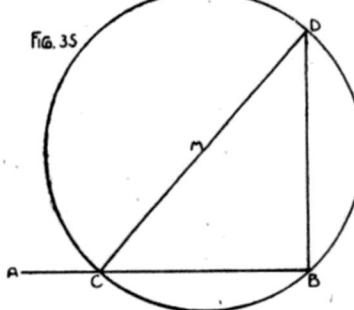

FiG. 35

3. Aufgabe. Im Endpunkt einer Strecke eine Senkrechte zu errichten.

Lösung. Um einen beliebig angenommenen Punkt M außerhalb der Strecke AB (Fig. 35) schlägt man einen Kreis mit dem Halbmesser BM, der die Strecke AB in C schneidet. Dann zieht man den Durchmesser CD. Verbindet man nun D mit B, so ist BD die verlangte Senkrechte.

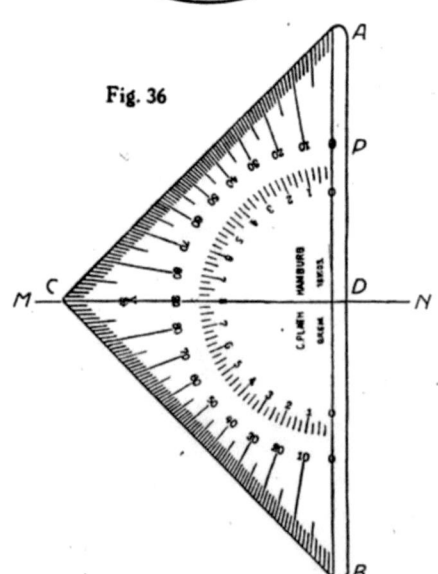

Fig. 36

4. Aufgabe. Von einem Punkte P außerhalb einer Strecke MN (Fig. 36) eine Senkrechte auf diese zu fällen.

Lösung. (Mittels des Transporteurdreiecks). Man lege das Transporteurdreieck so hin, daß seine Mittellinie CD mit MN zusammenfällt und die Seite AB durch den Punkt P geht. Dann ist die längs der Kante AB gezogene Strecke PD die gesuchte Senkrechte.

5. A u f g a b e. Zu einer gegebenen Strecke MN durch einen
gegebenen Punkt P eine Parallele
zu ziehen.

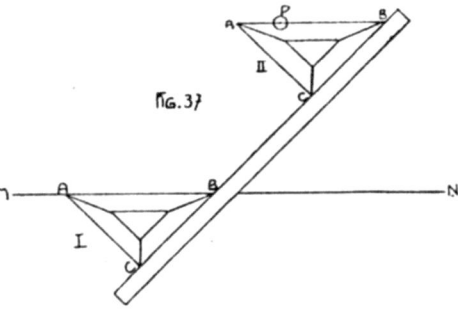

FIG. 37

L ö s u n g. Man lege das
Dreieck mit der Hypotenuse AB
an die Strecke MN (I), an eine
Kathete lege man ein Lineal,
verschiebe das Dreieck längs
des Lineals, bis AB durch den
Punkt P geht (II). Dann ziehe
man die gesuchte Parallele längs
der Kante AB.

Diese Aufgabe wird in der Seekarte zuweilen noch mittels des Parallel-
lineals (Fig. 38) gelöst.

Fig. 38

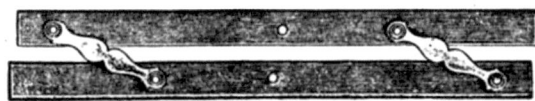

6. A u f g a b e. Es ist eine Strecke AB (Fig. 39) in drei gleiche Teile
zu teilen.

L ö s u n g. In einem Endpunkte
der gegebenen Strecke trägt man einen
beliebigen spitzen Winkel an und
mißt auf dem freien Schenkel (AC)
drei gleich große Strecken von A aus
ab. Den letzten Teilpunkt (F) verbindet
man mit B und zieht zu BF Parallelen
durch D und E; diese teilen die ge-
gebene Strecke in drei gleiche Teile, d. h. AG = GH = HB.

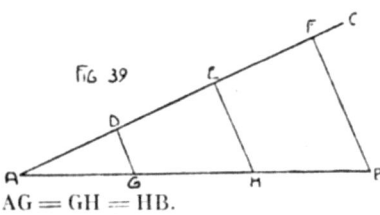

FIG 39

7. A u f g a b e. Es ist ein Winkel zu halbieren.

L ö s u n g. Man beschreibe um
den Scheitelpunkt A (Fig. 40) einen
Kreisbogen, der die Schenkel in B
und C schneidet. Dann schlage man
mit gleichem Halbmesser um B und C
Kreisbogen, die sich in D schneiden.
Verbindet man nun A mit D, so
halbiert diese Verbindungsstrecke den
gegebenen Winkel, d. h. es ist ∢ BAD
= ∢ CAD.

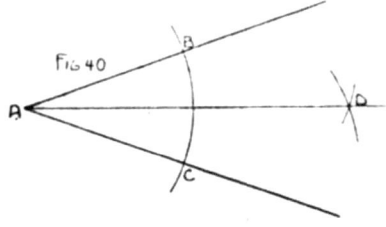

FIG 40

Fig 41

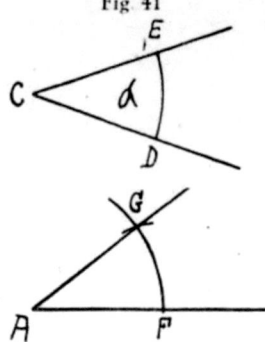

8. Aufgabe. Es ist an eine Strecke AB im Punkte A ein gegebener Winkel anzutragen.

Lösung. Man schlägt um den Scheitelpunkt C des gegebenen Winkels und um den Punkt A der Strecke AB mit beliebigem, aber gleichem Halbmesser je einen Kreisbogen, der die Schenkel des Winkels in D und E, die Strecke AB in F schneidet (Fig 41). Dann schlägt man mit dem Abstand DE als Halbmesser um F einen Kreisbogen, der den Kreisbogen um A in G schneidet. Verbindet man A mit G, so ist der gegebene Winkel α an die Strecke AB in A angetragen.

Anmerkung: Die Aufgaben 2, 3, 7 und 8 können auch mit Hilfe eines Transporteurdreiecks gelöst werden.

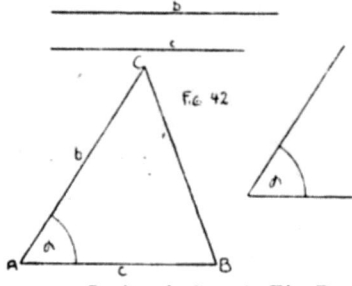

41. Dreieckskonstruktionen.

1. Aufgabe. Ein Dreieck zu zeichnen, wenn zwei Seiten und der eingeschlossene Winkel gegeben sind.

Gegeben b und c und der Winkel α.

Lösung. Man ziehe AB = c, trage im Punkte A den Winkel α an. Auf dem freien Schenkel trage man die Seite b = AC ab und verbinde C mit B. Dann ist Dreieck ABC das gesuchte.

Beispiele: 1. Ein Dreieck ABC zu zeichnen, in dem AB = 5 cm, AC = 7 cm und ∢ A = 68° ist.

2. Ein Dreieck ABC zu zeichnen, in dem AB = 6 cm, BC = 7,5 cm und ∢ B = 105° ist.

3. Ein rechtwinkliges Dreieck zu zeichnen mit den Katheten a = 3 cm und b = 4 cm.

4. Ein rechtwinkliges Dreieck zu zeichnen mit den Katheten b = 5,5 cm und c = 3,3 cm.

2. Aufgabe. Ein Dreieck zu zeichnen, wenn eine Seite und zwei Winkel gegeben sind.

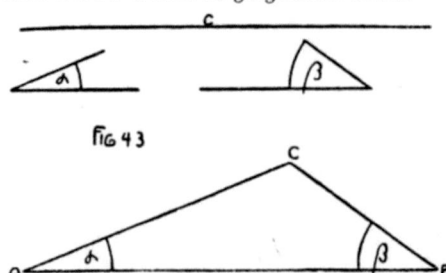

Hierbei sind zwei Fälle zu unterscheiden:

1. Gegeben eine Seite und die beiden anliegenden Winkel.

2. Gegeben eine Seite, ein anliegender und ein gegenüberliegender Winkel.

Der zweite Fall aber läßt sich auf den ersten dadurch zurückführen, daß man mit Hilfe der beiden gegebenen Winkel den andern anliegenden Winkel sucht.

Diesen erhält man, indem man die Summe der beiden gegebenen Winkel von
180° subtrahiert.

Gegeben: Seite c und die Winkel α und β.

Lösung: Man ziehe AB = c und trage in den Endpunkten die Winkel α
und β an. Die freien Schenkel schneiden sich in C, und Dreieck ABC ist das
gesuchte.

Beispiele: 5. Ein Dreieck zu zeichnen, in dem AB = 7 cm, ⊀ A =
37° und ⊀ B = 110° ist.

6. Ein Dreieck zu zeichnen, in dem BC = 6,5 cm, ⊀ B = 115° und
⊀ C = 29° ist.

7. Ein gleichschenkliges Dreieck zu zeichnen, dessen Grundlinie gleich
5 cm ist und dessen Basiswinkel je 15° sind.

3. Aufgabe. Ein Dreieck zu zeichnen aus den drei Seiten.

Gegeben: Die Seiten AB, AC und BC.

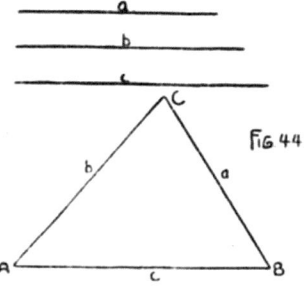

FIG 44

Lösung: Man ziehe AB = c, beschreibe
um A einen Kreisbogen mit dem Halbmesser =
b und um B einen Kreisbogen mit dem Halbmesser = a, den Schnittpunkt nenne man C. Verbindet man C mit A und B, so ist Dreieck ABC
das gesuchte.

Beispiel: 8. Ein Dreieck zu zeichnen aus den Seiten AB = 6,9 cm,
AC = 7,3 cm und BC = 4,8 cm.

4. Aufgabe. Ein Dreieck zu zeichnen aus zwei Seiten
und einem gegenüberliegenden Winkel.

Bei dieser Aufgabe sind im wesentlichen zwei Fälle zu unterscheiden:

1. Der gegebene Winkel liegt der größeren,

2. der gegebene Winkel liegt der kleineren von beiden gegebenen Seiten
gegenüber.

I. Fall. Der gegebene Winkel liegt der größeren der beiden gegebenen Seiten ge-
genüber.

Gegeben: Seite AB, Seite BC
und der Winkel α.

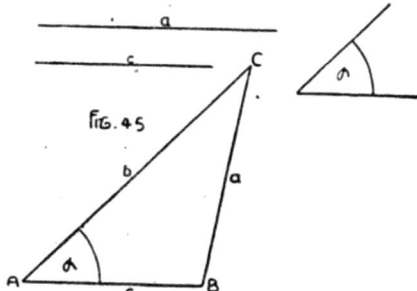

FIG. 45

Lösung: Man ziehe AB = c,
trage den ⊀ α im Punkt A an, beschreibe mit dem Halbmesser = a
um B einen Kreisbogen. Dieser
schneidet den freien Schenkel des
Winkels α in C. Verbindet man nun
B mit C, so ist Dreieck ABC das gesuchte.

Beispiele: 9. Ein Dreieck zu zeichnen aus AB = 6 cm, BC = 8 cm
und ⊀ α = 65°.

10. Ein rechtwinkliges Dreieck zu zeichnen aus der Hypotenuse c =
7,5 cm und der Kathete b = 4,8 cm.

II. Fall. Der gegebene Winkel liegt der kleineren von beiden gegebenen Seiten gegenüber. (Zweideutiger Fall.)

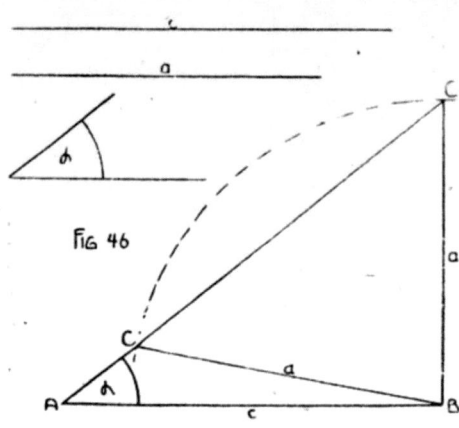

Fig. 46

Lösung: Man ziehe AB = c, trage im Punkte A den Winkel α an, beschreibe mit dem Halbmesser gleich a um B einen Kreisbogen. Dieser schneidet den freien Schenkel in C und C'. Daher genügen beide Dreiecke, ABC und ABC', den Anforderungen. Der Fall ist also zweideutig.

Anmerkung: Denkt man sich die Seite a immer kleiner werdend, so rücken C und C' immer näher zusammen, bis sie zuletzt zusammenfallen. Dann steht BC senkrecht auf AC, und das Dreieck ist bei C rechtwinklig und eindeutig.

42. Ausmessung der Figuren.

Fig. 47

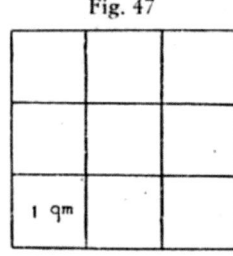

1 qm

1. Das Quadrat. Zum Ausmessen der Flächen dient die Einheit des Flächenmaßes, das Quadratmeter (qm). Soll eine Quadratfläche, die 3 m lang und 3 m breit ist, ausgemessen werden, so wird 1 qm an der einen Seite des Quadrats 3 mal nebeneinander gelegt werden können. Da die Fläche auch 3 m breit ist, kann die Fläche von 3 × 1 qm auch 3 mal übereinandergelegt werden. Die Fläche enthält also 3 × 3 = 9 qm, d. h.

der Inhalt eines Quadrats wird gefunden, wenn man eine Seite desselben mit sich selbst multipliziert.

Bezeichnet I den Inhalt und s die Seite des Quadrats, so ist $I = s^2$.

2. Das Rechteck. Ist das Rechteck 5 m lang und 3 m breit, so kann man der Länge nach 5 qm nebeneinanderlegen und über diese noch zwei Lagen, im ganzen also drei Lagen. Es ist daher 3 · 5 = 15 qm groß, d. h. man findet den Inhalt eines Rechtecks, indem man Länge (Grundlinie g) mit der Breite (Höhe h) multipliziert.

Fig. 48

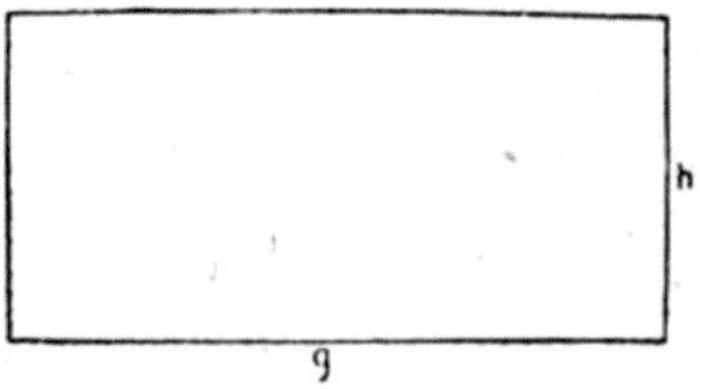

Beispiel: Die Grundlinie eines Rechtecks ist 24 m, die Höhe 8 m. Wie groß ist sein Inhalt?

$$I = g \cdot h$$
$$I = 24 \cdot 8 = \underline{\underline{192 \text{ qm.}}}$$

3. Das Parallelogramm. Denkt man sich das Dreieck (Fig. 49) rechts abgeschnitten und links angelegt, so entsteht ein Rechteck mit der Grundlinie g und der Höhe h.

Der Inhalt des Parallelogramms ist also Grundlinie mal Höhe.

Beispiel: Die Grundlinie eines Parallelogramms ist 65 m, seine Höhe 18 m. Wie groß ist sein Inhalt?

$$I = g \cdot h$$
$$I = 65 \cdot 18 = 1170 \text{ qm}$$

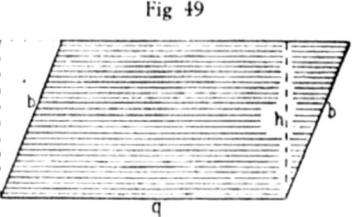

Fig 49

4. Das Dreieck. Zieht man in einem Parallelogramm eine Diagonale, so zerfällt es in zwei gleich große Dreiecke. Ein Dreieck ist also die Hälfte eines Parallelogramms von gleicher Grundlinie und Höhe.

Man findet den Inhalt eines Dreiecks, indem man die Grundlinie mit der Höhe multipliziert und das Produkt durch 2 dividiert.

Beispiel: Die Grundlinie eines Dreiecks ist 25 m, seine Höhe 32 m. Wie groß ist sein Inhalt?

$$I = \frac{g \cdot h}{2}$$
$$= \frac{25 \cdot 32}{2}$$
$$= 400 \text{ qm.}$$

Fig. 50

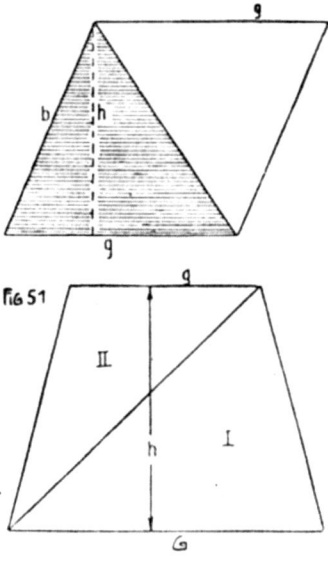

5. Das Trapez. Zieht man im Trapez eine Diagonale, so entstehen zwei Dreiecke mit der gemeinsamen Höhe h und den Grundlinien G und g.

Man findet den Inhalt eines Trapezes, indem man es durch eine Diagonale in 2 Dreiecke zerlegt, den Inhalt eines jeden Dreiecks berechnet und die erhaltenen Werte addiert.

Beispiel: Die Grundlinien eines Trapezes sind 24 m und 16 m, und die Höhe ist 12 m. Wie groß ist sein Inhalt?

Inh. des Dreiecks $I = \dfrac{G \cdot h}{2}$

Inh. des Dreiecks $II = \dfrac{g \cdot h}{2}$

$$\text{Inh. des Trapezes } I + II = \frac{G \cdot h}{2} + \frac{g \cdot h}{2} = \frac{G + g}{2} \cdot h$$

$$= \frac{24 + 16}{2} \cdot 12 = 20 \cdot 12 = 240 \text{ qm}$$

Inh. des Trapezes = 240 qm.

6. Das regelmäßige Vieleck. Verbindet man den Mittelpunkt eines regelmäßigen Vielecks mit den Ecken, so ist die Zahl der entstehenden Dreiecke gleich der Seitenzahl des Vielecks. Sämtliche Dreiecke sind einander gleich.

Man findet den Inhalt eines regelmäßigen Vielecks, indem man den Mittelpunkt mit den Ecken verbindet, ein Dreieck berechnet und die erhaltene Zahl mit der Seitenzahl des Vielecks multipliziert.

Beispiel: In einem regelmäßigen Sechseck ist jede Seite = 15 m, die vom Mittelpunkt auf die eine Seite gefällte Höhe wird zu 13 m gefunden. Wie groß ist der Inhalt des Vielecks?

Fig. 52

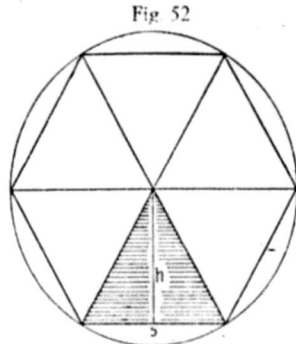

$$\text{Inh.} = \frac{s \cdot h}{2} \cdot 6$$

$$= \frac{15 \cdot 13}{2} \cdot 6 = \underline{585 \text{ qm.}}$$

7. Das unregelmäßige Vieleck. Man findet den Inhalt eines unregelmäßigen Vielecks, indem man es durch Diagonalen in Dreiecke zerlegt, den Inhalt eines jeden Dreiecks bestimmt und die gefundenen Inhaltszahlen addiert.

Beispiel: In einem unregelmäßigen Vieleck findet man die Diagonalen g = 23 m und g_2 = 28 m und die Höhen h_1 = 7 m, h_1 = 12 m, h_3 = 6 m. Wie groß ist der Inhalt des Vielecks?

Fig. 53

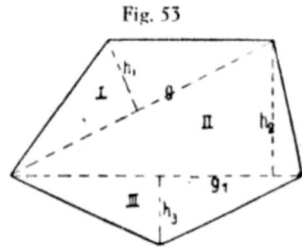

$$\text{Inhalt} = I + II + III$$

$$I = \frac{23 \cdot 7}{2} = \underline{80,5 \text{ qm}}$$

$$II = \frac{28 \cdot 12}{2} = \underline{168 \text{ qm}}$$

$$III = \frac{28 \cdot 6}{2} = \underline{84 \text{ qm}}$$

Inhalt des Vielecks = 80,5 qm + 168 qm + 84 qm = $\underline{332,5 \text{ qm.}}$

8. Der Kreis.

a) **Kreisumfang.** Der Umfang eines Kreises ist 3,14 mal so groß wie sein Durchmesser. Die Zahl 3,14 wird mit dem griechischen Buchstaben π bezeichnet.

Es ist also $U = d \cdot \pi$ oder, da $d = 2r$ ist, $U = 2r \cdot \pi$.

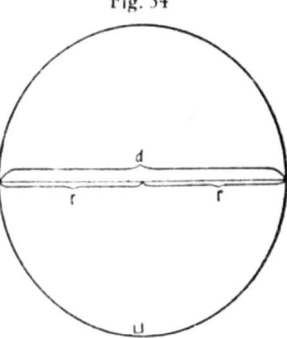

Fig. 54

Der Durchmesser eines Kreises ist gleich seinem Umfang geteilt durch π.

$$d = \frac{U}{\pi} \text{ oder } r = \frac{U}{2\pi}$$

Beispiel 1: Der Durchmesser eines Kreises ist 25 m. Wie groß ist sein Umfang? $U = 25 \cdot 3,14 = 78,5$ m.

Beispiel 2: Der Umfang eines Kreises ist 95 m. Wie groß ist sein Durchmesser?

$$d = \frac{95}{3,14} = 30,255 \text{ m.}$$

b) **Kreisfläche.** Der Inhalt eines Kreises ist: $I = r^2 \pi$.

Beispiel: Der Radius eines Kreises ist 2,4 m. Wie groß ist sein Inhalt?

$$Inh. = r^2 \pi = 2,4 \cdot 2,4 \cdot 3,14 = 18,086 \text{ qm.}$$

43. Zeichnung und Inhaltsberechnung einiger Körper.

Ein anschauliches Bild eines von ebenen Flächen begrenzten Körpers erhält man, wenn man eine Fläche des Körpers in der Zeichenebene abbildet, alle hierzu senkrechten Kanten bzw. Hilfslinien unter einem Winkel von 45° schräg legt und auf ein Drittel oder die Hälfte des gegebenen Maßes verkürzt und dann die gefundenen Endpunkte dem Körper entsprechend verbindet (Fig. 55—57). Eine senkrecht zur Zeichenebene liegende Kreisfläche wird als Ellipse abgebildet, deren große Achse gleich dem Durchmesser des Kreises, deren kleine Achse senkrecht hierzu verkürzt gezeichnet wird (Fig. 58 und 59).

Fig. 55

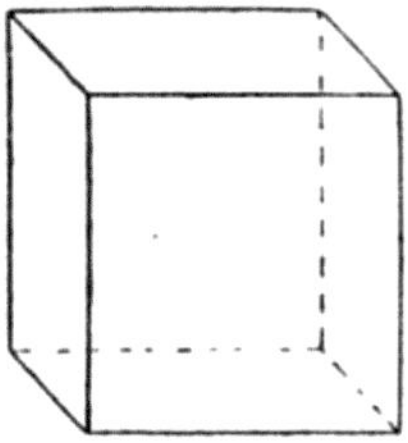

Die zur Ausmessung von Körpern dienende Maßeinheit ist der Würfel oder der Kubus (Fig. 55), d. i. ein Körper, welcher von sechs gleich großen Quadraten begrenzt wird. Die drei Ausdehnungen, Länge, Breite und Höhe sind einander gleich. Die Begrenzungslinien der Grundfläche nennt man Grundkanten; die Begrenzungslinien der Seitenflächen heißen Seitenkanten. Ist jede Kante 1 m lang, so heißt der Würfel 1 Kubikmeter (cbm), ist die Kante 1 cm, so ist der Würfel 1 Kubikzentimeter (cbcm).

Fig 56

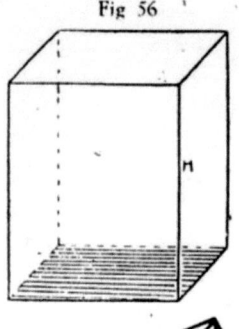

1. Das Prisma. Der Inhalt eines Prismas (Fig. 56) ist gleich der Grundfläche (G) mal der Höhe (H).

Aufgabe 1: Wie groß ist der Inhalt eines rechtwinkligen vierkantigen Prismas, dessen Grundkanten 14 und 12 m sind und dessen Höhe 20 m ist?

$$I = G \cdot H$$
$$I = 14 \cdot 12 \cdot 20$$
$$I = 168 \cdot 20 = \underline{\underline{3360 \text{ cbm.}}}$$

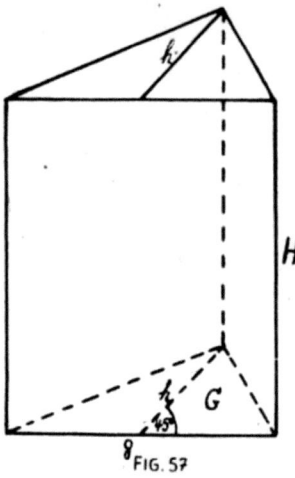

FIG. 57

Aufgabe 2: Die Endflächen eines senkrechten Prismas (Fig. 57) sind Dreiecke, deren Grundlinie $g = 1{,}53$ m und deren Höhe $h = 0{,}78$ m ist. Wie groß ist der Inhalt, wenn die Seitenkante $H = 2{,}5$ m ist?

$$\text{Inh.} = G \cdot H$$
$$G = \frac{g \cdot h}{2}$$
$$\text{Inh.} = \frac{g \cdot h}{2} \cdot H$$
$$I = \frac{1{,}53 \cdot 0{,}78}{2} \cdot 2{,}5 = \underline{\underline{1{,}49 \text{ cbm.}}}$$

Fig. 58

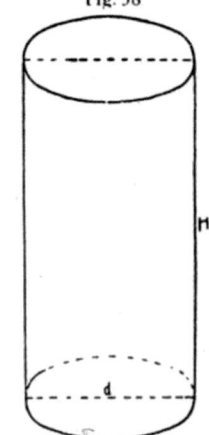

2. Der Zylinder. Der Inhalt eines Zylinders (Fig. 58) ist gleich Grundfläche mal Höhe.

Aufgabe: Wie groß ist der Inhalt eines Zylinders, dessen Durchmesser $d = 2{,}2$ m und dessen Höhe $H = 3{,}4$ m ist?

$$\text{Inh.} = G \cdot H$$
$$G = r^2 \cdot \pi$$
$$\text{Inh.} = r^2 \pi \cdot H.$$
$$I = 1{,}1^2 \cdot 3{,}14 \cdot 3{,}4 = 3{,}80 \cdot 3{,}4 = \underline{\underline{12{,}92 \text{ cbm.}}}$$

3. **Das Faß.** Bezeichnet man den Spunddurchmesser eines Fasses (Fig. 59) mit D, den Bodendurchmesser mit d und die Länge mit L, so ist der Inhalt $= \frac{\pi}{12} \cdot L \ (2D^2 + d^2)$.

Aufgabe: Ein Faß hat, im Lichten (Innern) gemessen, einen Bodendurchmesser von 0,65 m, einen Spunddurchmesser von 0,78 m und eine Länge von 0,96 m. Wie groß ist sein Inhalt, und wieviel Liter faßt es? (1 cbm = 1000 l.)

Fig. 59

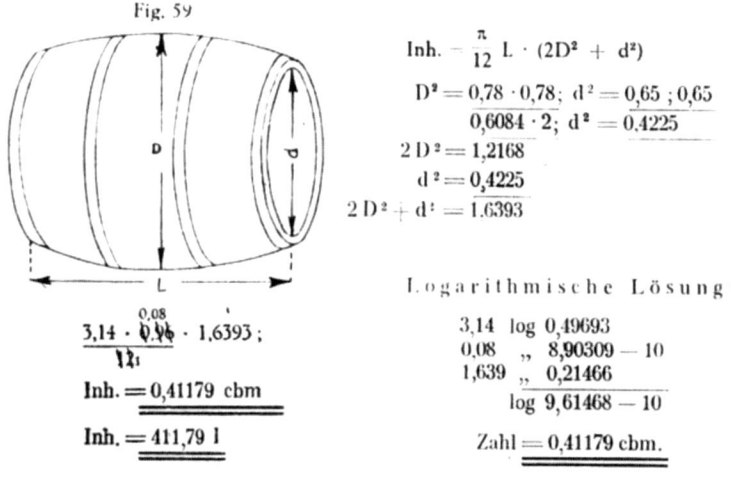

Inh. $= \frac{\pi}{12} \ L \cdot (2D^2 + d^2)$

$D^2 = 0,78 \cdot 0,78;\ d^2 = 0,65 ; 0,65$

$ 0,6084 \cdot 2;\ d^2 = 0,4225$

$2 D^2 = 1,2168$

$d^2 = 0,4225$

$2 D^2 + d^2 = 1,6393$

$\frac{3,14 \cdot \overset{0,08}{0,96} \cdot 1,6393 ;}{12}$

Inh. $= 0,41179$ cbm

Inh. $= 411,79$ l

Logarithmische Lösung

3,14	log	0,49693
0,08	„	8,90309 — 10
1,639	„	0,21466
	log	9,61468 — 10

Zahl $= 0,41179$ cbm.

44. Kugel und Kugelkreise.

Eine **Kugel** ist ein Körper, dessen regelmäßig gekrümmte Oberfläche von einem im Innern des Körpers liegenden Punkte, dem Mittelpunkte, überall gleich weit entfernt ist.

Jede Strecke, die zwei Punkte der Kugeloberfläche miteinander verbindet und durch den Kugelmittelpunkt geht, heißt Kugeldurchmesser.

Jede Strecke, die den Mittelpunkt der Kugel mit einem Punkte der Oberfläche verbindet, heißt Kugelhalbmesser.

Legt man durch eine Kugel einen ebenen Schnitt, so ist dieser ein Kreis. Die Größe eines Kugelkreises ist von seiner Entfernung vom Kugelmittelpunkte abhängig; je kleiner diese ist, desto größer ist der Kreis.

Kugelkreise, deren Ebenen durch den Kugelmittelpunkt (Fig. 60, M)

Fig. 60

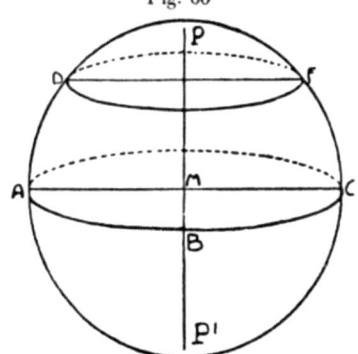

gehen, heißen H a u p t k r e i s e (Großkreise). Kugelkreise, deren Ebenen
nicht durch den Kugelmittelpunkt gehen, heißen N e b e n k r e i s e. Achse
eines Kugelkreises ist der Kugeldurchmesser, der auf der Ebene des Kugelkreises senkrecht steht.

Pole eines Kugelkreises sind die Endpunkte seiner Achse.

Die Pole eines Hauptkreises sind von allen Punkten seines Umfanges
90° entfernt. Nebenkreise, die mit einem Hauptkreise parallel laufen, haben
mit diesem die Achse und die Pole gemeinsam.

Um die Lage eines Punktes auf einer Kugel bezeichnen zu können,
nimmt man einen Hauptkreis als Fundamentalkreis an, legt Nebenkreise
parallel zu diesem und durch die Pole Hauptkreise. Diese schneiden den
Fundamentalkreis und seine Nebenkreise rechtwinklig. Das Ganze heißt
dann ein K r e i s - oder K o o r d i n a t e n s y s t e m. Man gibt nun den
Abstand des Punktes, in Graden und Minuten gemessen, von dem Funda-
mentalkreise und von einem beliebigen der erwähnten Hauptkreise an.

45. Zeichnerische (graphische) Darstellungen.

Daß man Zahlen zeichnerisch darstellen kann, wurde unter 17 schon
gezeigt. Vielfach ist es zweckmäßig, weil übersichtlich, den Verlauf zweier
veränderlichen Werte, die von einander abhängig sind, in einer Zeichnung
darzustellen. Es ist z. B. die Distanz, die ein Schiff bei einer bestimmten
Fahrt zurücklegt, von der Zeit des Fahrens abhängig; der Temperaturverlauf eines Tages von der Tageszeit; der Tiefgang eines Schiffes von der
Menge Ladung usw. Man benutzt dazu gewöhnlich ein rechtwinkliges Achsen-
kreuz. Darin werden die entgegengesetzt laufenden Strahlen mit den entgegengesetzten Vorzeichen versehen, und zwar die nach rechts und nach oben
laufenden mit $+$, die andern mit $-$. Ferner bezeichnet man die horizontale
Achse gewöhnlich als x-Achse, die senkrechte als y-Achse.

Stellt man in dem zuerst genannten Beispiel die Zeiten als Abstände von
der y-Achse und die zurückgelegten Entfernungen als Abstände von der x-Achse
dar und verbindet die so gefundenen Punkte miteinander, so erhält man eine
Linie, die die Möglichkeit gibt, für einen beliebigen Zeitpunkt die zurückgelegte
Entfernung ohne Rechnung zu bestimmen. Man braucht für diesen Zeitpunkt
auf der x-Achse nur eine Senkrechte bis zu der erwähnten Linie zu errichten.
Die Länge dieser Senkrechten, auf der y-Achse abgemessen, ist die zurückgelegte Entfernung.

Umgekehrt bestimmt man für eine zurückgelegte Distanz die Zeitdauer,
indem man auf der y-Achse in dem betr. Distanzpunkte eine Senkrechte bis
zu der Linie errichtet und die Länge dieser Senkrechten auf der x-Achse
abträgt.

Die Maßstäbe der Achsen werden so gewählt, daß jeder Punkt auf der
erhaltenen Linie sich mit hinreichender Genauigkeit auf den beiden Achsen
bestimmen läßt.

Beispiel 1. Die Fahrt eines Schiffes beträgt 9 Knoten. Die zurückgelegte Distanz ist für eine Zeitdauer von 10 Stunden zeichnerisch darzustellen. Maßstab: 1 Stunde = 10 mm, 1 Seemeile = 1 mm.

a) Wieviel Seemeilen hat das Schiff in 6,2 Stunden zurückgelegt?

b) Welche Zeit brauchte das Schiff, um 65 Seemeilen zurückzulegen?

Fig. 61

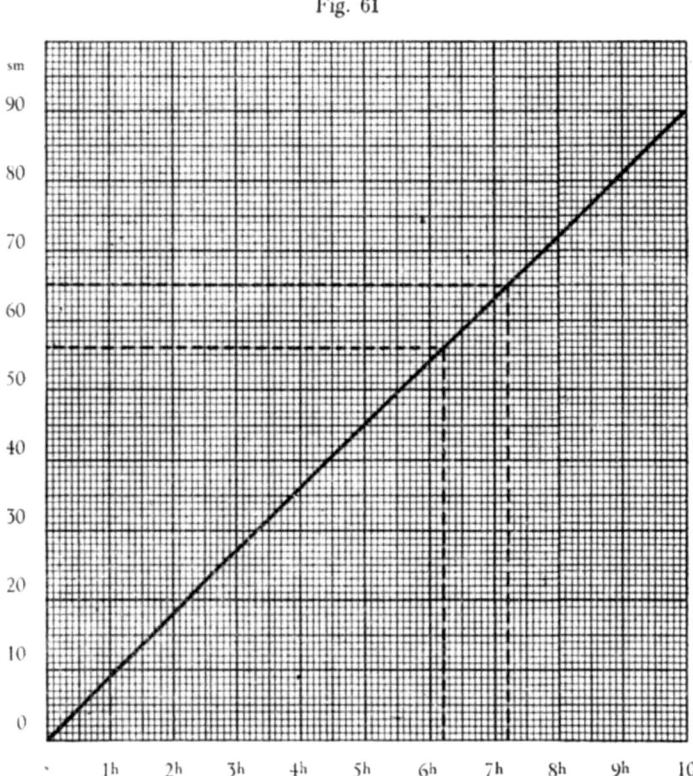

Antwort. a) 56 Seemeilen;

b) 7,2 Stunden.

Beispiel 2. In Leer wurden am 23. Oktober die folgenden Temperaturen gemessen: Um $0^h + 1^0$; $2^h 0^0$; $4^h - 0,5^0$; $6^h - 1^0$; $7^h - 0,3^0$; $8^h - 1,5^0$; $9^h - 1^0$; $10^h + 1,3^0$; $12^h + 5^0$; $14^h + 6^0$; $16^h + 5,4^0$; $17^h + 4,4^0$; $18^h + 3,3^0$; $20^h + 2^0$; $24^h 0^0$. Der Temperaturverlauf von 0 bis 24 Uhr ist zeichnerisch darzustellen. Maßstab: 1 Stunde = 5 mm, 1 Grad = 5 mm.

Wie war die Temperatur um 22 Uhr?

Fig 62

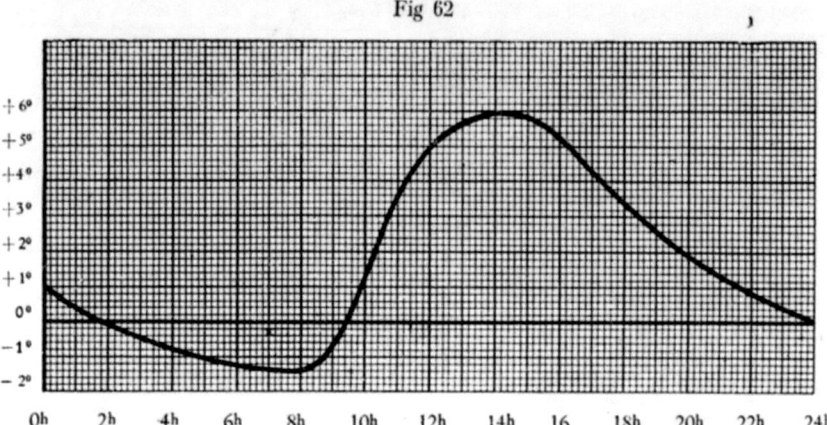

Lösung: Da die Temperaturänderung nicht sprunghaft erfolgt, verbindet man die in das Diagramm eingetragenen Punkte nicht durch gerade Strecken, sondern durch eine ausgeglichene Kurve. Etwaige Beobachtungsfehler (bei 7ʰ) erkennt man daran, daß der erhaltene Punkt hierbei abseits von der Kurve liegen bleibt. Die Temperatur um 22ʰ ist + 1°.

3. Trigonometrie.

46. Einleitung.

Die Geometrie lehrt, aus drei Bestandteilen eines Dreiecks, unter deneu mindestens eine Seite vorkommt, die übrigen durch Zeichnung zu finden (41); die Trigonometrie löst diese Aufgabe durch Rechnung, da die durch Zeichnung erzielte Genauigkeit nicht unter allen Umständen genügt. Da aber Seiten und Winkel als ungleichartige Größen nicht unmittelbar miteinander in rechnerische Verbindung gebracht werden können, mißt man die Winkel durch die Verhältnisse gerader Linien, die in vorgeschriebener Weise zum Winkel gezogen sind. Die auf diese Weise erhaltenen Maßzahlen nennt man trigonometrische Funktionen.

47. Ableitung der trigonometrischen Funktionen.

Fällt man von beliebig vielen Punkten B_1, B_2, B_3 eines Schenkels des Winkels a (Fig. 63) die Senkrechten a, a_1, a_2 auf den anderen Schenkel, so entstehen ebensoviele rechtwinklige Dreiecke mit dem Winkel α, die alle einander ähnlich sind, d. h. gleiche Gestalt haben. In ähnlichen Dreiecken sind die Verhältnisse je zweier gleichliegender Seiten gleich, daher ist:

$$\frac{a}{c} = \frac{a_1}{c_1} = \frac{a_2}{c_2} \quad \dots \quad 1)$$

$$\frac{b}{c} = \frac{b_1}{c_1} = \frac{b_2}{c_2} \quad \dots \quad 2)$$

$$\frac{a}{b} = \frac{a_1}{b_1} = \frac{a_2}{b_2} \quad \dots \quad 3)$$

$$\frac{b}{a} = \frac{b_1}{a_1} = \frac{b_2}{a_2} \quad \dots \quad 4)$$

$$\frac{c}{b} = \frac{c_1}{b_1} = \frac{c_2}{b_2} \quad \dots \quad 5)$$

$$\frac{c}{a} = \frac{c_1}{a_1} = \frac{c_2}{a_2} \quad \dots \quad 6)$$

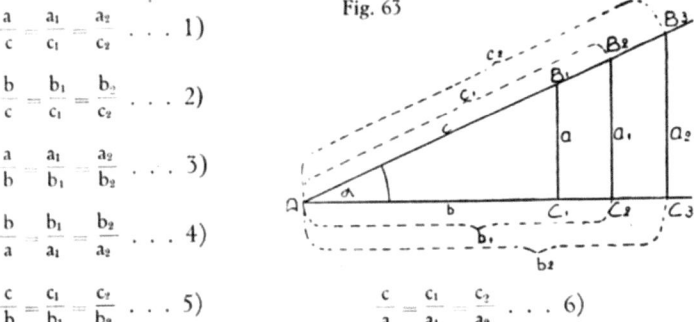

Fig. 63

Da die Seiten durch einerlei Maß gemessen sein müssen, um durcheinander teilbar zu sein, so gibt ihre Division jedesmal eine unbenannte Zahl als Quotienten. Aus den vorstehenden Gleichungen 1 bis 6 ergibt sich, daß die Werte dieser Quotienten oder Maßzahlen von den Längen der Seiten unabhängig sind. Sie ändern sich nur, wenn der Winkel sich ändert, sind also allein von dessen Größe abhängig.

Eine veränderliche Größe, deren Wert von einer anderen veränderlichen Größe abhängig ist, heißt eine Funktion der anderen. Die obigen 6 Brüche sind also Funktionen des Winkels α; sie heißen trigonometrische Funktionen.

48. Die Bezeichnung der trigonometrischen Funktionen.

Jeder der trigonometrischen Funktionen hat man eine besondere Bezeichnung beigelegt. Es ist in bezug auf den spitzen Winkel α (Fig. 64) eines rechtwinkligen Dreiecks der Bruch:

Fig. 64

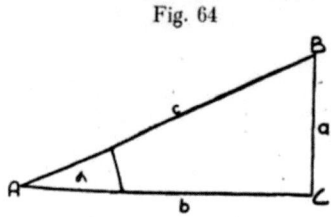

1) $\dfrac{\text{Gegenüberl. Kath.}}{\text{Hypotenuse}} = $ Sinus,

$$\frac{a}{c} = \sin \alpha,$$

2) $\dfrac{\text{Anliegende Kath.}}{\text{Hypotenuse}} = $ Kosinus,

$$\frac{b}{c} = \cos \alpha,$$

3) $\dfrac{\text{Gegenüberl. Kath.}}{\text{Anliegende Kath.}} = $ Tangens,

$$\frac{a}{b} = \operatorname{tang} \alpha,$$

4) $\dfrac{\text{Anliegende Kath.}}{\text{Gegenüberl. Kath.}} = $ Kotangens,

$$\frac{b}{a} = \operatorname{cotang} \alpha,$$

5) $\dfrac{\text{Hypotenuse}}{\text{Anliegende Kath.}} = $ Sekans,

$$\frac{c}{b} = \sec \alpha,$$

6) $\dfrac{\text{Hypotenuse}}{\text{Gegenüberl. Kath.}} = $ Kosekans,

$$\frac{c}{a} = \operatorname{cosec} \alpha.$$

Zu den vorstehenden 6 Funktionen des Winkels α kommt noch die Funktion S e m i v e r s u s des Winkels α, in Zeichen s e m $\alpha = \sin^2 \dfrac{\alpha}{2}$.

49. Verlauf der Sinus=Funktion und der Kosinus=Funktion.

Fig. 65

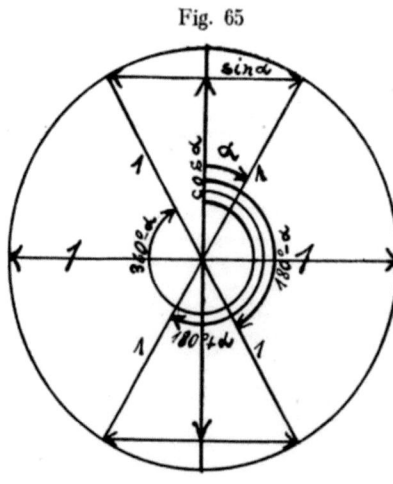

Die Funktionen Sinus und Kosinus lassen sich an einem Kreise mit dem Radius $r = 1$ darstellen. Man bezeichnet den senkrechten Durchmesser dieses Einheitskreises als Nullinie. Trägt man an die Nullinie im Mittelpunkt den Winkel α im Uhrzeigersinn an und fällt man vom Schnittpunkt des freien Schenkels mit dem Kreise das Lot auf die Nullinie, so ist das Lot gleich sin α, das Stück der Nullinie vom Mittelpunkt bis zum Fußpunkt des Lotes gleich cos α; denn in dem entstehenden rechtwinkligen Dreieck ist

$$\frac{\text{gegenüberl. Kath.}}{1} = \sin \alpha, \qquad \frac{\text{anliegende Kath.}}{1} \cos \alpha$$

(Fig. 65). Sowohl Lot als auch Stück der Nullinie sind dabei in der Einheit des Kreisradius auszumessen.

Lassen wir den Winkel α von 0° bis 90° anwachsen, so vergrößert sich der $\sin \alpha$, der bei 0° gleich Null ist, erst schnell, dann immer langsamer, bis er bei 90° gleich 1 ist. Gleichzeitig verkleinert sich der $\cos \alpha$ der bei 0° gleich 1 ist, zuerst langsam, dann immer schneller, bis er bei 90° gleich Null geworden ist.

Durch diese Darstellung lassen sich die Funktionen Sinus und Kosinus auf stumpfe und überstumpfe Winkel erweitern, indem man auch für diese unter $\sin \alpha$ das Lot auf die Nullinie und unter $\cos \alpha$ das Stück der Nullinie vom Mittelpunkt bis zum Fußpunkt des Lotes versteht. Das Lot bekommt das positive Vorzeichen, wenn es rechts von der Nullinie, das negative Vorzeichen, wenn es links von der Nullinie liegt. Das Stück der Nullinie ist positiv, wenn es oberhalb, negativ, wenn es unterhalb des Mittelpunktes liegt. Demnach ist der Sinus im 1. und 2. Quadranten positiv, im 3. und 4. Quadranten negativ. Der Kosinus ist im 1. Quadranten positiv, im 2. und 3. Quadranten negativ und im 4. Quadranten wieder positiv.

Zur Veranschaulichung des Verlaufes der Sinus-Funktion trägt man auf einer horizontalen Geraden, der sogenannten Abszissenachse, in einem gewählten Maßstab die Winkelgrade von 0° bis 360° ab. Senkrecht zur Geraden trägt man zu jedem Winkel von 30° zu 30° in einem passenden Maßstab als sogenannte Ordinaten die Sinuswerte ab, die man der Kreisfigur entnimmt, und zwar nach oben, wenn der Wert positiv, nach unten, wenn er negativ ist. Die Endpunkte verbindet man durch eine ausgeglichene Kurve und erhält folgendes Bild vom Verlauf der Sinus-Funktion:

Fig. 66

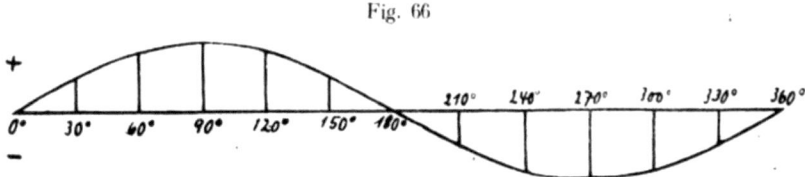

Auf dieselbe Weise stellt man die Kosinus-Funktion dar und erhält folgende Kurve:

Fig. 67

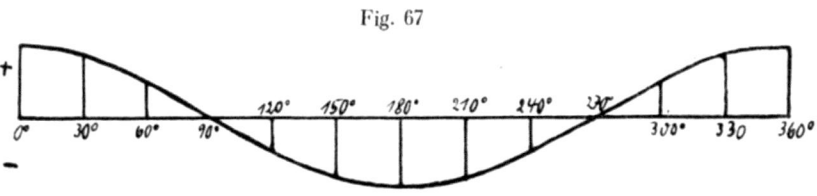

4*

Die Kurven geben nicht nur ein anschauliches Bild von der Veränderung
der Funktionswerte, sondern ermöglichen auch das Herausnehmen des Funk-
tionswertes für einen beliebigen Winkel. Man sucht den Winkel auf der Abszissenachse auf, zeichnet dort die Senkrechte bis zur Kurve und mißt dieses
Stück in der angenommenen Einheit aus.

50. Die Logarithmen der trigonometrischen Funktionen.

Da alle nautisch-astronomischen Rechnungen mittels Logarithmen ausgeführt werden, so hat man statt der trigonometrischen Funktionen für alle Winkel
deren Logarithmen berechnet und in Tafeln zusammengestellt. Sie können den
Tafelsammlungen gemäß den hierzu gegebenen Erläuterungen entnommen
werden.

$$
\begin{aligned}
\text{Es ist für } 52^0\ 14' \qquad & \log \sec = 0{,}21293 \\
\text{,, } 44^d\ 29' \qquad & \log \sin = 9{,}84553 \\
\text{,, } 3^h\ 27^m\ 24^s \qquad & \log \sem = 9{,}28135 \\
\text{,, } 4^h\ 32^m\ 18^s \qquad & \log \sem = 9{,}49597 \\
\text{,, } 2^0\ 11{,}5' \qquad & \log \sin = 8{,}58254 \\
\text{,, } 47^a\ 23{,}5' \qquad & \log \cos = 9{,}83058
\end{aligned}
$$

$$
\begin{aligned}
\text{Ferner ist für } \log \sin = 8{,}32997 \text{ der Winkel} = & \ 1^0\ 13{,}5' \\
\text{,, } \log \sin = 9{,}03863 \text{ ,, \ ,,} = & \ 6^0\ 16{,}5' \\
\text{,, } \log \sec = 1{,}01451 \text{ ,, \ ,,} = & \ 84^0\ 27' \\
\text{,, } \log \sem = 9{,}37851 \text{ ,, \ ,,} = & \ 3^h\ 54^m\ 10^s \\
\text{,, } \log \sem = 9{,}88899 \text{ ,, \ ,,} = & \ 8^h\ 13^m\ 10^s \\
\text{,, } \log \cos = 9{,}88704 \text{ ,, \ ,,} = & \ 39^0\ 33{,}5'.
\end{aligned}
$$

4. Magnete und Erdmagnetismus.

51. Eigenschaften des Magnets.

Es gibt Eisenerze, welche die Eigenschaft haben, Eisen und eisenhaltige
Körper anzuziehen. Man nennt sie n a t ü r l i c h e M a g n e t e zum Unterschiede
von den k ü n s t l i c h e n M a g n e t e n. Dies sind Stahlstäbe, in denen man
diese Eigenschaft, die M a g n e t i s m u s heißt, künstlich erregt hat.

Der Magnetismus ist an verschiedenen Stellen des Magnets verschieden.
Man nennt die Punkte, in denen die größte Anziehung stattfindet, die P o l e
und die sie verbindende Strecke die m a g n e t i s c h e A c h s e. Die etwa
mitten zwischen den Polen des Magnets befindliche senkrecht zur Achse stehende
Ebene, in der keine Anziehung stattfindet, wird n e u t r a l e Z o n e genannt.

Die Pole eines Magnetstabes liegen nicht in den Enden, sondern $\frac{1}{12}$ der Länge
des Stabes von jedem Ende entfernt. Die anziehende Wirkung, die ein Magnet
auf Eisen ausübt, ist abhängig von der Entfernung des Magnets vom Eisen; sie
nimmt mit wachsender Entfernung rasch ab. Sie hängt weiter ab von der Stärke
der Pole und vom Abstand der Pole voneinander, kurz Polabstand genannt. Das
Produkt aus Polstärke und Polabstand heißt m a g n e t i s c h e s M o m e n t.

Wird eine Magnetnadel in ihrem Schwerpunkte so unterstützt, daß sie sich
horizontal frei bewegen kann, so nimmt sie nach einigen Schwingungen eine
nord-südliche Richtung an.

Den nach Nord gerichteten Pol der Magnetnadel nennt man N o r d p o l
(roten Pol), den anderen S ü d p o l (blauen Pol). Der Versuch zeigt, daß die roten
Pole zweier Magnete einander abstoßen, ebenso auch die blauen Pole, dagegen
rote und blaue Pole einander anziehen. Hiernach lautet das m a g n e t i s c h e
G r u n d g e s e t z :

G l e i c h n a m i g e P o l e s t o ß e n s i c h a b u n d u n g l e i c h n a m i g e
z i e h e n s i c h a n.

52. Magnetische Induktion.

(F l ü c h t i g e r, f e s t e r u n d h a l b f e s t e r M a g n e t i s m u s.)

Nähert man einem Pole einer frei beweglichen Nadel ein Stück weiches
Eisen, das nicht magnetisch ist, so zieht das Eisen diesen Pol an. Die Nadel hat
also in dem Eisen Magnetismus erzeugt. Dieser Vorgang heißt magnetische Induktion und, da hier eine Nadel die Ursache war, Nadelinduktion. Entfernt man
das Eisen aus der Nähe des Magnetpols, so verschwindet der in ihm erzeugte
Magnetismus sofort wieder.

Der in weichem Eisen induzierte Magnetismus wird f l ü c h t i g e r M a g n e -
t i s m u s genannt.

Bringt man eine Stahlstange in die Nähe eines Magnets, so wird diese zwar auch magnetisch, aber erst, nachdem sie längere Zeit dem Einfluß des Magnets ausgesetzt gewesen ist. Der im Stahl erregte Magnetismus verschwindet nicht vollständig wieder, wenn man den Magnet entfernt, sondern ein Teil bleibt dauernd in ihm. Man nennt den Magnetismus, der in der Stahlstange dauernd verbleibt, den festen Magnetismus. Dagegen heißt der Magnetismus, der eine Zeitlang vorhanden ist und dann allmählich verschwindet, der halbfeste Magnetismus.

In einem Schiffe kommen flüchtiger, fester und halbfester Magnetismus vor.

Werden zwei gleich starke Magnete so aneinandergelegt, daß ihre ungleichnamigen Pole zusammenkommen, so heben sich ihre Wirkungen auf Eisen oder andere Magnete auf. Legt man aber beide Magnete mit ihren gleichnamigen Polen aneinander, so verstärken sich ihre Wirkungen gegenseitig.

53. Das magnetische Feld.

Das magnetische Feld ist der Raum um einen Magnet, in dem er auf einen Magnetpol eine magnetische Kraft ausübt. Ordnet man einen roten Pol schwimmend im Felde an, so wird er durch diese Kraft jeweils in einer ganz bestimmten Linie vom roten zum blauen Pol des Magnets getrieben. Man denkt sich daher das Feld von unzähligen Feldlinien durchzogen, die vom roten Pol ausgehen und im blauen Pol endigen. Diese kurvenartig verlaufenden Feldlinien sind in der Mitte zwischen beiden Polen parallel zur magnetischen Achse des Magnets. Eine kleine Magnetnadel würde sich hier parallel zum Magnet stellen.

Die Richtung, nach der die magnetische Kraft an irgendeiner Stelle des Feldes wirkt, nennt man die Feldrichtung. Die Feldstärke ist gleich der magnetischen Kraft, die das Feld auf einen Einheitspol ausübt.

Einen Teil eines großen Magnetfeldes, in dem die Feldrichtung überall gleich und die Feldstärke überall gleich groß ist, nennt man homogen oder gleichförmig.

Gleichförmig ist z. B. das Feld des Erdmagnetismus in dem vom Schiffe eingenommenen Raum und das Feld des Schiffsmagnetismus innerhalb des Kompaßkessels.

Gleichförmige Felder lassen sich durch Pfeile darstellen, deren Richtung die Feldrichtung und deren Länge die Feldstärke angeben.

54. Mißweisung.

Eine frei auf einer Pinne in der Horizontalebene spielende Magnetnadel (Horizontalnadel), die nur unter der richtenden Kraft des Erdmagnetismus steht, bildet mit dem Erdmeridian einen Winkel, der Mißweisung genannt wird. Die durch die Pole solcher Nadel gedachte Vertikalebene nennt man den magnetischen Meridian. Die Richtung des Erdmeridians ist die rechtweisende oder wahre Nordsüdrichtung. Mißweisung ist der Winkel zwischen der wahren und magnetischen Nordrichtung.

Die Mißweisung ist Ost, wenn das Nordende der Magnetnadel nach Osten, West, wenn es nach Westen von der wahren Nordrichtung abweicht.

Die Mißweisung ist an verschiedenen Stellen der Erde verschieden; sie ist auch an demselben Orte fortwährenden kleinen Änderungen unterworfen. Man entnimmt sie der Seekarte oder der erdmagnetischen K a r t e d e r „L i n i e n g l e i c h e r M i ß w e i s u n g" (I s o g o n e n k a r t e).

55. Magnetische Neigung oder Inklination.

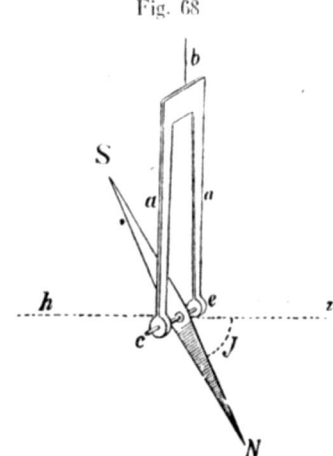

Fig. 68

Wird eine unmagnetische Nadel aus Stahl (NS, Fig. 68) in einem Messingrahmen a, der an einem Faden b hängt, so angebracht, daß sie sich um eine horizontale Achse ee drehen kann und beide Enden sich ·las Gleichgewicht halten, so schwebt sie zunächst horizontal ohne merkbares Bestreben, eine bestimmte Richtung einzunehmen. Magnetisiert man darauf die Nadel, so stellt sie sich in die Ebene des magnetischen Meridians und bildet nun mit der Horizontallinie·hz einen Winkel J, den man m a g n e - t i s c h e N e i g u n g o d e r I n k l i n a - t i o n nennt.

Auf der nördlichen Erdhälfte senkt sich der Nordpol dieser Nadel nach unten, während auf der südlichen Erdhälfte ihr Südpol sich neigt.

Die m a g n e t i s c h e N e i g u n g ist ebenso wie die M i ß w e i s u n g an verschiedenen Orten der Erde verschieden. An der deutschen Nordseeküste ist sie gegenwärtig 67,5°. Nach dem Äquator zu nimmt sie mehr und mehr ab, und in der Äquatorgegend gibt es rund um die Erde herum Orte, an denen sie gleich Null ist, die Neigungsnadel also horizontal hängt. Die diese Orte verbindende Kurve heißt m a g n e t i s c h e r Ä q u a t o r. Man entnimmt die Inklination der erdmagnetischen K a r t e d e r „L i n i e n g l e i c h e r I n k l i n a t i o n" (I s o - k l i n e n k a r t e).

56. Erdmagnetismus.

Das verschiedene Verhalten der frei beweglichen Magnetnadel an verschiedenen Orten der Erde zeigt, daß die Erde ein großer natürlicher Magnet ist, dessen magnetisches Feld sich über die ganze Erdoberfläche erstreckt. Die magnetischen Erdpole, auf denen die Neigungsnadel sich vertikal stellt, fallen nicht mit den geographischen Erdpolen zusammen und liegen sich nicht im Durchmesser gegenüber. Der auf der nördlichen Erdhälfte liegende blaue Pol des Erdmagnetismus befindet sich z. Zt. auf etwa 70° N und 98° W, während der magnetische rote Pol der Erde auf etwa 72° S und 155° O liegt.

Die erdmagnetischen Feldlinien haben im allgemeinen eine Richtung von Süden nach Norden. Durch Wanderung der Pole des Erdmagnetismus sind sie stetigen Änderungen unterworfen. Daraus erklärt sich die zeitliche Änderung der erdmagnetischen Größen Mißweisung, Inklination und Erdfeldstärke.

Durch die Wirkung des erdmagnetischen Feldes wird in Eisen Magnetismus erregt, dessen Stärke von der Lage des Eisens zu der Richtung der erdmagnetischen Feldlinien abhängig ist. Bringt man eine Stange aus weichem Eisen in die Richtung der Neigungsnadel, so wird sie sofort magnetisch; ihr unteres Ende erhält auf nordmagnetischer Breite roten und ihr oberes Ende blauen Magnetismus. Kehrt man die Stange um, so wechseln in ihr auch sofort die Pole. Die Stange bleibt unmagnetisch, wenn sie horizontal Ost-West gehalten wird.

57. Horizontalfeldstärke und Vertikalfeldstärke.

In Fig. 69 sei T die Totalfeldstärke, H die Horizontalfeldstärke und V die Vertikalfeldstärke des Erdmagnetismus. Dann ist J die Inklination.

Nähert man sich einem erdmagnetischen Pole, so werden die Inklination J und die Vertikalfeldstärke V größer, und die Horizontalfeldstärke H wird kleiner. Auf dem erdmagnetischen Pole ist H gleich Null und V gleich der Totalfeldstärke. Nähert man sich dem erdmagnetischen Äquator, so wird H immer größer, aber J und V nehmen ab, bis auf dem erdmagnetischen Äquator V und J gleich Null sind, d. h. die Nadel horizontal liegt und die Horizontalfeldstärke H gleich der Totalfeldstärke T wird. Da es in der Hauptsache die Horizontalfeldstärke des Erdmagnetismus ist, die auf die Kompaßnadel richtend wirkt, so folgt aus dem Vorstehenden, daß der Kompaß auf kleineren Breiten sicherer arbeitet als auf größeren und daß er auf dem erdmagnetischen Pol und in dessen Nähe unbrauchbar wird, weil hier H gleich Null ist.

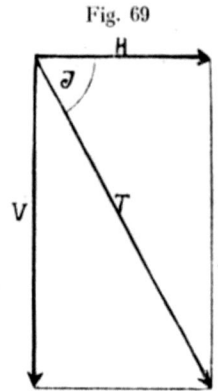

Fig. 69

58. Richtende Feldstärke.

Die Horizontalfeldstärke H wird an Bord durch den Schiffsmagnetismus beeinflußt. Die mittlere nach magnetisch Nord gerichtete Feldstärke heißt r i c h t e n d e F e l d s t ä r k e ; sie ist in der Regel nicht größer als 0,8 H.

5. Der Magnetkompaß.

59. Beschreibung des Kompasses.

Der Kompaß besteht aus dem Kompaßkessel mit der Pinne, dem Glasdeckel, der Bleibeschwerung und der kardanischen Aufhängung, der Rose mit den Magnetnadeln und dem Hütchen.

Der aus Messing oder Rotguß verfertigte K o m p a ß k e s s e l ist zylindrisch oder halbkugelförmig und im horizontalen Durchschnitt kreisrund. In der Mitte des Kesselbodens steht eine Pinne, deren Spitze mit den Achsen der kardanischen Aufhängung in einer Horizontalebene liegt. Unter der Rose sind die Magnetnadeln so befestigt, daß ihre magnetischen Achsen mit der Nord–Süd-Linie parallel laufen.

Um die Rose möglichst stabil zu machen, sind die Magnetnadeln etwa 2 bis 3 cm unterhalb der Rosenebene angebracht.

Die Kompaßrosen werden aus leichtem Material hergestellt. Sie haben einen möglichst großen Durchmesser, und die Gewichtsmassen sind möglichst weit nach dem Rande hin verlegt. Dadurch erzielt man eine große Schwingungsdauer und ein ruhiges Verhalten. Die Erfahrung hat gelehrt, daß die Schwingungsdauer mindestens 14 Sekunden betragen muß.

In der Mitte der Kompaßrose ist ein in Messing oder Aluminium gefaßtes H ü t c h e n aus hartem Edelstein festgeschraubt, das auf der Spitze eines vertikal stehenden Stiftes, der P i n n e , ruht, so daß die Kompaßrose sich in horizontaler Ebene frei bewegen kann.

Die Pinne besteht entweder aus hartem Stahl oder aus Messing mit Iridiumspitze; sie ist oben kegelförmig zugespitzt und entweder in den Kesselboden geschraubt oder in einen im Mittelpunkte des Kesselbodens befestigten Pinnenträger gesteckt.

Die K o m p a ß r o s e trägt Strich- und/oder Gradteilung. Die Gradteilung befindet sich unmittelbar am Rosenrande und ist von Nord und Süd nach Ost und West bis 90°, neuerdings nur noch von Nord durch Ost herum bis 360° beziffert.

Um überflüssiges Gewicht zu vermeiden, verwendet man nur noch kreisrunde Streifen aus Papier oder Pausleinen. Der Streifen wird an dem äußeren Rand der Rose, der gewöhnlich aus Aluminium besteht, und an Verbindungsfäden zwischen Rosenrand und Hütcheneinfassung festgeklebt. Durch radiale Einschnitte in den Streifen ist dafür gesorgt, daß sich die Rose nicht werfen kann, also ihre kreisrunde Form gewahrt bleibt.

Der Abstand des Rosenrandes von der Innenwand des Kessels soll nicht viel größer als 2 mm sein, da sonst die Ablesungsfehler zu groß werden, wenn das Auge sich nicht genau in der Steuerstrichebene befindet.

Das Hütchen bildet den Aufhängepunkt der Rose. Die Kompaßnadeln bestehen aus hartem Stahl. Damit die frei auf der Pinne spielende Kompaßrose nicht durch Luftzug bewegt wird, ist der Kompaßkessel mit einem Glasdeckel verschlossen.

Um der Pinne bei den Schwankungen des Schiffes die vertikale Stellung zu ermöglichen, ist der Kessel kardanisch aufgehängt. Ein Messingring, Kardanring, dreht sich um zwei im Durchmesser gegenüberliegende Zapfen, die in besonders dafür hergestellten Lagern ruhen. Neunzig Grad von diesen Zapfen entfernt befinden sich in dem Kardanring zwei Löcher, welche die den Kompaßkessel tragenden Zapfen aufnehmen. Diese beiden Zapfen liegen in einem Durchmesser des Kessels. Der Kessel hängt also konzentrisch im Ringe.

Wegen des Bleigewichts im Boden liegt der Schwerpunkt des Kessels tief unter den Aufhängepunkten, so daß der Kessel stabil ist und bei den Schwankungen des Schiffes die Pinne die vertikale Stellung bewahren kann.

In der Vertikalebene des inneren Zapfenpaares, an dem der Kessel im Ringe hängt, sind an der inneren, gewöhnlich weiß gestrichenen Wand des Kessels zwei schwarze Striche angebracht, die man S t e u e r s t r i c h e nennt.

60. Prüfung des Kompasses.

Der Kessel muß um die Zapfen leicht beweglich sein; diese dürfen aber nicht schlottern. Drückt man den Kessel an einer Seite etwas herunter und überläßt ihn dann sich selbst, so muß er sofort wieder in die Ruhelage zurückkehren. Die obere Kante und auch der Glasdeckel müssen horizontal stehen. Hält man das Auge etwa in gleicher Höhe mit dem Rande des Deckels und sieht über diesen hinweg nach der Kimm, so muß der gegenüberliegende Teil des Randes mit der Kimm parallel laufen oder in Deckung sein.

Um zu untersuchen, ob Hütchen und Pinnenspitze in der richtigen Lage sind, dreht man den Kompaßkessel langsam um die Rose. Bleibt dabei der Abstand zwischen Rose und Kesselwand überall gleich groß, so sind Hütchen und Pinnenspitze an der richtigen Stelle. Ist aber der Abstand zwischen Rose und Kesselwand nicht überall gleich und bewegt sich die Stelle der größten Annäherung im Kreise herum, so befindet sich die Pinnenspitze nicht genau in der Mitte des Kompaßkessels. Bleibt dagegen die Stelle der größten Annäherung immer an demselben Kompaßstriche, so befindet sich das Hütchen nicht genau im Mittelpunkte der Rose.

Die Spitze der Pinne muß sich im Durchschnittspunkt der Drehungsachsen des Kessels befinden. Ob dies der Fall ist, kann man mit Lineal und Zirkel nachmessen.

Das Hütchen muß glatt poliert sein. Dies untersucht man, indem man mit einem spitzen, harten Hölzchen behutsam darin herumtastet. Etwaige Risse lassen sich so leicht feststellen .

Um die Empfindlichkeit der Rose zu prüfen, lenkt man sie in einem auf 0,3 H geschwächten Magnetfelde etwa 2^0 aus ihrer Ruhelage und überläßt sie dann sich selbst. Wenn die Rose sich genau wieder einstellt, so hat sie genügend Empfindlichkeit.

61. Der Thomson=Kompaß.

Die Thomson-Rose (Fig. 70) hat einen Durchmesser von 254 mm und ein Gewicht von 11 bis 13 g. Das Gestell der Rose besteht aus zwei konzentrischen Ringen R und r aus Aluminium, von denen der größere in der Peripherie der Rose liegt und einen 6 mm hohen Rand bildet, während der innere Ring bei einem Durchmesser von 14 mm flach geformt ist. Beide Ringe sind durch 32 Seidenfäden verbunden, die in gleichen Abständen voneinander radial ausgespannt sind. Auf dieser Verbindung und an dem Randring befestigt, liegt der 40 mm breite Rand des Rosenblattes. Dieses besteht aus starkem Papier und ist eingeschlitzt, damit das Werfen verhütet wird. Etwa 3 cm unterhalb der Rose hängen acht kleine zylindrische Magnete aus dünnem Stahldraht, vier auf jeder Seite der Nord-Süd-Linie der Rose, mit dieser und unter sich parallel. Die Magnete haben bei einem Durchmesser von 1 mm eine Länge von 5 bis 8 cm und sind mittels Seidenfäden unter sich sowohl wie mit der Fädenverbindung des Gestelles und mit dem Randringe verbunden.

Fig. 70

Die Aluminiumfassung des Saphirhütchens ist mit einem Rande versehen, auf dem die über das Hütchen gestreifte Rose ruht.

Die zugehörige Pinnenspitze ist aus Iridium angefertigt.

Um die Kompaßrose vor Feuchtigkeit zu schützen, ist der Glasdeckel an seinem inneren Rande mit einem Gummistreifen versehen und mittels Schrauben fest gegen den Kesselrand gepreßt, wodurch ein möglichst luftdichter Verschluß hergestellt wird.

Der Kompaßkessel bewegt sich auf prismatischen Schneiden, deren etwas abgerundete Kanten auf flachen Lagern ruhen. Die Lager, auf denen der Kardanring liegt, hängen an einem aus Messingdraht gewundenen Ringe. Dieser ist in Kugellagern an dem Kompaßhause befestigt.

Da die Reibung an Schneiden (Fig. 71) bedeutend geringer ist als an runden Zapfen, so wird die durch die Schwankungen des Schiffes hervorgerufene Bewegung des Kessels viel gleichmäßiger, wodurch das ruhige Arbeiten der Rose begünstigt wird. Denselben Zweck hat auch der in den Kugelgelenken ruhende elastische Ring, in dem der Kompaß hängt.

Fig. 71

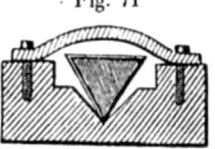

Der Kessel hat einen Doppelboden. Der Hohlraum zwischen beiden Böden ist zur Dämpfung der Schwingungen zum Teil mit Öl gefüllt.

Fast sämtliche Kompaßrosen für Trockenkompasse werden nach Art der Thomson-Rose angefertigt.

62. Der Schwimm= oder Fluidkompaß.

Der Kessel dieses Kompasses ist gefüllt mit einer geeigneten Mischung von Wasser und Alkohol oder einer anderen Flüssigkeit, die bei den vorkommenden niedrigen Temperaturen nicht gefriert. Darin befindet sich die auf der Pinne schwebende Kompaßrose. Durch die Flüssigkeit werden ihre Schwingungen sehr gedämpft, so daß sie auf stark arbeitenden Schiffen ruhiger liegt als die Rose des Trockenkompasses. Damit sie sich aber bei dem hohen Widerstand der Flüssigkeit stets schnell und genau einstellt, müssen ihre Magnete stärker sein als die der Trockenkompasse. Man wendet daher bei den Schwimmkompassen kräftigere, aus Lamellen bestehende Magnete an, die jenen Widerstand leicht überwinden.

Die ganz aus Gelbmetall hergestellte Rose mit den Lamellen würde durch ihr größeres Gewicht eine bedeutende Reibung auf der Pinne zur Folge haben. Darum ist sie mit einem S c h w i m m e r versehen, dessen Auftrieb so bemessen ist, daß sie nur mit einem Gewicht von 6 bis 25 Gramm, je nach Art des Kompasses, die Pinne belastet.

Der Schwimmer besteht aus einer Dose aus dünnem Messingblech. Er trägt an der unteren Seite das Hütchen, das oben durch einen hohl geschliffenen, polierten Stein abgeschlossen ist. Mit diesem ruht der Schwimmer auf der Pinnenspitze.

Rings um den Schwimmer liegt das Rosenblatt, dessen Teilstriche mit einem Färbemittel aufgetragen sind, das dem zersetzenden Einflusse des Alkohols widersteht.

Unterhalb des Schwimmers und an diesem befestigt, befinden sich die Magnete, deren Anordnung bestimmten Anforderungen entsprechen muß.

Ein gewöhnlicher Kompaßkessel, der vollständig mit einer Flüssigkeit gefüllt und wasserdicht verschlossen ist, würde durch die bei zunehmender Temperatur sich ausdehnende Flüssigkeit gesprengt werden. Anderseits würden bei abnehmender Temperatur durch das Zusammenziehen der Flüssigkeit ein leerer Raum im Kessel und folglich Blasen unter dem Glasdeckel entstehen. Aus diesen Gründen gibt man dem Kessel gewöhnlich einen Boden, der aus gewelltem Metallblech besteht, das elastisch ist und dem Druck der Flüssigkeit in gewissen Grenzen nachgibt.

Fig. 72 zeigt den Durchschnitt eines Schwimmkompasses, wie er von der Firma W. Ludolph in Bremerhaven hergestellt wird. Der Schwimmer ist hier durch ein Trägerkreuz (3) ersetzt und liegt mit der in der Rose angeordneten Pinne (4) auf einem federnden Steinträger (13), der auf einem zweiten, inneren Glasboden (11) angebracht ist. Ein Abheben der Rose von dem Steinträger wird durch den Korbring (5) verhindert. Die vier Magnetlamellen (2) haben eine Länge von 80 mm. Die Rosenkarte (1) mit der 360°-Teilung hat einen Durchmesser von 200 mm. Sie liegt genau in der Höhe der Pinnenspitze und damit in der Höhe der kardanischen Achsen. Das Auflagegewicht der Rose von 7 g verändert sich wegen der geringen Flüssigkeitsverdrängung bei einem Eigengewicht der Rose von nur 35 g auch bei großen Temperaturschwankungen praktisch nicht. Der Kessel (6) besteht aus eisenfreiem Gelbmetall. Der Abstand zwischen Rose und Kesselwand ist ziemlich groß gewählt, damit bei schnellen Kursänderungen die Rose nicht von der infolge Reibung an der Kesselwand mitgerissenen Flüssigkeit erfaßt und gleichfalls mitgerissen wird. Der Federboden (9) trägt eine Glasplatte (10). Der Kompaß kann daher durch Unterbeleuchtung erleuchtet werden. Deckel

Fig. 72

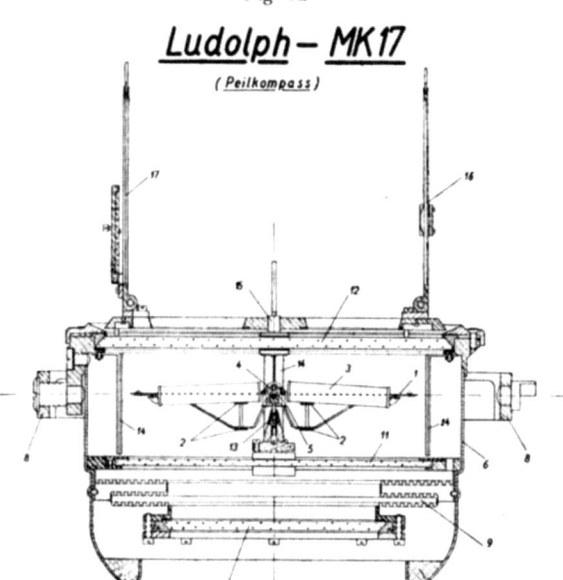

Ludolph – MK17
(Peilkompass)

(12) und Bodenglas (10) sind am Rande abgeschrägt. In den dadurch entstehenden Hohlraum von dreieckigem Querschnitt wird beim Aufschrauben ein Gummiring gepreßt, der einen luftdichten Verschluß herstellt. Um Ablesefehler zu vermeiden, sind die Steuerstriche (14) auf Metallstreifen angebracht und nahe an den Rand der Rose gerückt. Der zylindrische Ansatz (15) auf der Mitte des Glasdeckels dient zur Aufnahme der Schiene für die Peildiopter und des Schattenstiftes. Der Kardanring trägt in seiner Längsschiffsrichtung zwei runde Zapfen und in der Querschiffsrichtung zwei Schneiden. Die Lager für die Zapfen befinden sich am Kompaßkessel, die Schneidenlager am Kompaßhaus. Zur Beschwerung dient ein Bleiring (7).

Der Kompaß kann als Peil- und als Steuerkompaß benutzt werden. Beim Peilkompaß ist der Deckelring als Seitenpeilscheibe mit der 360°-Teilung versehen.

63. Der Peilkompaß.

Unter P e i l e n versteht man hier mit dem Kompaß die Richtung bestimmen, in der sich ein Gegenstand vom Beobachter befindet. Die ermittelte Richtung heißt K o m p a ß p e i l u n g.

Der Peilkompaß unterscheidet sich vom Steuerkompaß hauptsächlich durch die Peilvorrichtung (Fig. 73). Diese besteht aus zwei dünnen, mit langen Einschnitten versehenen Messingplatten, die man Diopter nennt. In dem Okulardiopter ist nur ein schmaler Spalt, während sich in dem viel breiteren Einschnitte des Objektivdiopters ein straff gespannter Faden, Diopterfaden, befindet. In dem Kompaßkessel liegt unterhalb des Objektivdiopters vielfach noch ein weiteres Diopter, Innenvisier, wodurch ein genaues Ablesen der Peilung ermöglicht wird. Die Diopter sind auf einer um den Führungsstift im Mittelpunkte des Glasdeckels drehbaren Schiene (Fig. 73) so angebracht, daß sie sich im Durchmesser gegenüber und senkrecht auf dem Deckel stehen. Ihre Verbindung mit dem Träger durch Walzenscharniere ermöglicht es, sie auf den Deckel niederzuklappen, wenn der Kompaß nicht gebraucht wird.

Fig. 73

Vor dem Spalt des Okulardiopters befindet sich eine verschiebbare Sonnenblende, während an dem Objektivdiopter vielfach noch ein dunkler und im Scharnier beweglicher Planspiegel (Fig. 73) angebracht ist. Man benutzt ihn, wenn das zu peilende Gestirn ziemlich hoch steht, indem man dann nicht das Gestirn, sondern dessen Spiegelbild peilt.

Anmerkung: Laut Vorschrift der See-Berufsgenossenschaft ist jeder Kompaß vor Ingebrauchnahme von einer anerkannten Stelle auf seine Branchbarkeit zu prüfen. Außerordentliche Nachprüfungen sind vorzunehmen, wenn durch Reinigungs-, Instandsetzungs- oder Ausbesserungsarbeiten an den Kompassen die Voraussetzungen der amtlichen Bescheinigung oder der letzten Prüfung als nicht mehr vorhanden anzusehen sind.

Über jede Prüfung und jede Kompensierung ist auf vorgeschriebenem Verdruck eine Bescheinigung auszustellen und an Bord aufzubewahren (Kompaßattest). Siehe Unfall-Verhütungsvorschriften.

64. Aufstellung des Steuerkompasses.

Der Kompaß wird in dem Kompaßhause aufgehängt, wo er durch eine Kuppel mit einer Glasscheibe gegen Witterungseinflüsse geschützt ist. Zur Aufnahme des Kompasses und der Kuppel dient ein ringförmiger Messingaufsatz, der auf dem Kompaßhause festgeschraubt wird. Der Kompaß ist so aufzustellen, daß seine Steuerstrichebene mit der Mittschiffsebene zusammenfällt oder parallel ist und der Rudersmann den Kurs bequem ablesen kann.

Das Kompaßhaus wird am Kompaßort mit seiner Mitte so auf die Mittschiffs-naht gestellt, daß seine Seitenkanten den Decksnähten parallel sind und Vorder-und Achterkante genau querschiffs stehen. Nachdem es festgeschraubt ist, setzt man den Messingring auf, hängt den Kompaß hinein und dreht den Ring so, daß die Steuerstrichebene mit der Mitschiffsebene zusammenfällt. Um festzu-stellen, ob der Kompaß die richtige Stellung hat, spannt man einen Faden nahe über dem Kompaßdeckel in der Mittschiffsebene und bringt durch Drehen des Messingringes die Steuerstrichebene mit dem Faden in Deckung. In dieser Lage schraubt man dann den Messingring fest.

65. Aufstellung des Peilkompasses.

Als Standort für den Peilkompaß wählt man einen leicht zugänglichen Platz in der Mittschiffsebene, von dem aus man möglichst nach allen Richtungen hin peilen kann und in dessen Nähe sich keine größeren Eisenmassen befinden. Liegt der Aufstellungsort zwischen zwei Masten, so stelle man den Kompaß so auf, daß man sowohl die Mitte des vorderen als auch die Mitte des hinteren Mastes peilt, wenn man eine auf dem Kompasse drehbare Peilvorrichtung so gestellt hat, daß die Visierebene mit der Steuerstrichebene zusammenfällt.

Wenn der Aufstellungsort nicht zwischen zwei Masten liegt, so bedient man sich zweier Gegenstände an Steuerbord und Backbord, die gleich weit von der Mittschiffsebene entfernt liegen. In dieser stellt man den Kompaß so auf, daß die Peilungen der beiden Gegenstände mit der Steuerstrichebene gleiche Winkel bilden.

66. Die Peilscheibe.

Dies ist eine kreisrunde Metallscheibe, die Grad- und Strichteilung trägt, vermöge ihrer kardanischen Aufhängung und eines unterhalb angebrachten Ge-wichtes stets horizontal hängt und sich um eine vertikale Achse drehen läßt.

Mitten über den beiden Zapfen, an denen die Scheibe hängt, befinden sich zwei Platten in der Höhe der Scheibe, auf denen in den Verlängerungen des Scheibendurchmessers die Steuerstriche angebracht sind. Eine um den Mittel-punkt der Scheibe drehbare Schiene trägt die beiden Peildiopter; sie kann mittels einer Schraube auf der Scheibe festgeklemmt werden. Auf den ab-geschrägten Enden der Schiene sind in der Visierebene der Diopter In-dexstriche angebracht, deren Stand auf der Teilung abgelesen werden kann.

Die Peilscheibe ist so aufzustellen, daß die Steuerstrichebene mit der Mitt-schiffsebene zusammenfällt oder mit ihr parallel läuft. Sie wird gewöhnlich auf Brückennocken aufgestellt, wenn man wegen hoher Aufbauten mit dem Peil-kompaß nicht nach allen Richtungen peilen kann.

Fischdampfer benutzen vielfach statt des Peilkompasses auf dem Ruder-hause eine Peilscheibe, weil der Trocken-Peilkompaß an dieser Stelle sehr leicht ins Laufen gerät.

Stellt man mittels der Diopterschiene die Peilung des zu beobachtenden Gegenstandes ein, so gibt der unter dem Diopterfaden befindliche Indexstrich den Winkel an, den die Peilung mit der Kurslinie bildet. Dieser Winkel heißt S e i t e n p e i l u n g und wird von vorn rechts herum von 0^0 bis 360^0 gezählt.

Auch die modernen Peilkompasse sind am Rande mit einer solchen Teilung versehen, so daß man auch auf ihnen die Seitenpeilung ablesen kann. Verdreht man die Teilung um 180°, so daß 0° achteraus zeigt, so kann man die Peilung gleich am Okulardiopter ablesen. Benutzt man für Rose und Peilscheibe die Vollkreisteilung, so ist K o m p a ß p e i l u n g   g l e i c h   K o m p a ß k u r s   p l u s S e i t e n p e i l u n g. Übersteigt die Summe 360°, so sind 360° abzuziehen.

Sollten noch Strichteilung und Viertelkreisteilung vorkommen, so sind diese erst nach der ersten Tafel der Tafelsammlung von Matthies oder nach Tafel 10 der Nautischen Tafeln von Fulst in Vollkreisteilung zu verwandeln.

Beispiel 1: Ein Feuerschiff wird an der Peilscheibe 57° gepeilt, während das Schiff 203° anliegt. Welche Kompaßpeilung ergibt sich?

$$
\begin{array}{ll}
\text{Kompaßkurs} & = 203^\circ \\
\text{Seitenpeilung} & = 57^\circ \\
\hline
\text{Kompaßpeilung} & = 260^\circ
\end{array}
$$

Beispiel 2: Eine Landmarke wird an der Peilscheibe 253° gepeilt, während das Schiff NNW anliegt. Wie war die Kompaßpeilung?

$$
\begin{array}{ll}
\text{Es ist NNW} & = 338^\circ \\
\text{Seitenpeilung} & = 253^\circ \\
\text{Summe} & = 591^\circ \\
& - 360^\circ \\
\hline
\text{Kompaßpeilung} & = 231^\circ
\end{array}
$$

6. Die Ablenkung des Kompasses.

67. Bestimmung der Kompaßablenkung.

An Bord eiserner Schiffe zeigt der Nordstrich der Kompaßrose nicht die magnetische oder mißweisende Nordrichtung an. Er wird durch die vom Erdmagnetismus im Schiffseisen hervorgerufenen Pole aus dieser Richtung abgelenkt und stellt sich in eine neue Richtung ein. Diese Richtung heißt K o m p a ß - N o r d r i c h t u n g.

Die A b l e n k u n g d e s K o m p a s s e s ist der Winkel, den die Kompaß-Nordrichtung mit der mißweisenden Nordrichtung bildet. Sie wird mit Ost (+) bezeichnet, wenn Kompaß-Nord östlich (rechts) von mißweisend Nord liegt, mit West (—), wenn Kompaß-Nord westlich (links) von mißweisend Nord liegt.

Die Ablenkung ist abhängig von der Richtung, in der die Schiffspole auf die Rosennadeln wirken, und ändert sich daher mit dem Kompaßkurse.

Sie kann folgendermaßen bestimmt werden:

a) Durch Peilung eines entfernten irdischen Gegenstandes.

Das Schiff wird in magnetisch seeklarem Zustande recht langsam geschwait und jedesmal, wenn es nach dem zu untersuchenden Kompasse einen vollen Zehnergrad anliegt, ein genügend entfernter, aber gut sichtbarer Gegenstand, dessen mißweisende Peilung man kennt, mit dem Kompaß gepeilt. Die Peilungen und die zugehörigen Kompaßkurse werden sofort in eine Tabelle eingetragen, deren Einrichtung aus folgendem Beispiele ersichtlich ist.

Der gepeilte Gegenstand muß soweit entfernt sein, daß der Durchmesser des Kreises, den der Kompaß beim Schwajen beschreibt, im Vergleich zur Entfernung als sehr klein angesehen werden kann. Dies ist der Fall, wenn die Entfernung des gepeilten Gegenstandes etwa das Hundertfache des Durchmessers des Drehkreises beträgt.

Die mißweisende Peilung des Gegenstandes kann man einer Seekarte (Spezialkarte) entnehmen, wenn der Schiffsort bekannt ist.

Kompaßpeilungen und mißweisende Peilung werden in Vollkreisteilung ausgedrückt, also eventuell vorher umgewandelt. Dann erhält man die Ablenkung, indem man die Kompaßpeilungen von der mißweisenden Peilung algebraisch subtrahiert.

Ablenkung gleich mißweisende Peilung minus Kompaßpeilung.

Kann man wegen unbekannten Schiffsortes die mißweisende Peilung nicht der Seekarte entnehmen, so bildet man das Mittel aus den auf den vier Hauptstrichen oder Hauptzwischenstrichen beobachteten Peilungen. Falls früher eine bedeutende konstante Ablenkung A zuverlässig festgestellt wurde (Bestimmung dieser Ablenkung siehe unter m), ist diese zu dem Mittel noch algebraisch zu addieren.

Damit sich auch bei geringerer Entfernung des gepeilten Gegenstandes die mißweisende Peilung hierbei nicht ändert, können Fischdampfer ihre Boje aussetzen und sich beim Peilen auf der Linie Gegenstand-Boje halten.

B e i s p i e l 1 : Die mißweisende Peilung eines entfernten Gegenstandes war 294°.

Anliegender Kurs am Peilkompaß	mißweisende Peilung	Kompaßpeilung	Ablenkung des Peilkompasses
0°	294°	296°	— 2°
10	„	294	0
20	„	293	+ 1
30	„	291	+ 3
40	„	290	+ 4
50	„	289	+ 5
60	„	288	+ 6
70	„	289	+ 5
80	„	291	+ 3
90	„	293	+ 1

b) Durch Deckpeilungen.

Oft hat man Gelegenheit, zwei Gegenstände, z. B. zwei Richtfeuer, miteinander in Deckung zu sehen, deren mißweisende oder rechtweisende Richtung voneinander in der Seekarte festgestellt werden kann. Peilt man solche in Deckung befindlichen Gegenstände, so gibt mißweisende Peilung minus Kompaßpeilung die Ablenkung des Kompasses für den anliegenden Kurs.

Die Deckpeilung bietet den Vorzug, daß man von der Entfernung des gepeilten Gegenstandes unabhängig ist und seinen Schiffsort nicht genau zu kennen braucht. An der Deckung der beiden Gegenstände kann man genau sehen, ob man sich noch in der festgestellten mißweisenden Peilung zu den Objekten befindet.

B e i s p i e l 2 : Wesermünde-Reedebake Unterfeuer und Oberfeuer peilen mißweisend 157°. Ein Fischdampfer peilt auf Kurs 70° beide Feuer in Deckung am Peilkompaß 163°. Wie groß ist die Ablenkung des Kompasses auf diesem Kurse?

$$\text{Mißweisende Peilung} = 157°$$
$$\text{Kompaßpeilung} = 163°$$
$$\text{Ablenkung} = -6°.$$

Wenn rechtweisend navigiert wird, vergleicht man die Kompaßpeilung mit der rechtweisenden Peilung eines Gegenstandes. Der Unterschied beider Peilungen heißt F e h l w e i s u n g .

Die F e h l w e i s u n g ist der Winkel, den die Kompaß-Nordrichtung mit der rechtweisenden Nordrichtung bildet. Sie ist gleich der algebraischen Summe aus Mißweisung und Ablenkung.

Für Vollkreisteilung gilt:

‖ Fehlweisung gleich rechtweisende Peilung minus Kompaßpeilung.

Aus der Fehlweisung erhält man dann die Ablenkung, indem man von ihr die Mißweisung algebraisch subtrahiert, d. h. ihren entgegengesetzten Wert addiert.

B e i s p i e l 3 : Die Leuchttürme von Altenbruch und Osterende-Groden peilen rechtweisend 263^0. Ein elbabwärts fahrender Dampfer peilt auf Kurs 293^0 beide Feuer in Deckung am Kompaß 273^0. Welche Fehlweisung und welche Ablenkung ergibt sich hieraus für den Peilkompaß, wenn die Mißweisung — 6^0 beträgt?

$$
\begin{array}{rl}
\text{Rechtweisende Peilung} = & 263^0 \\
\text{Kompaßpeilung} = & 273^0 \\
\hline
\text{Fehlweisung} = & -10^0 \\
\text{Mißweisung} = & +(-)\,6^0 \\
\hline
\text{Ablenkung} = & -4^0
\end{array}
$$

c) Durch Azimutbeobachtungen. Siehe Nr. 151.

d) Ablenkungskurven.

Ein anschauliches Bild von der Veränderung der Ablenkung mit dem Kompaßkurse erhält man durch Zeichnung einer A b l e n k u n g s k u r v e. Man trägt die gefundenen Ablenkungen in ein im Handel zu beziehendes rechtwinkliges Diagramm ein. Dieses hat auf seiner mittleren Linie, der Abszissenachse, die abgerollte Rosenteilung von 0^0 bis 360^0 und senkrecht zur Abszissenachse im doppelten Maßstab die Teilung für die Ablenkungen. Nachdem man zu jedem Kompaßkurse die zugehörige Ablenkung durch einen Punkt eingetragen hat, verbindet man die Punkte durch eine ausgeglichene Kurve. Da die Ablenkung sich mit dem Kurse niemals sprunghaft, sondern stets gleichmäßig ändert, läßt man die außerhalb des regelmäßigen Verlaufs liegenden Punkte, die fehlerhaft sind, unberücksichtigt. Auf diese Weise werden Beobachtungsfehler ausgeglichen. Ein weiterer Vorzug dieses Verfahrens besteht darin, daß das Schiff bei der Peilung nicht immer einen vollen Zehnergrad anliegen muß, sondern die Ablenkungsbestimmungen auf beliebigen gleichmäßig verteilten Kursen vorgenommen werden können. Aus der Kurve kann man dann für jeden Zehnergrad die zugehörige Ablenkung entnehmen und in einer Steuertafel zusammenstellen. Man erhält die Ablenkung dabei auch für solche Kurse, auf denen eine Peilung wegen behinderter Sicht nicht vorgenommen werden konnte.

Damit man der Ablenkungskurve auch die für mißweisende Kurse gültige Ablenkung entnehmen kann, sind in das Diagramm von 20^0 zu 20^0 schräg laufende gestrichelte Linien so eingezeichnet, daß sie auf jeder Ordinate ebensoviel Grade im Ablenkungsmaßstab abteilen wie Kompaßgrade auf dem Stück der Abszissenachse bis zum Fußpunkt der Ordinate.

5*

Will man für mißweisende Kurse die zugehörige Ablenkung entnehmen, so suche man den Kurs auf der Abszissenachse auf und ziehe durch ihn eine Parallele zur eingezeichneten Schräglinie bis zum Schnitt mit der Kurve. Das Lot vom Schnittpunkt auf die Abszissenachse ist dann die gesuchte Ablenkung.

Es lassen sich nach diesem Verfahren Steuertafeln aufstellen, die sowohl für Kompaßkurse als auch für mißweisende Kurse die zugehörigen Ablenkungen enthalten.

Ist ein vorgedrucktes Diagramm nicht vorhanden, kann man sich ein solches auf Millimeterpapier selbst anfertigen.

68. Grundzüge der Kompaßablenkung.

a) Der Magnetismus im Schiffseisen.

Durch den Erdmagnetismus wird in dem zum Bau eines Schiffes verwendeten Eisen Magnetismus erregt, den man S c h i f f s m a g n e t i s m u s nennt. Da alle Eisenteile im Schiff miteinander verbunden sind, wird der Schiffsrumpf zu einem großen M a g n e t, dessen P o l e sich an zwei entgegengesetzten Punkten des Schiffes befinden. Die Verbindungslinie beider Pole ist die m a g n e t i s c h e A c h s e   d e s   S c h i f f e s. Sie hat annähernd die Richtung der erdmagnetischen Feldlinien im Schiff während des Bauens. Da in jedem Schiffe harte und weiche Eisenmassen vorkommen und diese mehr oder weniger starken Erschütterungen und Bearbeitungen im erdmagnetischen Felde ausgesetzt werden, ist auch stets f e s t e r ,   h a l b f e s t e r   und   f l ü c h t i g e r   M a g n e t i s m u s   im Schiffseisen vorhanden.

b) Der feste Schiffsmagnetismus.

Die Lage der Pole des festen Schiffsmagnetismus hängt hauptsächlich von dem magnetischen Kurse ab, den das Schiff während des Bauens anlag. Diesen Kurs nennt man den B a u k u r s.

Ein auf nordmagnetischer Breite auf Nordkurs erbautes Schiff wird vorn unten einen roten, hinten einen blauen festen Pol induziert erhalten, auf Süd-Baukurs wird der rote Pol hinten unten, der blaue vorne oben liegen. Ist der Baukurs Ost, so liegt der rote Pol an Backbord unten, der blaue Pol an Steuerbord oben; ist er West, so liegt der rote Pol an Steuerbord unten und der blaue an Backbord oben.

Je kleiner der Winkel ist, den den Baukurs mit dem erdmagnetischen Meridian bildet, desto günstiger ist die Lage der festen Pole für einen mittschiffs aufgestellten Kompaß, da in diesem Falle die Entfernung der Pole vom Kompaß größer ist, als wenn das Schiff auf Ost- bzw. Westkurs erbaut ist. Nach dem Stapellauf ist das Schiff auf einen dem Baukurs entgegengesetzten Kurs zu legen, damit der gleichzeitig mit dem festen Magnetismus entstandene halbfeste Magnetismus möglichst verschwindet.

c) **Zerlegung der Kraft des festen Schiffsmagnetismus.**

Es empfiehlt sich, stets die Lage des festen blauen Pols im Schiff in bezug auf den Kompaß zu betrachten, da dieser für ein auf Nordbreite gebautes Schiff immer oben im Schiffe liegt und daher auf den auf der Brücke aufgestellten Kompaß einen größeren Einfluß hat als der tiefer liegende feste rote Pol.

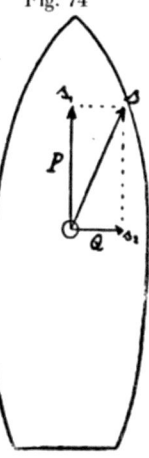

Fig. 74

Ein auf SO-Kurs gebautes Schiff hat den blauen Pol an Steuerbord vorn. Ein solcher Pol zieht das Nordende der Nadel an, also nach Steuerbord, und versucht es gleichzeitig etwas nach unten zu neigen. Die Wirkung ist also so, als wenn ein etwas schwächerer Südpol s über dem wirklichen in gleicher Höhe mit dem Kompaß liege und ein zweiter senkrecht unter dem Kompaß. Der an Steuerbord gedachte Pol s (Fig. 74) wird nicht nur das Nordende der Nadel nach vorn, sondern auch nach Steuerbord abzulenken suchen. Wir können uns daher statt des Poles s an Steuerbord einen gleichartigen, aber etwas schwächeren Pol s_1 vor dem Kompaß und einen zweiten s_2 querab vom Kompaß an Steuerbord und beide in gleicher Höhe mit dem Kompaß denken. Hiernach wirken drei Kräfte auf den Kompaß: 1. eine L ä n g s - s c h i f f s k r a f t , 2. eine Q u e r s c h i f f s k r a f t und 3. eine Kraft senkrecht zum Deck, die H o c h s c h i f f s k r a f t genannt wird.

Der Kürze halber bezeichnen wir die Längsschiffskraft mit P, die Querschiffskraft mit Q und die Hochschiffskraft mit R. Da die Kompaßrose sich infolge ihrer Aufhängung nur horizontal frei bewegen kann, kommt R bei gerader Lage des Schiffes nicht zur Geltung. Die Kraft P ist positiv, wenn das Nordende der Nadel nach vorn gezogen wird, negativ, wenn das Nordende der Nadel nach hinten gezogen wird.

Die Kraft Q ist positiv, wenn sie das Nordende der Nadel nach Steuerbord, negativ, wenn sie das Nordende der Nadel nach Backbord zieht.

d) **Wirkung der Längsschiffskraft des festen Schiffsmagnetismus.**

Aus der Betrachtung der Fig. 75a ergibt sich, daß die Kraft $+$ P auf Nordkurs keine Ablenkung hervorrufen kann, da sie hier in der magnetischen Nordrichtung wirkt. Während einer Rundschwajung nach Osten entsteht zunächst eine Ostablenkung, die ihren größten Wert auf dem Kompaßkurs Ost erreicht, dann allmählich abnimmt und auf Südkurs verschwindet. Während der weiteren Drehung wird die Ablenkung westlich. Sie wird am größten auf dem Kompaßkurs West und nimmt allmählich ab bis Null auf Nordkurs. Die richtende Feldstärke H ist im nördlichen Halbkreise durch das zum blauen Pol gehörende Schiffsfeld verstärkt, im südlichen geschwächt.

Die Höchstwerte der Ablenkungen findet man nicht auf den mißweisenden, sondern auf den Kompaßkursen Ost und West, weil auf diesen der Pol quer zur abgelenkten Nadel angreift, somit die größte Wirkung hat. In Fig. 75a und den noch folgenden dieser Art sind aber, um eine gleichmäßige Darstellung zu erhalten, die Schiffe auf mißweisenden Kursen gezeichnet.

Die Ablenkung, welche die feste Längsschiffskraft $+$ P auf dem Kompaßkurs Ost hervorruft, bezeichnet man mit B_1. Der Wert von B_1 ist positiv, weil die Ablenkung auf Ostkurs plus ist. Fig. 75b zeigt den Verlauf der während der Rundschwajung durch $+$ P erzeugten Ablenkungen.

Die Untersuchung der Kraft $-$ P (Südpol hinter dem Kompaß) ergibt einen Ablenkungsverlauf, wie er in Fig. 75c dargestellt ist. Der Wert des Koeffizienten

Fig. 75

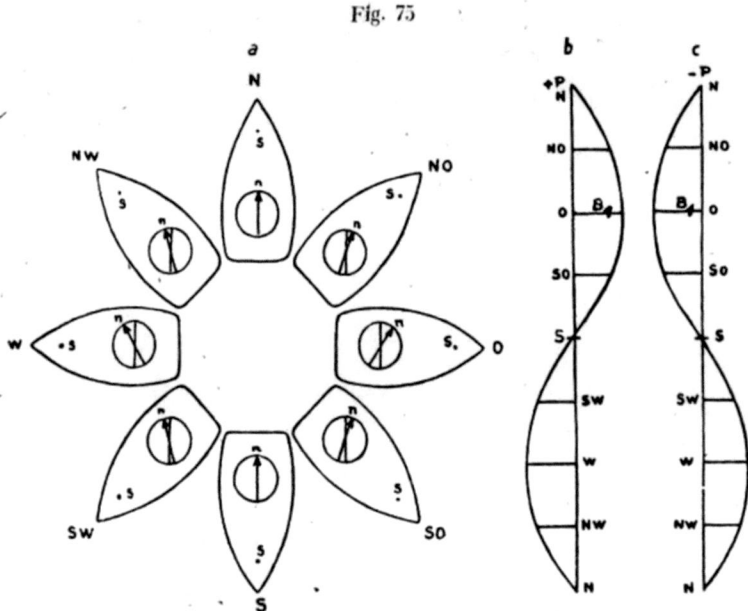

B_1 ist in diesem Falle negativ, weil die Ablenkung auf Ostkurs minus ist.

Beide Ablenkungskurven entsprechen in den vier Quadranten dem Verlauf der Sinusfunktion (s. Fig. 66). Man erhält daher die Ablenkungen für alle Kompaßkurse nach der Formel:

$$\delta = B_1 \cdot \sin z,$$

worin z der Kompaßkurs ist.

e) Wirkung der Querschiffskraft des festen Schiffsmagnetismus.

Eine Querschiffskraft $+$ Q (Südpol queráb vom Kompaß an Steuerbord) ruft auf Kompaßkurs Nord die größte östliche und auf Südkurs eine gleich große westliche Ablenkung hervor (Fig. 76a).

Auf Ost- und Westkurs ist die Ablenkung gleich Null, da hier die Kraft in Richtung der Nadel wirkt. Die richtende Feldstärke ist auf westlichen Kursen verstärkt, auf östlichen geschwächt.

Die durch die feste Querschiffskraft $+ Q$ auf dem Kompaßkurs Nord hervorgerufene Ablenkung bezeichnet man mit C_I. Der Wert von C_I ist positiv, weil die Ablenkung auf Nordkurs plus ist. Beobachtungen während einer Rundschwajung liefern die Ablenkungskurve der Fig. 76b.

Eine Untersuchung für die Kraft $- Q$ (Südpol querab vom Kompaß an Backbord) führt zu der Ablenkungskurve, wie sie in Fig. 76c dargestellt ist. Der Wert des Koeffizienten C_I ist hier negativ, weil die Ablenkung auf Nordkurs minus ist.

Fig. 76

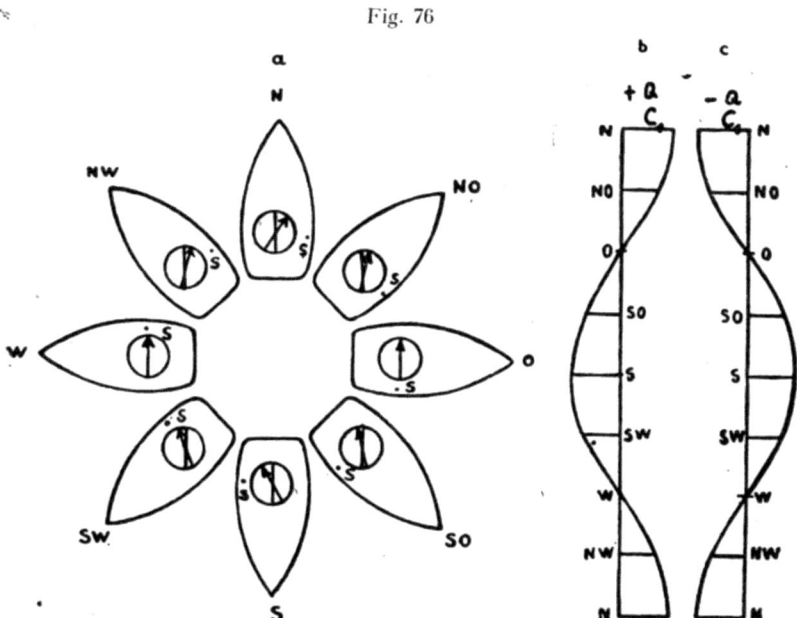

Der Verlauf beider Kurven entspricht dem der Kosinus-Funktion (s. Fig. 67). Man erhält daher die Ablenkung für alle Kompaßkurse nach der Formel:

$$\eth = C_I \cdot \cos z.$$

f) Zusammenwirken der Längs- und Querschiffskraft.

Wirken die beiden Kräfte P und Q zusammen auf den Kompaß, so ist die Gesamtablenkung gleich der Summe der Teilablenkungen:

$$\eth = B_I \cdot \sin z + C_I \cdot \cos z.$$

Dieses gilt unter der Voraussetzung, daß die Ablenkungen nicht zu groß sind, so daß sie den ablenkenden Kräften proportional bleiben. Die Gesamtablenkung hat wie die Teilablenkungen einen h a l b k r e i s i g e n   V e r l a u f, was leicht durch Überlagerung ihrer Kurven gezeigt werden kann.

g) Der flüchtige Magnetismus im vertikalen Eisen.

Durch die Wirkung der Vertikalfeldstärke des Erdmagnetismus erhält vertikales Eisen auf nordmagnetischer Breite am oberen Ende einen blauen und am unteren Ende einen roten Pol. Die Wirkung der Pole der einzelnen Eisenkörper kann man sich in einem Gesamtpol vereinigt denken, der P o l d e r V e r t i k a l - i n d u k t i o n genannt wird und, wenn die Eisenmassen gleichmäßig verteilt sind, in der Mittschiffsebene liegt. Solange das Schiff in derselben magnetischen Breite bleibt, bleibt auch die Stärke des im vertikalen Eisen erregten flüchtigen Magnetismus unverändert. Es wirkt daher dieser Magnetismus während des Schwajens ebenso auf die Kompaßnadel wie der feste Magnetismus.

Sind die Eisenmassen nicht gleichmäßig verteilt, so denkt man sich auch die Wirkung des Pols der Vertikalinduktion in eine Längsschiffs- und Querschiffskraft zerlegt. Diese erzeugen dann ebenfalls eine h a l b k r e i s i g e A b l e n - k u n g, welche sich durch die Formel

$$\zeta = B_2 \cdot \sin z + C_2 \cdot \cos z$$

darstellen läßt. Die Zahl 2 am Fuße der Koeffizienten deutet an, daß es sich um die Wirkung des flüchtigen Magnetismus im vertikalen Eisen handelt.

Da auf nordmagnetischer Breite fast immer ein resultierender blauer P o l d e r V e r t i k a l i n d u k t i o n hinter dem Kompaß liegt (— P), hat der Koeffizient B_2 gewöhnlich einen negativen Wert. Der Koeffizient C_2 ist gewöhnlich gleich Null, da der Gesamtpol in der Regel in der Mittschiffsebene liegt.

h) Die gesamte halbkreisige Ablenkung.

In einem eisernen Schiffe wirken sowohl feste Pole als auch Pole der Vertikalinduktion. Durch Addition der durch sie erzeugten Ablenkungen kommt man auf die Formel

$$\zeta = (B_1 + B_2) \cdot \sin z + (C_1 + C_2) \cdot \cos z.$$

Hierin ist $(B_1 + B_2)$ die Ablenkung auf dem Kompaßkurs Ost, $(C_1 + C_2)$ die Ablenkung auf dem Kompaßkurs Nord, vorausgesetzt, daß keine anderen Kräfte als die bisher besprochenen auf den Kompaß einwirken. Da praktisch nur die gesamte Ablenkung auf diesen Kursen gefunden wird, faßt man die beiden Summen zu B und C zusammen. Dadurch kommt man zu folgendem Ergebnis:

F e s t e P o l e und P o l e d e r V e r t i k a l i n d u k t i o n erzeugen die h a l b k r e i s i g e A b l e n k u n g

$$\zeta = B \cdot \sin z + C \cdot \cos z.$$

Der K o e f f i z i e n t B ist der Wert der halbkreisigen Ablenkung auf dem Kompaßkurs Ost, der K o e f f i z i e n t C der Wert der halbkreisigen Ablenkung auf dem Kompaßkurs Nord. Die richtende Feldstärke ändert sich mit dem Kurse. Einer Schwächung auf einem Kurse steht eine gleich große Stärkung auf dem Gegenkurse gegenüber. Die mittlere nach magnetisch Nord gerichtete Feldstärke, kurz r i c h t e n d e F e l d s t ä r k e genannt, ist gleich der Horizontalfeldstärke H.

i) Der flüchtige Magnetismus im horizontalen Eisen bei symmetrischer Ver-- teilung.

Die Horizontalfeldstärke des Erdmagnetismus induziert in der Längsrichtung horizontaler Eisenkörper Pole, deren Art und Stärke von der Lage der Eisenkörper zum Meridian abhängen. Auch das horizontale Schiffseisen in seiner L ä n g s s c h i f f s a u s d e h n u n g ist dieser Induktion unterworfen. Es ist in der Hauptsache symmetrisch zur Mittschiffsebene verteilt und am Kompaßort

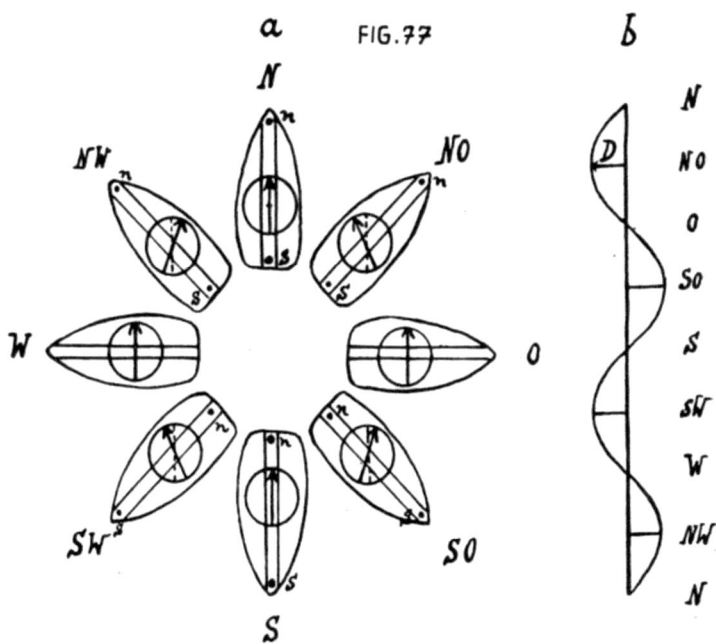

durchlaufend. In diesem Falle befinden sich die resultierenden Pole in der Mittschiffsebene vor und hinter dem Kompaß, die resultierende magnetische Achse fällt also in die Mittschiffsebene. Da der blaue Pol im Norden der Erde stets im nördlich gerichteten Ende einen roten Pol induziert, ist auf allen nördlichen Kursen vorn ein roter und hinten ein blauer Pol im Schiff, auf allen südlichen Kursen ist es umgekehrt. Die Pole sind auf mißweisendem Nord- und Südkurs, wenn das betrachtete Eisen in die Induktionsrichtung fällt, am stärksten und nehmen bei Annäherung an die Ost- und Westrichtung an Stärke ab. Auf mißweisendem Ost- und Westkurs liegt das L ä n g s s c h i f f s e i s e n rechtwinklig zur Induktionsrichtung und ist daher unmagnetisch. Aus diesem Grunde ist, wie Fig. 77a erkennen läßt, auf Ost- und Westkurs keine A b l e n k u n g vorhanden. Auch auf Nord- und Südkurs findet keine A b l e n k u n g statt, aber die r i c h - t e n d e F e l d s t ä r k e ist geschwächt. Die Ablenkung ist auf den Hauptzwischenstrichen am größten, und zwar ist sie auf NO- und SW-Kurs minus, auf SO-

und NW-Kurs plus. Eine Rundschwajung ergibt einen Ablenkungsverlauf, wie in Fig. 77b dargestellt. Man nennt diesen viertelkreisig. Bezeichnet man den Wert der v i e r t e l k r e i s i g e n A b l e n k u n g auf Kompaßkurs NO mit D, so kann sie ausgedrückt werden durch die Formel:

$$\mathfrak{z} = D \cdot \sin 2z.$$

Da die Ablenkung auf NO-Kurs im vorliegenden Fall minus ist, hat der Koeffizient D einen negativen Wert.

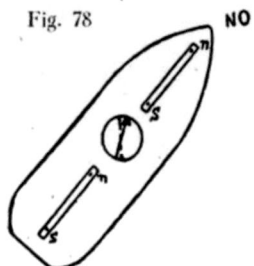

Fig. 78   NO

Endet Längsschiffseisen vor oder hinter dem Kompaß (unterbrochenes Eisen), so befindet sich auf nördlichen Kursen in Kompaßnähe ein blauer Pol vor bzw. ein roter Pol hinter dem Kompaß (Fig. 78), auf südlichen Kursen umgekehrt. Eine Untersuchung ergibt Ablenkungen vom gleichen Verlauf, aber mit entgegengesetzten Vorzeichen in den einzelnen Quadranten. Der Koeffizient D ist also in diesem Falle positiv.

Da das horizontale Schiffseisen neben seiner Längsschiffsausdehnung auch noch eine Querschiffs-

Fig. 79

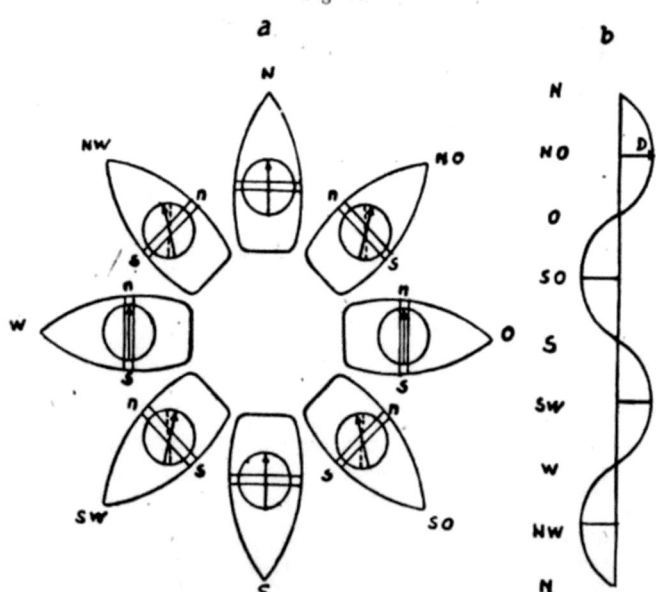

ausdehnung (Decks) oder in der Hauptsache nur Querschiffsausdehnung (Decksbalken) hat, wird es durch die Horizontalfeldstärke H auch in dieser Richtung induziert. Die resultierenden Pole liegen bei symmetrischer Verteilung an

Steuerbord und Backbord in gleichem Abstande von der Mittschiffsebene. Die magnetische Achse liegt genau querschiffs. Dieses Q u e r s c h i f f s e i s e n zeigt dieselbe Wirkung auf den Kompaß wie z. B. ein Decksbalken, der unter dem Kompaßmittelpunkt durchläuft. Dieser ist unmagnetisch auf Nord- und Süd- kurs (Fig. 79a), am stärksten magnetisch auf Ost- und Westkurs; auf allen vier Hauptstrichen ist jedoch die A b l e n k u n g Null. Sie ist auf den Hauptzwischen- strichen am größten, ist im NO- und SW-Quadranten plus im SO- und NW- Quadranten minus. Die r i c h t e n d e F e l d s t ä r k e ist außer auf Nord- und Südkurs auf allen Kursen geschwächt. Die Rundschwajung ergibt wieder eine v i e r t e l k r e i s i g e A b l e n k u n g, aber mit positivem D (Fig. 79b).

Ist das Querschiffseisen am Kompaß- ort unterbrochen, so sind in Kompaßnähe wieder stets die umgekehrten Pole vorhan- den wie beim durchgehenden Eisen, so daß auch die Ablenkungen entgegengesetzte Vorzeichen haben und D negativ ist (Fig. 80). Die richtende Feldstärke wird auf allen Kursen mit Ausnahme von Nord und Süd verstärkt.

U n t e r b r o c h e n e s E i s e n hat also die entgegengesetzte Wirkung auf den Kompaß wie gleichartiges d u r c h g e h e n - d e s. Sein Einfluß ist aber gewöhnlich nur gering, da die Verbände des Schiffes durch- laufen müssen und einzelne Teile in genügendem Abstande vom Kompaß bleiben sollen.

Fig. 80

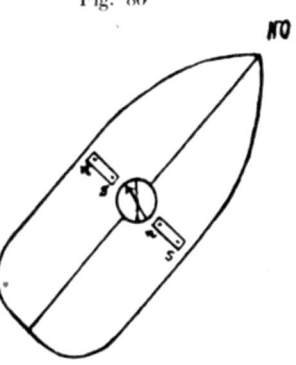

D u r c h g e h e n d e s L ä n g s s c h i f f s e i s e n verursacht eine viertel- kreisige Ablenkung mit negativem D, d u r c h g e h e n d e s Q u e r s c h i f f s - e i s e n eine ebensolche mit positivem D. Der Unterschied beider ist die viertelkreisige Ablenkung des Kompasses. Da die resultierenden Pole des Querschiffseisens dem Kompaß bedeutend näher sind als die des Längsschiffs- eisens, überwiegt der Einfluß des Magnetismus im Querschiffseisen.

Die Untersuchungen führen somit zu folgendem Ergebnis:

P o l e d e r H o r i z o n t a l i n d u k t i o n erzeugen bei symmetrischer Ver- teilung des Eisens die v i e r t e l k r e i s i g e A b l e n k u n g

$$\delta = D \cdot \sin 2z.$$

Der Koeffizient D ist der Höchstwert dieser viertelkreisigen Ablenkung, und zwar auf dem Kompaßkurs NO. Er ist gewöhnlich positiv. Die mittlere r i c h t e n d e F e l d s t ä r k e ist geschwächt.

k) Der flüchtige Magnetismus im horizontalen Eisen bei unsymmetrischer Verteilung.

Fig. 81

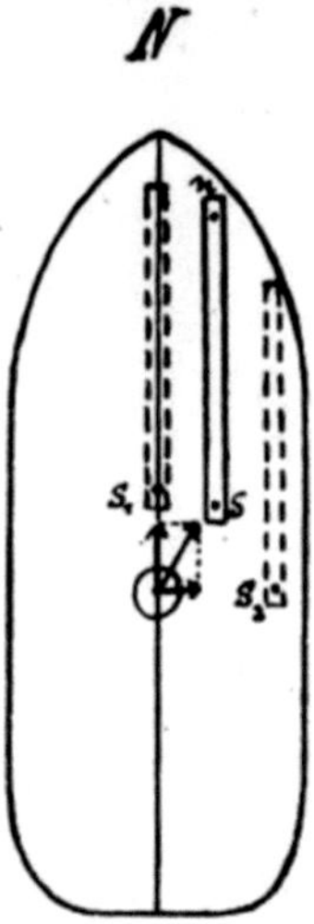

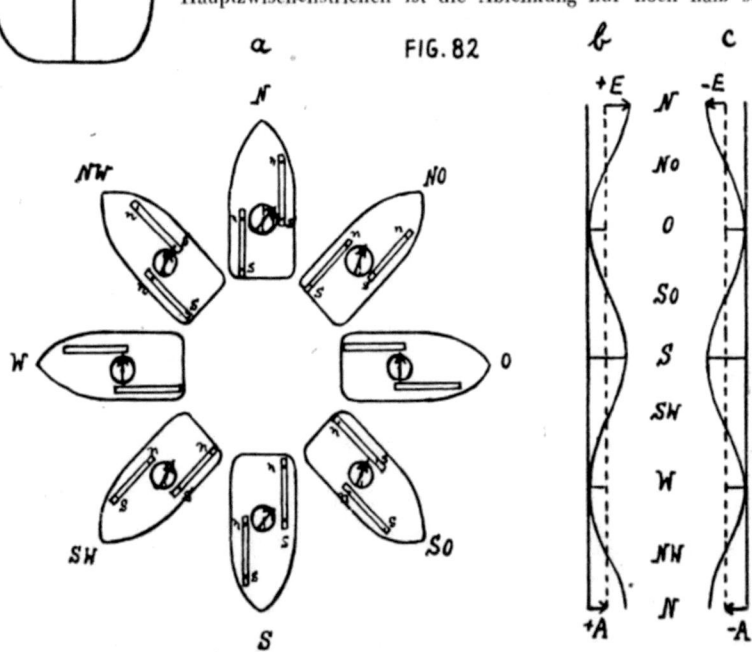

Liegen einzelne L ä n g s s c h i f f s e i s e n m a s s e n nicht symmetrisch zur Mittschiffsebene, so befinden sich auch ihre resultierenden Pole außerhalb dieser Ebene.

Wirkt z. B. eine Längsschiffsstange an Steuerbord vor dem Kompaß in der Hauptsache mit dem kompaßnahen Pol auf den Kompaß, so wird der auf Nordkurs an Steuerbord vorn liegende Pol s (Fig. 81) nicht nur das Nordende der Nadel nach vorn, sondern auch nach Steuerbord zu ziehen suchen. Die gleiche Wirkung haben auch der blaue Pol s_1 einer Längsschiffsstange in der Mittschiffsebene vor dem Kompaß und der blaue Pol s_2 einer Längsschiffsstange querab vom Kompaß an Steuerbord, die sich mit dem Kurse in gleicher Weise ändern wie s. Die in der Mittschiffsebene liegende Stange erzeugt als symmetrisches unterbrochenes Längsschiffseisen die v i e r t e l k r e i s i g e A b l e n k u n g $\delta = D \cdot \sin 2z$ (s. Fig. 78). Die querab liegende Stange ruft auf den Kompaßkursen Nord und Süd die größte Ablenkung hervor, weil sie in dieser Lage am stärksten induziert wird und der Pol senkrecht zur Kompaßnadel angreift (Fig. 82a). Auf den Hauptzwischenstrichen ist die Ablenkung nur noch halb so

FIG. 82

groß, da der Pol hier schwächer ist und schräg zur Nadel angreift. Auf Ost- und Westkurs ist die Ablenkung Null, weil die Stange in dieser Lage unmagnetisch ist. Alle Ablenkungen sind plus.

Dieselbe Wirkung hat auch eine Stange an Backbord hinter dem Kompaß, wenn der kompaßnahe Pol querab liegt. Eine Rundschwajung ergibt die Ablenkungskurve in Fig. 82b. Verschiebt man die Nullinie dieser Kurve parallel soweit nach rechts, bis sie die Kurve in den Hauptzwischenstrichen schneidet (gestrichelte Linie), so stellt der Betrag der Verschiebung eine für alle Kurse gleichbleibende Ablenkung dar, die k o n s t a n t e A b l e n k u n g genannt und mit A bezeichnet wird. Zu dieser bleibt noch eine v i e r t e l k r e i - s i g e A b l e n k u n g algebraisch zu addieren, die man von der verschobenen (gestrichelten) Nullinie zählt. Man erhält diese für alle Kurse, wenn man den Wert dieser Ablenkung auf dem Kompaßkurs Nord, den man mit E bezeichnet, mit dem Kosinus des doppelten Kurswinkels multipliziert. Die ganze Ablenkung läßt sich dann durch die Formel

$$\delta = A + E \cdot \cos 2z$$

ausdrücken. A und E sind beide positiv.

Liegt die vordere Stange an Backbord, die hintere an Steuerbord, so wird eine gleichartige Ablenkung erzeugt, die aber immer minus ist (Fig. 82c). A und E sind dann beide negativ.

Auch die Wirkung einer an Backbord hinter dem Kompaß liegenden Q u e r s c h i f f s e i s e n m a s s e kann man sich hervorgerufen denken durch eine Stange, die an Back-

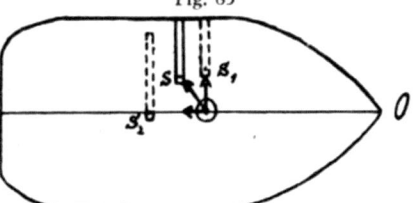

Fig. 83

bord in der Querschiffsebene des Kompasses liegt, und eine Quer- schiffsstange hinter dem Kom- paß, deren kompaßnaher Pol in der Mittschiffsebene liegt (Fig. 83). Erstere bewirkt als zentrisch zum Kompaß gelager- tes unterbrochenes Querschiffs- eisen die viertelkreisige Ablenkung $\delta = D \cdot \sin 2z$ (s. Fig. 80). Letztere erzeugt ebenso wie eine Querschiffsstange an Steuerbord, deren kompaßnaher Pol vor dem Kompaß liegt, nur westliche Ablenkung, die auf Ost- und Westkurs am größten, auf den Hauptzwischenstrichen halb so groß und auf Nord- und Süd- kurs Null ist (Fig. 84a). Eine Rundschwajung ergibt die Kurve in Fig. 84b. Durch Verschiebung der Nullinie nach links gelangt man zur gleichen Formel wie für Längsschiffseisen. A ist negativ und E positiv.

Liegt die Stange vor dem Kompaß an Backbord und die hinter ihm an Steuerbord, so erhält man nur östliche Ablenkungen (Fig. 84c). A ist positiv und E negativ.

Wirken gleichzeitig unsymmetrische Längs- und Querschiffsstangen auf den Kompaß, so addieren sich die entsprechenden Ablenkungen. A und E können dann beliebige voneinander unabhängige Werte haben.

Da unsymmetrische Eisenmassen in der Nähe des Kompasses gewöhnlich nicht vorkommen, können A und E nur dann größere Werte haben, wenn der

Kompaß nicht genau mittschiffs steht. Für gut aufgestellte Kompasse sind sie
in der Regel Null.

Fig. 84

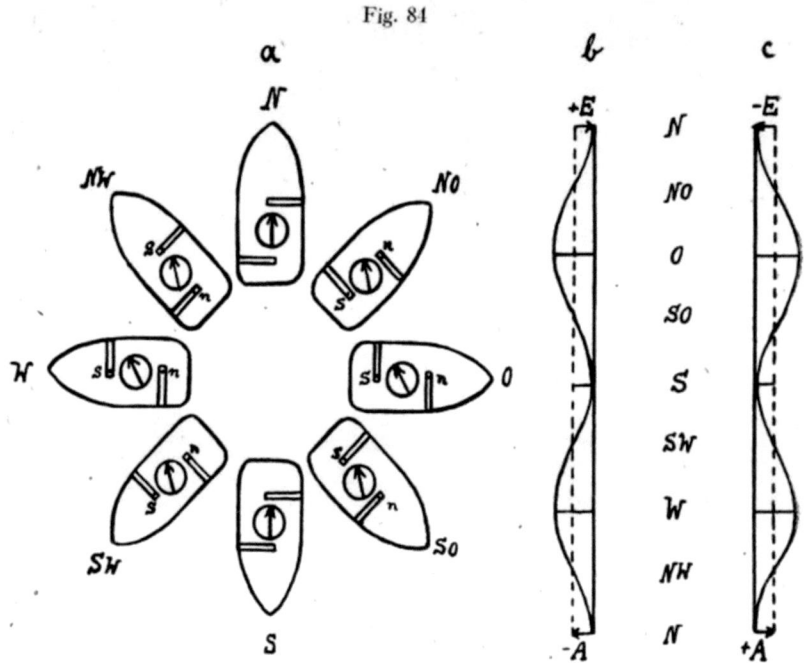

Pole der Horizontalinduktion erzeugen bei unsymmetrischer Verteilung des Eisens eine konstante und eine viertelkreisige Ablenkung, die sich durch die Formel

$$z = A + D \cdot \sin 2z + E \cdot \cos 2z$$

ausdrücken läßt. Die mittlere richtende Feldstärke ist auf fast allen
Schiffen geschwächt, weil gewöhnlich die Wirkung des durchgehenden Eisens
vorherrscht.

l) Die Ablenkungsformel, die Koeffizienten und ihre Ursachen.

Wirken alle bisher besprochenen Pole auf den Kompaß, so erhält man die
Gesamtablenkung als Summe der entwickelten Teilablenkungen
durch die Ablenkungsformel

$$z = A + B \cdot \sin z + C \cdot \cos z + D \cdot \sin 2z + E \cdot \cos 2z.$$

Sie gilt mit der Einschränkung, daß die Gesamtablenkung 20°, der Koeffizient
D 6° nicht übersteigt.

In dieser Formel ist

A die k o n s t a n t e Ablenkung,

$B \cdot \sin z + C \cdot \cos z$ die h a l b k r e i s i g e Ablenkung,

$D \cdot \sin 2z + E \cdot \cos 2z$ die v i e r t e l k r e i s i g e Ablenkung.

Die A b l e n k u n g s k o e f f i z i e n t e n A, B, C, D und E sind H ö c h s t - w e r t e d e r T e i l a b l e n k u n g e n; sie werden also in Graden ausgedrückt. Der Koeffizient B ist der Wert der halbkreisigen Ablenkung auf dem Kompaß- kurs Ost. Er besteht aus den beiden Teilen B_1 und B_2.

B_1 rührt her von der Längsschiffskraft des festen Magnetismus.

B_2 rührt her von der Längsschiffskraft des flüchtigen Magnetismus im ver- tikalen Eisen.

Der Koeffizient C ist der Wert der halbkreisigen Ablenkung auf dem Kompaß- kurs Nord. Er besteht aus den beiden Teilen C_1 und C_2.

C_1 rührt her von der Querschiffskraft des festen Magnetismus.

C_2 rührt her von der Querschiffskraft des flüchtigen Magnetismus im vertikalen Eisen.

Der Koeffizient D ist der Wert der viertelkreisigen Ablenkung auf dem Kompaß- kurs NO.

D rührt her vom flüchtigen Magnetismus im horizontalen Eisen.

Der Koeffizient E ist der Wert der viertelkreisigen Ablenkung auf dem Kompaß- kurs Nord.

E entsteht in Verbindung mit A durch flüchtigen Magnetismus in horizontalem Eisen, das u n s y m m e t r i s c h zur Mittschiffsebene liegt.

A kann auch herrühren von Konstruktionsfehlern der Rose, von einer bei der Ablenkungsbestimmung benutzten fehlerhaften Peilung und von Schleppfehlern.

D e r K o e f f i z i e n t λ.

Die Untersuchungen haben ergeben, daß die m i t t l e r e n a c h m a g n e - t i s c h N o r d g e r i c h t e t e F e l d s t ä r k e durch feste Pole und Pole der Vertikalinduktion nicht beeinflußt wird, wohl dagegen durch Pole der Horizontal- induktion. Durch unterbrochenes Eisen wird sie verstärkt, durch durchgehendes aber geschwächt. Da letzteres gewöhnlich überwiegt, ist sie in der Regel kleiner als die Horizontalfeldstärke H.

Das Verhältnis der mittleren nach magnetisch Nord gerichteten Feldstärke an Bord zur Horizontalfeldstärke H in eisenfreier Umgebung des gleichen Ortes bezeichnet man durch den Buchstaben λ.

Der Wert dieser Verhältniszahl λ ist gewöhnlich nicht größer als 0.8. Sie gibt uns einen Anhalt für die Güte des Kompaßortes. Je kleiner der Wert von λ ist, um so ungünstiger ist der Kompaß aufgestellt.

m) Die Bestimmung der Koeffizienten.

Bestimmt man die Ablenkung auf den Haupt- und Hauptzwischenstrichen, so lassen sich die Koeffizienten wie folgt daraus berechnen:

A ist das Mittel aus den Ablenkungen auf den vier Hauptstrichen.

$$A = \frac{\delta_N + \delta_S + \delta_O + \delta_W}{4}$$

B ist das Mittel aus der Ablenkung auf O-Kurs und der entgegengesetzten Ablenkung auf W-Kurs.

$$B = \frac{\delta_O - \delta_W}{2}$$

C ist das Mittel aus der Ablenkung auf N-Kurs und der entgegengesetzten Ablenkung auf S-Kurs.

$$C = \frac{\delta_N - \delta_S}{2}$$

D ist das Mittel aus den Ablenkungen auf NO- und SW-Kurs und den entgegengesetzten Ablenkungen auf SO- und NW-Kurs.

$$D = \frac{\delta_{NO} + \delta_{SW} - \delta_{SO} - \delta_{NW}}{4}$$

E ist das Mittel aus den Ablenkungen auf N- und S-Kurs und den entgegengesetzten Ablenkungen auf O- und W-Kurs.

$$E = \frac{\delta_N + \delta_S - \delta_O - \delta_W}{4}$$

Beispiel:

Kompaßkurs	Abl.	A	B	D	E
		$\delta_N = +1^0$	$\delta_O = +1^0$	$\delta_{NO} = +3^0$	$\delta_N = +1^0$
		$\delta_S = -6^0$	entg. $\delta_W = -4^0$	$\delta_{SW} = +1^0$	$\delta_S = -6^0$
N	+1⁰	$\delta_O = +1^0$	$2B = -3^0$	entg. $\delta_{SO} = +3^0$	entg. $\delta_O = -1^0$
NO	+3	$\delta_W = +4^0$	$B = -1{,}5^0$	entg. $\delta_{NW} = +2^0$	entg. $\delta_W = -4^0$
O	+1	$4A = 0^0$		$4D = +9^0$	$4E = -10^0$
SO	−3	$A = 0^0$	C	$D = +2{,}3^0$	$E = -2{,}5^0$
S	−6		$\delta_N = +1^0$		
SW	+1		entg. $\delta_S = +6^0$		
W	+4		$2C = +7^0$		
NW	−2		$C = +3{,}5^0$		

n) Änderung der Kompaßablenkung bei großer Breitenänderung.

Die Horizontalfeldstärke H des Erdmagnetismus hat in verschiedenen magnetischen Breiten verschiedene Werte; sie ist an den magnetischen Polen gleich Null und am größten auf dem magnetischen Äquator. Da der im horizontalen Eisen erregte Magnetismus der induzierenden Horizontalfeldstärke verhältnisgleich ist, ändert die durch ihn bewirkte a b l e n k e n d e K r a f t im gleichen Verhältnis wie die nach magnetisch Nord r i c h t e n d e K r a f t, so daß die A b l e n k u n g der Rose dadurch unverändert bleibt. Die Koeffizienten A, D und E sind daher b r e i t e n b e s t ä n d i g.

Dagegen bleibt die ablenkende Kraft des festen Schiffsmagnetismus an allen Orten der Erde dieselbe. Da richtende und ablenkende Kraft die Kompaßnadeln in die Richtung ihrer Mittelkraft stellen, so muß sich die durch festen Magnetismus bewirkte Ablenkung (B_1 und C_1) ändern, wenn sich die richtende Kraft ändert, und zwar im umgekehrten Verhältnis zur Größe von H. Nimmt z. B. mit wachsender Breite die richtende Kraft mit H ab, so gewinnt die gleichbleibende ablenkende Kraft demgegenüber mehr Einfluß, und die Ablenkung nimmt zu. Bei abnehmender Breite ist es umgekehrt. Das Vorzeichen der Ablenkung bleibt immer gleich.

Die Vertikalfeldstärke V des Erdmagnetismus hat an den Polen ihren größten Wert und ist am Äquator gleich Null. Auf südmagnetischer Breite hat sie entgegengesetztes Vorzeichen. Im gleichen Verhältnis wie V ändern auch die Pole der Vertikalinduktion und die dadurch bewirkten Ablenkungen (B_2 und C_2). Da sich gleichzeitig auch H verändert, wird sich diese Ablenkung mit der Breite im Verhältnis $\frac{V}{H}$ oder wie die Tangente der Inklination ändern. Sie wird nahe den Polen sehr groß, ist auf dem magnetischen Äquator gleich Null und hat auf magnetischer Nord- und Südbreite entgegengesetzte Vorzeichen.

Bei erheblicher B r e i t e n ä n d e r u n g ändert sich somit nur die h a l b - k r e i s i g e A b l e n k u n g, so daß nur die Änderung der Koeffizienten B und C bestimmt zu werden braucht, um die alte Steuertafel für die neue Breite zu berichtigen. Dazu genügt es, die Ablenkung für zwei benachbarte Hauptstriche neu zu bestimmen und ihre Änderung festzustellen, indem man die alte Ablenkung der Steuertafel von der neu bestimmten algebraisch subtrahiert. Die Änderung des Koeffizienten B ist dann gleich der Änderung der Ablenkung auf O-Kurs oder gleich der entgegengesetzten Änderung auf W-Kurs. Die Änderung von C ist gleich der Änderung der Ablenkung auf N-Kurs oder gleich der entgegengesetzten Änderung auf S-Kurs. Mit der Änderung von B und C und mit Hilfe der Tafel 42b von Fulst berechnet man für jeden Zehnergrad die Änderung der halbkreisigen Ablenkung, die man zur alten Ablenkung der Steuertafel algebraisch addiert.

Dieses Verfahren ist nicht brauchbar für Schwimmkompasse mit hohem magnetischen Moment, da hier mit Nadelinduktion zu rechnen ist.

Beispiel: Auf der Weser findet man durch Rundschwajung die folgende Ablenkungstafel. In der Barents-See beobachtet man auf O-Kurs — 4^0 und auf S-Kurs — 9^0. Danach ist eine neue Ablenkungstafel aufzustellen.

Neuer Wert	$\delta_0 = -4^0$	Neuer Wert	$\delta_s = -9^0$
Tafelwert	$\delta_0 = +1^0$	Tafelwert	$\delta_s = -6^0$
Differenz	$= -5^0$	Differenz	$= -3^0$
Änderung von	$B = -5^0$	Änderung von	$C = +3^0$

Kompaß-Kurs	Alte Ablenkung	Änderung der halbkreisigen Abl.			Neue Ablenkung
		$-5^0 \cdot \sin z$	$+3^0 \cdot \cos z$	insgesamt	
		Nach Tafel 42b		II	I+II
0°	+ 1°	0,0°	+ 3,0°	+ 3°	+ 4°
10	+ 2	− 0,9	+ 3,0	+ 2	+ 4
20	+ 3	−1,7	+ 2,8	+ 1	+ 4
30	+ 4	− 2,5	+ 2,6	0	+ 4
40	+ 4	− 3,2	+ 2,3	− 1	+ 3
50	+ 3	− 3,8	+ 1,9	− 2	+ 1
60	+ 2	−4,3	+ 1,5	− 3	− 1
70	+ 2	−4,7	+ 1,0	− 4	− 2
80	+ 1	−4,9	+ 0,5	− 4	− 3
90	+ 1	− 5,0	0,0	− 5	− 4
100	0	−4,9	− 0,5	− 5	− 5
110	0	−4,7	− 1,0	− 6	− 6
120	0	−4,3	− 1,5	− 6	− 6
130	− 1	− 3,8	− 1,9	− 6	− 7
140	− 3	− 3,2	− 2,3	− 6	− 9
150	− 5	− 2,5	− 2,6	− 5	− 10
160	− 7	− 1,7	− 2,8	− 5	− 12
170	− 7	− 0,9	-- 3,0	− 4	− 11
180	− 6			− 3	− 9
190	− 5			− 2	− 7
200	− 3			− 1	− 4
210	− 1			0	− 1
220	+ 1			+ 1	+ 2
230	+ 3			+ 2	+ 5
240	+ 4			+ 3	+ 7
250	+ 5			+ 4	+ 9
260	+ 5			+ 4	+ 9
270	+ 4			+ 5	+ 9
280	+ 3			+ 5	+ 8
290	+ 2			+ 6	+ 8
300	+ 1			+ 6	+ 7
310	0			+ 6	+ 6
320	− 2			+ 6	+ 4
330	− 3			+ 5	+ 2
340	− 2			+ 5	+ 3
350	− 1			+ 4	+ 3

o) Änderung infolge der Wirkung des halbfesten Magnetismus.

Neben dem festen und flüchtigen Schiffsmagnetismus macht sich in der Praxis auch halbfester Magnetismus bemerkbar, besonders dann, wenn das Schiff längere Zeit auf einem und demselben Kurse gelegen hat. Der Betrag des auf

einem Kurse aufgenommenen halbfesten Magnetismus hängt ab von der Zeit, die
das Schiff auf dem Kurse gelegen hat, von den Erschütterungen, denen es während dieser Zeit ausgesetzt war, und von der magnetischen Beschaffenheit des
Schiffseisens.

Liegt das Schiff längere Zeit auf einem Kurse, so bildet sich an der nach
Norden gekehrten Seite des Schiffes ein roter Pol. Da dieser Pol angenähert in
der Richtung der Kompaßnadel liegt, erzeugt er keine Ablenkung, solange das
Schiff auf diesem Kurs liegen bleibt. Ändert aber das Schiff seinen Kurs nach
Steuerbord, so kommt der Pol auf die rechte Seite der Nadel und stößt das Nordende nach links ab. Das umgekehrte ist der Fall, wenn man seinen Kurs nach
Backbord ändert. Es ist in solchem Falle sofort nach der Kursänderung die Ablenkung neu zu bestimmen. Aber selbst die so gefundene Ablenkung bleibt nicht
lange richtig, weil der auf dem alten Kurse aufgenommene halbfeste Pol allmählich wieder verschwindet. Man ersieht hieraus, daß man die Kompaßablenkung beständig kontrollieren muß, wenn man sicher navigieren will.

Es sind deshalb auch auf See so oft Ablenkungsbestimmungen vorzunehmen,
wie sich Gelegenheit dazu bietet. Am besten eignen sich hierzu Sonnenpeilungen,
und zwar dann, wenn die Sonne möglichst niedrig steht.

p) Der Krängungsfehler.

Bei den bisherigen Untersuchungen der Kompaßablenkung ist eine aufrechte
Lage des Schiffes angenommen worden. Wenn aber das Schiff g e k r ä n g t ist
(Schlagseite hat), kommt zu der bereits entwickelten Ablenkung noch eine zusätz-
liche Ablenkung hinzu. Diese heißt K r ä n g u n g s f e h l e r.

Die Hauptursachen des Krängungsfehlers sind aus Fig. 85 zu ersehen. Die
unter c) beschriebene Hochschiffskraft R des
festen Schiffsmagnetismus ruft im aufrechten
Schiff keine Ablenkung des Kompasses hervor.
Bei Krängung des Schiffes bekommt R eine
gleich große Neigung zur Vertikalebene des
Kompasses und verursacht eine Querschiffskraft
nach Luv. Der sonst in der Vertikalebene liegende blaue Pol S der Vertikalinduktion ver-
lagert sich bei Krängung luvwärts zum Kompaß. Außerdem entstehen durch Vertikalinduktion in dem nunmehr schräg liegenden Querschiffseisen an der Luvseite blaue Pole (s). Auch
diese Pole erzeugen eine Querschiffskraft nach
Luv. Die gesamte Querschiffskraft ist bei gleichbleibender Krängung an demselben Orte unver-

Fig. 85

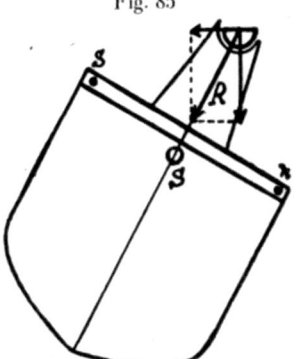

änderlich, also vom Kurse unabhängig. Sie erzeugt daher eine Ablenkung vom
gleichen Verlauf wie eine feste Querschiffskraft. Der Krängungsfehler ist somit
auf N- und S-Kurs am größten und ändert mit dem Kosinus des Kompaßkurses.
Sein Wert auf N-Kurs bei einer Krängung von 1⁰ ist der K r ä n g u n g s k o e f -
f i z i e n t K. Er wird positiv genannt, wenn das Nord der Rose nach Luv, negativ, wenn es nach Lee abgelenkt wird.

Der Krängungsfehler wächst mit dem K r ä n g u n g s w i n k e l i des Schiffes.
Dieser wird mit einem Krängungspendel gemessen. Man bezeichnet ihn als positiv bei Krängung nach Steuerbord, negativ bei Krängung nach Backbord. Nach

diesen Festsetzungen läßt sich der Krängungsfehler mit richtigem Vorzeichen nach der Formel

$$\delta_k = - K \cdot i \cdot \cos z$$

berechnen. Der Krängungskoeffizient K ist auf nordmagnetischer Breite gewöhnlich positiv, wie Fig. 85 zeigt. Jedoch kann K auch negativ sein, wenn z. B. in einem eisernen Ruderhaus der blaue Pol der Vertikalinduktion über dem Kompaß liegt.

Der Krängungskoeffizient ist m i t d e r B r e i t e v e r ä n d e r l i c h. Der vom festen Magnetismus herrührende Teil ändert sich im umgekehrten Verhältnis der Horizontalfeldstärke H, er hat an allen Orten dasselbe Vorzeichen. Der von der Vertikalinduktion herrührende Teil ändert wie tang J, nimmt also mit der Annäherung an den magnetischen Äquator ab und wechselt beim Überschreiten das Vorzeichen.

Im Falle der Fig. 85 nimmt der Krängungskoeffizient auf der Fahrt in hohe nördliche Breite zu und kann dort große Werte annehmen. Dies kann beim Schlingern des Schiffes ein Laufen der Kompaßrose zur Folge haben, da sie einmal nach der einen, dann nach der anderen Seite abgelenkt wird.

In der Regel wird es möglich sein, den Krängungsfehler durch einen festen Magnet, den K r ä n g u n g s m a g n e t, mit dem roten Pol nach oben so zu kompensieren, daß er sich in den Grenzen der kleinen Fahrt nicht störend bemerkbar macht. Wenn aber in hohen Breiten auf nördlichen und südlichen Kursen beim Schlingern des Schiffes der Kompaß unruhig wird, während dies auf östlichen und westlichen Kursen nicht der Fall ist, kann man mit Sicherheit annehmen, daß der Krängungsfehler die Ursache ist. Es kann dann eine Nachkompensierung vorgenommen werden. Der Krängungsmagnet wird durch Probieren soweit genähert, bis der Kompaß am ruhigsten ist. Auf der Fahrt zum Äquator muß er wieder entfernt werden, auf südmagnetischer Breite ganz fortgenommen oder umgekehrt wieder genähert werden.

q) Bestimmung des Krängungsfehlers.

Man findet den K r ä n g u n g s f e h l e r, indem man von der Ablenkung bei gekrängtem Schiff die Ablenkung auf demselben Kurse bei aufrechtem Schiff subtrahiert. Dieses geschieht am besten für die Kompaßkurse Nord oder Süd oder in der Nähe dieser Kurse.

Teilt man den auf Nordkurs ermittelten Krängungsfehler durch die Anzahl Grade der Krängung, so erhält man den K r ä n g u n g s k o e f f i z i e n t e n K.

Beispiel: Man beobachtet auf N-Kurs bei einer Krängung von 8^0 nach Backbord $\delta + \delta_k = + 11^0$, bei aufrechtem Schiff auf demselben Kurs $\delta = + 5^0$. Welcher Krängungskoeffizient ergibt sich hieraus?

$$\delta + \delta_k = + 11^0$$
$$\delta_k = + 11^0 - \delta$$

$$\begin{array}{rl} \delta + \delta_k &= + 11^0 \\ \delta &= + 5^0 \\ \hline \delta_k &= + 6^0 \end{array}$$

Nach Formel: $- K \cdot i \cdot 1 = \delta_k$

$$- K = \frac{\delta_k}{i} = \frac{+ 6^0}{- 8} = - 0,75^0$$

$$+ K = + 0,75^0$$

Das Vorzeichen von K kann auch durch Überlegung gefunden werden. Da die Ablenkung δ_k bei einer Krängung nach Backbord plus ist, erfolgt sie nach Luv. Der Krängungskoeffizient ist also positiv.

Ist K bekannt, so kann man nun den K r ä n g u n g s f e h l e r für beliebige Kurse und Krängungswinkel, aber nur für nicht wesentlich veränderte Breiten nach der Formel

$$\delta_k = - \text{K} \cdot i \cdot \cos z$$

berechnen. Man sucht am einfachsten das ausgerechnete Produkt $- \text{K} \cdot i$ in der Gradtafel unter dem gegebenen Kurse in der Distanzspalte (d) auf und entnimmt δ_k der Breitenunterschiedsspalte (b).

Beispiel: Ein Fischdampfer ist auf Kompaßkurs 35⁰ um 6⁰ nach Steuerbord gekrängt. Die Ablenkung war bei aufrechtem Schiff auf diesem Kurse $+ 8^0$. Wie groß ist der Krängungsfehler und die Gesamtablenkung, wenn K $= + 0{,}75^0$ ist?

$$\delta_k = - 0{,}75^0 \cdot + 6 \cdot \cos 35^0 = - 4{,}5^0 \cdot \cos 35^0$$
$$\delta_k = - 3{,}7^0 \qquad = - 4^0$$
$$\delta + \delta_k = + 8^0 - 4^0 = + 4^0$$

r) Kompensation des Kompasses.

Die Kompensation der schiffsmagnetischen Kräfte hat den Zweck, die Ablenkungen möglichst zu beseitigen und gleichzeitig die richtenden Feldstärken auf den verschiedenen Kursen gleich und möglichst gleich der erdmagnetischen Horizontalfeldstärke zu machen .

Die störende Einwirkung einer 'magnetischen Kraft auf den Kompaß wird durch eine ihr wesensgleiche aufgehoben, d. h. feste Pole im Schiff sind durch feste Magnete, flüchtige Pole im vertikalen Eisen durch flüchtige Pole in vertikalen Weicheisenstangen, flüchtige Pole in horizontalem Eisen durch ebensolche in horizontalen Eisenkörpern (Kugeln oder Röhren) zu kompensieren.

Für Schiffe, die nahezu in derselben Breite bleiben, kann auf die Anbringung vertikaler Weicheisenstangen verzichtet werden. Wird dagegen die Breite wesentlich verändert, so ist zur Kompensation des flüchtigen Magnetismus im vertikalen Eisen eine Weicheisenstange (Flindersstange) erforderlich. Diese wird in der Regel vor dem Kompaß so angebracht, daß das obere Ende ungefähr in Höhe der Rosenebene liegt.

Für die Kompensation des B benutzt man Längsschiffsmagnete, für C Querschiffsmagnete und für D Kugeln oder Röhren aus Weicheisen.

Der Krängungsmagnet wird senkrecht zum Deck genau unter der Kompaßmitte angebracht.

Die Koeffizienten A und E werden nicht kompensiert.

Bei der Kompensation muß sich das Schiff in magnetisch seeklarem Zustand befinden. Es werden zunächst die D-Korrektoren angebracht. Man stellt sie auf Grund früher gemachter Erfahrungen sogleich nach Schätzung ein. Darauf erfolgt die Einstellung des Krängungsmagnets. Schließlich legt man das Schiff nacheinander auf zwei benachbarte Hauptstriche und kompensiert B und C durch Längs- und Querschiffsmagnete. Darauf legt man das Schiff auf einen der Hauptzwischenstriche und kompensiert D genau. Endlich wird durch eine Rundschwajung die übriggebliebene Ablenkung bestimmt und danach die Steuertafel aufgestellt.

7. Das Logg.

69. Das gewöhnliche Logg.

Unter Fahrt versteht man die Anzahl Seemeilen, die das Schiff in einer Stunde zurücklegt, und die Ermittlung der Fahrt durch das Logg heißt l o g g e n. Beim gewöhnlichen Logg wird mittels einer dünnen Leine der in einigen Sekunden vom Schiff zurückgelegte Weg unmittelbar gemessen. Zum Logg sind erforderlich das Loggscheit, die Loggleine und das Logglas.

Fig. 86

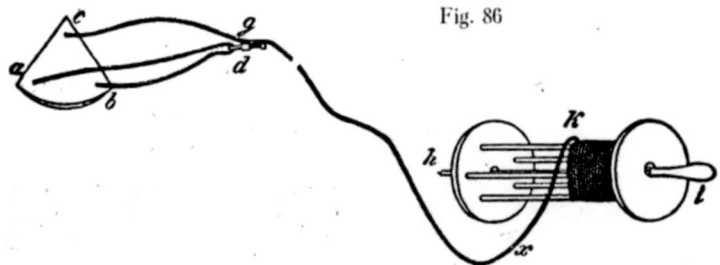

Das Loggscheit a b c (Fig. 86) besteht aus einem 7—9 mm dicken Brettchen aus Eichenholz, es hat die Form eines Kreisausschnittes, dessen Halbmesser 16—24 cm und dessen Mittelpunktswinkel 70—90⁰ beträgt. Der Bogen a b ist durch einen eingelassenen Streifen Blei so beschwert, daß das Loggscheit aufrecht schwimmt und seine Spitze c nur eben aus dem Wasser hervorragt. Hierdurch wird die Wirkung des Windes auf das Loggscheit möglichst beseitigt, und dieses kann als ruhender Punkt angesehen werden.

Die Loggleine ist im Punkte c, am Mittelpunkte des Kreisausschnittes, an dem Loggscheite befestigt. An den Ecken a und b sind die Enden einer Bucht a d b befestigt, auf die ein kleiner runder Holzstöpsel gestreift ist. Dieser Stöpsel paßt in einen hölzernen Hohlkegel g, der an der Loggleine in derselben Entfernung vom Loggscheit wie der Stöpsel sitzt.

Um während des Loggens das Loggscheit aus dem Sog des Schiffes zu bringen, bevor die Messung der Fahrt beginnt, läßt man erst 30—40 m Leine auslaufen. Dieser Teil der Leine heißt der Vorlauf. Der Endpunkt x des Vorlaufs wird durch ein Läppchen bezeichnet. Von diesem Punkte an beginnt die Einteilung der Loggleine in Knotenlängen.

Diese Einteilung beruht auf folgender Überlegung: Läuft das Schiff in einer Stunde eine Seemeile (1852 m), so läuft es in einer Sekunde 1852 m : 3600 = 0,514 m. Dies ist auch die Länge einer M e r i d i a n t e r t i e. Für den praktischen Gebrauch genügt es, die Meridiantertie auf 0,5 m abzurunden. Demnach läuft das Schiff in der Sekunde 0,5 m, wenn es in der Stunde eine Seemeile zurücklegt, in 14 Sekunden 7 m, in 15 Sekunden 7,5 m usw. M a n   b r a u c h t   a l s o   n u r   d i e   L a u f d a u e r   d e s   L o g g l a s e s   m i t   0,5 m   z u   m u l t i p l i z i e r e n,

um die Länge einer Knotenlänge zu erhalten. Die ermittelte
Knotenlänge ist nun so oft auf der Loggleine abzutragen, wie zum Messen der
größtmöglichen Fahrt des Schiffes erforderlich ist.

Die Endpunkte der Knotenlängen sind von 1 bis 5, 6 bis 10 usw. der Reihe
nach durch eingebundene Garne mit 1, 2, 3, 4 und 5 Knoten bezeichnet. Die
halben Knotenlängen tragen Lederstreifen.

Zur Loggleine nimmt man gewöhnlich eine 6 Garn starke, ungeteerte und
aus bestem Hanf verfertigte Leine. Damit sie beim Gebrauch keine Kinken
wirft, fiert man eine neue Leine, ehe man sie in Knotenlängen einteilt,
bei mäßiger Fahrt des Schiffes zunächst über das Heck, nachdem man das
Ende an einen treibenden Gegenstand gesteckt hat. Nach etwa einer Stunde
holt man die Leine ein, wickelt sie straff um zwei Poller oder Belegnägel und
läßt sie windtrocken werden. Dann mißt man zunächst den Vorlauf ab und
darauf die Knotenlängen.

70. Prüfung des gewöhnlichen Loggs und Berichtigung der gemessenen Fahrt.

Abweichungen von der richtigen Knotenlänge müssen entweder berichtigt
oder in Rechnung gebracht werden. Ist die Knotenlänge zu groß, so werden
in einer bestimmten Zeit zu wenig Knoten auslaufen, die Fahrt wird also zu
klein gefunden werden; dagegen erhält man die Fahrt zu groß, wenn die Knotenlänge der Leine zu klein ist. Man erhält die richtige Fahrt, wenn
man die geloggte Fahrt mit der fehlerhaften Knotenlänge
multipliziert und durch die richtige dividiert. Sind z. B.
mit einem 14-Sekundenglase 9,5 Knoten geloggt und man findet beim Nachmessen
der Knotenlänge, daß diese nicht 7,0 m, sondern 7,5 m beträgt, so ist die richtige
Fahrt 7,5 : 9,5 : 7 = 10,2 Knoten.

Das Logglas wird mit einer Uhr, die Sekunden angibt, verglichen. Gibt das
Glas nicht genau die Zeitdauer an, für die das Logg eingerichtet ist, so muß man
entweder die dem Glase entsprechende Knotenlänge berechnen und diese auf
der Loggleine abtragen, oder die gemessene Fahrt wegen der für dieses Logg-
glas falschen Knotenlänge nach der oben angeführten Regel verbessern.

71. Das Reelingslogg.

Um mittels dieses Loggs die Fahrt des Schiffes zu ermitteln, beobachtet
man, in wieviel Sekunden das Schiff eine bestimmte Strecke zurücklegt. Man
braucht dazu eine Uhr, die Sekunden anzeigt. Beim Loggen läßt man ein Stück
Holz vorn über Bord werfen und ein Zeichen geben, wenn dies Holzstück querab
von irgendeiner vorher bestimmten Marke, z. B. dem Leuchtturm oder den
letzten Geländerstützen auf der Back, ist. Von diesem Augenblicke ab zählt man
nach einer Uhr die Sekunden, bis das Holzstück sich querab von einer hinten
angenommenen Marke befindet. Drückt man die in gerader Linie gemessene
Entfernung beider Marken voneinander in Meridiantertien aus und dividiert diese
durch die Anzahl der verflossenen Sekunden, so erhält man die Fahrt des Schiffes.

Ist z. B. die Entfernung der beiden Marken voneinander = 25 m und die
verflossene Zeit = 15 Sekunden, so ist die gesuchte Fahrt =

$$\frac{25}{0,514} : 15 = 48,6 : 15 = 3,2 \text{ Knoten}.$$

Benutzt man jedesmal dieselben Marken, so braucht man deren Entfernung
voneinander nur einmal zu bestimmen. Diese Entfernung wählt man am besten
so, daß die Anzahl der darin enthaltenen Meridiantertien eine ganze Zahl wird,
die sich durch möglichst viel Zahlen ohne Rest teilen läßt, z. B. 48, 60, 72 usw.

In der Regel wird am Ende jeder Stunde geloggt. Wenn aber die Fahrt innerhalb einer Stunde sich ändert, so muß auch dann geloggt werden. Aus den während der Stunde geloggten Fahrten ist dann das Mittel zu nehmen, um die in Rechnung zu stellende Fahrt zu erhalten.

72. Das Patentlogg.

Dieses mißt den vom Schiffe zurückgelegten Weg durch die Anzahl der Umdrehungen einer Schraube, die an einer Leine vom Schiffe durchs Wasser nachgeschleppt wird. Je schneller die Schraube fortbewegt wird, um so schneller dreht sie sich, und nach Zurücklegung einer bestimmten Strecke hat sie auch eine bestimmte Anzahl Umdrehungen gemacht. Daher wird man aus den Angaben des Patentloggs nicht allein die Fahrt des Schiffes ermitteln können, sondern auch den Weg, den das Schiff während der Tätigkeit der Schraube zurückgelegt hat.

Die Umdrehungen der Schraube werden auf ein Räderwerk übertragen, das Zeiger in Bewegung setzt, die sich über Zifferblättern bewegen und die zurückgelegten Seemeilen angeben.

Fig. 87

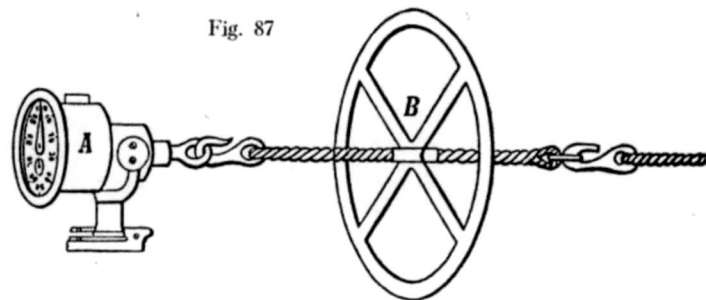

Unter den verschiedenen Arten der Patentloggen ist das sog. Deckslogg das gebräuchlichste und bequemste (Fig. 87).

Bei dem Deckslogg ist nur die Schraube im Wasser, die durch eine geklöppelte Hanfleine mit dem Zählwerk verbunden ist. Dies befindet sich in einer Metallbüchse am Heck auf der Reeling. Der größere Zeiger gibt die zurückgelegten Seemeilen an, während der kleinere die Zehntelseemeilen anzeigt.

Um die Uebertragung der Schraubenumdrehungen auf das Zählwerk möglichst gleichmäßig zu machen, ist auf der Schleppleine ein Schwungrad*) B angebracht, durch dessen Wirkung die ruckartig erfolgenden Bewegungen des Zählwerks möglichst beseitigt werden.

Das Räderwerk des Loggs muß öfters geölt und nach längerem Gebrauche gereinigt werden. Die Länge der Schleppleine liegt zwischen 60 und 100 m.

73. Prüfung des Patentloggs.

Auf die Angaben des Patentloggs darf man sich nur dann verlassen, wenn es bei verschiedener Fahrt geprüft ist. Bleibt alles am Logg unverändert, werden die Schraubenflügel nicht verbogen und wird das Zählwerk stets gut geölt, so wird das Verhältnis zwischen der wirklich durchlaufenen und der vom Logg angegebenen Strecke unveränderlich bleiben. Mit der Zahl, die dieses Verhältnis

*) Das Schwungrad hat sich, besonders bei geringer Fahrt, als zu schwer erwiesen, statt dessen wird daher meistens ein Holzkreuz genommen.

angibt, sind dann die Angaben des Loggs zu multiplizieren, um die richtigen Entfernungen zu erhalten. Man ermittelt diesen Faktor, den Loggfaktor, indem man
mit dem Schiffe eine genau bestimmte Strecke durchläuft und die Angabe des
Loggs mit der wirklichen Entfernung vergleicht. Ist Strömung vorhanden, so
muß diese genau in Rechnung gebracht werden, da das Logg die Fahrt durchs
Wasser anzeigt, nicht aber die über den Grund. Wenn es sich ausführen läßt,
so fährt man dieselbe Strecke hin und zurück und nimmt aus den beiden Angaben des Loggs das Mittel. Dieses Mittel ist dann die Entfernung, die das Logg
ergeben würde, wenn keine Strömung vorhanden wäre, vorausgesetzt, daß diese
während der Hin- und Rückfahrt unverändert geblieben ist.

Nimmt man an, das Logg gäbe eine Entfernung, die in Wirklichkeit 8 sm
beträgt, zu 9,5 sm an, so ist das Verhältnis der richtigen Entfernung zu der vom
Logg angegebenen wie $8 : 9,5 = 0,842$. Mit dem Loggfaktor 0,842 sind dann die
Angaben dieses Loggs jedesmal zu multiplizieren, um die richtigen Entfernungen
zu erhalten. Wären z. B. nach diesem Logg 80 sm zurückgelegt, so wäre die
durchlaufene Strecke $= 80 \cdot 0,842 = 67,4$ sm.

Es ist nicht anzunehmen, daß der Loggfaktor bei verschiedener Fahrt des
Schiffes und bei verschiedenem Seegange derselbe bleibt. Daher muß das
Patentlogg bei verschiedener Fahrt m i t der See sowohl wie g e g e n die
See geprüft und der jedesmalige Faktor ermittelt werden. Für die Berechnung
des Schiffsweges ist dann der den Umständen entsprechende Loggfaktor in Anwendung zu bringen.

Wenn die Fahrt unter 3 Knoten beträgt, sinkt die Schraube infolge ihres
eigenen Gewichts nach unten, und da sie dann schräg durchs Wasser gezogen
wird, wird die geloggte Fahrt fehlerhaft. Beträgt die Fahrt über 16 Knoten, ist
das Patentlogg ebenfalls nicht mehr zu gebrauchen, weil dann die Schraube aus
dem Wasser springt.

74. Fahrtmessung durch Ablaufen einer bekannten Strecke.

Auf Probefahrten von Dampfern wird die Fahrt vielfach in der Weise bestimmt, daß man eine bekannte Strecke abläuft, deren Anfang und Ende durch
Peilungen festgelegt sind. Notiert man für jede Peilung die Uhrzeit, so gibt der
Unterschied beider Uhrzeiten die zum Ablaufen der Strecke gebrauchte Anzahl
Minuten und Sekunden. Die Sekunden verwandelt man in Dezimalbruchteile
von Minuten.

D i v i d i e r t m a n d i e S t r e c k e i n S e e m e i l e n d u r c h d i e Z e i td a u e r i n M i n u t e n u n d m u l t i p l i z i e r t d e n Q u o t i e n t e n m i t 60 ,
s o e r h ä l t m a n d i e F a h r t d e s S c h i f f e s ü b e r d e n G r u n d. D r ü c k t
m a n d i e Z e i t d a u e r i n D e z i m a l b r u c h t e i l e n v o n S t u n d e n a u s ,
s o f ä l l t d i e M u l t i p l i k a t i o n m i t 60 f o r t. Für die Beurteilung der
Fahrt des Schiffes wird aber die Fahrt durchs Wasser verlangt. Ist Strömung
im Wasser, so stimmen Fahrt über den Grund und Fahrt durchs Wasser nicht
miteinander überein. Man muß dann die Strecke hin und zurück ablaufen und
sowohl auf dem Hin- wie auch auf dem Rückwege die Fahrt ermitteln. Das
Mittel aus diesen Fahrten ist dann die Fahrt des Schiffes, vorausgesetzt, daß
der Strom während dieser Zeit in Richtung und Stärke unverändert geblieben ist.

Beispiel 1: Ein Dampfer legt auf einer Probefahrt eine abgesteckte Seemeile mit dem Strom in $6^m 30^s$ und gleich darauf gegen denselben Strom in
$7^m 10^s$ zurück. Welche Fahrt ergibt sich hieraus?

$$\text{Auf dem Hinwege:} \frac{1 \cdot 60}{6,5} = 9,23 \text{ Knoten}$$

$$\text{Auf dem Rückwege:} \frac{1 \cdot 60}{7,2} = 8,33 \text{ Knoten}$$

$$\text{Fahrt durchs Wasser} = 8,8 \text{ Knoten.}$$

Beispiel 2: Auf der Probefahrt gebraucht ein Dampfer zum Zurücklegen der 21 sm langen Strecke vom Weserfeuerschiff bis zum Feuerschiff Norderney auf westlichem Kurse $2^h 10^m$ und gleich darauf auf östlichem Kurse $2^h 6^m$. Welche Fahrt ergibt sich hieraus?

$$2^h 10^m = 2,17 \text{ Stunden und}$$
$$2^h 6^m = 2,10 \quad ,,$$

$$\text{Fahrt auf dem Hinwege:} \frac{21}{2,17} = 9,68 \text{ Knoten}$$

$$\text{Fahrt auf dem Rückwege:} \frac{21}{2,10} = 10,00 \text{ Knoten}$$

$$\text{Fahrt durchs Wasser} = 9,8 \text{ Knoten.}$$

Beispiel 3: Zwei Tonnen, A und B, liegen 2640 m voneinander entfernt. Ein Motorboot gebraucht, um von A nach B zu kommen, $8^m 12^s$ und gleich darauf, um von B nach A zu kommen, $7^m 4^s$. Welche Fahrt hat es durchs Wasser?

$$2640 \text{ m} : 1852 = 1,425 \text{ sm.}$$

$$\text{Fahrt auf dem Hinwege:} \frac{1,425 \cdot 60}{8,2} = 10,43 \text{ Knoten}$$

$$\text{Fahrt auf dem Rückwege:} \frac{1,425 \cdot 60}{7,1} = 12,04 \text{ Knoten}$$

$$\text{Fahrt durchs Wasser} = 11,2 \text{ Knoten.}$$

8. Das Lot.

75. Beschreibung des Lots und des Lotens.

Das gewöhnliche Bleilot hat die Form einer abgestumpften Pyramide oder eines Kegels. Die Grundfläche ist vertieft. Je nachdem man auf flachem oder tieferem Wasser segelt, wird ein kleineres, 3—5 kg schweres oder ein größeres, 15—25 kg schweres Lot benutzt. Das erste heißt H a n d l o t und das zweite d a s g r o ß e L o t. Außerdem ist noch ein M i t t e l l o t von 8—10 kg Gewicht im Gebrauch.

Für das Handlot genügt eine 35—45 m lange, ungeteerte Leine. Diese darf, damit man sie bequem mit der Hand fassen kann, nicht zu dünn sein. Eine Leine von 2 cm Umfang ist zur Handlotleine am geeignetsten.

Um die Lotleine leicht und sicher mit dem Lote zu verbinden, wird das Ende zu einem Auge verspleißt, das durch den mit Leder benähten Lotstropp gesteckt und dann über das Lot gestreift wird. Von diesem Auge ab wird die Leine eingeteilt, einzelne Teilpunkte werden durch Marken kenntlich gemacht. Gewöhnlich steckt man in 3 und 13 m je ein schwarzes, in 5 und 15 m je ein weißes und in 7 und 17 m je ein rotes Läppchen, in 10 und 20 m ein Garn mit einem bzw. zwei Knoten durch die Kardeele der Leine.

Die Mittellotleine ist 60—100 m lang und hat einen Umfang von etwa 2½ cm.

Die Großlotleine wird meistens von 5 zu 5 m gemarkt. In 10 m befindet sich ein Garn mit einem Knoten, in 20 m eins mit zwei Knoten usw., während die Fünfer durch Lederstreifen bezeichnet sind. Die Leine ist gewöhnlich 220—250 m lang.

Wenn das Schiff keine Fahrt macht und starke Strömung nicht vorhanden ist, so ist das Loten sehr einfach. Man wirft das Lot über Bord, läßt die Leine durch die Hand laufen und fühlt sofort, wann das Lot den Grund erreicht hat. Dann hält man die Leine straff, so daß das Lot nur eben auf den Grund stößt, und sieht dann an der über dem Wasser befindlichen Marke, wieviel Meter ausgelaufen sind.

Macht das Schiff Fahrt, so ist das Lot so weit voraus zu werfen, daß es, wenn die Leine senkrecht steht, Grund findet. Auf Meerestiefen bis zu 30 m wendet man das Handlot an, wenn nicht die Fahrt des Schiffes zu groß ist. Gewöhnlich auf der Reeling im Luv-Großwant stehend, hält man in der einen Hand die Buchten der Leine klar zum Laufen und schwingt mit der anderen Hand das Lot einige Male im Kreise herum, um es möglichst weit vorausschleudern zu können. Erreicht das Lot den Grund, ehe die Leine senkrecht steht, so holt man ihre Lose ein, bis man sich gerade über dem Lote befindet, und liest die Tiefe ab. Steht aber die Leine noch achteraus, wenn das Lot Grund hat, so muß man für das Schrägstehen der Leine nach Schätzung etwas von der abgelesenen Wassertiefe abziehen. Die zum Loten erforderliche Geschicklichkeit kann nur durch Übung erworben werden.

Um größere Wassertiefen zu ermitteln, muß die Fahrt des Schiffes gehemmt werden. Die Leine wird an der Luvseite vom Achterdeck außerhalb alles Tauwerks nach vorn gemannt und dort mit dem Lote zusammengesteckt. Mittschiffs nimmt jemand noch einige Buchten in die Hand und läßt sie frei außenbords hängen. Nachdem alles klar ist und man sich vergewissert hat, daß der Rest der Leine ordentlich aufgeschossen liegt, nimmt man, auf dem Achterdeck stehend, die Leine in die Hand und ruft: „Hiev!" Sofort wirft der Mann, der vorn das Lot hält, dieses frei von allem über Bord, und der mittschiffs stehende Mann läßt die Buchten der Leine, dem Zuge nachgebend, nacheinander fallen. Der Mann auf dem Achterdeck läßt die Leine durch die Hand laufen, bis das Lot auf den Grund stößt.

Will man die Beschaffenheit des Meeresgrundes kennenlernen, so drückt man vor dem Lotwerfen in die Vertiefung der unteren Lotfläche reinen und gut durchgekneteten Talg. Hat dann das Lot den Grund erreicht, so hebt man es einige Male in die Höhe und läßt es wieder fallen, damit Teile des Bodens am Talge kleben bleiben. Ist das Lot eingeholt, so wird die Talgschicht mit der Grundprobe mittels eines Messers glatt abgeschnitten und dann getrocknet, damit man die Beschaffenheit des Bodens besser unterscheiden kann.

76. Die Thomson=Lotmaschine.

Die Wassertiefe kann auch durch den in der geloteten Tiefe herrschenden Wasserdruck ermittelt werden. Es ist nämlich der in einer bestimmten Tiefe vorhandene Druck gleich dem vereinigten Gewicht der über 1 qcm stehenden Wasser- und Luftsäule. Dieser Druck ist für jede Tiefe bei einem mittleren Barometerstande bekannt. Umgekehrt kann also auch die Tiefe des Wassers gefunden werden, wenn sein Druck in dieser Tiefe bekannt ist. Zur Messung dieses Druckes sind verschiedene Lotvorrichtungen erfunden worden. Bei allen beruht das Meßverfahren auf der Anwendung des Mariotteschen Gesetzes, welches lautet:

„Bei gleicher Temperatur ist das Produkt aus Druck und Volumen der Luft konstant."

Für die Thomson-Lotmaschine verwendet man dünne, zylindrische Glasröhren von 610 mm Länge, die an beiden Enden zugeschmolzen sind und deren innere Wandung mit Silberchromat bestrichen ist.

Vor dem Loten wird die Röhre in einen Kübel frisch aufgeschlagenen Seewassers gestellt, damit die in ihr befindliche Luft die Temperatur des Seewassers annimmt. Dann wird das untere, schwarz angestrichene Ende abgebrochen und die Röhre mit der Öffnung nach unten in eine am Lotkörper befindliche Messinghülse gesteckt, die oben mit Bajonettverschluß geschlossen wird, während sie unten durchlöchert ist, um das Wasser eintreten zu lassen. Das während des Lotens in die Glasröhre eindringende Wasser steigt, indem es die in der Röhre befindliche Luft zusammenpreßt, bis zu dem Punkte, der dem in der erreichten Tiefe vorhandenen Drucke entspricht. Soweit das Wasser in der Röhre gestiegen ist, verwandelt sich die rote Farbe des Silberchromats in eine gelblich weiße, und durch diese Veränderung der Farbe kann nach dem Einholen des Lotes der Stand des eingedrungenen Wassers und hiernach die Wassertiefe bestimmt werden.

Um die Rechnung überflüssig zu machen, hat man den Lotröhren Maßstäbe beigegeben, die an den rotgebliebenen Teil der Röhre gelegt, eine Ablesung der Wassertiefe in Metern oder Faden gestatten.

77. Gebrauch der Thomson:Lotmaschine.

Die Lotmaschine hat eine lose auf der Achse sitzende Trommel, auf welche
der dünne Lotdraht aus Stahl gewickelt ist. Die Trommel kann durch eine geeignete Bremsvorrichtung auf der Achse festgeklemmt werden.

Soll gelotet werden, so wird die Messinghülse mit der Lotröhre an der Lot-
stange befestigt.

Vor dem Werfen des Lotes wird dieses vorsichtig über Bord gehängt, der
Draht in eine auf der Reeling sitzende Rolle gelegt und darauf die Trommel von
der Bremsvorrichtung befreit. Der Draht läuft dann frei aus. Die ungefähre
Länge des ausgelaufenen Drahtes wird von einem Umdrehungszähler angegeben, der mit der Drahtrolle in Verbindung steht.

Mittels eines Fühlhakens drückt man den auslaufenden Draht nahe der Lotmaschine leicht herunter. Man fühlt dann deutlich, wann das Lot auf den Grund
aufstößt. Darauf wird die Trommel gebremst und das Lot eingehievt.

78. Das Echolot.

Die Messung der Wassertiefe mittels Echos beruht auf der Messung der Zeit,
die zwischen der Aussendung des Schalles vom Schiffe bis zum Meeresboden
und seiner Rückkehr zum Schiffe verstreicht. Das Produkt der verstrichenen
Zeit mit der Schallgeschwindigkeit im Wasser (1500 m/s) gibt die Wegstrecke, die
der Schall zurückgelegt hat. Die halbe Wegstrecke ergibt unter Berücksichtigung
der Einbauorte für den Schallsender und den Echoempfänger die Wassertiefe.

Die hierzu erforderlichen Apparate sind im wesentlichen: 1. ein Schallsender,
der im Boden des Schiffes eingebaut wird, 2. ein Echoempfänger, der ebenfalls
im Boden des Schiffes so angebracht wird, daß er sich im Schallschatten des
Senders befindet, so daß er nicht von diesem, wohl aber von seinem Echo in
Tätigkeit gesetzt wird, und 3. das Anzeigegerät, das 'die verstrichene Zeit mißt
und die gelotete Wassertiefe auf einer Skala anzeigt. Dieses ist gewöhnlich im
Kartenhaus aufgestellt.

In Deutschland werden verschiedene Arten Echolote in den Handel gebracht.

1. Das Behmlot.

Das Behmlot der Behm-Echolot-Gesellschaft, Type VI, wird mit elektrischem
und auch mit Handschlagsender geliefert. Zur Bedienung dieser Sendevorrich-
tung ist neben dem Anzeigeapparat im Kartenzimmer ein Druckknopf oder ein
Handgriff zur Betätigung des Zugseiles für den Handschlagsender angeordnet. In
der Nähe des Senders befindet sich innenbords ein Mikrophon am Schiffsboden,
das durch eine elektrische Leitung mit einem Elektromagneten in Verbindung
steht. Im Augenblick des Sendens wird das Mikrophon stromlos. Dadurch verliert
der Elektromagnet des Behm-Zeitmessers seinen Magnetismus, er gibt seinen
Anker, der auf dem einen Ende eines zweiarmigen Hebels sitzt, frei, und unter
dem Druck einer Abschnellfeder am anderen Ende des Hebels wird dieser her-
umgeworfen. Die Hebelachse trägt einen Spiegel der von einer elektrischen Lampe
unter Zwischenschaltung einer Linse und eines Objektivs beschienen wird. Der
Spiegel reflektiert die Lichtstrahlen so, daß in der Ruhelage ein Lichtpunkt auf
dem Nullpunkt der Teilung entsteht. Durch die Drehung des Spiegels während
des Lotens wird der Lichtpunkt zu einem Lichtstrich auf der Skala ausgezogen.
Wird der Echoempfänger durch das vom Meeresboden kommende Echo erregt,
so wird ein mit dem Empfänger in Verbindung stehender Elektromagnet stromlos, dadurch gerät die bereits erwähnte Linse in Schwingungen, und im selben

Augenblick bewegt sich der Lichtpunkt auf der Skala senkrecht zu seiner bisherigen Richtung in der Skalaebene nach unten. An dieser Echozacke in dem Lichtstreifen ist die Wassertiefe abzulesen. Die Kurve des Lichtstreifens wird schnell wieder zu einem Lichtstrich, der bis an das Ende der Skala weiterläuft. Hier verlöscht die den Lichtpunkt erzeugende Lampe. Der Lichtpunkt erscheint erst wieder in Nullstellung und bleibt hier bis zum Beginn einer neuen Lotung sichtbar.

Der normale Meßbereich dieses Geräts geht bis zu 200 m, doch können durch Umlegen eines rechts am Gehäuse befindlichen Hebels auch größere Wassertiefen bis zu 400 m gelotet werden. Aus diesem Grunde sind zwei Ableseskalen vorhanden. Zur genauen Ablesung dient ein Schieber aus Zelluloid mit zwei senkrecht ausgespannten Fäden, der vor den beiden Skalen läuft und durch Verschieben genau auf die Echozacke des Lichtstreifens eingestellt werden kann.

In Type XIV wird beim Abgang des Schalles durch das Abgangsmikrophon statt des drehbaren Spiegels ein mit einem Zeiger verbundenes Rad gestartet, das bei der Ankunft des Echos durch eine Backenbremse angehalten wird und so eine feste Anzeige liefert. Durch Druck auf einen Knopf springt der Zeiger in die Nullstellung zurück.

2. Das Atlaslot.

Im Atlaslot dreht ein Motor mit gleichmäßiger Geschwindigkeit eine Welle. Die Gleichmäßigkeit wird durch einen mit dem Motor verbundenen elektrischen Regulator gewährleistet. Bei jeder Umdrehung der Welle wird durch eine Nockenscheibe ein Kontakt geöffnet, worauf ein Schlag des Schlagsenders erfolgt. Das vom Meeresboden zurückkommende Echo erregt das Mikrophon. Durch einen Zweiröhrenverstärker wird der Mikrophonstrom verstärkt. Der verstärkte Strom durchfließt die Primärspule eines kleinen Transformators, dessen Sekundärspule durch zwei Schleifkontakte an ein Neonröhrchen gelegt ist, und läßt dieses im Augenblick der Echoankunft aufblitzen. Das Neonröhrchen sitzt in einem Schlitz einer sich schnell drehenden, undurchsichtigen Scheibe. Wenn dieser Schlitz sich am Nullpunkt der Skalenscheibe vorbeibewegt, erfolgt die Schallaussendung. An der nach Metern geeichten Skala liest man die Stelle ab, an der das Neonrohr aufleuchtet, und erhält damit die Wassertiefe. Der Schlagsender gibt 23 Schlagimpulse in der Minute, so daß eine nahezu fortwährende Anzeige der Wassertiefe erfolgt. Die Scheibe mit dem Neonröhrchen dreht sich in ¹/₃ Sekunde einmal herum. Diese Zeit entspricht einem Schallwege von 500 m, also einer Wassertiefe von 250 m.

Für größere Tiefen werden die Umläufe sechsmal so langsam. Nun betätigt das Bordwandmikrophon statt des Neonrohrs ein Kopftelephon des Beobachters der mit Auge und Ohr beobachtet, an welcher Tiefenzahl der äußeren Kreisskala die mit dem Kontaktarm rotierende, stets leuchtende weiße Lampe im Augenblick der Echoankunft vorbeiläuft. Die volle Umdrehungszeit und Sendeperiode von nunmehr 1,61 Sekunden entspricht einer Wassertiefe von 1200 m. Das Lot ist von 10 m Tiefe an bis zu den größten Tiefen verwendbar.

Bei der Hochfrequenztype werden zur Tiefenmessung unhörbare Schallschwingungen verwendet. Sender und Empfänger dieser Schallschwingungen sind zwei gleiche Pakete Nickelblech, die von einer Kabelwicklung umgeben sind. Schickt man Wechselstrom durch die Wicklung, so werden die Nickelbleche abwechselnd verkürzt und verlängert und so zu Schwingungen angeregt, die auf das Wasser übertragen werden. Beim Empfänger werden umgekehrt die vom Meeresboden zurückgeworfenen mechanischen Schwingungen wieder in elektrische Schwingungen verwandelt, die dann das Anzeigegerät betätigen. Sender und Empfänger werden symmetrisch auf BB und StB in 2 m Abstand voneinander im Schiffsboden eingebaut. Das Anzeigegerät hat eine innere Skala von 0—100 m und eine äußere Skala von 0—1000 m. Auf der 100-m-Skala werden 7,5 Lotungen pro Sekunde angezeigt, so daß wir eine Daueranzeige haben, die zeigerähnlich den kleinsten Tiefenänderungen folgt.

3. Das Echometer.

Die Echometer G. m. b. H. in Kiel hat unter der Bezeichnung Echometer ein Echolotgerät auf den Markt gebracht, das die Wassertiefe völlig automatisch mittels eines großen Zeigers mechanisch auf einer Meterskala anzeigt. Es fällt also hier die Beobachtung eines Lichtsignals (Echozacke oder das Aufleuchten einer Lampe) fort. Auf der angezeigten Wassertiefe bleibt der Zeiger mehrere Sekunden lang stehen, so daß das Resultat in Ruhe abgelesen werden kann. Dann läuft der Zeiger selbsttätig wieder in die Nullstellung, um von dort aus wieder in eine neue Anzeigestellung zu springen. Dieses Spiel wiederholt sich regelmäßig viermal in der Minute, so lange das Gerät eingeschaltet bleibt. Diese automatisch-mechanische Anzeige der geloteten Tiefen erfolgt unter normalen Verhältnissen von den kleinsten Tiefen (2 bis 3 m) unter dem Sender bzw. Empfänger bis zu 400 m.

Bei größeren Tiefen geht man zum akustisch-mechanischen Empfang des Echos über. Es wird nun der Zeiger durch einen leichten Druck auf eine Handtaste gestoppt, sobald man das Echo in einem Telephon wahrnimmt. Diese Methode kommt hauptsächlich für die Messung ozeanischer Tiefen in Frage und ergibt bei Tiefen von über 1000 m noch eine Genauigkeit von 1 v. H.

Das neue Hochperiodenlot der Elektroakustik in Kiel entspricht im wesentlichen der Hochfrequenztype der Atlas-Werke. Es besitzt einen Meßbereich von 0 bis 125 m und einen von 0 bis 1000 m. Bei dem ersten hat man mit 6 Lotungen pro Sekunde eine dauernde Anzeige. Im zweiten Meßbereich mit 45 Lotungen pro Minute blitzt bei Eintreffen der Lotung ein umlaufender mattroter Lichtstrich hell auf. Das Hochperiodenlot kann mit einem Alarmgerät verbunden werden. Beim Unterschreiten einer am Anzeigegerät einstellbaren Wassertiefe läßt es ein Alarmsignal ertönen und eine Signallampe aufleuchten.

4. Das Radiolot.

Das Radiolot besteht aus zwei Hauptteilen, dem Unterwasser-Projektor und dem Anzeigegerät.

Den Projektor bildet eine mosaikartig zusammengesetzte Quarzplatte zwischen zwei starken Stahlplatten. Er ist in einem besonderen Gehäuse im Schiffsboden neben dem Kiel so angebracht, daß seine untere Stahlplatte unmittelbar mit dem Meerwasser in Verbindung steht. Das Anzeigegerät befindet sich auf der Brücke. Es enthält die Sende- und Empfangsanlage und ist durch eine Panzerleitung von besonderer Bauart mit dem Projektor verbunden. Man sendet und empfängt über den Projektor.

Wird ein Quarzkristall plötzlich unter Druck gesetzt, so bilden sich an den freien Kristallenden elektrische Ladungen aus. Ebenso führt der Quarz mechanische Schwingungen aus, wenn man ihn durch einen elektrischen Impuls anstößt. Der Quarz besitzt also die Eigenschaft, elektrische Schwingungen in mechanische und ebenso mechanische Schwingungen in elektrische zu verwandeln.

Beim Loten wird eine schwingende Wechselspannung für einen Augenblick auf die Quarzschicht des Projektors gegeben. Hierdurch wird im Quarz eine mechanische Schwingung ausgelöst, die die untere Stahlplatte zu mechanischen

Vibrationen anregt. Die Schwingung pflanzt sich von der unteren Stahlplatte zum Meeresboden gebündelt und gerichtet fort, wird von dort reflektiert und auf den Projektor zurückgeworfen. Das zurückkommende Signal setzt den Projektor wieder in mechanische Schwingungen, durch die ein elektrischer Schwingungszug über den Quarz ausgelöst wird. Die entstandene kleine elektrische Spannung wird über geeignete Verstärkerschaltungen dem Anzeige-Meßgerät zugeführt und dort sichtbar gemacht.

Es geschieht dies durch Aufblitzen einer roten Glimmlampe auf der Tiefenskala. Diese ist mit zwei Meßbereichen versehen. Beim kleinen Meßbereich erfolgen 10 Lotungen in der Sekunde, beim großen werden je nach dem Bereich weniger Lotungen ausgeführt.

Das Radiolot arbeitet unabhängig vom elektrischen Lichtnetz des Schiffes. Der Betriebsstrom wird zwei Anodenbatterien von je 150 Volt und einem Akkumulator von 12 Volt entnommen.

79. Das Fallot (Freilot).

Ein im Wasser fallender Körper nimmt infolge der Reibung sehr bald eine gleichmäßige Fallgeschwindigkeit an. Ist diese Fallgeschwindigkeit bekannt, so läßt sich mit Hilfe der Zeit, die der Körper gebraucht, um von dem Meeresspiegel bis zum Meeresboden zu gelangen, die Wassertiefe bestimmen.

Bei dem von den Atlaswerken in Bremen hergestellten mechanischen und dem von der Firma Elektroakustik in Kiel entwickelten elektrischen Freilot besteht das Lot aus einem tropfenförmigen Körper, der mit einer Geschwindigkeit von 2 m in der Sekunde sinkt und beim Auftreffen auf dem Meeresboden explodiert. Bei größeren Tiefen kann die Explosion im Unterwasserschallempfänger abgehört werden, bei geringeren Tiefen mit dem bloßen Ohr. Die Sinkzeit in Sekunden mit 2 multipliziert, gibt die Wassertiefe in Metern. Zum Messen der Sinkzeit benutzt man in der Regel eine Stoppuhr, die beim Aufschlag auf das Wasser in Gang gesetzt und beim Abhören des Knalles gestoppt wird. Die Zeit, die der Schall gebraucht, um vom Meeresboden zum Schiff zu gelangen, wird dabei vernachlässigt, da sie nur sehr klein ist (auf 150 m Tiefe nur $^1/_{10}$ Sekunde).

Für das Freilot kommen in der Regel nur Tiefen bis zu 50 m in Frage, doch sind auch schon Lotungen bis zu 200 m Tiefe gelungen. Beim Loten ist die den Lotkörpern beigefügte Gebrauchsanweisung genau zu befolgen.

9. Das Spiegelinstrument.

80. Beschreibung des Sextanten und Oktanten.

Der Spiegelsextant bzw. -oktant ist ein Kreisausschnitt aus Metall, der gleich dem sechsten bzw. achten Teil eines Kreises ist, dessen Bogen also 60° bzw. 45° umfaßt. Fig. 88 zeigt einen Sextanten der Firma W. Ludolph .

Fig. 88

Eine b e w e g l i c h e Schiene,   A l h i d a d e genannt, ist um einen Zapfen drehbar, der sich genau im Mittelpunkte des Gradbogens befindet. Die Alhidade trägt einen Spiegel, der d e r g r o ß e S p i e g e l genannt wird und senkrecht zur Instrumentsebene stehen soll. Außerdem muß die Mitte seiner spiegelnden Fläche genau über dem Mittelpunkte des Bogens liegen. Dieser ist mit einem eingelassenen Silberstreifen versehen, der die Gradeinteilung trägt und G r a d b o g e n oder L i m b u s heißt.

Mit der F e i n s c h r a u b e, die in einen Zahnkranz am Bogen faßt, kann die Alhidade langsam und gleichmäßig vorwärts und rückwärts bewegt werden. Mit der Alhidade verschiebt man einen kleinen Maßstab, N o n i u s genannt, über den Gradbogen. Zur groben Einstellung wird die Feinschraube durch kräftigen Druck auf die am Alhidadenende befindliche Klinke vom Zahnkranz abgehoben und beim Loslassen durch eine Feder wieder eingeklinkt. ·

Ein kleiner Spiegel ist seitwärts vom großen ebenfalls senkrecht zur Instrumentsebene so befestigt, daß er parallel zum großen Spiegel steht, wenn die Nullstriche der Alhidade und des Gradbogens zusammenfallen. Von dem kleinen Spiegel, der auch wohl K i m m s p i e g e l genannt wird, ist die obere Hälfte nicht belegt, so daß man durch diese einen Gegenstand direkt sehen kann.

Zur genauen Beobachtung benutzt man beim Sextanten an Bord ein Fernrohr, das drei- bis viermal vergrößert. Die Achse des Fernrohrs muß mit der Instrumentsebene parallel laufen. Oktanten haben statt des Fernrohrs oft nur eine D u r c h s i c h t, d. i. ein Rohr ohne Gläser.

Zwischen beiden Spiegeln und hinter dem kleinen Spiegel befinden sich die farbigen B l e n d g l ä s e r. Sie werden bei Sonnenbeobachtungen vor die Spiegel gelegt, um grelles Licht zu dämpfen. Damit sie keine Fehler in die Beobachtung bringen, müssen ihre Flächen wie die der Spiegel eben und parallel geschliffen sein.

Um ein genaueres Ablesen zu ermöglichen, ist über dem Nonius des Sextanten eine verstellbare L u p e angebracht.

Sextanten und Oktanten dienen zur Messung von Winkeln zwischen zwei Objekten. Sie erfordern keine feste Aufstellung, und deshalb sind sie besonders zu Beobachtungen auf See brauchbar.

Der Gradbogen des Sextanten ist in 120° bis 130° und der des Oktanten in 90° bis 100° eingeteilt, obschon doch der Sextant nur den sechsten und der Oktant nur den achten Teil eines Kreises umfaßt. Dies rührt daher, daß beim Drehen eines Spiegels der zurückgeworfene Lichtstrahl um das Doppelte der Drehung in seiner Richtung geändert wird. Deshalb braucht man die Alhidade und damit den großen Spiegel nur um die Hälfte des zu messenden Winkels zu drehen.

Damit man nun den Winkel, um den die Alhidade gedreht wird, nicht immer mit 2 zu multiplizieren hat, betrachtet man die halben Grade auf dem Gradbogen als ganze und bezeichnet sie dementsprechend.

81. Prüfung des Instruments.

a) Spiegel. Ein guter Spiegel gibt von einem weit entfernten Gegenstande nur ein Bild, das scharf begrenzt ist und den Gegenstand so zeigt, wie man ihn direkt sieht. Sind dagegen die Flächen des Spiegels nicht eben, so erscheint das Spiegelbild des Gegenstandes verzerrt. Sind die Spiegelflächen zwar eben, aber nicht parallel zueinander, so gibt der Spiegel auch von weit entfernten Gegenständen zwei Bilder. Man nennt solchen Spiegel prismatisch.

Da laut Vorschrift der See-Berufsgenossenschaft sämtliche an Bord benutzten Spiegelinstrumente mit einem Attest versehen sein müssen, wird man kaum noch fehlerhafte Spiegel antreffen. Dagegen ist es Aufgabe des Navigateurs, auf die richtige Stellung der Spiegel zu achten.

Man untersucht zuerst die Stellung des großen Spiegels und stellt zu diesem Zwecke die Alhidade ungefähr auf die Mitte des Gradbogens, hält das Instrument horizontal, den Gradbogen von sich abgewendet, und sieht unter einem spitzen Winkel in den großen Spiegel und gleichzeitig an der inneren Ecke vorbei nach dem Gradbogen. Liegen nun der direkt gesehene und der gespiegelte Teil des Gradbogens in einer Ebene, dann steht der große Spiegel senkrecht. Erscheint aber das Spiegelbild des Gradbogens höher als das direkt gesehene, dann steht der große Spiegel nach vorn geneigt, dagegen neigt er nach hinten, wenn das Spiegelbild tiefer erscheint.

Steht der große Spiegel nicht senkrecht, so mißt man alle Winkel zu groß. Je größer der Winkel, um so größer wird der Fehler.

Steht der große Spiegel senkrecht, dann untersucht man auch die Stellung des kleinen Spiegels.

1. An einem irdischen Gegenstande. Man stellt die Alhidade auf Null, hält das Instrument senkrecht zur Begrenzungslinie des Objekts, macht die Bilder gleich hell und bringt sie zur Deckung. Dreht man nun das Instrument um die Visierlinie und bleiben die Bilder zusammen, so steht der kleine Spiegel senkrecht.

2. An einem Stern. Kann man durch Verschieben der Alhidade einen Stern mit seinem Spiegelbilde zur Deckung bringen, so steht der Spiegel senkrecht zur Instrumentebene.

Steht der kleine Spiegel nicht senkrecht, so mißt man alle Winkel zu klein; der Fehler ist am größten bei ganz kleinen Winkeln.

b) **Blendgläser.** Die Blendgläser sollen so angebracht sein, daß die Licht·
strahlen sie senkrecht passieren. Die Flächen der Blendgläser müssen ebenso
wie die der Spiegel eben und parallel sein. Die Untersuchung erfolgt durch die
Stelle, die das Attest über die Beschaffenheit des Instruments ausstellt.

c) **Das Fernrohr.** Die scheinbare Größe eines Gegenstandes ist der Gesichtswinkel, unter dem man ihn sieht. Je kleiner ein Gegenstand und je weiter er
entfernt ist, desto kleiner ist der Gesichtswinkel. Ein nur schwach beleuchteter
Gegenstand verschwindet für ein normales Auge bei einem Gesichtswinkel von
1 Minute.

Für sehr helle Gegenstände ist der Grenzwert jedoch viel kleiner; wir
sehen z. B. die Fixsterne noch unter einem Gesichtswinkel von Bruchteilen
einer Sekunde. Der Wert des Fernrohrs liegt darin, daß man mit seiner Hilfe
die Sterne heller sieht und weit entfernte Gegenstände näher, also auch
größer und deutlicher erscheinen. Für· ein Instrument, dessen Nonius nur auf
volle Minuten abzulesen gestattet, ist der Gebrauch eines Fernrohrs überflüssig.
Dennoch wird auch bei Oktanten häufig ein Fernrohr benutzt.

Die Visierlinie soll stets parallel zur Instrumentsebene liegen. Benutzt man
ein Fernrohr, so muß dessen Achse mit der Instrumentsebene parallel laufen.

d) **Helligkeit der Bilder.** Um die Bilder gleich hell zu machen, legt man bei
Sonnenbeobachtungen passende Blendgläser vor die Spiegel. Führt dies nicht
zum Ziele und hat das Instrument einen verstellbaren Fernrohrträger, dann
entfernt man das Fernrohr etwas von der Instrumentsebene, wenn das direkt
gesehene Bild mehr hervortreten soll. Ist dagegen das Spiegelbild das licht-
schwächere, so wird das Fernrohr näher an die Instrumentsebene heran-
geschraubt.

e) **Exzentrizitätsfehler.** Wenn die Alhidade sich um einen anderen Punkt
dreht als um den Mittelpunkt des Gradbogens, so ist das Instrument mit einem
Exzentrizitätsfehler behaftet. Die Untersuchung des Instruments auf Exzentri-
zität geschieht durch Agenturen der Seewarte oder andere von der See-
Berufsgenossenschaft anerkannte Personen. Wenn das Instrument mit einem
Attest versehen ist, ist darin auch die Größe eines etwaigen Exzentrizitäts-
fehlers angegeben.

f) **Einteilung des Gradbogens und des Nonius.** Der Nonius ist ein verstell-
barer Maßstab, der mit einem größeren derart verbunden ist, daß er längs desselben hin und her bewegt werden kann. Die Teile des Nonius stehen zu
denen des Gradbogens in einem bestimmten Verhältnis. Dadurch wird es möglich,
Bruchteile der kleinsten Einheiten des Hauptmaßstabes noch genau zu bestimmen.

Ist bei einem Oktanten der Grad in drei Teile geteilt, so umfaßt jeder Teil
20'. Der Nonius ist dann gewöhnlich in 20 gleiche Teile geteilt, die zusammen
19 Teilstriche des Gradbogens umfassen. Der Abstand zweier Noniusteilstriche
voneinander ist also $\frac{19}{20}$ von dem Abstande zweier Gradbogenteilstriche, also
gleich 19'. Die Noniusteilstriche liegen daher um 1' dichter·zusammen als die
Teilstriche auf dem Gradbogen. Wenn nun bei der Ablesung der 1., 2., 3. usw.
Strich des Nonius mit einem Gradbogenstrich abschneidet, so steht der Nullpunkt des Nonius 1, 2, 3 usw. Minuten über seinen benachbarten Gradbogenstrich hinaus. Der Nonius gestattet also eine Ablesung auf volle Minuten.

Will man auf halbe Minuten genau ablesen, so teilt man den Nonius in 40
gleiche Teile und macht diese Strecke so groß, daß sie 39 Teile des Gradbogens
umfaßt. Dann ist ein Noniusteil gleich $\frac{39}{40}$ des Gradbogenteils oder um $\frac{1}{40}$

kleiner als ein Teil des Gradbogens. Der 40ste Teil von 20′ ist $\frac{1}{2}$′, also kann man auf halbe Minuten genau ablesen.

Fehlen in diesem Falle Teilstriche für die halben Minuten, so hat man einen überschlägigen Nonius und liest auf volle Minuten ab.

Auf dem Gradbogen des Sextanten ist jeder Grad in der Regel in 6 gleiche Teile geteilt. Jeder Teilstrich umfaßt daher 10′. Will man auf 10″ genau ablesen, so ist das 60mal so genau, daher wird der Nonius in 60 gleiche Teile geteilt, die 59 Teile des Gradbogens umfassen. Ein Teil des Nonius ist dann gleich $\frac{59}{60}$ Gradbogenteil oder um $\frac{1}{60}$ kleiner als dieser. Der 60ste Teil von 10′ ist 10″, mithin kann man auf 10″ genau ablesen. Zur Ablesung ist in diesem Falle eine Lupe erforderlich, jedoch wird ausdrücklich bemerkt, daß an Bord eine Ablesung auf volle Minuten immer genügt.

Bei der Vollkommenheit der gegenwärtig benutzten Teilmaschinen werden Teilungsfehler des Gradbogens und Nonius wohl kaum noch vorkommen.

Fig. 89

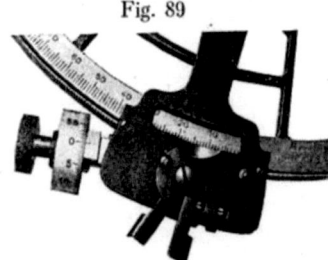

Beim Trommelsextanten werden die Minuten des gemessenen Winkels auf einer mit der Feinschraube verbundenen Trommel abgelesen (Fig. 89). Die endlose Schraube faßt hier in einen Zahnkranz am Gradbogen, dessen Zähne um einen Grad voneinander entfernt sind, so daß bei einer Umdrehung der Trommel die Alhidade um einen Grad verschoben wird. Die Trommel ist durch Striche in 120 Teile geteilt, man kann also den Winkel auf halbe Minuten genau an einem Indexstrich ablesen. Durch den unteren Hebel kann zur groben Einstellung die Feinschraube vom Zahnkranz abgehoben werden.

g) **Spiegelparallaxe und Indexberichtigung.** Spiegelparallaxe ist der Winkel am Gegenstand, den der Strahl nach dem Auge des Beobachters mit dem Strahl nach dem Mittelpunkt des großen Spiegels bildet. Die Größe dieses Winkels ist abhängig von der Entfernung des Gegenstandes. In einer Entfernung von etwa drei Seemeilen beträgt die Spiegelparallaxe 2″, in einer Seemeile Entfernung 5″.

Bei der Beschreibung des Instruments wurde bereits erwähnt, daß der Winkel Null ist, wenn die Spiegel des Instruments einander parallel sind. Ein Gegenstand, der so weit entfernt ist, daß man die Spiegelparallaxe vernachlässigen kann, ist dann mit seinem Spiegelbilde in Deckung. Der Nullstrich des Nonius sollte bei dieser Alhidadenstellung auf Null des Gradbogens stehen. Ist dies nicht der Fall, so heißt die Ablesung Indexberichtigung. Sie ist plus, wenn der Nullstrich des Nonius rechts, dagegen minus, wenn er links vom Nullpunkte des Gradbogens steht. Bei der Trommelablesung ist die Indexberichtigung plus, wenn der Indexstrich nach 55 zu, minus, wenn er nach 5 zu steht.

Zur Bestimmung der Indexberichtigung hat man mehrere Methoden:

1. **An der Sonne.** Man bringt das Spiegelbild der Sonne einmal mit dem Ober- und dann mit dem Unterrande der direkt gesehenen Sonne zur Berührung. Die Ablesung rechts vom Nullpunkt des Gradbogens bezeichnet man mit plus, die links vom Nullpunkt des Gradbogens mit minus. Die halbe algebraische Summe beider Ablesungen ist die Indexberichtigung.

Ist die Beobachtung richtig, so muß der vierte Teil der algebraischen Differenz beider Ablesungen gleich dem Sonnenhalbmesser sein, der an dem betreffenden Tage im Jahrbuch verzeichnet steht.Dies gilt nicht für sehr kleine Sonnenhöhen, da der vertikale Durchmesser durch die Strahlenbrechung dann verkürzt erscheint.

Beispiel: Am 30. September 1940 wurden zur Bestimmung der Indexberichtigung die Sonnenränder zur Berührung gebracht. Aus der Beobachtung ergaben sich die folgenden Ablesungen:

$$1. = -30'$$
$$2. = +34'$$
$$\text{algebraische Summe} = +\ 4' : 2$$
$$\text{Index-Berichtigung} = +\ 2'$$

$$\text{algebraische Differenz} = \quad 64' : 4$$
$$\text{Sonnenhalbmesser} = \quad 16'$$
$$\text{Sonnenhalbmesser im Jahrbuch} = \quad 16'$$
$$\text{Unterschied} = \quad 0$$

2. An einem Stern. Man bringt das Spiegelbild eines Sterns mit seinem direkt gesehenen Bilde zur Deckung und liest ab. Die Ablesung ist die Indexberichtigung.

3. An der Kimm oder einem irdischen Gegenstande. Um die Spiegelparallaxe vernachlässigen zu können, muß der irdische Gegenstand mindestens eine Seemeile entfernt sein. Die Kimm ist bei 5 m Augeshöhe etwa 4,7 sm entfernt. Die klare Kimm wird also immer gut geeignet sein. Man bringt sie mit ihrem Spiegelbilde zur Deckung und liest ab. Die Ablesung ist die Indexberichtigung.

h) Beseitigung des Indexfehlers. An dem kleinen Spiegels befindet sich eine Stellschraube, mit der man den Indexfehler beseitigen kann. Man stellt die Alhidade auf Null, sieht nach der Kimm oder einem sonstigen scharf begrenzten Gegenstande, der genügend weit entfernt ist und bringt die Kimm oder den scharf begrenzten Gegenstand durch Drehung jener Stellschraube mit dem Spiegelbilde zur Deckung. Nach dieser Berichtigung ist zu untersuchen, ob der kleine Spiegel noch senkrecht steht.

82. Behandlung des Spiegelinstruments.

Beim Anfassen des Spiegelinstruments vermeide man es, Alhidade, Gradbogen, Fernrohrträger und Spiegel zu berühren. Auch beim Ablesen soll die Hand, die etwa die Lupe hält, völlig frei vom Gradbogen bleiben. Man darf das Instrument nicht unnötigerweise den Sonnenstrahlen aussetzen. Naß gewordene Instrumente trocknet man mit einem weichen Lederlappen leicht ab, besonders den Gradbogen und die Spiegel. Beim Reinigen der Spiegel muß man achtgeben, daß man die Stellschrauben nicht berührt. Etwaige Flecken auf der Teilung entfernt man am besten durch Abreiben mit einem ölgetränkten Lappen.

10. Besteckrechnung.

83. Standort und Kugelgestalt der Erde.

Der Ort, an dem sich ein Beobachter befindet, wird Standort oder Standpunkt genannt. Er ist auf See der Mittelpunkt des Kreises, in dem Himmel und Erde sich zu berühren scheinen. Dieser Kreis heißt sichtbarer Horizont oder Kimm. Die Kimm erscheint klein, wenn man sich nahe an der Erdoberfläche befindet, größer, wenn man höher steht, ein Beweis, daß die Erdoberfläche gekrümmt ist. Da diese Größenänderung der Kimm überall auf der Erde wahrzunehmen ist, so folgt daraus, daß diese die Form einer Kugel hat.

84. Himmelsrichtungen.

Der Schatten, den ein senkrecht stehender Stab wirft, ist eben nach Sonnenaufgang (vor Sonnenuntergang) sehr lang. Er wird kürzer und kürzer, je höher die Sonne steigt; am Mittag ist er am kürzesten. Denkt man sich ihn jetzt bis an den Horizont verlängert, so trifft er auf einen Punkt, der Nordpunkt heißt. Die Verlängerung nach der entgegengesetzten Richtung hin bis an den Horizont trifft dort auf den Südpunkt. Die Verbindungslinie dieser beiden Punkte miteinander wird Mittags- oder Nord-Südlinie genannt.

Denkt man sich durch den Standort in der Ebene des Horizonts eine zweite Linie gezogen, die mit der Nord-Südlinie einen rechten Winkel bildet, so trifft diese im Osten auf den Ostpunkt, im Westen auf den Westpunkt. Sie heißt Ost-Westlinie.

Nord-Süd- und Ost-Westlinie zerlegen den ganzen Horizont in vier gleiche Teile oder Quadranten, und zwar in den NO-, SO-, SW- und NW-Quadranten.

85. Erdachse.

Die Gestirne gehen jeden Tag im Osten auf, steigen höher und höher, sinken dann und gehen schließlich im Westen unter. Sie wandern also von Osten nach Westen um die Erde. Diese Bewegung ist aber nur scheinbar, in Wirklichkeit dreht sich die Erde von Westen nach Osten um einen ihrer Durchmesser, der Erdachse genannt wird.

86. Erdpole.

Die Endpunkte der Erdachse heißen Erdpole, und zwar heißt der Europa am nächsten liegende der Nordpol, der andere der Südpol.

Die Gestalt der Erde weicht ein wenig von der Kugelform ab. Sie ist in der Nähe der beiden Pole etwas zusammengedrückt, abgeplattet. Diese Abplattung beträgt nur etwa $\frac{1}{300}$ des Erddurchmessers und ist für uns daher ohne Bedeutung. Wir betrachten die Erde als Kugel.

87. Erdäquator.

Wie auf jeder anderen Kugel, kann man sich auch auf der Erde Kreise gezogen denken. Derjenige Hauptkreis auf der Erde, auf dem die Erdachse senkrecht steht, heißt E r d ä q u a t o r. Er zerlegt die Erdoberfläche in zwei gleiche
Teile, in die nördliche und in die südliche Erdhälfte; seine Richtung ist rechtweisend Ost-West.

88. Meridiane.

Hauptkreise, die durch die beiden Erdpole gehen, den Äquator also rechtwinklig schneiden, heißen M e r i d i a n k r e i s e. Die von Pol zu Pol reichenden
Hälften dieser Kreise nennt man M e r i d i a n e. Sie haben die rechtweisende

Fig. 90

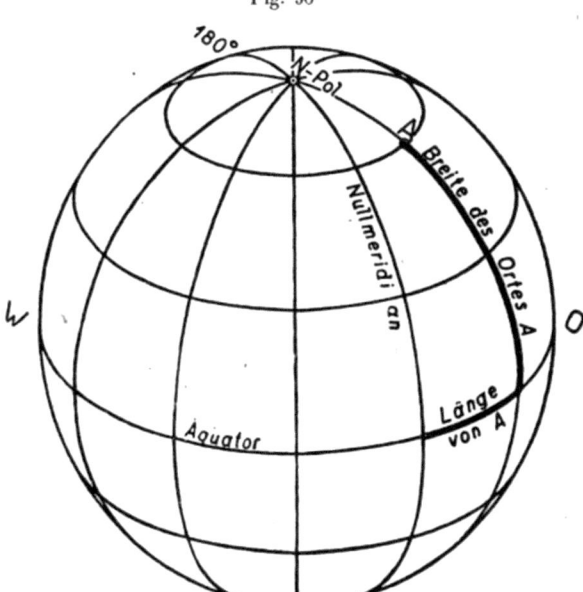

Nord-Süd-Richtung. Da sie alle gleich sind, also keiner gegenüber den anderen
ein besonderes Merkmal trägt, hat man, um sie trotzdem verwerten zu können,
e i n e n besonders benannt. Es ist derjenige, der durch Greenwich (England) geht.
Man nennt ihn N u l l - M e r i d i a n. Seine Ergänzung zum Meridiankreis ist der
180-Grad-Meridian.

Durch den Null- und 180-Grad-Meridian wird die Erdoberfläche in eine
östliche und in eine westliche Hälfte zerlegt. In der Meteorologie wird die Erdoberfläche auch noch in Erdoktanten eingeteilt.

89. Seemeile.

Jeder volle Meridian ist rund 40 000 000 m lang. Da er wie jeder andere
Kreis 360 Grad umfaßt, kommen auf jeden Grad 40 000 000 m : 360 = 111 111 m,

auf jede Minute demnach 111 111 m : 60 = rund 1852 m. Diese Strecke wird
S e e m e i l e (sm) genannt*).

90. Breitenparallele.

Breitenparallele sind Nebenkreise, die mit dem Äquator parallel laufen.
Sie sind um so kleiner, je größer ihr Abstand vom Äquator ist oder je näher sie
den Polen liegen.

Die beiden Breitenparallele, die 23   Grad nördlich und südlich vom Äquator
liegen, heißen W e n d e k r e i s e, und zwar heißt derjenige, der auf nördlicher
Breite liegt, W e n d e k r e i s d e s K r e b s e s, der auf südlicher Breite liegende
W e n d e k r e i s d e s S t e i n b o c k s.

Die auf 66½ Grad nördlicher und südlicher Breite liegenden Breitenparallele
heißen P o l a r k r e i s e. Sie sind also von den Polen 23½ Grad entfernt.

91. Zonen.

Durch die Wende- und Polarkreise wird die Erdoberfläche in fünf
Zonen zerlegt. Der zwischen beiden
Wendekreisen liegende Teil der Erde
heißt heiße Zone. Der zwischen dem
Wendekreis des Krebses und dem
nördlichen Polarkreise liegende Teil
wird nördlich gemäßigte, der zwischen
dem Wendekreis des Steinbocks und
dem südlichen Polarkreise liegende
Teil südlich gemäßigte Zone genannt. Nördlich von dem nördlichen
und südlich von dem südlichen Polarkreise liegen die kalten Zonen
(nördliche und südliche).

Fig. 91

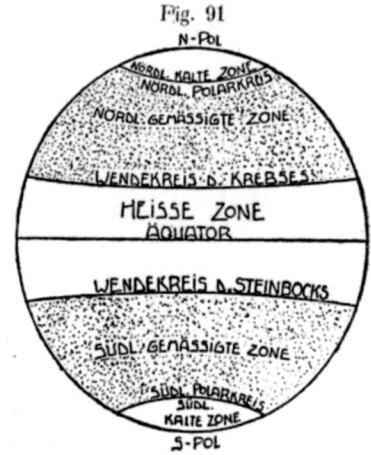

92. Breite und Länge.

Die Lage eines Ortes auf der Erde wird bestimmt durch seine B r e i t e
und L ä n g e.

Unter Breite eines Ortes versteht man seinen Abstand vom Äquator, ausgedrückt in Gradmaß (Grade, Minuten). Man kann auch sagen: Breite eines
Ortes ist der Bogen des Ortsmeridians vom Äquator bis zum Orte (s. Fig. 90).

Die Breite ist Nord oder Süd, je nachdem der Ort nördlich oder südlich
vom Äquator liegt, und wird bezeichnet durch den griechischen Buchstaben φ.

Nord- und Südpol der Erde liegen je 90° vom Äquator entfernt; ihre
Breite ist also 90°.

Die Länge eines Ortes ist der Bogen des Äquators oder der in Gradmaß
ausgedrückte Bogen irgend eines Breitenparalleles vom Nullmeridian bis zum
Ortsmeridian (siehe Fig. 90). Sie wird mit Ost oder West bezeichnet, je nachdem der Ort östlich oder westlich vom Nullmeridian liegt, und zählt bis 180°.

---

*) Teilt man die Seemeile durch 10, so erhält man die sogenannte Kabellänge, die also 185,2 m ist. Diese
durch 100 geteilt, gibt die ungefähre Länge eines Fadens, also 1,85 m.

93. Breitenunterschied.

Breitenunterschied zweier Orte ist der Bogen irgendeines Meridians, der zwischen den Breitenparallelen beider Orte liegt. Der Breitenunterschied ist gleich der Differenz beider Breiten, wenn sie gleichnamig, dagegen gleich der Summe, wenn sie ungleichnamig sind. Er wird entweder mit Nord oder mit Süd bezeichnet, je nachdem der Ort, nach dem man von einem andern Orte aus hin rechnet, nördlich oder südlich von diesem liegt.

94. Längenunterschied.

Längenunterschied zweier Orte ist der Bogen des Äquators, der zwischen den Meridianen beider Orte liegt. Er ist Ost oder West, je nachdem der Ort, nach dem man von einem anderen Orte aus hin rechnet, östlich oder westlich von diesem liegt.

Den Längenunterschied findet man, indem man bei gleichnamigen Längen die kleinere von der größeren subtrahiert, bei ungleichnamigen sie aber addiert.

95. Abweitung.

Fig. 92

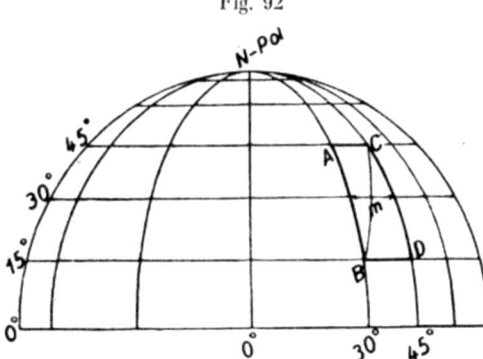

Die nebenstehende Figur stellt einen Teil der Erdoberfläche vom Äquator bis zum Nordpol dar. Die beiden Orte A und B liegen auf demselben Meridian, haben also dieselbe Länge, und zwar wollen wir 30⁰ Ost annehmen. Auf einem andern Meridian liegen die beiden Orte C und D, also haben auch sie gleiche Länge; sie sei 45⁰ Ost.

Infolgedessen sind die Längenunterschiede zwischen den Orten A und C und zwischen B und D gleich, nämlich 15 Grad. Wie man aber aus der Figur ersieht, ist der Abstand der Orte A und C voneinander, in Seemeilen ausgedrückt, bedeutend kleiner als der Abstand der Orte B und D. Diesen Abstand zweier Orte in Ost-West-Richtung, ausgedrückt in Seemeilen, nennt man Abweitung. Die Abweitung zweier Orte ist also der in Seemeilen ausgedrückte Bogen des Breitenparallels, der zwischen den beiden Orten liegt.

96. Mittelbreite.

Liegen die beiden Orte nicht auf demselben Breitenparallel, sind ihre Breiten nicht gleich groß, dann ist die Abweitung zwischen beiden der Bogen desjenigen Breitenparallels, der mitten zwischen den beiden Ortsbreiten liegt und der von den beiden Ortsmeridianen begrenzt wird. Die in der Mitte zwischen den beiden Orten liegende Breite nennt man Mittelbreite. So würde z. B. die Abweitung zwischen den Orten B und C in der obenstehenden Figur der Breitenparallelbogen m sein. Die Mittelbreite findet man, indem man den halben Breitenunterschied zu der kleineren Breite addiert oder von der größeren subtrahiert.

Die Anzahl Seemeilen der Abweitung zweier Orte ist stets kleiner als die Anzahl der Minuten ihres Längenunterschiedes, ausgenommen, wenn die Orte in der Nähe des Äquators liegen, wo beide gleich sind. So ist auf 53 Grad Breite 1 sm Abweitung = 1,66′ Längenunterschied, auf 60 Grad Breite gar 2,00′. Die Verwandlung der Abweitung in Längenunterschied geschieht mit Hilfe der Tafel 3 in Matthies' Tafelsammlung.

Ein Schiff, welches im Meridian des Ortes sich bewegt, also entweder einen rechtweisenden Nord- oder Südkurs steuert, ändert nur die Breite. Steuert es aber rechtweisend Ost oder West, bewegt es sich also im Breitenparallel des Ortes, dann ändert es nur die Länge. Im ersten Falle ist die zurückgelegte Entfernung (Distanz) gleich dem Breitenunterschiede zwischen verlassenem und erreichtem Orte, im zweiten gleich der Abweitung beider Orte voneinander.

97. Kursdreieck.

Steuert das Schiff aber irgendeinen andern Kurs, so ändert es sowohl die Breite als auch die Länge. Ist der Kurs z. B. 25⁰ (Fig. 93), so hat es hauptsächlich die Breite geändert; von dem Meridian des verlassenen Ortes ist es nur wenig nach Osten abgewichen, die Abweitung (a) ist gering. Je größer der K u r s w i n k e l (K) ist, desto größer ist (bei einer bestimmten Distanz) die Abweitung, desto kleiner der Breitenunterschied (b). Bei den Kursen 45⁰, 135⁰, 225⁰ und 315⁰ sind beide gleich, kleiner aber als die Distanz (d), welche das Schiff zurückgelegt hat.

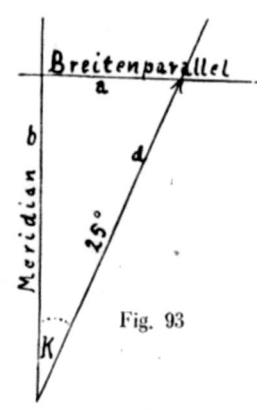

Fig. 93

Da die Meridiane und Breitenparallele sich unter rechten Winkeln schneiden, läßt sich die Distanz, welche ein Schiff zurückgelegt hat, mit dem zugehörigen Breitenunterschiede und der Abweitung zu einem rechtwinkligen Dreieck zusammenstellen. Dieses nennt man K u r s d r e i e c k. In ihm ist die Hypotenuse die Distanz, die dem Kurswinkel anliegende Kathete der Breitenunterschied, die gegenüberliegende Kathete die Abweitung. Wenn der Kurswinkel kleiner als 45⁰ ist, ist die Abweitung kleiner, ist er aber größer, dann ist sie größer als der Breitenunterschied.

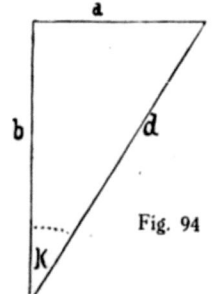

Fig. 94

98. Koppeltafeln.

Da zu einem bestimmten Kurswinkel und einer bestimmten Distanz ganz bestimmte Werte für Breitenunterschied und Abweitung gehören, mit andern Worten: Breitenunterschied und Abweitung durch Kurs und Distanz bestimmt sind, hat man für alle Gradkurse und für jede Seemeile Distanz Breitenunterschied und Abweitung berechnet und in einer Tafel zusammengestellt. Sie heißt G r a d - o d e r K o p p e l t a f e l, und man findet sie als Tafel 1 in

Matthies' Tafelsammlung*). Die d-Spalte enthält dort Distanzen bis 359 sm, die b-Spalte den Breitenunterschied und die a-Spalte die Abweitung.

Außerdem ist für jeden Grad die Tangente des Kurswinkels angegeben. Kennt man daher Abweitung und Breitenunterschied und daraus die Tangente, so erhält man mit Hilfe dieser Tafel auch den Kurswinkel und die Distanz. In Zeichen: $\dfrac{\text{Abw.}}{\text{Br.}_s\text{U.}} = $ tang K.

99. Koppelkurs.

Man pflegt auf See jeden Mittag das „Besteck" aufzumachen, d. h. man bestimmt aus den während der letzten 24 Stunden (Etmal) gesteuerten Kursen und zurückgelegten Distanzen und der verlassenen Breite und Länge den neuen Schiffsort. Zu dem Zwecke schlägt man für jeden Kurs und die zugehörige Distanz Breitenunterschied und Abweitung auf, bildet die Summen aller N- und aller S-Breitenunterschiede, ebenso die aller O- und aller W-Abweitungen, zieht von der größeren Breitenunterschied-Summe die kleinere, von der größeren Abweitungs-Summe ebenfalls die kleinere ab und behandelt die Unterschiede so, als hätte man sie aus einem Kurse und einer Distanz erhalten. Dieses Verfahren nennt man Kurskoppeln und die ganze Rechnung K o p p e l k u r s.

Die in Rechnung zu nehmenden Kurse müssen rechtweisende sein. Unter r e c h t w e i s e n d e m oder w a h r e m Kurse versteht man den Winkel, den der Kiel des Schiffes mit der w a h r e n Nordrichtung bildet. M i ß w e i s e n - d e r K u r s ist der Winkel zwischen Schiffskiel und m a g n e t i s c h e r Nordrichtung, K o m p a ß k u r s der Winkel zwischen Kiel und K o m p a ß - N o r d - r i c h t u n g.

Nun gibt aber der Kompaß an Bord eines eisernen Schiffes den Kompaßkurs an, und dieser ist mit der Fehlweisung behaftet, so daß man hierfür die Kompaßkurse berichtigen muß.

Ist die Fehlweisung Ost oder $+$, so wird sie bei der 360°-Rose addiert, subtrahiert, wenn sie West oder $-$ ist.

Um aus dem rechtweisenden Kurse den Kompaßkurs zu erhalten, subtrahiert man algebraisch, wobei die Ost-Fehlweisung mit West oder $-$ angebracht, also subtrahiert, die West-Fehlweisung mit Ost oder $+$ angebracht, also addiert wird.

Abtrift. Zu der Fehlweisung kommt dann, wenn das Schiff infolge seitlichen Winddruckes vom Kurse abtreibt, noch die A b t r i f t. Es ist das der Winkel, den das Kielwasser mit der Kielrichtung bildet. Sie richtet sich nach dem Winde, Ist der Wind von Backbord, segelt man mit Backbordhalsen, dann treibt das Schiff mit dem Uhrzeiger (nach rechts) ab, man sagt, die Abtrift ist Ost, Segelt man aber mit Steuerbordhalsen, dann ist es umgekehrt, die Abtrift ist West.

Gesamtberichtigung. Fügt man die Abtrift dann sinngemäß der Fehlweisung zu, so erhält man die G e s a m t b e r i c h t i g u n g des Kompaßkurses.

Die Distanzen ermittelt man durch das Logg.

---

*) A n m e r k u n g: Da die Gradtafel die Werte rechtwinkliger Dreiecke enthält, kann sie selbstverständlich immer benutzt werden, wenn es sich darum handelt, aus den drei Bestimmungsstücken des Dreiecks die übrigen zu finden. Hierzu merke man sich folgendes: d ist die Hypotenuse, b die dem spitzen Winkel anliegende, a dessen gegenüberliegende Kathete.

Beispiel 1. Von 53⁰ 55′ N und 6⁰ 8′ O dampft man bei 6⁰ W-Mißweisung wie unten angegeben. Welche Breite und Länge hat man erreicht?

Kompaß-Kurs	Abtr.	Mißw.	Abl.	Fehl-weis.	Wahrer Kurs	Dist. sm	N	S	O	W
22⁰	—	6⁰ W	4⁰ W	10⁰ W	12⁰	28	27,4	—	5,8	—
10⁰	—	„	2⁰ W	8⁰ W	2⁰	14	14,0	—	0,5	—
342⁰	—	„	3⁰ O	3⁰ W	339⁰	35	32,7	—	—	12 5
328⁰	—	„	6⁰ O	0	328⁰	40	33,9	—	—	21,2
318⁰	—	„	8⁰ O	2⁰ O	320⁰	58	44,4	—	—	37 3
							152,4	—	6,3	71,0
										6,3

Abf. Br. = 53⁰ 55′ N   Abf. Lg. = 6⁰ 8′ O

Br. U. = 2⁰ 32′ N   Lg. U. = 1⁰ 53′ W

Err. Br. = 56⁰ 27′ N   Err. Lg. = 4⁰ 15′ O   Br. U. = 2⁰ 32′ N, Abw = 64,7 sm W

Mittelbr. = 55⁰   1 sm Abw. = 1,74′ Lg. U.

$$64,7 \; „ \quad „ \; = \frac{64,7 \cdot 1,74'}{112,6'}$$

Lg. U. = 1⁰ 53′ W

Beispiel 2. Ein Dampfer fährt von 57⁰ 5′ N und 4⁰ 12′ O wie unten folgt. Welche Breite und Länge hat er erreicht?

Kompaß-Kurs	Abtr.	Mißw.	Abl.	Fehl-weis.	Wahrer Kurs	Dist. sm	N	S	O	W
160⁰	—	−10⁰	− 6⁰	−16⁰	144⁰	64	—	51,8	37,6	—
178⁰	—	− 9⁰	− 2⁰	−11⁰	167⁰	38	—	37,0	8,5	—
195⁰	—	− 9⁰	+ 1⁰	− 8⁰	187⁰	41	—	40,7	—	5,0
140⁰	—	− 8⁰	− 5⁰	−13⁰	127⁰	23	—	13,8	18.4	—
87⁰	—	− 9⁰	+ 1⁰	− 8⁰	79⁰	55	10,5	—	54,0	—
							10,5	143,3	118,5	5,0
								10,5	5,0	

Abf. Br. = 57⁰ 5′ N   Abf. Lg. = 4⁰ 12′ O

Br. U. = 2⁰ 13′ S   Lg. U. = 3⁰ 23′ O

Err. Br. = 54⁰ 52′ N   Err. Lg. = 7⁰ 35′ O   Br. U. = 2⁰ 13′ S, Abw. = 113,5 sm O

Mittelbr. = 56⁰   1 sm Abw. = 1,79′ Lg. U.

$$113,5 \; „ \quad „ \; = \frac{113,5 \cdot 1,79'}{203,2'}$$

Lg. U. = 3⁰ 23′ O

Beispiel 3. Vom 55^0 46' N und 5^0 58' O fährt ein Segler wie unten folgt. Welches ist der erreichte Schiffsort?

Wind	Kom-paß-Kurs	Abtr.	Mißw.	Abl.	Ges. Ber.	Wahrer Kurs	Dist. sm	N	S	O	W
SW₊lich	170^0	-9^0	-8^0	$+2^0$	-15^0	155^0	12	—	10,9	5,1	—
,,	295^0	$+9^0$	-8^0	$+4^0$	$+5^0$	300^0	18	9,0	—	—	15,6
S₊lich	280^0	$+6^0$	-8^0	$+3^0$	$+1^0$	281^0	20	3,8	—	—	19,6
,,	265^0	$+6^0$	-9^0	-2^0	-5^0	260^0	14	—	2,4	—	13,8
SO₊lich	'244^0	—	-10^0	-4^0	-14^0	230^0	34	—	21,9	—	26,0

	12,8	35,2	5,1	75,0

Abf. Br. = 55° 46' N   Abf. Lg. = 5° 58' O   12,8   5,1

Br. U. = 22' S   Lg. U. = 2° 4' W   12,8   5,1

Err. Br. = 55° 24' N   Err. Lg. = 3° 54' O

Mittelbr. = 55° 30'

Br. U. = 22'S, Abw. = 69,9sm W

1 sm Abw. = 1,77' Lg. U.

69,9 ,, ,, = 69,9 · 1,77'

= 123,7'

Lg: U. = 2° 4' W

Der durch Koppelkurs gefundene Schiffskurs kann auf große Genauigkeit keinen Anspruch machen. Durch ungenaues Steuern, angewandte fehlerhafte Abtrift, Ablenkung und Mißweißung entstehen Fehler in den wahren Kursen. Auch die in Rechnung genommenen Distanzen können falsch sein, einerlei, ob man ein gewöhnliches Logg oder ein Patentlogg benutzt. Endlich kann auch eine Versetzung durch Strom stattgefunden haben. Wenn möglich, bestimmt man daher seinen Schiffsort auch durch astronomische Beobachtungen. Um dann einen Anhalt zu haben, wie und wieviel das Schiff versetzt ist, bildet man Breitenunterschied und Längenunterschied vom sogenannten gegißten Schiffsort nach dem durch astronomische Beobachtung gefundenen, verwandelt dann den Längenunterschied in Abweitung und findet schließlich aus Abweitung und Breitenunterschied den Kurs und die Distanz, die B e - s t e c k v e r s e t z u n g.

Beispiel: Durch Koppelkurs fand man den Besteckort auf 55° 5' N und 6° 46' O, nach Meridianbreite und Lotung stand man aber auf 54° 57' N und 7° 8' O. Wie war die Besteckversetzung?

Gegißter Schiffsort: Br. = 55° 5' N   Lg. = 6° 46' O

Tatsächlicher ,,   :   Br. = 54° 57' N   Lg. = 7° 8' O

Br. U. =   8' S   Lg. U. =   22' O

Mittelbr. = 55°

Nach Tfl. 3a sind: 1' Lg. U. = 0,574sm Abw.

22' ,, = 0,574 · 22 = 13sm Abw.

13 : 8 = 1,625 = tang K $\dfrac{\text{Abw.}}{\text{Br. U.}}$ = tang K

K = 58°

Besteckversetzung = S 58° O

= 122° 15sm

11. Küstennavigation.

Die gesamte Navigation zerfällt in eine Küsten- und in eine Hochsee-navigation. Es ist wesentlich schwieriger, in der Nähe der vielfach tief und unregelmäßig gegliederten Küsten, denen häufig noch Untiefen vorgelagert sind, zu fahren als auf hoher See. Die Kenntnis der Einrichtung der Seekarten, der Betonnung, Befeuerung, Strömungsverhältnisse usw. ist dazu unentbehrlich.

100. Seekarte.

Die Meridiane der Erde laufen bekanntlich in den Polen zusammen, sind also auf kleiner Breite weiter voneinander entfernt als auf großer. Da sich nun Kurs und Distanz in Seemeilen auf einem Globus nicht abtragen lassen, so ist man gezwungen, Teile der Erdoberfläche in Kartenform darzustellen. Würde man nun auch hier die Meridiane verschiedener Breite verschieden weit von-einander entfernt zeichnen, wie man sie z. B. auf manchen Landkarten findet, so wäre damit dem Nautiker nicht gedient, denn der muß seinen zurück-gelegten oder noch zurückzulegenden geraden Weg auch als gerade Linie in die Karte einzeichnen können. Daher ist ein Kartennetz notwendig, in dem sowohl die Meridiane als auch die Breitenparallele als gerade Linien erscheinen.

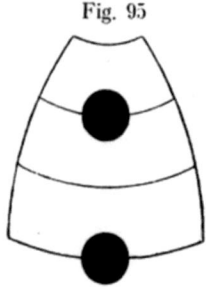

Fig. 95

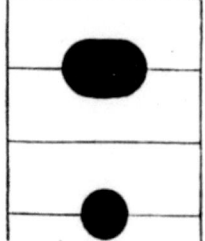

Fig. 96

101. Einrichtung der Seekarte.

In der Fig. 95 sei ein von zwei Meridianen ein-geschlossener Teil der Erdoberfläche dargestellt. Die beiden Kreise bezeichnen je eine Insel. Denkt man sich nun diese Darstellung derart auseinander-gezogen, daß die Meridiane einander parallel laufen, die Breitenparallele also alle gleich lang werden, dann entsteht eine Verzerrung, wie dies an der Form der oberen Insel in Fig. 96 zu erkennen ist. Um daher das richtige Bild wiederherzustellen, muß auch nach oben hin eine Ausdehnung stattfinden, und zwar um so mehr, je mehr die Breitenparallele auseinandergezogen wurden, also oben mehr als unten (Fig. 97). Dadurch wird folgendes erreicht:

1. Die Meridiane und Breitenparallele sind gerade Linien und schneiden sich unter rechten Winkeln.

2. Die Distanzen lassen sich auf einer Skala am Seitenrande leicht abmessen.

3. Die Kurslinie ist eine Gerade, die alle Meri-diane unter gleichen Winkeln schneidet.

In der Nähe des Äquators sind die Längen- und
Breitenminuten einander gleich. Je weiter davon ab,
desto größer müssen aber die Breitenminuten sein,
und deshalb sind sie in den Karten, die in der
kleinen Fahrt benutzt werden, selbst an dem unteren
Rande schon weit größer als die Längenminuten. Auf 60°
Breite sind sie doppelt so groß.

Fig. 97

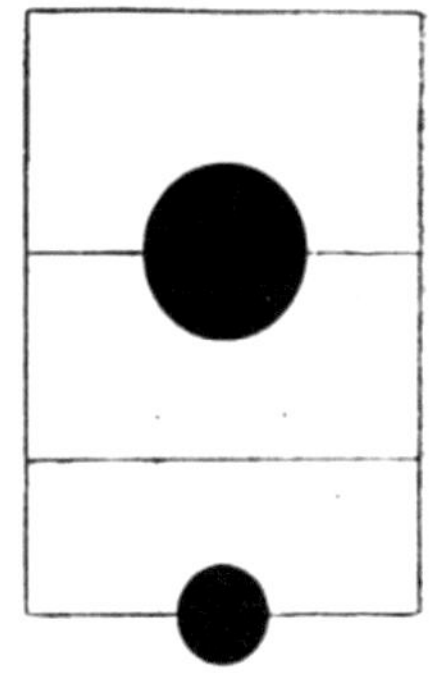

Diese Karten nennt man M e r k a t o r k a r t e n
oder auch wachsende Karten, weil die Breitenminuten
nach den Polen hin größer werden. Will man in einer
solchen Karte eine Distanz in Seemeilen abtragen, so hat
die Messung dort am Seitenrande zu erfolgen, wo die
Distanz sich erstreckt.

102. Genauigkeit einer Seekarte.

Die Genauigkeit einer Seekarte ist von dem Maßstabe, in dem sie hergestellt
ist, abhängig. Man versteht darunter das Verhältnis der Karte zur Wirklichkeit.
1 : 250 000 bedeutet z. B., daß eine Strecke in der Karte von 1 cm Länge auf der
Erde 250 000 cm lang ist. Die Karte „Texel bis Cuxhaven" (Deutsche Karte Nr. 48)
ist z. B. im Maßstabe 1 : 250 000, die der Ostsee (Deutsche Karte Nr. 60) im Maßstabe 1 : 600 000 hergestellt. Jene ist also genauer als diese.

Erstreckt sich eine Karte über einen so kleinen Teil der Erde, daß dieser
als eben angesehen werden kann, so spricht man von einem P l a n. Der Maßstab ist in der Regel groß, etwa 1 : 10 000 oder ähnlich.

103. Inhalt der Seekarte.

Die Seekarte enthält die Küstenlinien mit Teilen der Küstenländer, Bänke
und sonstige Untiefen, Wassertiefen, Linien gleicher Tiefen, wie 10-, 20-, 40- usw.
Meter-Linien, Beschaffenheit des Meeresbodens, Land- und Seezeichen, wie
Leuchtfeuer und deren Kennungen, Baken, Mühlen, Kirchen, Ortschaften, Feuerschiffe und Bojen, Wracks usw. Die Wassertiefen in den deutschen Seekarten
beziehen sich auf mittleres Springniedrigwasser, das man mit „K a r t e n n u l l"
bezeichnet. Sowohl Feuerschiffe als auch Bojen sind natürlich übermäßig groß
gezeichnet, weil sie ihrer Kleinheit entsprechend gar nicht eingetragen werden
können. Ihre tatsächliche Lage ist durch einen kleinen Kreis gekennzeichnet,
der sich in der Mitte der Wasserlinie befindet. Ferner enthält die Seekarte rechtweisende und mißweisende Windrosen und dabei die Angabe der Mißweisung.
Auch das Jahr, für das die Mißweisung gilt, ist verzeichnet nebst der jährlichen
Änderung. In der Karte der Barents-See sind lediglich rechtweisende Rosen und
die Linien gleicher Mißweisung in Abständen von je 5° angegeben. Die Karten
„Texel bis Cuxhaven", „Helgoland bis Hornsriff", „Nordsee" enthalten nur rechtweisende Rosen und darin die Andeutung und Angabe der Mißweisung.

104. Arbeiten in der Seekarte.

Zum Eintragen von Kurslinien, Absetzen des Schiffsortes, Messen von Distanzen usw. benutzt man Dreieck mit Lineal oder Parallellineal, Zirkel und weiche
Bleifeder. Alle Linien werden leicht eingezeichnet, damit man sie so vollständig
wegradieren kann, daß keine Spuren nachbleiben. Die einzutragenden Kurse und

Peilungen müssen entweder mißweisend oder rechtweisend sein. Um einen mißweisenden K u r s einzutragen, benutzt man d i e mißweisende Rose, die der
Mitte der abzutragenden Distanz am nächsten liegt. Einen rechtweisenden Kurs
trägt man an einer beliebigen rechtweisenden Rose ein. Sehr geeignet sind auch
die Zelluloiddreiecke mit Gradteilung, die man an irgendeinen Meridian anlegen
kann.

105. Abkürzungen und Zeichen in der Seekarte.

Die Angaben in den Seekarten werden in gekürzter Form und durch Zeichen
gegeben. Die gebräuchlichen Abkürzungen und Zeichen in den deutschen Karten
sind in der Karte Nr. 1 enthalten.

106. Herstellung und Vertrieb. Berichtigungen.

Die deutschen Seekarten werden von dem Deutschen Hydrographischen Institut Hamburg herausgegeben. Dieses hat auch den Hauptvertrieb. — Vertriebsstellen sind in Berlin-Lichterfelde Ost (Dietr. Reimer [Andrew und Steiner]),
Bremen, Bremerhaven, Cuxhaven, Emden, Flensburg, Greifswald, Hamburg
(Eckardt u. Meßtorff, Schaartor 12—13 und Bade u. Hornig), Kiel, Kiel-Holte-
nau, Lübeck, Rostock, Stralsund, Wilhelmshaven und Wismar. Diese geben die
Karten zu den in den „Nachrichten für Seefahrer" bekanntgegebenen Preisen
ab. Wegen der stetigen Veränderungen werden die Seekarten nur für den not-
wendigsten Bedarf hergestellt. Der Tag der letzten „großen und kleinen Berichtigung" der Druckplatte ist links unten auf der Karte verzeichnet. Spätere Änderungen, die in den wöchentlich erscheinenden „Nachrichten für Seefahrer" bekanntgegeben werden, müssen seitens der Schiffsführung selbst eingetragen werden. Mangelt es ihr dazu an Zeit, dann muß sie diese Arbeit einem Seekarten-
Berichtigungs-Unternehmen übertragen. Beim Kauf neuer Karten hat der Kapitän
sich sofort nach dem letzten Berichtigungstag umzusehen und von diesem Tage
ab nötigenfalls die Karte zu berichtigen. In den „Nachrichten für Seefahrer"
wird auch mitgeteilt, wann eine Karte, weil veraltet, aus dem Verkehr gezogen
und durch eine Neuausgabe oder eine Ausgabe mit großen Berichtigungen ersetzt wird.

Die See-Berufsgenossenschaft macht jedem Schiffsführer außerhalb der kleinen Küstenfahrt zur Pflicht, die „Nachrichten für Seefahrer" zu halten und an
Hand dieser die in seinem Besitz befindlichen Seekarten sorgfältig auf dem laufenden zu erhalten; ausgenommen sind Segelfischereifahrzeuge.

Das Verzeichnis sämtlicher deutschen Karten kann von den Vertriebsstellen
bezogen werden.

107. Seezeichen.

Das Fahren in der Nähe der Küsten und auf Flüssen ist unter Benutzung
der zufällig oder durch die Natur geschaffenen Mittel allein nicht denkbar. Deshalb hat man künstliche Hilfsmittel, S e e z e i c h e n , geschaffen, die nach bestimmten Grundsätzen überall da, wo Schiffe fahren, angebracht sind. Die in
deutschen Küstengewässern vorhandenen schwimmenden und festen Seezeichen
sind die folgenden:

Fig. 98

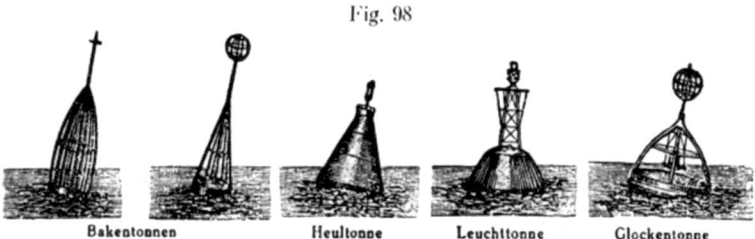

Bakentonnen   Heultonne   Leuchttonne   Glockentonne

1. Ansteuerungstonnen; Farbe rot oder schwarz oder rot und schwarz gestreift. Sind sie weiß, dann bezeichnen sie eine Untiefe.

Fig. 99

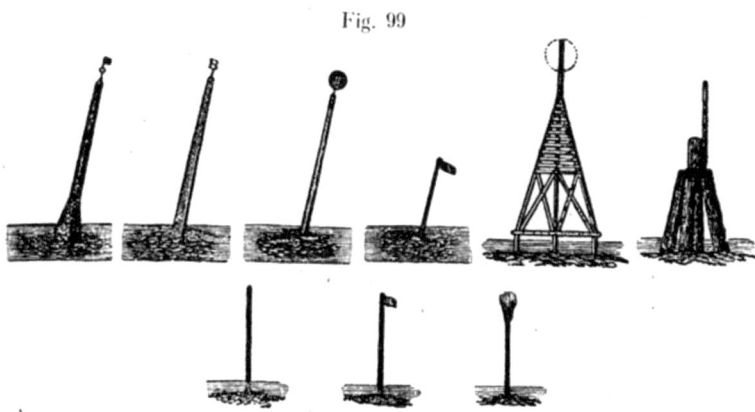

2. Rote, mit fortlaufenden Buchstaben versehene Spierentonnen, rote Baken und Dalben mit Spieren und Stangenseezeichen ohne oder mit Toppzeichen bezeichnen die Steuerbordseite des Fahrwassers. Steuerbordseite ist die Seite, die das Schiff an Steuerbord hat, wenn es von See kommt. Sind zwei Gewässer durch eine Fahrstraße miteinander verbunden, dann ist die Steuerbordseite die Seite, die das Schiff an Steuerbord hat, wenn es von Westen kommt.

Fig. 100

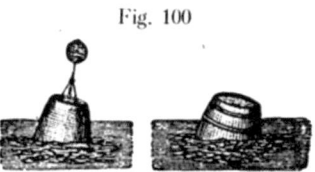

3. Stumpfe Tonnen können ausnahmsweise für Spierentonnen verwendet werden, z. B. bei geringer Wassertiefe, oder wenn zwei Fahrwasser nahe zusammenliegen.

Fig. 101

4. Schwarze spitze Tonnen mit fortlaufenden Nummern, schwarze Baken und Dalben ohne Spieren und Prikken dienen zur Bezeichnung der Backbordseite des Fahrwassers.

Fig. 102

5. Kugeltonnen, rot und schwarz gestreift, geben die Mitte des Fahrwassers an. Ohne Stange und Toppzeichen sind es Telegraphentonnen. Sie sind schwarz gestrichen und mit der weißen Aufschrift „Kabel" versehen.

Fig. 103

6. Faßtonnen, gelb, dienen zur Begrenzung von Quarantäneplätzen. Es werden auch gelbe spitze und stumpfe Tonnen dazu genommen.

7. Grüne Tonnen (spitze, stumpfe oder Faßtonnen) mit der Aufschrift „Wrack" sind Wracktonnen.

Fig. 104

Nördlich,   südlich,   östlich,   westlich   Auf der
von der Untiefe bzw. dem Wrack.   Untiefe.

Toppzeichen für Seezeichen zur Kennzeichnung der außerhalb der Fahrwasser gelegenen Untiefen sowie der Wracktonnen.

Zur Kennzeichnung der Fahrwasser werden auch Leuchttonnen verwendet. Entsprechend den Fahrwassertonnen sind dann Anstrich und Buchstabe bzw. Nummer.

Bagger führen an der zum Passieren freien Seite einen roten Ball bzw. ein rotes Licht über einem weißen.

Die Kenntnis dieser Seezeichen und der gebräuchlichen Abkürzungen in den Seekarten und der Besitz dieser genügt jedoch nicht zu einer sicheren Navigierung in der Nähe der Küsten. Dem Schiffsführer müssen vielmehr noch zur Hand sein die **neuesten Leuchtfeuerverzeichnisse, Nachrichten für Seefahrer, Gezeitentafeln, Seehandbücher und Nautischer Funkdienst.**

108. Leuchtfeuerverzeichnisse.

Die Leuchtfeuerverzeichnisse zerfallen in einzelne Teile, die ein bestimmtes Gebiet umfassen. So erstreckt sich Teil I über die Ostsee, Teil II über die Gewässer zwischen Nord- und Ostsee, Teil III über die Nordsee bis zum Polarkreise usw. Auch in ihnen kommen Abkürzungen und Ausdrücke vor, die dem Nautiker bekannt sein müssen.

Lichterscheinungen. Ein Feuer wird gekennzeichnet durch L i c h t e r s c h e i -
n u n g und K e n n u n g. Die Lichterscheinungen sind S c h e i n, B l i n k und
B l i t z. Der Schein ist die Lichterscheinung zwischen zwei verhältnismäßig kurzen Verdunkelungen, der Blink das Aufleuchten aus verhältnismäßig langer Dunkelheit und der Blitz ein Aufleuchten von weniger als 2^0 Dauer.

Kennung ist das Merkmal der Lichterscheinung eines Feuers. Man unterscheidet folgende Arten der Kennung:

1. **Festfeuer (F.)**, weißes oder farbiges Licht von gleichbleibender. Stärke
und Farbe.

2. **Unterbrochenes Feuer**, weiße oder farbige Scheine, von Verdunkelungen
unterbrochen, und zwar:

a) Unterbrochenes Feuer mit Einzelunterbrechungen (Ubr.),

b) Unterbrochenes Feuer mit Gruppen von 2, 3, 4, 5 Unterbrechungen
(Ubr. Grp. 2, 3, 4, 5).

3. **Wechselfeuer**, weiße Scheine, wechselnd mit Scheinen einer anderen Farbe, und zwar:

a) Wechselfeuer mit Einzelwechseln (Wchs.),

b) Wechselfeuer mit Gruppen von 2, 3, 4, 5 Wechseln (Wchs. Grp. 2, 3,
4, 5).

4. **Blinkfeuer**, weiße oder farbige Blinke, und zwar:

a) Blinkfeuer mit Einzelblinken (Blk.),

b) Blinkfeuer mit Gruppen von 2, 3, 4, 5 Blinken (Blk. Grp. 2, 3, 4 , 5).

5. **Blitzfeuer**, weiße oder farbige Blitze, und zwar:

a) Blitzfeuer mit Einzelblitzen (Blz.),

b) Blitzfeuer mit Gruppen von 2, 3, 4, 5 Blitzen (Blz. Grp. 2, 3, 4, 5).

Feuer, deren Blinke oder Blitze aus schwächerem, unveränderlichem
Lichte heraus aufleuchten, können auch Festfeuer mit Blinken bzw.
Blitzen (F. m. Blk. bzw. Blz.) oder Festfeuer mit Gruppen von 2, 3, 4, 5
Blinken bzw. Blitzen (F. m. Blk. Grp. 2, 3, 4, 5 bzw. Blz. Grp. 2, 3, 4, 5)
genannt werden.

6. **Funkelfeuer**, sehr schnell (mindestens 40 mal in der Minute) aufeinander-
folgende weiße oder farbige Blitze, und zwar:

a) Funkelfeuer mit fortlaufenden Lichterscheinungen (Fkl.),

b) Unterbrochenes Funkelfeuer (Fkl. Ubr.).

7. **Mischfeuer (Mi.)**, alle Lichterscheinungen, die aus mehreren verschiedenen Kennungen hergestellt sind.

Soll ausgedrückt werden, daß ein Feuer Sektoren v e r s c h i e d e n e r Kennungen besitzt, so sind die Kennungsarten durch das Wort „und" (in Abkürzungen &) aneinandergereiht, z. B.:

Festfeuer, rot und weiß (F. r. & w.),

Blitzfeuer mit Einzelblitzen und Gruppen von 2, 3, 4, 5 Blitzen (Blz. & Blz.
Grp. 2, 3, 4, 5),

Festfeuer und Blitzfeuer mit Einzelblitzen und Gruppen von 2, 3, 4, 5
Blitzen (F. & Blz. & Blz. Grp. 2, 3, 4, 5),

Unterbrochenes Feuer, weiß und rot (Ubr. w. & r.),

Blinkfeuer, weiß und rot (Blk. w. & r.).

8*

109. Feuerbezeichnungen in den Seekarten.

Neben diesen Abkürzungen sind in den deutschen Seekarten die Feuer noch durch kleine Kreise gekennzeichnet, deren Bedeutung leicht ersichtlich ist. Die Kreise geben nicht etwa die Sichtweite an.

Bezeichnung der Feuer nach besonderen Zwecken. L e i t f e u e r (Lt.-F.) sind Feuer mit Sektoren verschiedener Kennung, die für sich allein Fahrwasser, Hafeneinfahrten usw. bezeichnen. R i c h t f e u e r (Rcht.-F.) sind Feuer, die zu zweien (Ober- und Unterfeuer) oder dreien ein Fahrwasser usw. bezeichnen. Q u e r m a r k e n f e u e r geben den Übergang von einer Richtfeuerlinie in eine andere an. W r a c k f e u e r sind Feuer zur Bezeichnung von Wracks; sie sind stets grün.

Sonstige Erklärungen. S i c h t w e i t e ist die Entfernung, in der bei 5 m Augeshöhe und klarer Luft das Feuer in der Kimm ist. T r a g w e i t e ist die Entfernung, bis zu der das Feuer auch bei größerer Augeshöhe noch wahrgenommen werden kann. Ist die Tragweite kleiner als die Sichtweite, so stellt jene die Sichtbarkeitsgrenze dar.

F o l g e der Blinke ist die Zeit vom Beginn eines Blinkes bis zum Beginn des nächsten, derselben Gruppe angehörenden Blinkes. Dasselbe gilt von den Unterbrechungen, Farbenwechseln und Blitzen. W i e d e r k e h r ist die Zeit vom Beginn einer Kennung bis zum Wiederbeginn dieser selben Kennung.

Die Lage eines Feuers ist in der Karte durch einen schwarzen Punkt angegeben. Die farbigen Flecke daneben deuten nur die Farbe des Feuers an.

Die Peilungen, Kurse und Richtlinien sind rechtweisend in Graden von 0 bis 360°. S i e s i n d s t e t s v o n S e e b z w. v o m S c h i f f e a u s a n g e g e b e n.

110. Ortsbestimmungen.

Einleitung. Den Schiffsort unter Zuhilfenahme eines in der Karte verzeichneten festen Gegenstandes kennenzulernen, gibt es verschiedene Methoden. Für den Kapitän auf kleiner Fahrt kommen hauptsächlich in Frage:

1. Peilung eines Gegenstandes und Schätzung des Abstandes,
2. Peilung eines Gegenstandes und Lotung,
3. Peilung eines Feuers in der Kimm,
4. Peilung eines Gegenstandes und Messung des Höhenwinkels,
5. Doppelpeilung eines Gegenstandes,
6. Kreuzpeilung,
7. Peilung und Messung eines Horizontalwinkels,
8. Messung zweier Horizontalwinkel.

1. Peilung und Schätzung. Unter Peilen versteht man das Bestimmen der Richtung, in der man einen Gegenstand sieht. Dies geschieht mit dem Kompaß. An eine solche Kompaßpeilung hat man die Fehlweisung für den im Augenblick des Peilens anliegenden Kurs anzubringen, um die rechtweisende Peilung zu erhalten. Diese trägt man vom gepeilten Gegenstande aus in entgegengesetzter Richtung in die Seekarte ein. Peilt man z. B. das Feuerschiff A in 300°, so zieht man von A aus eine Linie in Richtung 120°.

Durch eine einzelne Peilung erhält man eine gerade Linie, auf der das Schiff irgendwo stehen muß. Solche Linie nennt man t e r r e s t r i s c h e S t a n d - l i n i e (Ortslinie). Da man also durch die eine Peilung nur weiß, in welcher Richtung von dem Gegenstande das Schiff steht, so ist noch die Frage nach dem. Abstande zu beantworten.

Ist man bei Tage nicht weit von dem gepeilten Gegenstande entfernt, so kann ein geübter Beobachter den Abstand mit genügender Genauigkeit schätzen, den man dann von dem Gegenstande aus auf der Standlinie abträgt. Bei größeren Entfernungen, diesigem Wetter und bei Nacht ist eine Schätzung sehr unsicher und unter Umständen gefährlich.

2. Peilung und Lotung. Man bestimmt durch eine Lotung die Wassertiefe und peilt gleichzeitig einen Gegenstand. Dann trägt man die Standlinie in die Karte ein und vergleicht die auf Niedrigwasser beschickte Lotung mit der Kartenangabe. Die Methode ist nur dann anzuwenden, wenn die Standlinie durch ein Gebiet ungleicher Wassertiefen führt.

3. Peilung eines Feuers in der Kimm. Auch hier handelt es sich um die Feststellung, wo das Schiff auf der Standlinie steht. In der Fig. 105 sei B ein Beobachter und F ein Feuer. Erscheint dieses dem Beobachter in der Kimm, dann ist er um BA + AF = BF von dem Feuer entfernt. Die Entfernung ist demnach abhängig von der Augeshöhe des Beobachters und der Feuerhöhe. Man findet sie in jedem Feuerbuch auf den ersten Blattseiten und in Tafel 13

Fig. 105

der Matthies' Tafelsammlung. Die Höhe des Feuers findet man im Feuerbuche in der Spalte „Höhe des Feuers über gewöhnl. Hochwasser bzw. über Mittelwasser". Durch die Veränderlichkeit des Zustandes der Atmosphäre ist die Sichtweite eines Feuers auch veränderlich, so daß man sich auf den nach dieser Methode gefundenen Abstand nicht verlassen kann.

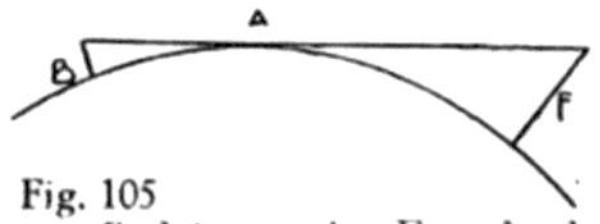

4. Peilung und Messung des Höhenwinkels. Durch das Messen des Höhen- oder Vertikalwinkels eines Gegenstandes kann man den Abstand berechnen nach der Formel:

$$\text{Abstand in sm} = \frac{13}{7} \cdot \frac{h}{m},$$

worin h die Höhe des Gegenstandes in Metern, m die Anzahl Minuten des Höhenwinkels bedeutet. Wird die Höhe eines Feuerturmes gemessen, so mißt man die Höhe der L i c h t q u e l l e über Wasser, also nicht die Höhe des Dachfirstes. Diesen benutzt man bei kleineren Entfernungen zur Messung der Turmhöhe über dem Erdboden. Im Leuchtfeuerverzeichnis wird gesagt, daß für die Leuchttürme usw. an der deutschen Küste die Höhe des Dachfirstes, bei Baken die Höhe des Toppzeichens als Höhe über dem Erdboden gilt. Als First gilt die Spitze oder Bekrönung des Daches, z. B. der Turmknauf. Weniger gut sichtbare Zubehörteile, wie Flaggenstangen, Blitzableiter usw., bleiben außer Betracht.

Bei Feuerschiffen wird die Höhe der Oberkante des Masttoppzeichens oder einer bestimmten Tagmarke über dem Wasserspiegel angegeben.

Beispiel. Auf einem Fischdampfer mißt man den 65 m hohen Feuerturm von Hanstholm zu 46'. Wie weit steht man ab, wenn die I. B. + 2' ist?

$$h = 65 \, \text{m}, \; m = 48'; \; \frac{13}{7} \cdot \frac{65}{48} = 2,5 \, \text{sm}.$$

$$\text{Abst.} = 2,5 \, \text{sm}.$$

Macht man von diesem Verfahren Gebrauch, dann wird man wohl immer Abstände von mehr als einer halben Seemeile haben. Dann bringt man an den abgelesenen Winkel die bekannte I. B. an. Eine Bestimmung der I. B. an dem betr. Gegenstande ist nicht erforderlich.

5. Doppelpeilung. Man peilt einen Gegenstand, fährt dann so weit, bis sich die Peilung um etwa 45 bis 90 Grad geändert hat, und peilt dann denselben Gegenstand noch einmal. Beide Peilungslinien, Kurs und Distanz geben den Schiffsort bei beiden Peilungen. Die Konstruktion ist an einem Beispiel leicht zu ersehen.

Beispiel. Um 8ʰ 25ᵐ peilt man ein Feuer in 294⁰, dampft dann bei 9 Knoten Fahrt am Komp. 353⁰ bis 8ʰ 58ᵐ und peilt jetzt das Feuer in 240⁰. Der Komp. hatte —6⁰ Fehlweisung. Wie groß ist der Abstand bei der zweiten Peilung?

1. Plg.	$= 294^0$;	Komp.-Kurs	$= 353^0$;	2. Plg.	$= 240^0$
Fehlw.	$= -\ 6^0$	. . . . .	$-\ 6^0$	. . . . .	$-\ 6^0$
Rechtw.-Plg. $=$	288^0;	Rechtw.-Kurs $= 347^0$;		Rechtw.-Plg. $= 234^0$.	

Fig. 106

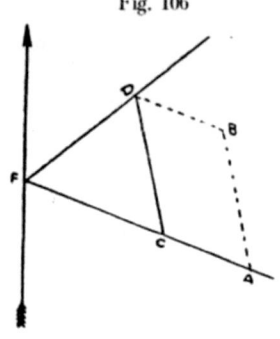

Nachdem man die entgegengesetzten rechtw. Peilungen von F aus (Fig. 106) in die Karte eingetragen hat, trägt man von einem beliebigen Punkte A der ersten Peilungslinie aus Kurs und zurückgelegte Distanz (hier 5 sm) ab. Durch den Endpunkt B zieht man eine Parallele BD zur ersten Peilungslinie, und dort, wo diese die zweite Peilungslinie schneidet, ist der Schiffsort bei der zweiten Peilung. Legt man durch D dann noch eine Parallele zu AB, so ist C der Schiffsort bei der ersten Peilung.

Abst. $= 5$ sm

Sonderfälle der Doppelpeilung. a) Vierstrichpeilung. Peilt man einen Gegenstand 45 Grad an Steuerbord oder Backbord, fährt dann so weit, bis er dwars ist, dann ist bei der zweiten Peilung der Abstand gleich der zurückgelegten Distanz, denn das Dreieck zwischen den beiden Peilungsorten A und B (Fig. 107) und dem Feuer F ist gleichschenklig rechtwinklig.

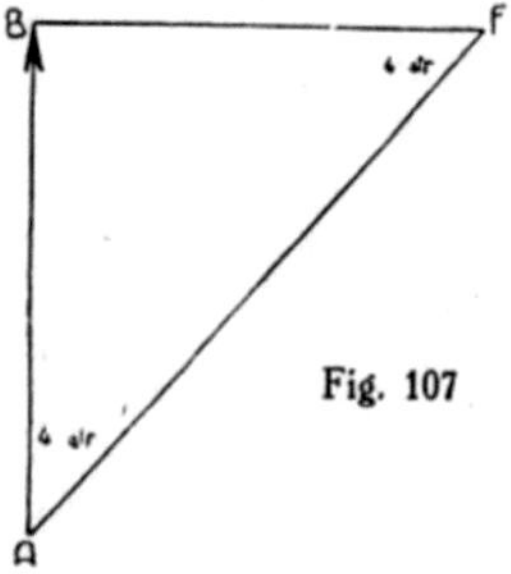

b) Abgestumpfte Doppelpeilung. Diese besteht darin, daß man A peilt, dann eine Strecke weiterfährt und nun B peilt. In die Karte werden zunächst beide Peilungen eingetragen. Dann trägt man in einem beliebigen Punkt P der ersten Peilungslinie Kurs und Distanz an und zieht durch den Endpunkt eine Parallele zur ersten Peilungslinie. Dort, wo diese die zweite schneidet, ist der Schiffsort bei der letzten Peilung.

Fig. 107

Beispiel A liegt von B rechtw. 284° 5 sm entfernt. Man peilt A in rechtw. 347°, fährt dann rechtw. 96° 3 sm und peilt nun B in rechtw. 31°.

Welches sind die Abstände bei beiden Peilungen?

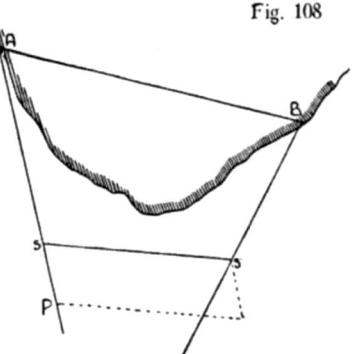

Fig. 108

    Abst. v. A = 2,9 sm

    Abst. v. B = 2,3 sm.

e) Achtstrichpeilung. Taucht un- erwartet ein Feuer auf, so bringe man es durch Kursänderung dwars. Eine Annäherung kann dann nicht mehr stattfinden. Steuert man dann diesen Kurs so lange, bis man das Feuer 6° achterlicher als dwars peilt, dann war der Abstand bei der Dwarspeilung gleich der zurückgelegten Distanz, multipliziert mit zehn.

Beispiel. Man erblickt bei diesigem Wetter plötzlich 20° voraus an Back- bord den Blink eines Feuers, ändert den Kurs um 70° nach Steuerbord und hat nach 5 Minuten bei 6 Knoten Fahrt das Feuer auf dem Kurse 90° in 354°. Wie weit stand man bei der ersten Peilung ab?

    Zurückgelegte Entf. = 0,5 sm. Abstd. = 0,5 ; 10 = 5,0 sm.

Anmerkung: Erwähnt sei, daß man bei der Doppelpeilung unter Distanz immer die Distanz über den Grund versteht, also der Strom mit berücksichtigt werden muß.

6. Kreuzpeilung. Das Wort besagt schon, daß es sich um die sich kreuzen- den Peilungen zweier Gegenstände handelt. Der Durchschnittspunkt beider Pei- lungslinien ist der Schiffsort. Die Peilungen sollen sofort hintereinander ge- nommen werden. Zu verwenden sind solche Gegenstände, deren Peilungslinien Winkel von etwa 45 bis 135° bilden. Ein Winkel von etwa 90° gibt das ge- naueste Resultat.

7. Peilung und Messung eines Horizontalwinkels. Es kann vorkommen, daß ein Gegenstand durch Aufbauten vom Kompaß aus verdeckt oder daß der Winkel zwischen den beiden Gegenständen sehr klein oder sehr groß ist, so daß dadurch die Ortsbestimmung ungenau wird. Nimmt man dann eine Peilung und mißt gleichzeitig mit dem Spiegelinstrument den Winkel zwischen beiden Gegenständen, dann kann man den Schiffsort in der Karte in der Weise be- stimmen, daß man an die eingetragene Peilung den Winkel in irgendeinem Punkte anträgt und den angetragenen Schenkel parallel mit sich selbst so weit verschiebt, bis er durch den zweiten Gegenstand geht.

Fig. 109

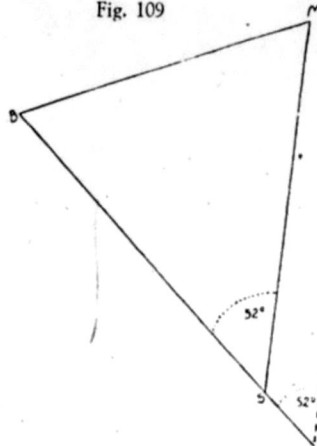

Beispiel: Man peilt eine Bake, die von einer Mühle rechtw. 254° 4,9 sm entfernt liegt, in rechtw. 315° und mißt gleichzeitig den Winkel zwischen Bake und Mühle zu 52°. Wie weit steht man von beiden ab?

Abstand von B = 5,7 sm

Abstand von M = 5,5 sm.

8. Messung zweier Horizontalwinkel.

Sind drei geeignet liegende Gegenstände in Sicht, so mißt man zwischen dem mittleren und dem links davon liegenden, sowie zwischen dem mittleren und dem rechts davon liegenden Gegenstande die Horizontalwinkel mit dem Oktanten oder Sextanten. Aus beiden kann man den Schiffsort konstruieren, wie folgendes Beispiel zeigt.

Beispiel: A liegt von B 247° 5 sm, C von B 98° 4 sm entfernt. Man mißt, südlich davon stehend, den Winkel zwischen A und B gleich 67° und zwischen B und C gleich 59°. Wie weit steht man von den drei Punkten ab?

Man trägt den Komplementwinkel des zwischen A und B gemessenen Winkels, also 23°, an die Verbindungslinie AB in A und B nach der Seite hin an, an der das Schiff steht, also hier nach Süden. Um den Schnittpunkt M als Mittelpunkt schlägt man dann einen Kreis, der durch A und B geht. Ebenso

Fig. 109a

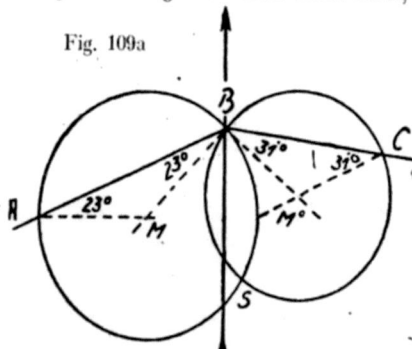

verfährt man, den Komplementwinkel von 59°, also 31°, antragend, bei B und C. Dort, wo die beiden Kreise sich schneiden, steht das Schiff, das von A .5,2 sm, von B 3,2 sm und von C 4,5 sm entfernt ist.

Ist der gemessene Winkel über 90°, so trägt man den Überschuß nach der dem Schiffe entgegengesetzten Seite an.

Entnimmt man der Seekarte, nachdem man so seinen Schiffsort bestimmt hat, die magnetische Peilung eines der Gegenstände und vergleicht damit die Kompaßpeilung, so erhält man die Ablenkung für den anliegenden Kurs.

Diese sogenannte Aufgabe der vier Punkte ist das genaueste Verfahren zur Ortsbestimmung unter der Küste. Man erhält den Schiffsort am genauesten, wenn die Kreise sich senkrecht schneiden, dagegen ist der Schiffsort unbestimmt, wenn beide Kreise zusammenfallen, also alle vier Punkte auf einem Kreise liegen. Es werden dann nach Nr. 39 auf dem ganzen Bogen A S C die gleichen Winkel zwischen A und B bzw. B und C gemessen. Da die Verbindungen der vier Punkte ein Sehnenviereck bilden, erkennt man diesen unmöglichen Fall daran, daß die Summe aus dem Winkel A B C, den

man sich vorher in der Karte ausmessen kann, und den beiden Horizontal-
winkeln gleich 180° ist. Je näher die Summe 90° oder 270° kommt, um so
günstiger ist der Fall.

Zur einfacheren Lösung dieser ·Aufgabe dient der W i n k e l z e i c h n e r
„I s l a n d". Er besteht aus einer Platte von der Form eines Kreisausschnitts,
dessen Bogen in ganze und halbe Grade geteilt ist, und einer abnehmbaren
Alhidade mit einer Noniusteilung für die Minutenablesung. Die Drehachse der
Alhidade fällt mit dem Mittelpunkt des Kreisausschnitts zusammen. Die in
Richtung auf den Nullpunkt der Noniusteilung verlaufende Alhidadenkante ist
als Lineal ausgebildet. Auf die Platte legt man einen Bogen Pauspapier und
darauf die Alhidade, wobei das Papier von der Achse durchbohrt wird. Zuerst zeichnet man die Nullinie mit spitzem Bleistift, stellt dann auf den links
gemessenen Winkel ein und zieht den zweiten Schenkel aus. Dann dreht man
den Bogen, bis die zweite Schenkel auf dem Nullstrich der Teilung liegt, und
trägt ebenso den rechten Winkel an. Nun nimmt man Alhidade und Pauspapier
ab und verschiebt letzteres solange in der Seekarte, bis die drei Schenkel durch
die zu ihnen gehörenden Gegenstände hindurchgehen. Das Loch im Blatt
gibt als Scheitelpunkt beider Winkel dann den Schiffsort.

·Bei dieser vereinfachten Lösung ist stets nach Messung der Winkel erst
ein Überschlag zu machen, ob der vorliegende Fall günstig ist. Während bei
der Konstruktion des Schiffsortes der ungünstige oder unmögliche Fall aus
der Zeichnung erkannt werden kann, bleibt dieser bei der letzten Methode
verborgen. Man würde ohne vorherige Prüfung irgendeinen der unendlich vielen
Punkte, die dann möglich sind, finden und als richtigen Schiffsort ansehen.

111. Stromschiffahrt.

a) Einleitung. Unter Strom versteht man die horizontale Bewegung des
Wassers. Er wird bezeichnet nach der Richtung, wohin er setzt, also umgekehrt wie beim Winde. Es gibt wohl kaum einen Meeresteil, in dem nicht
gelegentlich Strom läuft. Der nach Kompaß und Logg zurückgelegte Weg ist
daher nicht der Weg über den Grund, sondern durchs Wasser. Aufgabe der
Stromschiffahrt ist es, 1. Richtung und Stärke des Stromes zu bestimmen,
2. den Ort zu bestimmen, wohin man bei bekanntem Strome versetzt ist und
welchen Weg man über den Grund zurückgelegt hat, 3. festzustellen, welcher
Kurs in einem bekannten Strome zu steuern ist, um sein Ziel zu erreichen.

Die Stärke des Stromes gibt man in Seemeilen die Stunde an.

b) Richtung und Stärke des Stromes zu bestimmen. Die Aufgabe rech-
nerisch zu lösen, ist bei der Besteckrechnung bereits gezeigt worden. Durch
Zeichnung löst man sie in der Weise, daß man die seit der letzten genauen
Ortsbestimmung gesteuerten Kurse und Distanzen in die Karte einträgt und
den so gefundenen „Besteckort" mit dem durch astronomische oder terrest-
rische Beobachtung bestimmten Schiffsort verbindet. Die Richtung dieser Linie
zum wahren Schiffsort ist die Besteckversetzung, aus deren Richtung und Größe
man auf die Richtung und Stärke des Stromes schließen kann. Es ist aber
nicht der Strom allein, der so gefunden wird, denn es ist auch die durch ungenaues Steuern, angewandte fehlerhafte Kompaßablenkung, Ungenauigkeit des
Loggs usw. verursachte Versetzung darin enthalten.

c) Weg über den Grund und Schiffsort zu bestimmen. Hier können drei
Fälle vorkommen: 1. Der Strom setzt in Richtung des Kurses. Dann ist der
Kurs über den Grund gleich dem durchs Wasser, die Distanz gleich der Summe

aus der Fahrt des Schiffes und der Stärke des Stromes. 2. Der Strom setzt in entgegengesetzter Richung; auch dann ist der Kurs unverändert und die Distanz gleich dem Unterschiede von Schiffsfahrt und Stromstärke. 3. Kurs des Schiffes und Richtung des Stromes bilden einen Winkel miteinander. In diesem Falle kann man den Strom als einen gesteuerten Kurs betrachten. Fährt man z. B. (Fig. 110) in der Richtung von A nach B und fließt in der Zeit, in der man bei Stillwasser B erreichen würde, der Strom so, wie er durch die Pfeile angedeutet ist, dann erreicht man nicht B, sondern C. Das Dreieck ABC wird Stromdreieck und, wenn es sich um Stundenwerte handelt, Stunden-Stromdreieck genannt.

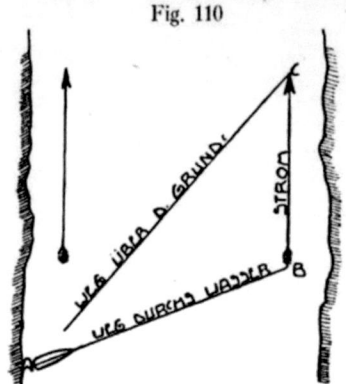

Fig. 110

d) Kurs durchs Wasser zu bestimmen. Die F a h r t durchs Wasser und die Richtung, in der man über den Grund fahren will, sind bekannt. Man trägt diese Richtung (Fig. 111) von A nach B in die Karte ein, ebenso die Richtung und Stärke des Stromes von A nach C. Dann nimmt man die Fahrt des Schiffes in den Zirkel und schlägt von C aus einen Bogen, der AB in D schneidet. CD ist dann der zu steuernde Kurs durch das Wasser und AD die Fahrt über den Grund.

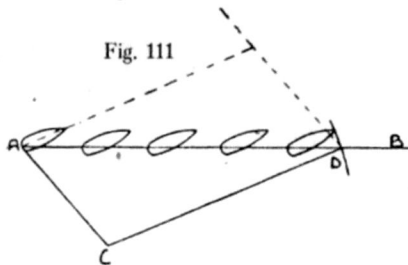

Fig. 111

Diese Aufgabe ist besonders dann zu lösen, wenn man an einer Küste mit Flußmündungen vorbeifahren will, z. B. längs der deutschen Nordseeküste. Den Strom entnimmt man den Gezeitentafeln (s. Nr. 170). Da aber die Gezeitentafeln nur Durchschnittswerte angeben können, so bleibt der Strom immer eine unsichere Größe in der Aufgabe.

112. Die Navigierung bei unsichtigem Wetter.

a) Einleitung. Wesentlich schwieriger als bei klarer Luft ist die Navigierung bei unsichtigem Wetter. Dann ist man auf Reihenlotungen, Nebel- und Unterwasserschallsignale und eventuell auf funkentelegraphische (FT) Signale angewiesen.

b) Lotungen. Durch eine Lotung allein erhält man höchst selten den Schiffsort; erst wenn man mehrmals in nicht zu großen Entfernungen voneinander lotet, bekommt man ein brauchbares Resultat. Die Lotungen beschickt man auf Niedrigwasser (s. Nr. 170), trägt dieses entsprechend den abgelaufenen Distanzen auf einem Streifen durchsichtigen Papiers (Pauspapier, Ölpapier) ab und verschiebt nun diesen Streifen in der Nähe des vermutlichen Schiffsortes parallel dem vermutlichen Kurse über den Grund so, bis Streifen- und Kartenangaben übereinstimmen. Zweckmäßig verwertet man auch die mit dem Lot heraufgeholte Grundprobe zur Ortsbestimmung.

c) **Nebelsignale.** Die Nebelsignale, gegeben mit der Dampfpfeife, Sirene, Glocke usw., dienen in erster Linie zur Warnung vor Untiefen und sonstigen Schiffartshindernissen, in zweiter erst zur Bestimmung des Schiffsortes. Niemals darf man bestimmt annehmen, daß die Schallquelle dort ist, wo der Ton her-zukommen scheint. Die verschiedene Dichte des Nebels, die Art der Umgebung und die Lage der Schallquelle üben manchmal eine nicht bestimmbare Wirkung auf den Schall aus. Es ist möglich, daß man in unmittelbarer Nähe keinen Ton wahrnimmt, andererseits auch, daß man statt eines Tones zwei hört; daß an Deck nichts zu hören ist, während man oben im Mast das Signal deutlich ausmacht. Darum hat man neben den Luftschallsignalen Unterwassersignale (UW-Signale) eingeführt, die eine größere Zuverlässigkeit gewährleisten.

d) **Unterwasserschallsignale.** Als Sender bedient man sich heute der Membransender. Sie bestehen aus einem Gehäuse mit einem 1 bis 2 cm starken Stahlplattenboden (Schallmembran), der durch eine im Innern des Gehäuses angebrachte elektromagnetische Vorrichtung in Schwingungen gesetzt wird.

Die Membransender sind vollkommener als die früheren Glocken, weil sie' eine größere Schallenergie besitzen und kurze und lange Töne, daher auch Morsezeichen mit ihnen gegeben werden können.

Derartige Sender sind in den Küstengewässern und in Flußmündungen angebracht worden. In den deutschen Karten werden sie durch ein auf einer Seite stehendes Quadrat mit Diagonalen angedeutet.

Auf den Feuerschiffen sind die Sender 5 bis 6 m unter Wasser angebracht. Von ihnen aus pflanzen sich die Schallwellen mit einer Geschwindigkeit von etwa 1500 m in der Sekunde nach allen Richtungen hin fort und können von passierenden Schiffen wahrgenommen werden, wenn man das Ohr an die Bordwand legt.

Die Empfänger. Zum deutlicheren Wahrnehmen benutzt man jedoch Mikrophon-Empfänger, die an beiden Seiten etwa 10 m vom Vorsteven möglichst tief unter der Wasserlinie im Schiffsinnern angebracht sind. Sie stehen durch eine elektrische Leitung mit der Brücke in Verbindung.

Auf Schiffen ohne elektrische Anlagen und auf kleineren Fahrzeugen bedient man sich in neuerer Zeit Membran-Empfänger, die in die Bordwand eingebaut sind und mit dem Hörapparat auf der Brücke durch Hörrohre in Verbindung stehen. Durch einen Hebel verbindet man nach Wunsch den Steuerbord- oder Backbord-Empfänger mit dem Hörapparat.

Der Gebrauch. Die UW-Signale sind am deutlichsten zu hören, wenn sie aus einer Richtung kommen, die etwas vorlicher als dwars liegt. An der der Schallquelle entgegengesetzten Seite, die im „Schallschatten" liegt, hört man den Ton nicht so deutlich wie an der ihr zugekehrten; schwächer auch, wenn er von vorne kommt. Vernimmt man daher ein UW-Signal, so ändere man, wenn angängig, den Kurs zunächst so, daß man den Ton am deutlichsten hört. Man hat dann die ungefähre Richtung der Schallquelle etwas vorlicher als quer an der betreffenden Seite. Dann ändert man den Kurs auf die Schallquelle zu, bis man an beiden Seiten gleichstarke Töne wahrnimmt.

Was die Reichweite der UW-Signale anbetrifft, so kann man mit 5 bis 10 sm rechnen. Im Winter ist sie größer als im Sommer.

e) **Abstandsbestimmung.** Schiffe, die auch mit FT-Anlage ausgerüstet sind, können von Feuerschiffen und wichtigen Küstenpunkten mit Hilfe der von dort gegebenen Funknebelsignale ihren Abstand bestimmen.

So gibt z. B. das Feuerschiff Borkumriff bei Nebel zunächst das Kennungs-zeichen BB funktelegraphisch. Dann folgt eine Pause von 1,3^{sec}, der 16 einzelne

124 Küstennavigation

Töne von 1^{sec} Dauer folgen, die jedesmal durch 0,253 ^{sec} Pause getrennt sind. Ton mit Pause dauern also 1,253^{sec}, das ist die Zeit, die der Schall zum Durchlaufen einer Seemeile im Wasser gebraucht.

Am Schlusse des letzten Punktes des Funkpeilsignals BB (▄ ··· ▄ ···) beginnt das Wassernebelsignal B.

Zählt man an Bord die Einzeltöne des FT-Signals bis zum Eintreffen des UW-Signals, so gibt die Zahl den Abstand in Seemeilen. (Näheres siehe Nautischer Funkdienst.)

113. Funkortung.

Funkortung nennt man die Ortsbestimmung mit Hilfe elektromagnetischer Wellen. Diese werden von den Sendedrähten, A n t e n n e n , der Sendestationen nach allen Richtungen hin ausgesandt. Sie durcheilen mit Lichtgeschwindigkeit, also mit 300 000 km in der Sekunde, die Luft, so daß der Zeitpunkt des Gebens und Empfangens derselbe ist.

Auf der Empfangsstation wird das Passieren der elektrischen Wellen mit dem E m p f a n g s g e r ä t , das mit der Empfangsantenne verbunden ist, wahrgenommen. Die von dem Sender ausgesandten Morsezeichen werden auf den Empfangsapparat übertragen, wenn beide Apparate auf gleiche Wellenlänge eingestellt sind.

Dies Verfahren ermöglicht aber nur eine Nachrichtenübermittlung, keineswegs eine Ortsbestimmung; denn die für die Nachrichtenübermittlung benutzten Sendedrähte, Hochantennen, senden die elektromagnetischen Wellen nach allen Seiten hin gleichmäßig aus und werden als Empfangsantennen auch von Wellen aus jeder Richtung gleichmäßig beeinflußt. Zur Ortsbestimmung sind daher Antennen mit Richtwirkung erforderlich. Diese können mit entsprechendem Empfangsgerät an Bord oder am Lande aufgestellt sein. Man nennt sie Funkpeiler.

Schiffe ohne Funkpeiler sind auf Landstationen, die mit Funkpeilern versehen sind, angewiesen, wenn sie mittels Funktelegraphie ihren Schiffsort kontrollieren bzw. berichtigen wollen. In Deutschland besitzen Richtempfänger die Stationen St. Peter-Ording, Neuwerk und Norderney. Peilungen und Standortermittlungen werden in einem Gebiet gegeben, das im Norden durch den Breitenparallel 55° 20' N und im Westen durch den Meridian 4° 30' O begrenzt wird. Außerhalb dieser Grenzen werden nur Peilungen gegeben.

Es sind alle Vorkehrungen getroffen, um die Peilungen und Standortermittlungen so genau wie möglich auszuführen. Für Fehler oder daraus entstehende Folgen wird keine Verantwortung übernommen.

Verfahren.

1. Das Schiff ruft Norddeich (DAN) auf 500 (600) A2, B an und bittet um QTE von einer, zwei oder drei Peilfunkstellen oder um QTF.
2. Wenn die Peilfunkstellen bereit sind, wird das Schiff aufgefordert mit QTG (Rufzeichen 50^s gefolgt von einem 10^s Dauerstrich) auf 375 (800).
3. Die Peilfunkstellen übermitteln die Peilergebnisse an die Peilleitstelle, die gegebenenfalls die Position ermitteln wird.
4. Norddeich (DAN) wird dann die Peilung und Position an das Schiff in der folgenden Form auf 500 (600) übermitteln:
   a) Zeit der Peilung nach M.G.Z. mit der 4-Ziffer-Angabe von 0001—2400.
   b) Abkürzung QTE.
   c) Rufzeichen der Peilstelle.

d) Peilung rechtweisend in Graden von 0° bis 360°.

e) Klasse (Güte) der Peilung.

f) Abkürzung QTF, gefolgt von der Position des Schiffes in Breite und Länge.

Anmerkung: Bei der Übermittlung der Ergebnisse der 2. und 3. Peilfunkstelle, fallen die Angaben unter a) und b) fort.

Beispiel: Um 0927 M.G.Z. QTE DAG 228 Klasse I

DAK 288 Klasse I

DAY 060 Klasse I

Position QTF Breite 54 Grad 01 Min. Nord,

Länge 08 Grad 02 Min. Ost.

5. Das Schiff wiederholt dann die Peilmeldung. Norddeich bestätigt diese, falls die Wiederholung richtig ist, und gibt das Beendigungszeichen (. . . ▬ . ▬).

6. Das Beendigungszeichen wird dann durch das Schiff wiederholt zum Zeichen, daß der Verkehr beendet ist.

Die vom Lande aus bestimmten Peilungen des Schiffes nennt man F r e m d - p e i l u n g e n ; im Gegensatz zu diesen werden die an Bord ausgeführten Funkpeilungen E i g e n p e i l u n g e n genannt. Letztere verdienen den Vorzug.

12. Der Bordfunkpeiler.

Als solcher ist auf deutschen Schiffen der Telefunkenpeiler im Gebrauch. Dieser nimmt seine Empfangsenergie aus den ausgestrahlten Wellenzügen eines fernen Senders mit der Rahmenantenne auf und leitet sie einem Empfangsgerät zu, wo sie erheblich verstärkt und für das menschliche Ohr wahrnehmbar gemacht wird.

Der Empfang ist am stärksten, wenn die Rahmenebene auf den Sender zeigt (Tonmaximum), dagegen ist er gleich Null, wenn die Rahmenebene senkrecht zur Senderichtung steht (Tonminimum). Beim Peilen wird stets das Tonminimum gesucht, da dieses sich leichter und genauer ermitteln läßt als das Tonmaximum.

Fig. 112   Fig. 113

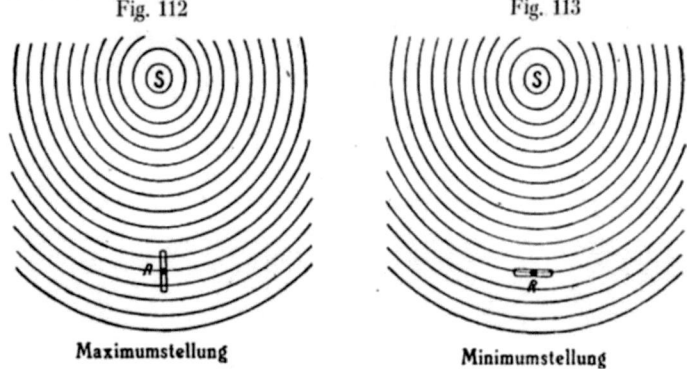

Maximumstellung   Minimumstellung

Die vorstehenden Figuren lassen erkennen, daß man bei einer Drehung des Rahmens um 360 Grad zwei Maxima und Minima wahrnimmt und demnach die Peilung zweideutig ist. In den meisten Fällen wird aber kein Zweifel darüber bestehen, ob der gepeilte Sender in der gepeilten oder in genau entgegengesetzter Richtung, z. B. in 50 Grad oder in 50 + 180 Grad = 230 Grad liegt.

Bestehen solche Zweifel, so gestattet der Funkpeiler durch eine einfach zu bedienende Einrichtung eine Seitenbestimmung zu machen, d. h. die Peilung eindeutig zu gestalten.

Die auf der Peilscheibe senkrecht zur Rahmenebene angebrachte schwarze Punktmarke ist stets auf den Sender zu richten. An ihr liest man auf dem festen Gradkreis den Winkel ab, den die Senderrichtung mit der Richtung recht voraus bildet. Dieser Winkel wird von recht voraus nach Steuerbord herum bis 360 Grad gezählt. Man nennt ihn die Funk-Seiten-Peilung. Addiert man diese zum anliegenden rechtweisenden Kurs unter Berücksichtigung der Funkbeschickung (s. S. 134), so erhält man die rechtweisende Peilung des Senders.

Die Rahmenantenne verläuft in einem kreisrunden, wetterfesten und wasserdichten Rahmenrohr. Sie tritt unten aus dem Rahmenschaft heraus und wird mittels eines vierpoligen unverwechselbaren Steckers mit dem Empfangsgerät verbunden.

Der Peilempfänger E 358 N.

Der Peilempfänger E 358 N (Fig. 114) besteht aus einem stabilen Gußkasten aus seefestem Leichtmetall, dessen Vorderwand nach Lösen der beiden Flügelmuttern um die unten befindlichen Gelenke aufgeklappt werden kann. Der Abschluß der Vorderwand geschieht durch eine Gummidichtung. Alle Einzelheiten

Fig. 114

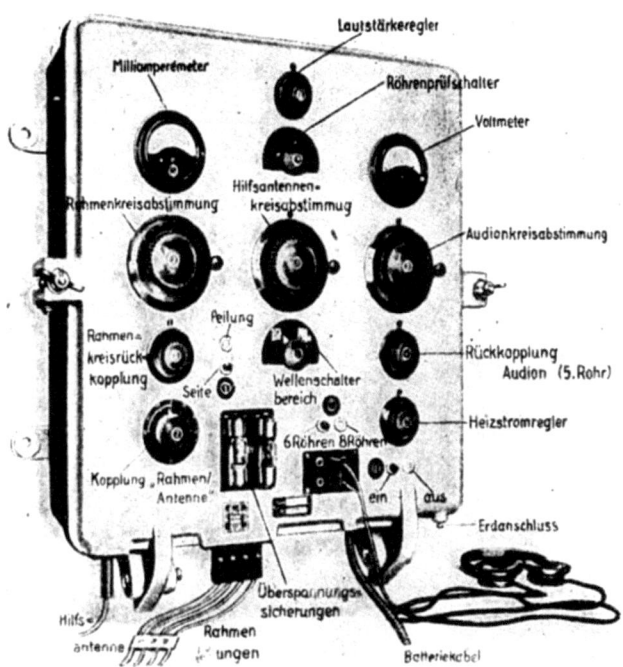

des Empfängers sowie die Anschlüsse sind an der Vorderwand befestigt. Bei
völlig aufgeklapptem Gehäuse sind alle eingebauten Teile freigelegt. Das völlige
Aufklappen ist nur für den Einbau und für Revisionen erforderlich. Im Betriebs-
zustande ist die Bewegungsmöglichkeit durch zwei plombierte Anschlagschrauben
so begrenzt, daß die Vorderwand nur soweit aufgeklappt werden kann, wie es
zum Einsetzen und Auswechseln der Röhren erforderlich ist.

Das Innere des Empfangsgeräts enthält im wesentlichen die acht Röhren-
fassungen, die Kopplungsglieder (Drosseln, Kondensatoren, Hochohmwiderstände
für Gitter- und Anodenleitungen sowie Parallelwiderstände für das Milliamperemeter), die an der sog. Röhrenplatte befestigt sind. Die zur Anwendung kommenden Röhren sind alle von derselben Type (R E 144).

In dem Peilempfänger sind drei Hauptgruppen von Stromkreisen zu unterscheiden: die Heizkreise, die Empfangs- und Verstärkerkreise und die Prüfkreise.

Die Heizkreise. Der von einer Vier-Volt-Heizbatterie gelieferte und mit Hilfe
des Heizstromreglers (Fig. 114) einstellbare Strom bringt die acht parallel ge-
schalteten Kathoden zum Glühen und befähigt sie dadurch zur Erzeugung des
für die Verstärkung und Hörbarmachung notwendigen Elektronenstromes.

Die Empfangs- und Verstärkerkreise. Der Rahmenkreis entnimmt im abge-
stimmten Zustande aus dem elektromagnetischen Felde des gepeilten Senders
Energie in Gestalt von schnellen elektromagnetischen Schwingungen und leitet
sie dem Gitter der ersten Röhre zu. Der unter Einwirkung der glühenden Ka-
thode und der Spannung der 50- bis 60-Volt-Anodenbatterie im Anodenkreis flie-

ßende Gleichstrom wird durch die schnellen Spannungsschwankungen am Gitter im gleichen Rhythmus gesteuert. Die dadurch im Anodenkreis erzeugten schnellen Schwingungen sind bereits gegenüber den Rahmenkreisschwingungen erheblich verstärkt. Aus dem Anodenkreis wird über den Drehkondensator ein Teil der verstärkten Schwingungen entnommen und dem Rahmenkreis zugeführt. Durch diese veränderliche Rückkopplung kann die Verstärkerwirkung der ersten Röhre in weiten Grenzen geregelt werden.

Die Hochfrequenzverstärkung erfolgt in den ähnlich gebauten Anoden- und Gitterkreisen der ersten vier Röhren. Die schnellen Schwingungen im Anodenkreis der ersten Röhre fließen zum Gitter der zweiten Röhre. Hier erfolgt weitere Verstärkung der Schwingungen. Dieser Vorgang wiederholt sich in der dritten und vierten Röhre.

Das Audion. Die in den ersten vier Röhren verstärkten Schwingungen werden induktiv auf den abstimmbaren Gitterschwingungskreis des Audions (fünfte Röhre) übertragen. Durch die Spule im Anodenkreis des Audions, deren Kupplungsgrad gegenüber der Gitterkreisspule in weiten Grenzen verändert werden kann, läßt sich die Lautstärke beim Empfang tönender Sender bedeutend erhöhen. Beim Empfang ungedämpfter Sender können durch Erzeugung einer Hilfsschwingung die ankommenden schnellen Schwingungen überlagert und in tönend modulierte Schwingungszüge verwandelt werden.

Die Niederfrequenzverstärkung. Die hörbaren Schwingungen im Audionkreis des Audions werden dem Gitter der ersten Niederfrequenzröhre (sechste Röhre) zugeführt und verstärkt. An die erste Niederfrequenzverstärkerröhre schließen sich zwei der gleichen Art an, wodurch die Verstärkerwirkung entsprechend erhöht wird.

Die Hilfsantenne. Der aus dem Antennendraht, dem Kondensator und der Hilfsantennenspule bestehende Hilfsantennenkreis entnimmt dem elektromagnetischen Felde des Senders Energie und überträgt sie durch die Kopplungsspule Rahmen-Antenne auf den Rahmenkreis. Mit ihrer Hilfe kann die aus der Hilfsantenne in den Rahmenkreis zu übertragende Energie geregelt werden. Dabei ist die Amplitude der Schwingungen von Null bis zu einem Maximalwert veränderlich, während die übertragene Phase der Phase eines Störempfanges bei Drehung nach der einen Seite gleich, bei Drehung nach der anderen Seite entgegengesetzt ist. Die Hilfsantenne dient daher sowohl zum Scharfmachen des Minimums als auch zur Seitenbestimmung.

Die Prüfkreise. Das Voltmeter dient mit seinen zwei Meßbereichen zur Prüfung der Spannungen der Heiz- und der Anodenbatterie. Es zeigt gewöhnlich die an den Kathoden der Röhren herrschende Heizspannung an. Diese kann durch den Heizstromregler geregelt werden. Durch Drücken des weißen Knopfes am Voltmeter wird dieses mit dem positiven Pol der Anodenbatterie in Verbindung gebracht, so daß nun die Anodenspannung gemessen wird. Rote Striche auf dem Voltmeter zeigen die Minimalspannungen an.

Das Milliamperemeter wird durch den Röhrenprüfschalter in den Anodenstromkreis einer der Röhren 1 bis 4 oder der Röhre 8 eingeschaltet. Es zeigt dann den Anodengleichstrom der gewählten Röhre an. Will man auch die Röhren 5 bis 7 prüfen, so muß man sie zuvor an die Stellen 1 bis 4 setzen, Röhren, die weniger als 0,8 Milliampere Anodenstrom haben, sind verbraucht und müssen durch neue ersetzt werden. Zeigt das Milliamperemeter bei der ersten Röhre erheblich zuviel und bei den Röhren 2 bis 4 zu wenig an, so ist die Rahmenkreis-Rückkopplung zu weit nach rechts gedreht (überkoppelt).

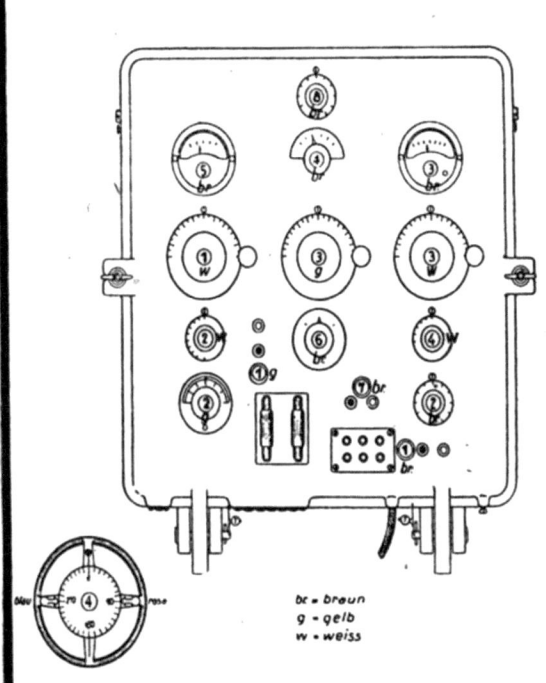

Vorderansicht des Peilempfängers.

br = braun
g = gelb
w = weiss

Bezeichnung der Griffe			Wellentabelle					
Farbe	Nr	Bezeichnung	Welle	Stufe	Braun 6	Weiß 1	Weiß 3	Gelb 3
Braun	1	Schalter ein • aus ○						
	2	Heizstromregler						
	3	Voltmeter						
	4	Röhrenprüfschalter						
	5	Milliamperemeter						
	6	Wellenstufenschalter						
	7	Verstärkerschalter für 6 Röhren • für 8 Röhren ○						
	8	Lautstärkeregler größte Lautstärke bei Teilstrich 10						
Weiß	1	Rahmen-Abstimmung						
	2	Rahmen-Rückkopplung						
	3	Audion-Abstimmung						
	4	Audion-Rückkopplung						
Gelb	1	Schalter zur Peilung ○ zur Seitenbestimmung •						
	2	Kopplung „Rahmen-Hilfsantenne"						
	3	Hilfsantennen-Abstimmung						
	4	Peilrahmenantrieb						

Bedienungsanweisung.

Lfd Nr	Vorgang	Farbe	Nr.	Tätigkeit	Bemerkungen
1				**Klarmachen des Gerätes**	
a	Ein und Ausschalten	Braun	1	Einschalten: ● ⎫ drücken Ausschalten: ○ ⎭	
b	Röhrenheizung regeln	Braun Braun	2 3	rechts drehen bis 3,5 Volt anzeigt	Falls dieser Wert nicht mehr erreicht wird, ist die Heizbatterie entladen und muß neu geladen werden.
c	Anodenbatterie prüfen	Braun	3	weißen Knopf drücken und an oberer Skala ablesen	Das Voltmeter muß mehr als 45 Volt anzeigen, andernfalls ist die Anoden-batterie neu zu laden bzw. auszuwechseln.
d	Röhren prüfen	Braun Braun	4 5	nacheinander auf Röhre 1-4 und 8 ablesen	Röhren, deren Anodenstrom kleiner ist als 0,8 Millamp., sind verbraucht und müssen durch neue ersetzt werden. Die Röhren an den Brennstellen 5-7 müssen zur Messung an eine der Brenn-stellen 1-4 eingesetzt werden
e	Wellenbereich wählen	Braun	6	Schalter nach Wellentabelle einstellen	
f	Verstärkung wählen	Braun Braun	7 8	6 Röhren: ● ⎫ drücken 8 Röhren: ○ ⎭ Lautstärkeregler (auf leiste Kassebe)	Für kleine Entfernungen u. Seitenbestimmung Für große Entfernungen und Peilen Für große Entfernungen und Peilen
g	Abstimmen	Weiß Weiß Weiß Weiß Weiß	1 2 3 4 1-4	nach Tabelle einstellen vor dem Einsetzen der Schwingungen nach Tabelle einstellen zum Peilen tönender Sender vor dem Einsetzen der Schwingungen, zum Peilen ungedämpfter Sender nach dem Einsetzen der Schwin-gungen*) auf größte Hörbarkeit	Die Einstellung auf größte Hörbarkeit erfolgt zweckmäßig bei einer dem Peil-minimum benachbarten Rahmenstellung *) Setzen bei starkem ungedämpftem Empfang die Schwingungen nicht ein, mit braund die Hochfrequenzverstärkung schwächen
2				**Das Peilen**	
	Seite ist bekannt	Gelb Gelb Gelb	1 2u4 4	weißen Knopf drücken auf kleinste Hörbarkeit dann an schwarzer Punktmarke Peilung ablesen	Gelb 4 mit schwarzer Punktmarke in die Peilrichtung stellen. nicht an der Strichmarke!
3				**Seite bestimmen**	
a	Vorbereitung	Gelb Gelb Gelb Gelb Gelb Gelb Gelb	1 2u4 2 1 3 2 2	weißen Knopf drücken auf kleinste Hörbarkeit auf etwa 10° blau oder rosa stellen schwarzen Knopf drücken nach Tabelle einstellen und auf größte Hörbarkeit auf kleinste Hörbarkeit dann den Knopf stehen lassen und Skala mit Nullpunkt genau auf Zeigerstellung bringen	Die Seitenbestimmung erfolgt bei starken Sendern am leichtesten mit geschwächter Lautstärke (braun 8 bzw. auch weiss 2 auf kleinere Stellungen.)
b	Ausführung	Gelb Gelb Gelb	4 2 4	um 90° drehen Erkennungsfarbe bei kleinster Hörbarkeit suchen bei gleichfarbigem Pfeil Seite ablesen	falls Erkennungsminimum bei Gelb 2 unscharf, Gelb 3 nachstimmen.

Lautstärkeregler. Ist die Entfernung Schiff—Sender sehr gering, so kann der Empfang durch Ausschalten der Röhre 6 und 7, durch Drosseln der Heizung der Hochfrequenz und durch Linksdrehen beider Rückkopplungen geschwächt werden.

Das Peilen.

Während des Peilens muß die Hochantenne abgeschaltet sein, weil sonst ihre Ausstrahlung eine Ablenkung des Funkstrahls verursacht. Auch ist auf. gutes Steuern zu achten, denn durch Gieren des Schiffes wird eine genaue Einstellung des Tonminimums erschwert. Der Wellenbereichschalter wird der Wellenlänge entsprechend auf links oder rechts gelegt. Im übrigen geschieht die Abstimmung nach der beim Einbau aufgestellten Wellentabelle. Es kann aber vorkommen, daß zur Erzielung größter Lautstärken der Rahmen (weiß 1) und das Audion (weiß 3) noch etwas nachgestimmt werden müssen, weil die Sender die Welle nicht immer genau eingestellt haben. Bei Einstellung der Rückkopplungen werden die Kopplungsgriffe nach rechts gedreht, bis ein Knacken im Kopfhörer wahrgenommen wird. An diesem Punkte setzen die Schwingungen ein. Die Kopplungsgriffe sind nun wieder soweit zurückzudrehen, bis ein bis dahin hörbares Rauschen plötzlich aufhört. Beim Peilen eines ungedämpften Senders wird die Audionkopplung bis eben über die Schwingungsgrenze gedreht.

Nach dieser Vorbereitung wird die Punktmarke des Peilrades in die vermutliche Richtung des Senders gedreht und das Tonminimum gesucht. Ist dieses unscharf, so kann es mittels der unabgestimmten Hilfsantenne verbessert werden. Man dreht den Kopplungszeiger Rahmen-Antenne nach blau oder rosa auf kleinste Hörbarkeit und stellt nacheinander Rahmen und Kopplungszeiger solange etwas nach, bis der Ton im Minimum völlig verschwindet (siehe Bedienungsanweisung). Dann liest man an der Punktmarke die Seitenpeilung ab.

Im Augenblick der Funkseitenpeilung muß auch der Kurs am Kompaß genau abgelesen werden.

Die Seitenbestimmung.

Um die Seite zu ermitteln, an der sich ein Funksender befindet, schaltet man die Hilfsantenne ein und stimmt sie mit gelb 3 nach der Wellentabelle genau auf den Sender ab. Bisweilen ist noch eine kleine Veränderung der Kondensatorstellung zur Erzielung größter Hörbarkeit erforderlich. Nun stellt man den Kopplungszeiger (gelb 2) auf kleinste Hörbarkeit und dreht die bunte Skala so, daß ihr Nullpunkt vor den Zeiger kommt. Jetzt schwenkt man den Rahmen um 90 Grad, also in die Tonmaximumstellung. Darauf dreht man den Kopplungszeiger nach rechts (rosa) und nach links (blau). Der Pfeil auf der Peilscheibe, der mit der Seite gleichfarbig ist, auf der das Tonminimum liegt, zeigt nun die Richtung des Senders an. Falls das Erkennungsminimum bei gelb 2 unscharf ist, muß die Hilfsantennenabstimmung noch verbessert werden.

Betriebsstörungen.

Ist ein starkes Rauschen oder Tönen im Empfänger zu hören, dessen Tonhöhe sich bei der Abstimmung nicht ändert, so ist eine Zelle oder ein Element der Anodenbatterie beschädigt. Die Zelle oder das Element sind zu überbrücken, oder die Batterie ist auszuwechseln.

Beim Vergrößern der Rahmen-Rückkopplung setzt bei einer bestimmten Welle die Selbsterregung an einer bestimmten Stelle ein. Dreht man den Rückkopplungsgriff über diese Stelle hinweg, so hört man im Telefon, auch wenn nicht empfangen wird, ein leises Knacken. Ändert sich diese Stelle mit der Zeit und rückt sie immer weiter in das Gebiet starker Kopplung hinein, so kann dies daran liegen, daß die Isolation der Rahmenwickelungen durch eingedrun-

9*

gene Feuchtigkeit nachgelassen hat. Der Rahmen muß dann in einem warmen Raum getrocknet werden.

Wenn beim Peilen auf größere Entfernungen, besonders nachts, Schwankungen in der Empfangsstärke vorkommen, so rührt dies lediglich von Luftstörungen her. In den meisten Fällen ist mit dieser Erscheinung auch eine Wanderung des Funkstrahls verbunden.

Ein Schwanken der Peilrichtung kann auch durch einen losen Draht verursacht werden, der beim Schlingern des Schiffes hin und her schlägt.

Der Peilempfänger E 374 N.

Diese Type ist aus dem bereits beschriebenen Peiler hervorgegangen. Bestandteile und Arbeitsweise sind daher im wesentlichen die gleichen geblieben. Jedoch ist sowohl der Einbau als auch die Bedienung sehr vereinfacht worden.

Fig. 115

1. Röhrenprüfgerät	6. Rückkopplung
2. Röhrenprüfschalter	7. Kopfhörer
3. Abstimmskala	8. Umrechnungstabelle für kHz und Wellenlänge
4. Abstimmgriff	9. Peilseitenschalter
5. Heizregler	10. Rahmen-Hilfsantennenkopplung

Der Empfängerkasten ist an einem den Peilschaft führenden Standrohr befestigt. Dieses trägt am unteren Ende das Peilrad und die vertikal angebrachte Peilscheibe mit Funkbeschicker. Die Hilfsantenne besteht hier aus einem Metallstab, der isoliert durch das Rahmenrohr hindurchgeführt ist.

Der E m p f ä n g e r arbeitet mit vier Röhren, und zwar zwei Hochfrequenzverstärkerröhren, einer Audionröhre und einer Niederfrequenzverstärkerröhre. Seine Vorderansicht zeigt Fig. 115. Das Milliamperemeter (1) kann durch den Röhrenprüfschalter (2) in den Anodenstromkreis einer der vier Röhren geschaltet werden. Der angezeigte Anodenstrom der gewählten Röhre darf nicht unter dem roten Strich liegen, sonst ist sie verbraucht und muß durch eine neue ersetzt werden. Der Prüfschalter springt beim Loslassen auf die Röhre 2 zurück. Der ständig angezeigte Strom dieser Röhre kann durch den Heizregler (5) verändert werden, was eine Änderung der Lautstärke zur Folge hat. Mit einem einzigen Abstimmgriff (4) werden alle Schwingungskreise des Empfängers auf die Senderwelle abgestimmt, die nach der Umrechnungstabelle (8) in kHz verwandelt und auf der Abstimmskala (3) eingestellt wird. Der rechte untere Drehknopf (6) bedient die Audionrückkopplung, der linke (10) die Kopplung Rahmen-Hilfsantenne, die hier aber nur zum Scharfmachen des Minimums dient. Zur Seitenbestimmung wird der Schalter (9) vom gelben auf · den blauen oder roten Punkt

Fig. 116

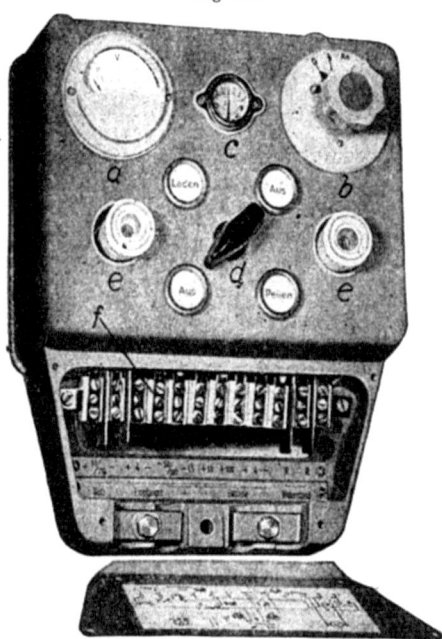

a = Voltmeter
b = Meßschalter
c = Stromrichtungsanzeiger
d = Hauptschalter (Aus - Laden - Peilen)
e = Sicherungen
f = Kabelanschluß

gedreht. Dadurch wird die Hilfsantenne aus ihrer bisherigen Kopplung mit dem Rahmenkreis gelöst und direkt im gleichen oder entgegengesetzten Sinne mit ihm verbunden, wodurch der Empfang verstärkt oder geschwächt wird. An der rechten Seite befinden sich die Steckbuchsen (7) für die Kopfhörer.

Eine L a d e t a f e l (Fig. 116) stellt die Verbindung mit dem Akkumulator und der Anodenbatterie (120 Volt) oder die Verbindung des Akkumulators mit dem Schiffsnetz zur Aufladung her. Das Umschalten geschieht durch den Hauptschalter (d). Durch den Meßschalter (b) kann man die Heizspannung (4 Volt), die Schirmgitterspannung (50 Volt) und die Anodenspannung (100 Volt) an das

Voltmeter (a) legen und kontrollieren. Der Stromrichtungsanzeiger (c) läßt erkennen, ob das Netz richtig gepolt ist. Der Zeiger muß beim L a d e n nach links, beim P e i l e n nach r e c h t s ausschlagen. Schlägt der Zeiger beim Peilen nach links aus, so ist der Akkumulator falsch angeschlossen. Die Sicherungen (e) schützen vor Überlastung der Leiterteile. Der Anschluß aller Leitungen erfolgt an den Klemmen (f), die mit den entsprechenden Bezeichnungen versehen sind.

Bedienung.

Man stellt den Hauptschalter an der Ladetafel auf „Peilen" und prüft durch Umlegen des Meßschalters auf die angezeichneten Striche die zugehörigen Spannungen am Voltmeter. Am Empfänger wird rechts der Kopfhörer eingeschaltet. Dann stellt man mit dem Heizregler (braun 1) für die Röhre 2 eine genügende Stromstärke ein und prüft mit dem Röhrenprüfschalter (braun 2) die übrigen Röhren. Nach dieser Vorbereitung wird mit dem Abstimmungsgriff (weiß 1) die Anzahl Kilohertz der Senderwelle auf der Abstimmskala eingestellt, die Audionrückkopplung (weiß 2) bei tönenden Sendern bis eben vor, bei ungedämpften Sendern bis eben über die Schwinggrenze (Knacken) gedreht und mit dem Abstimmgriff noch etwas nachgestimmt, bis ein klarer Ton entsteht. Ist die Seite, nach welcher der Sender liegt, nicht bekannt, so ist diese zunächst zu bestimmen. Der Rahmen wird mit dem Peilrad auf leisesten Empfang gestellt und um 90° gedreht, also in Maximumstellung. Darauf legt man den Peilseitenschalter (gelb 1) abwechselnd auf „blau" und „rosa" und ermittelt so die Farbe der geringeren Lautstärke. Die gleichfarbige Marke an der Peilscheibe zeigt die Seite an, auf welcher der Sender liegt. Nach dieser Seite wird stets die Punktmarke gerichtet und das Tonminimum gesucht. Durch Drehen der „Rahmen-Hilfsantennenkopplung" (gelb 2) und eventuelles Nachdrehen des Peilrades wird das Minimum scharf gemacht und dann an der schwarzen Punktmarke abgelesen.

Funkfehlweisung und Funkbeschickung.

Der beim Tonminimum abgelesene Winkel, die F u n k s e i t e n p e i l u n g q, stimmt mit der Großkreisrichtung zwischen Funkpeiler und Sender in der Regel nicht überein. Der Unterschied zwischen beiden heißt F u n k f e h l w e i s u n g. Diese setzt sich zusammen aus der W e g a b l e n k u n g w und der B o r d a b l e n k u n g oder F u n k b e s c h i c k u n g f. Die Wegablenkung tritt besonders auf bei Sonnenauf und -untergang und wenn die Funkstrahlen über Küstengebiete unter kleinen Winkeln gegen die Küstenlinien, häufiger wechselnd über Land und Wasser gehen.

(Da die zur Navigierung benutzten Funkfeuer meist günstig liegen, so ist die Wegablenkung in der Regel nur klein.)

Die B o r d a b l e n k u n g wird durch die Metallmassen des Schiffes, in erster Linie durch den eisernen Schiffskörper, ferner durch Masten, Schornsteine, Geländer, Stage und Pardunen und auch durch die Hochantenne verursacht. Solange sich an den Leiterteilen des Schiffes nichts ändert, kann sie als zeitlich unveränderlich angesehen werden. Ihre Größe ist abhängig von der Funkseitenpeilung, da das Schiff die Funkstrahlen in die Längsschiffsrichtung zu ziehen strebt. Bei gut aufgestellten Funkpeilern ist sie gleich Null bei den Funk-Seitenpeilungen 0°, 90°, 180° und 270° und am größten bei 45°, 135°, 225° und 315°. Ihre Kurve verläuft also wie die der viertelkreisigen Ablenkung des Magnetkompasses. Sie wird bestimmt, indem man während einer Rundschwajung ein in Sicht befindliches Funkfeuer von 5° zu 5° oder von 15° zu 15° der Drehung optisch und funktelegraphisch peilt und die jeweilig zusammengehörenden Peilungen miteinander vergleicht. Der Unterschied ist die Funkbeschickung. Wird sie in eine Tabelle gebracht, so kann sie dieser mit der Funkseitenpeilung als Eingang nach Bedarf entnommen werden.

Da die Funkbeschickung sich mit der Wellenlänge etwas ändert, so wird sie gewöhnlich für die Hauptpeilwellen 600 m, 800 m und 1000 m bestimmt. Ist f die Funkbeschickung, q die unberichtigte und p die berichtigte Funkseitenpeilung, so ist

$$p = q + f.$$

Ist ein „Funkbeschicker" eingebaut, wird gleich die berichtigte Funkseitenpeilung p an der Peilscheibe abgelesen.

Auswertung der Funkpeilung.

Der während des Peilens mit dem Funkpeiler am Kompaß abgelesene Kurs ist in den rechtweisenden Kurs r zu verwandeln. Addiert man den in Vollkreis ausgedrückten rechtweisenden Kurs r zu der berichtigten Funkseitenpeilung p, so erhält man die rechtweisende Peilung oder das F u n k a z i m u t A des gepeilten Senders. Es ist also

$$A = r + p.$$

Übersteigt die Summe r + p 360°, so ist A gleich dem Überschuß über 360°.

Beispiel: Auf dem Kompaßkurs 304° peilt man in der Nordsee mit dem Funkpeiler das Feuerschiff Norderney 215°. Die Funkbeschickung ist + 10°, die Mißweisung — 7° und die Kompaßablenkung — 5°. Welches ist das rechtweisende Funkazimut A?

Kompaßkurs =	304°	q =	215°
Fehlweisung =	—12°	f =	+10°
r =	292°	p =	225°
p =	225°		
=	517°		
A =	157°		

Die Entfernung, bis zu welcher Funkpeilungen in der Regel navigatorisch ausgewertet werden, beträgt 200 sm. Bis auf diese Entfernung kann die Funkazimutlinie eines gepeilten Senders als Standlinie für den Schiffsort angesehen werden. Nun ist aber das Funkazimut Schiff—Sender der Bogen eines Großkreises, und jeder Großkreisbogen stellt in der Seekarte eine Kurve dar, die nur schwer zu zeichnen ist. Für Entfernungen bis zu 50 sm und bei Funkazimuten von 0° bis 10° bis zu mehreren hundert Seemeilen kann man die Azimutlinie noch als gerade Linie in die Seekarte eintragen. In anderen Fällen benutzt man entweder Ortungskarten*), in denen die Großkreise gerade Linien sind, oder man verwandelt die Großkreispeilung G in die loxodromische L, indem man den Unterschied u (Fig. 117) zwischen beiden ermittelt und diesen äquatorwärts an die Großpeilung G anbringt. Den Winkel u

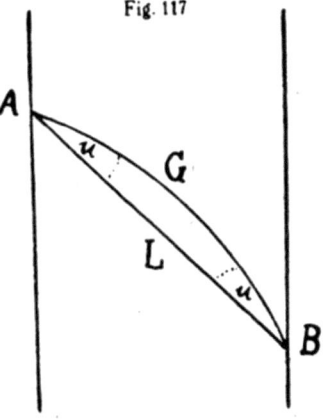

Fig. 117

---

*) Über die Benutzung der Ortungskarten siehe Naut. Funkdienst.

findet man nach der Formel $u = \frac{1}{2} \cdot \sin \varphi_m$, wenn $\frac{1}{2}$den halben Längenunterschied zwischen der Besteckslänge und der Länge des gepeilten Sen-
ders und φ_m die Mittelbreite zwischen der Besteckbreite und der Breite
des gepeilten Senders bedeutet.

Skala der Peilbeschickungen nach Mittel-Breite.

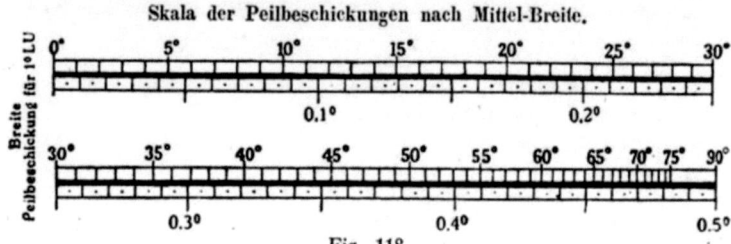

Fig. 118

Am bequemsten findet man u durch Benutzung der abgebildeten Skala
der Peilbeschickungen nach Mittelbreite aus dem Nautischen Funkdienst.

Aus der Breite und Länge des Bestecksortes und des gepeilten Senders
bildet man die Mittelbreite φ_m und den Längenunterschied LU. Dann sucht
man die Mittelbreite im oberen Teil der Skala auf und liest senkrecht unter
diesem Skalenteil die Peilbeschickung für 1º LU ab.

Beispiel: Wie groß ist die Peilbeschickung, wenn die Mittelbreite 55º und
der Längenunterschied 5,3º ist?

Zur Mittelbreite 55º liefert die Skala für 1º LU den Wert 0,41º, mithin
ist die Peilbeschickung 0,41º · 5,3 = 2,2º.

Die Auswertung der Funkpeilungen geschieht im allgemeinen nach den
bekannten Methoden, die bei optischen Peilungen in der Nautik üblich sind.

13. Nautische Astronomie.

Einleitung. So wie man auf der Erde das Kreissystem des Äquators zur Ortsbestimmung benutzt, so am Himmel Kreissysteme zur Bestimmung der Lage eines Gestirnes. Für uns kommen in Betracht das Kreissystem des wahren Horizonts und das Kreissystem des Himmelsäquators.

114. Das Kreissystem des wahren Horizonts.

a) Vertikallinie. Ein am Beobachtungsorte aufgehängtes Lot stellt sich senkrecht zur Erdoberfläche in Richtung auf den Erdmittelpunkt ein. Der durch den Beobachtungsort gehende verlängerte Erddurchmesser wird daher L o t - l i n i e oder V e r t i k a l l i n i e (ZNa) genannt. Die Punkte, in denen die Vertikallinie das Himmelsgewölbe ·durchstößt, heißen Z e n i t und N a d·i r, und zwar heißt der oben liegende Punkt Zenit (Scheitelpunkt), der unten liegende Nadir (Fußpunkt).

b) Wahrer Horizont heißt derjenige Hauptkreis am Himmel, dessen Ebene senkrecht zur Vertikallinie liegt (NOSW) (Fig. 119). Er verläuft parallel zur Kimm, der Begrenzungslinie des Sichtfeldes auf See. Auf dem wahren Horizont liegen entsprechend den Richtungen auf der Erde der wahre Nordpunkt, Südpunkt, Ostpunkt und Westpunkt.

c) Höhenparallele sind Nebenkreise, die mit dem wahren Horizont parallel laufen (AG). Derjenige, der durch das Auge ˙eines Beobachters geht, wird s c h e i n b a r e r H o r i z o n t genannt.

d) Vertikalkreise sind Hauptkreise, die durch Zenit und Nadir gehen. Sie schneiden den wahren Horizont unter rechten Winkeln. Derjenige Vertikal- kreis, der durch den Nord- und Südpunkt geht, heißt H i m m e l s m e r i - d i a n (ZNNaS). E r s t e r V e r t i k a l wird derjenige genannt, der durch den wahren Ost- und Westpunkt geht (ZONaW).

Das Kreissystem des wahren Horizonts hat den Zweck, die Lage eines Gestirns durch H ö h e und A z i m u t anzugeben.

115. Höhe.

Höhe (h) ist der Bogen des Vertikalkreises vom Horizont bis zum Gestirn. Man unterscheidet zwischen wahrer Höhe, scheinbarer Höhe und Kimmab- stand, je nachdem man vom wahren Horizont, scheinbaren Horizont oder von der Kimm ab rechnet.

116. Zenitdistanz.

Zenitdistanz (z) ist der Bogen des Vertikalkreises vom Zenit bis zum Gestirn; sie ist das Komplement der wahren Höhe. $90^0 - h = z$.

117. Azimut.

Azimut ist der Winkel am Zenit, der gebildet wird vom Himmelsmeridian und dem Vertikalkreise des Gestirns, oder der Bogen des wahren Horizonts vom Himmelsmeridian bis zum Vertikalkreis des Gestirns (Fig. 119). Es wird von Nord über Ost von 0⁰ bis 360⁰ oder von Nord oder Süd nach Osten

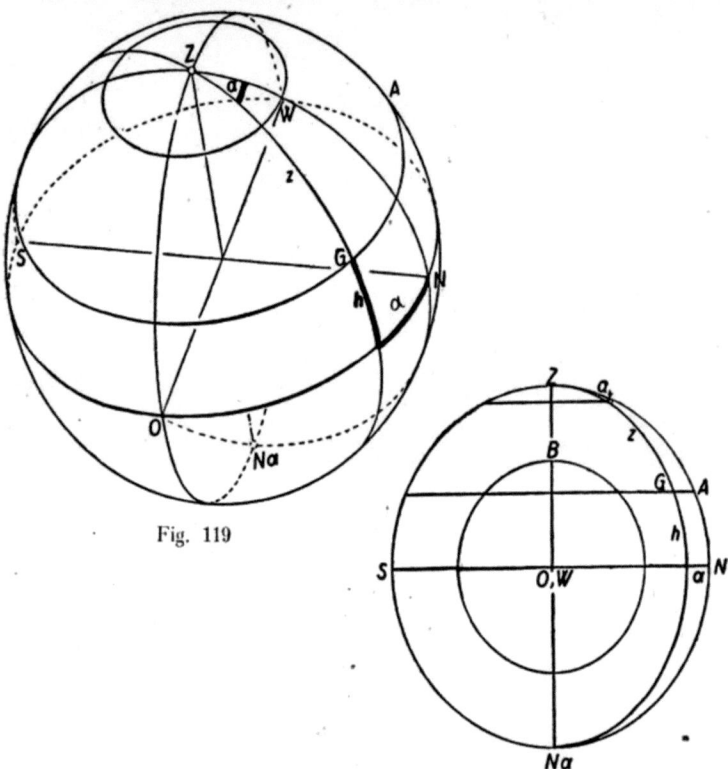

Fig. 119

oder Westen von 0⁰ bis 90⁰ gezählt, je nachdem das Gestirn östlich oder westlich vom Himmelsmeridian steht.

118. Das Kreissystem des Himmelsäquators.

a) **Himmelsäquator.** Derjenige Hauptkreis am Himmel, dessen Ebene mit der des Erdäquators zusammenfällt, heißt Himmelsäquator (ÄFQ) (Fig. 120). Der Erdmittelpunkt ist sowohl Mittelpunkt des Erd- als auch des Himmelsäquators.

b) **Weltachse und Weltpole.** Die nach beiden Seiten bis zum Himmelsgewölbe verlängert gedachte Erdachse ist die Achse des Himmelsäquators. Sie heißt W e l t a c h s e (PP'), und ihre Endpunkte nennt man W e l t p o l e (Nord- und Südpol).

c) **Abweichungsparallele.** Nebenkreise, die mit dem Himmelsäquator parallel
laufen, heißen Abweichungsparallele (AG). Sie entsprechen den Breitenparallelen
auf der Erde. Die $23\frac{1}{2}$ Grad nördlich und südlich vom Äquator liegenden
Abweichungsparallele werden W e n d e k r e i s e genannt. Der nördliche heißt
Wendekreis des Krebses, der südliche Wendekreis des Steinbocks.

d) **Stundenkreise.** Hauptkreise, die durch die Pole gehen, heißen Stundenkreise (PGFP'). Sie entsprechen den Meridianen auf der Erde. Wie man unter

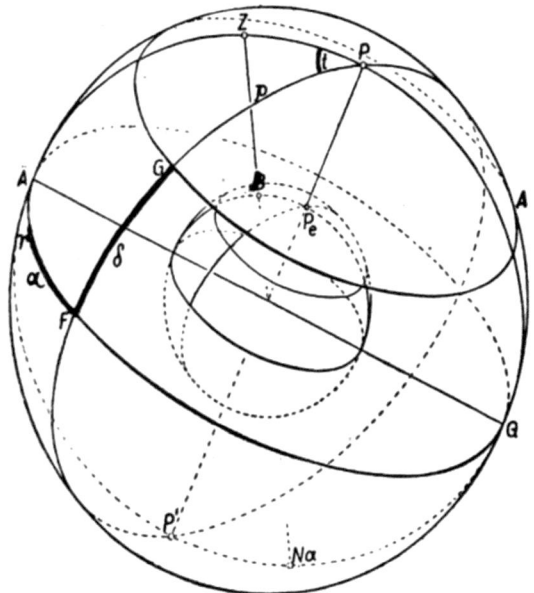

Fig. 120

diesen einen Nullmeridian bestimmt hat, so hat man auch unter den Stundenkreisen den Nullstundenkreis festgelegt. Es ist dies der Stundenkreis des W i d -
d e r p u n k t e s γ, d. i. der Punkt des Himmelsäquators, in dem am 21.
März der Mittelpunkt der Sonne steht. Derjenige Stundenkreis, der durch den
Ost- und Westpunkt geht, heißt S e c h s u h r k r e i s. Da der H i m m e l s -
m e r i d i a n (ZPNaP') auch durch die Pole geht, ist er ebenfalls ein Stundenkreis.

Der Himmelsmeridian wird eingeteilt in den N o r d - und S ü d m e r i -
d i a n, ferner in den o b e r e n und u n t e r e n Meridian.

N o r d m e r i d i a n ist der Teil des Himmelsmeridians vom Zenit durch den
N o r d p u n k t nach Nadir (ZPNa); S ü d m e r i d i a n der Teil vom Zenit durch
den S ü d p u n k t nach Nadir (ZP'Na).

O b e r e r M e r i d i a n ist der Teil des Himmelsmeridians von Pol zu
Pol durch Zenit (PZÄP'); u n t e r e r M e r i d i a n der Teil von Pol zu Pol
durch Nadir (PQNaP').

Das Kreissystem des Himmelsäquators dient dazu, die Lage eines Gestirns durch A b w e i c h u n g und G e r a d e A u f s t e i g u n g anzugeben.

119. Abweichung.

Abweichung ist der Bogen des Stundenkreises vom Äquator bis zum Gestirn. Sie ist Nord oder Süd, je nachdem das Gestirn nördlich oder südlich vom Äquator steht, und wird bezeichnet durch den Buchstaben δ. Ist in Fig. 120 G ein Gestirn, so ist FG seine Abweichung.

120. Poldistanz.

Poldistanz ist der Bogen des Stundenkreises vom Pol bis zum Gestirn. Sind Breite und Abweichung gleichnamig, so ist sie das Komplement der Abweichung. Sie wird durch den Buchstaben p bezeichnet (Fig. 120 GP).

121. Gerade Aufsteigung.

Der Bogen Υ F des Himmelsäquators vom Widderpunkt nach Osten herum (der täglichen Bewegung der Gestirne entgegengesetzt) bis zum Stundenkreise eines Gestirns heißt seine G e r a d e A u f s t e i g u n g (α). Sie kann bis zu 24 Stunden groß werden.

122. Stundenwinkel.

Stundenwinkel ist der Winkel am Weltpol, der vom Himmelsmeridian (dem oberen) und dem Stundenkreise des Gestirns gebildet wird (Fig. 120 $\swarrow$ ÄPF). Er ist Ost oder West, je nachdem das Gestirn östlich oder westlich vom Meridian steht, und wird bezeichnet durch den Buchstaben t. Demnach unterscheidet man zwischen t_o und t_w.

123. Zeitwinkel.

Zählt man den Stundenwinkel vom u n t e r e n Meridian und in Richtung der scheinbaren täglichen Bewegung der Gestirne, so heißt er Zeitwinkel (Fig. 120 $\swarrow$ QPF); er wird mit τ (Tau) bezeichnet.

124. Breite und Polhöhe.

Breite eines Ortes ist bekanntlich sein Abstand vom Erdäquator. Mit der Breite stimmt der Bogen des Himmelsmeridians vom Zenit bis zum Himmelsäquator überein (Äquator-Zenitdistanz). Da die Meridianbogen vom Himmelsäquator bis zum Pol und vom Zenit bis zum wahren Horizont je 90° sind, so folgt daraus, daß der Abstand des Pols vom Horizont, die P o l h ö h e, gleich dem Meridianbogen vom Himmelsäquator bis zum Zenit, also auch g l e i c h d e r B r e i t e ist.

Die Entfernungen Himmelsäquator—wahrer Horizont (Äquatorhöhe) und Himmelsäquator—Zenit (Breite) ergänzen sich zu 90°, folglich müssen auch Ä q u a t o r h ö h e u n d P o l h ö h e K o m p l e m e n t w e r t e sein.

125. Die scheinbare Bewegung der Gestirne.

T a g e s k r e i s, T a g - u n d N a c h t b o g e n. Scheinbar bewegen sich die Gestirne jeden Tag um die Erde. Der Kreis, den ein Gestirn wegen der Erddrehung täglich beschreibt, heißt T a g e s k r e i s. Er zerfällt in den über dem Horizont liegenden T a g b o g e n und in den darunter liegenden N a c h t b o g e n.

Steht ein Beobachter am Äquator, so stehen für ihn die Tageskreise der Gestirne senkrecht zum Horizont, der sie halbiert; Tag- und Nachtbogen sind gleich groß. Die Weltpole liegen im Horizont.

Für einen Beobachter am Pol liegen die Tageskreise parallel zum Horizont, die Weltpole fallen mit Zenit und Nadir zusammen, der Äquator mit dem wahren Horizont.

Für jeden andern Ort auf der Erde stehen die Tageskreise schief zum Horizont, Tag- und Nachtbogen sind, wenn der Tageskreis nicht durch den Ost- und Westpunkt geht, verschieden groß. Liegt der Tageskreis für einen Beobachter auf Nordbreite nördlich vom Äquator, ist die Abweichung Nord, dann ist der Tagbogen g r ö ß e r als der Nachtbogen; ist die Abweichung aber Süd, dann ist er k l e i n e r als der Nachtbogen.

Ist die Abweichung Nord und größer als das Komplement der Breite, dann geht das Gestirn überhaupt nicht unter. Solche Gestirne heißen Z i r - k u m p o l a r s t e r n e.

Nur die Gestirne, deren Abweichung Nord und kleiner als die Breite ist, gehen sichtbar durch den ersten Vertikal. Ist die Abweichung Nord und größer als die Breite, so gehen sie überhaupt nicht hindurch.

126. Das Jahr.

In 365 ¼ Tagen bewegt sich die Erde in der der scheinbaren täglichen Bewegung der Gestirne entgegengesetzten Richtung einmal um die Sonne. Dieser Zeitraum heißt Jahr.

127. Erdbahn und Ekliptik.

Die Bahn der Erde (E r d b a h n) hat die Form einer Ellipse. Mit ihrer Ebene fällt die Ebene der scheinbaren Sonnenbahn, E k l i p t i k genannt, zusammen. Diese, ein Hauptkreis am Himmel, bildet mit dem Himmelsäquator einen Winkel von 23½ Grad (Schiefe der Ekliptik), so daß sich die Sonne einmal im Jahre bis 23½ Grad in nördlicher und einmal bis 23½ Grad in südlicher Richtung vom Äquator entfernen kann, mit andern Worten: ihre Abweichung kann bis 23½ Grad groß werden. Am 21. Juni ist ihre nördliche, am 22. Dezember ihre südliche Abweichung 23½ Grad.

128. Widder= und Waagepunkt.

Am 21. März und 23. September steht die Sonne in den Durchschnittspunkten von Ekliptik und Himmelsäquator, den Tag- und Nachtgleichenpunkten. Der Punkt, in dem sie am 21. März steht, heißt W i d d e r p u n k t, der, in dem sie sich am 23. September befindet, W a a g e p u n k t.

129. Eigenbewegung der Gestirne.

Wegen der Drehung der Erde um ihre eigene Achse bewegen sich scheinbar alle Gestirne, aufgehend im Osten, nach Westen. Diese scheinbare Bewegung der verschiedenen Gestirne geht aber nicht gleich schnell vor sich. vielmehr brauchen die Fixsterne — und auch der Widderpunkt — weniger Zeit zu einem vollen Umlauf als z. B. die Sonne. Am langsamsten wandert der Mond. Es beruht dies u. a. darauf, daß einmal die Erde ihre Stellung in ihrer Bahn dauernd ändert, dann aber auch der Mond seine Eigenbewegung gegenüber der Erde hat (siehe unter 136).

130. Zeiten.

a) Zeitmessung durch die Sonne. Zeitgleichung. Da die Sonne unser Hauptgestirn ist, so hat man einen vollen scheinbaren Umlauf der Sonne unserer Zeitrechnung zugrunde gelegt.

Man nennt den Zeitraum zwischen einer unteren Kulmination und der folgenden einen S o n n e n t a g. Diesen teilt man in 24 Stunden, jede Stunde in 60 Minuten und jede Minute in 60 Sekunden ein. Die Zeit wird demnach durch den Zeitwinkel der Sonne oder durch den ihm zugehörigen Bogen des Himmelsäquators gemessen.

Die Sonne bewegt sich nun aber im Laufe des Jahres mit ungleichförmiger Geschwindigkeit und auch nicht im Äquator, sondern in der Ekliptik. Daher bleiben unsere Uhren, die die Zeit in gleiche Abschnitte zerlegen, mit der w a h r e n Sonne nicht in Übereinstimmung. Deshalb hat man sich eine andere Sonne gedacht, die sich im Äquator und mit gleichförmiger Geschwindigkeit bewegt. Sie wird m i t t l e r e Sonne genannt. Dementsprechend gibt es eine m i t t l e r e Z e i t (nach der mittleren Sonne) und eine w a h r e Z e i t (nach der wahren Sonne). Mittlere Zeit ist der Zeitwinkel der mittleren, wahre Zeit der Zeitwinkel der wahren Sonne. Einmal ist die eine, dann die andere größer. Der Unterschied beider heißt Z e i t g l e i c h u n g (e).

Steht die mittlere Sonne im unteren Meridian des Ortes, so ist es 0^h m i t t l e r e O r t s z e i t (M.O.Z.). Diese wird von 0^h bis 24^h durchgezählt.

b) Umrechnung der mittleren Ortszeit in den Zeitwinkel eines Gestirns und umgekehrt. Zu einem bestimmten Zeitpunkt stehen der Widderpunkt, die Gestirne und die mittlere Sonne auf verschiedenen Stundenkreisen. Sie haben daher auch alle verschiedene Zeitwinkel. In der nautischen Astronomie ist es nun erforderlich, aus dem Zeitwinkel der mittleren Sonne (M.O.Z.) den Zeitwinkel eines Gestirns und umgekehrt zu errechnen. Da jedes Gestirn auf seiner täglichen Bahn um den Betrag seiner Geraden Aufsteigung in der Zeit hinter dem Widderpunkt zurück ist (Fig. 121), erhält man den Zeitwinkel des Widderpunktes, wenn man zur M.O.Z. die Gerade Aufsteigung der mittleren Sonne addiert, und aus diesem den Zeitwinkel eines Gestirns, wenn man dessen Gerade Aufsteigung vom Zeitwinkel des Widderpunktes wieder subtrahiert. Ist der Zeitwinkel eines Gestirns bekannt, so addiert man hierzu seine Gerade Aufsteigung und erhält den Zeitwinkel des Widderpunktes. Von diesem subtrahiert man wieder die Gerade Aufsteigung der mittleren Sonne und bekommt die M.O.Z.

Ist die Gerade Aufsteigung größer als der Zeitwinkel des Widderpunktes, so addiert man zu diesem zunächst 24 Stunden und subtrahiert dann.

Fig. 121

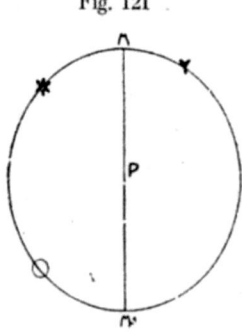

In der Figur sei der Kreis die Ebene des Himmelsäquators, wie er vom Nordpol P aus erscheint. Die Gerade MM′ ist dann der Himmelsmeridian, $\overgroup{M'⊙}$ die M.O.Z., $\overgroup{\Upsilon\text{⋇}⊙}$ die Gerade Aufsteigung der mittleren Sonne (m⊙α), $\overgroup{M'⊙\Upsilon}$ der Zeitwinkel des Widderpunktes (Υτ), $\overgroup{\Upsilon M\text{⋇}}$ die Gerade Aufsteigung eines Gestirns (⋇ α) und $\overgroup{M'⊙\text{⋇}}$ der Zeitwinkel des Gestirns(⋇τ).

Wie die Figur zeigt, lassen sich folgende Gleichungen aufstellen:

M.O.Z. + m ⊙ α = Υ τ; Υ τ − ⋇ α = ⋇ τ
oder auch umgekehrt:

⋇ τ + ⋇ α = Υ τ; Υ τ − m ⊙ α = M.O.Z.

c) **Greenwicher und Mitteleuropäische Zeit.** Befindet sich die Sonne im unteren Meridian von Greenwich, so ist es 0^h m i t t l e r e G r e e n w i c h e r Z e i t (M.G.Z.). Die M.G.Z. ist also der Zeitwinkel der mittleren Sonne, bezogen auf den Greenwicher Meridian.

Die Greenwicher Zeit ist deshalb besonders wichtig, weil wir sie zur Berechnung der Länge benutzen und weil für sie die Größen des Nautischen Jahrbuches angegeben sind.

M i t t e l e u r o p ä i s c h e Z e i t (M.E.Z.) ist die Zeit des Meridians von 15⁰ Ost. Dieses ist die gesetzliche Zeit bei uns; sie ist eine Stunde größer als die mittlere Greenwicher Zeit.

Die Greenwicher Zeit weicht von der Ortszeit um den Betrag der Länge, in Zeitmaß ausgedrückt, ab. Um aus der Greenwicher Zeit die Ortszeit zu bekommen, addiert man die Länge in Zeit auf Ostlänge, subtrahiert man sie auf Westlänge.

Um aus der Ortszeit die Greenwicher Zeit zu bekommen, verfährt man umgekehrt.

Die Mittlere Ortszeit weicht von der Mitteleuropäischen Zeit um den Längenunterschied zwischen Ortslänge und 15⁰ Ostlänge ab. Um aus M.E.Z. die M.O.Z. zu bekommen, subtrahiert man den Längenunterschied, wenn man westlich von 15⁰ Ost steht, addiert ihn, wenn man östlich davon steht.

131. Fixsterne und Sternbilder.

Die Fixsterne sind selbstleuchtende Himmelskörper, d. h. sie haben ihr eigenes Licht. Sie sind so weit von der Erde entfernt, daß sie, durch ein Fernrohr betrachtet, nicht etwa größer, sondern nur heller erscheinen. Wenn man trotzdem von Sternen 1., 2., 3. usw. Größe spricht, ist damit nicht die tatsächliche Größe, sondern der Grad der Helligkeit gemeint. Sie ändern auch wegen der Bewegung der Erde um die Sonne, obschon der größte Durchmesser der Erdbahn rund 300 Millionen km beträgt, ihre Stellung am Himmelsgewölbe so wenig, daß wir sie als feststehende Sterne ansehen können. Da wegen der großen Zahl die einzelnen Sterne sich dem Gedächtnis schwer einprägen lassen, hat man sie in Gruppen zusammengefaßt und zunächst den einzelnen Gruppen, den sog. S t e r n b i l d e r n , Namen beigelegt, wie G r o ß e r und K l e i n e r B ä r , L ö w e , Orion usw. Die Sterne eines jeden Sternbildes sind dann durch die ersten Buchstaben des griechischen Alphabets, nämlich α, β, γ, δ, ε usw. (Alpha, Beta, Gamma, Delta, Epsilon usw.) bezeichnet. Daneben führen die helleren Sterne dann noch Eigennamen, wie z. B. Capella, Rigel, Atair usw. Die folgende Tabelle enthält die für die Fahrt auf Nordbreite hauptsächlich in Betracht kommenden Fixsterne.

132. Mittlere Örter der wichtigsten Fixsterne (1940).

Des Sternes Name	Buchst.	Name des Sternbildes	Größe	Gerade Aufstg.		Abweichung
				h	m	° ′
Sirrah	α	Andromeda	2	0	5	28 46 N
Algenib	γ	Pegasus	3	0	10	14 51 N
Schedir	α	Cassiopeja	3	0	37	56 13 N
Mirach	β	Andromeda	2	1	6	35 18 N
Nordstern	α	Ursa minor (Kl. Bär)	2	1	43	88 59 N
Alamak	γ	Andromeda	2	2	0	42 3 N
Hamel	α	Aries (Widder)	2	2	4	23 11 N
Algenib	α	Perseus	2	3	20	49 39 N
Aldebaran	α	Taurus (Stier)	1	4	33	16 23 N
Rigel	β	Orion	1	5	12	8 16 S
Capella	α	Auriga (Fuhrmann)	1	5	12	45 56 N
Bellatrix	γ	Orion	2	5	22	6 18 N
Beteigeuze	α	Orion	1	5	52	7 24 N
Sirius	α	Canis major (Gr. Hund)	1	6	43	16 38 S
Castor	α	Gemini (Zwillinge)	2	7	31	32 1 N
Procyon	α	Canis minor (Kl. Hund)	1	7	36	5 23 N
Pollux	β	Gemini (Zw.)	1	7	42	28 10 N
Regulus	α	Leo (Löwe)	1	10	5	12 16 N
Dubhe	α	Ursa major (Gr. Bär)	2	11	0	62 4 N
Denebola	β	Leo (Löwe)	2	11	46	14 54 N
Spica	α	Virgo (Jungfrau)	1	13	22	10 51 S
Benetnasch	η	Ursa major (Gr. Bär)	2	13	45	49 37 N
Arcturus	α	Boötes (Bärenhüter)	1	14	13	19 30 N
Wega	α	Lyra (Leier)	1	18	35	38 44 N
Atair	α	Aquila (Adler)	1	19	48	7 43 N
Deneb	α	Cygnus (Schwan)	1	20	39	45 4 N
Scheat	β	Pegasus	3	23	1	27 45 N
Markab	α	Pegasus	3	23	2	14 53 N

133. Planeten.

Planeten sind dunkle Himmelskörper, die ihr Licht, das sie ausstrahlen, von der Sonne bekommen. Dadurch, daß sie nicht funkeln, unterscheidet man sie leicht von Fixsternen. Wie die Erde bewegen sich alle Planeten in ellipsenförmigen Bahnen um die Sonne, und zwar in derselben Richtung, in der sich die Erde bewegt.

Die Hauptplaneten unseres Sonnensystems sind M e r k u r , V e n u s , E r d e , - M a r s , J u p i t e r , S a t u r n , U r a n u s , N e p t u n und P l u t o .

Venus ♀ . Mars ♂, Jupiter ♃ und Saturn ♄ werden zur Ortsbestimmung auf See benutzt.

Im Naut. Jahrb. ist ihre Gerade Aufsteigung, Abweichung und der obere Meridian-Durchgang für jeden Tag angegeben.

134. Die Keplerschen Gesetze.

Der deutsche Astronom Kepler stellte folgende Gesetze auf:

1. Alle Planetenbahnen sind Ellipsen, in deren einem Brennpunkte die Sonne steht.

2. Der Leitstrahl eines Planeten beschreibt in gleichen Zeiten gleiche Flächen.

3. Die Quadrate der Umlaufzeiten zweier Planeten verhalten sich zueinander wie die Kuben der großen Achsen ihrer Bahnen.

135. Das Newtonsche Gravitationsgesetz.

Die Kraft der gegenseitigen Anziehung zweier Himmelskörper ist verhältnisgleich dem Produkte ihrer Massen und steht im umgekehrten Verhältnis zum Quadrat ihrer Entfernung.

136. Der Mond.

Der Mond umläuft die Erde in einer elliptischen Bahn, die gegen die Ebene der Ekliptik um etwa 5⁰ geneigt ist. Seine Bewegungsrichtung ist der der scheinbaren täglichen Bewegung der Gestirne entgegengesetzt. Wenn der Mond in Richtung der Sonne steht, dann ist die dunkle Hälfte der Erde zugekehrt, es ist N e u m o n d. Eine Woche später sehen wir ihn etwa 90⁰ links von der Sonne, die halbe von der Sonne beleuchtete Hälfte ist zu sehen, es ist e r s t e s V i e r t e l. Nach einer weiteren Woche steht er der Sonne gegenüber, die ganze beleuchtete Seite ist zu sehen, es ist V o l l - m o n d. Wiederum nach einer Woche bemerken wir ihn 90⁰ rechts von der Sonne, es ist l e t z t e s V i e r t e l. Am Ende der vierten Woche ist er wieder in Richtung der Sonne angelangt.

Die ganze Umlaufszeit von Neumond bis Neumond hat rund $29\frac{1}{2}$ Tage gedauert. Dieser Zeitraum heißt s y n o d i s c h e r oder L i c h t - M o n a t.

Neumond, Vollmond, erstes und letztes Viertel werden M o n d p h a s e n genannt.

Durch die schnelle Bewegung des Mondes in seiner Bahn ist auch die Änderung seiner Abweichung und Geraden Aufsteigung sehr groß.

137. Höhenbeschickung.

Eine über der Kimm gemessene Höhe muß durch Anbringung mehrerer Berichtigungen zur wahren Höhe beschickt werden. Ist das Spiegelinstrument mit einem Indexfehler behaftet, so wird zunächst die Indexberichtigung angebracht, um den Kimmabstand zu erhalten.

An den Kimmabstand bringt man die Gesamtberichtigung. Diese setzt sich zusammen bei den Fixsternen und Planeten aus K i m m t i e f e und S t r a h - l e n b r e c h u n g. Bei der Sonne und dem Monde kommen noch hinzu die P a r a l l a x e und der H a l b m e s s e r.

a) **Kimmtiefe** ist der Winkel am Auge des Beobachters, den der Strahl vom Auge nach der Kimm mit der Ebene des scheinbaren Horizonts bildet.

b) **Strahlenbrechung** ist der Winkel am Auge des Beobachters, um den das Gestirn infolge der Brechung des Lichtes in der Atmosphäre gehoben erscheint.

c) **Parallaxe** ist der Winkel am Gestirn, den die Gerade vom Gestirn nach dem Auge des Beobachters mit der Geraden vom Gestirn nach dem Erdmittelpunkt bildet.

d) **Halbmesser** ist der Winkel am Auge des Beobachters, den die Gerade vom Auge nach dem Gestirnsmittelpunkte mit der Geraden vom Auge nach dem Gestirnsrande bildet.

138. Bestimmung der Jahrbuchgrößen für die Beobachtungszeit.

Abweichungen, Zeitgleichung und Gerade Aufsteigungen sind im Nautischen Jahrbuch für bestimmte mittlere Greenwicher Zeiten angegeben. Hat man zu einer anderen Zeit beobachtet, dann muß man durch Einschalten die benötigte Jahrbuchgröße ermitteln. Zu dem Zwecke sind den Größen ihre Änderungen für 1^h, 1^m oder 1^0 Länge beigefügt. Die Abweichung der Sonne und die Zeitgleichung ist auf den ersten Blattseiten eines jeden Monats für jede zweite Stunde M.G.Z. gegeben, so daß man hier mit einer Schätzung auskommt. Dasselbe gilt für den Halbmesser und die Horizontalparallaxe des Mondes.

Beispiel 1. Wie groß ist die Gerade Aufsteigung der mittleren Sonne am 8. Dezember 1940 um $18^h 44^m$ M.G.Z.?

$$18^h 44^m = 18{,}7^h$$
$$m \odot \alpha \text{ d. 8. 12. um } 18^h = 17^h 9^m 21^s$$
$$\text{Änderg. in 0,1 Std.} = 1^s, \text{ in 0,7 Std.} = \underline{\quad + \quad 7^s}$$
$$m \odot \alpha = \underline{\underline{17^h 9^m 28^s}}$$

Beispiel 2. Wie groß ist die Abweichung der Sonne am Mittag des 20. September 1940 auf $18^0 0'$ O.-Lg.?

$$\odot \delta \text{ d. 20. 9. } 12^h \text{ W.G.Z.} = 1^0 3{,}1' \text{ N}$$
$$\text{Änderg. für } 1^0 \text{ Lg.} = 0{,}065', \text{ für } 18^0 = 0{,}065 \cdot 18 = \underline{+ 1{,}2'}$$
$$\odot \delta = \underline{\underline{1^0 4{,}3' \text{ N}}}$$

Beispiel 3. Wie groß ist die Gerade Aufsteigung des Mondes am 20. Mai 1940 um $7^h 14^m 4^s$ M.G.Z.?

$$\text{☾ } \alpha \text{ d. 20. 5. um } 7^h = 14^h 40^m 44^s$$
$$\text{Änderg. in } 1^m = 2{,}43^s, \text{ in } 14{,}1^m = 2{,}43^s \cdot 14{,}1 = \underline{\quad + \quad 34^s}$$
$$\text{☾ } \alpha = \underline{\underline{14^h 41^m 18^s}}$$

139. Meridianbreite.

a) Gestirn im oberen Meridian. Beobachtet man die Meridianhöhe eines Gestirns, beschickt sie auf den wahren Horizont und subtrahiert sie von 90^0, so findet man dadurch die Meridianzenitdistanz z_0 des Gestirns. Bezeichnet man die Höhe dann mit Nord oder Süd, je nachdem sie im Nord- oder Süd-Meridian beobachtet wurde, so erhält die Meridianzenitdistanz die entgegengesetzte Bezeichnung der Höhe. Addiert man dann zur Meridianzenitdistanz die Abweichung des Gestirns für den Augenblick der Beobachtung algebraisch, so erhält man die Äquator-Zenitdistanz und damit die Breite des Ortes.

Die Abweichung der Fixsterne ändert sich so wenig, daß sie bei Fixsternhöhen unverbessert dem Naut. Jahrbuch für den Tag entnommen werden kann, der der Beobachtung am nächsten liegt.

Die Sonne steht im wahren Mittag im oberen Meridian. Es ist dann 12^h W.O.Z. Wendet man hierauf die auf Minuten genaue Zeitgleichung und die Länge in Zeit an, bei Westlänge addierend, bei Ostlänge subtrahierend, so erhält man die M.G.Z. der Beobachtung, für die man dann die Abweichung schätzt.

Es läßt sich hier die Abweichung jedoch auch in der Weise bestimmen, daß man der Seite V des Naut Jahrbuchs die Abw. für den wahren Greenwicher Mittag entnimmt und sie dann für die Länge verbessert (siehe Beispiel 2, Nr. 138).

Bei den Planeten findet man die M.O.Z. des Meridiandurchgangs im Naut, Jahrbuch. Durch Anbringung der Länge in Zeit erhält man die M.G.Z. der Beobachtung.

Ebenso verfährt man beim Monde, jedoch ist im Naut. Jahrbuch die Meridiandurchganszeit für Greenwich angegeben, die man wegen der schnellen Ortsveränderung des Mondes erst für die Länge berichtigen muß, um die M.O.Z. des Meridiandurchgangs am Beobachtungsort zu erhalten.

b) **Meridianfigur.** Zur Kontrolle fertigt man noch die Meridianfigur an. Man bringt zunächst in einem Halbkreis, der den sichtbaren Teil des Himmelsmeridians darstellen soll und der durch die Nord-Südlinie geschlossen ist, die Höhe an, und zwar über dem Südpunkt S, wenn die Höhe im Südmeridian, über dem Nordpunkt N, wenn sie im Nordmeridian gemessen wurde. Daran trägt man die Abweichung mit entgegengesetzter Bezeichnung an, weil aus der Gestirnstellung die Lage des Äquators gesucht wird. Diesen Punkt verbindet man mit dem Kreismittelpunkt und erhält den Äquatorhalbmesser. Senkrecht dazu errichtet man den oberen Teil der Weltachse und hat damit die Polhöhe, die mit der in der Rechnung gefundenen Breite übereinstimmen muß. Schließlich zieht man noch parallel dem Äquatorhalbmesser den Tagbogen des Gestirns und errichtet auf dem wahren Horizont die Vertikallinie.

c) **Meridiandurchgangszeit** der Fixsterne. Will man einen Fixstern beobachten, wenn er den Meridian passiert, so muß man zunächst die ungefähre Durchgangszeit bestimmen. Aus den unter 130b gegebenen Erklärungen folgt, daß man, wenn ein Stern im oberen Meridian steht, zu dessen α 12 Stunden (den Zeitwinkel des oberen Meridians) addieren muß, um den Zeitwinkel des Widderpunktes zu erhalten. Subtrahiert man davon m $\odot$ α, so hat man die M.O.Z. des Meridiandurchganges. Also $\ast$ α + 12^h = Υ τ; Υ τ — m $\odot$ α = M.O.Z.

Ist m $\odot$ α größer als $\Upsilon\tau$, so addiert man zu $\Upsilon\tau$ 24 Stunden.

Da es sich um die angenäherte Durchgangszeit handelt, so rundet man sowohl $\ast$ α als auch m $\odot$ α auf volle Minuten ab.

d) **Das Beobachten der Meridianbreite.** Etwa eine Viertelstunde vor der Zeit des Meridiandurchganges holt man mit dem Spiegelinstrument (Oktant) das Spiegelbild des Gestirns auf die Kimm. Ohne die Alhidade zunächst zu bewegen, prüft man kurz darauf, ob das Gestirn die Kimm noch berührt. Ist das, wie zu erwarten, nicht der Fall, so schraubt man die Alhidade weiter und stellt die Berührung wieder her. Dies wiederholt man in kurzen Zeitabständen nun so lange, bis das Steigen vorbei, ein Zwischenraum zwischen Kimm und Gestirn also nicht bemerkbar ist. Der jetzt abgelesene Winkel ist die Meridianhöhe. Bald darauf sieht man dann, daß das Gestirnsbild in die Kimm sinkt, ein Zeichen, daß es fällt, also den Meridian passiert hat.

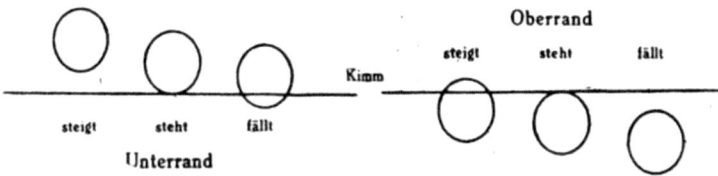

Will man Sonnen- oder Mondoberrand beobachten, so bringt man das Gestirn soweit herunter, daß der Oberrand die Kimm nur in einem Punkte berührt. Solange das Gestirn steigt, dringt der Gestirnsrand in die Kimm ein. Beim Fallen trennt sich der Gestirnsrand von der Kimm.

e) **Beispiel 1.** Am 25. Dezember 1940 beabsichtigte man auf etwa 55^0 12' N und 6^0 25' O den Stern Arcturus zu beobachten. Wann fand der Meridiandurchgang statt?

Man beobachtete dann bei I. B. $= -2'$, Augeshöhe $= 4,5$ m Arcturus $✳ = 54^0\ 22'$ im Süd-Meridian. Welche Breite folgt hieraus?

$$✳\ \alpha = 14^h\ 13^m$$
$$+ 12^h$$
$$\overline{\Upsilon\ \tau = 26^h\ 13^m}$$
$$m\ \odot \alpha = 18^h\ 15^m$$
$$\overline{M\ O\ Z. = \underline{\underline{7^h\ 58^m}}\ d.\ 25.\ 12.\ 40}$$

$$✳ = 54^0\ 22'\ S$$
$$J.\ \overline{B.} = -\ \ \ 2'$$
$$\overline{54^0\ 20'}$$
$$G.\ B. = -\ \ 4,5'$$
$$\overline{w\ ✳\ h = 54^0\ 15,5'\ S}$$
$$90^0$$
$$\overline{z_0 = 35^0\ 44,5'\ N}$$
$$✳\ \delta = 19^0\ 29'\ N$$
$$\underline{\underline{\varphi = 55^0\ 14'\ N}}$$

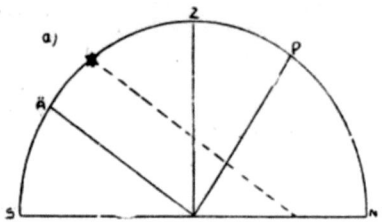

a)

Beispiel 2. Am 20. Oktober 1940 auf etwa $56^0\ 21'$ N und $19^0\ 20'\ O$ wurde beobachtet bei I. B. $= +\ 3'$, Augeshöhe $= 4,6$ m $\odot = 23^0\ 8'$ im Süd-Meridian. Auf welcher Breite stand man?

$$\odot\ \delta\ d.\ 20.\ 10.\ 12^h\ W.G.Z. = 10^0\ 23'\ \ S$$
$$0,06' \cdot 19,3 = \ \ -\ 1,2'$$
$$\overline{\odot\ \delta = 10^0\ 21,8'\ S}$$

$$\odot = 23^0\ 8'\ S$$
$$J.\ \overline{B.} = +\ \ \ 3'$$
$$\overline{23^0\ 11'}$$
$$G.\ B. = +\ 10'$$
$$\overline{w\ \odot\ h = 23^0\ 21'\ S}$$
$$z_0 = 66^0\ 39'\ N$$
$$\odot\ \delta = 10^0\ 22'\ S$$
$$\underline{\underline{\varphi = 56^0\ 17'\ N}}$$

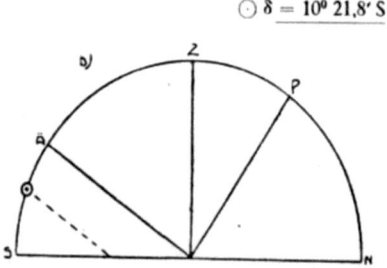

a)

Beispiel 3. Am 1. September 1940 morgens auf etwa $60^0\ 31'$ N und $4^0\ 18'$ W wurde beobachtet bei I. B. $= -1'$, Augeshöhe $= 5$ m $\underline{b} = 43^0\ 39'$ im Süd-Meridian. Auf welcher Breite stand man?

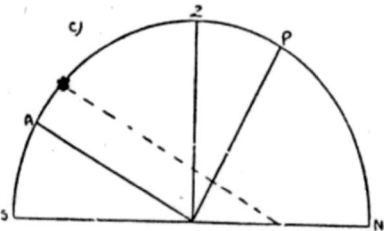

c)

$$\underline{b} = 43^0\ 39'\ S$$
$$J.\ \overline{B.} = -\ \ \ 1'$$
$$\overline{43^0\ 38'}$$
$$G.\ B. = -\ \ \ 5'$$
$$\overline{w\ ✳\ h = 43^0\ 33'\ S}$$
$$z_0 = 46^0\ 27'\ N$$
$$✳\ \delta = 13^0\ 52'\ N$$
$$\underline{\underline{\varphi = 60^0\ 19'\ N}}$$

M.O.Z. $= 4^h 12^m$ d. 1. 9.   　　　$\text{♄ } \delta$ 1. 9. $= 13^0$ 51,9′ N
Lg. i. Z. $= \underline{\quad 17^m}$ 　　　0,02 · 4,5 $= \underline{\quad 0,1′}$
M.G.Z. $= 4^h 29^m$ 　　　$\text{♄ } \delta = 13^0$ 51,8′ N
　　　　$= \underline{4,5^h}$

Beispiel 4. Am 23. November 1940 morgens auf etwa 49^0 57′ N und 4^0 12′ W wurde beobachtet bei I. B. $= - 3′$, Augeshöhe $= 3,5$ m $\text{☾} = 45^0$ 8′ im Südmeridian. Auf welcher Breite stand man?

$\text{☾} = 45^0$ 8′ S   　　　M.O.Z. des Durchg. i. Gr. $= 6^h 27^m$ d. 23. 11.
I. B. $= - \underline{\quad 3′}$ 　　　0,14 · 4 $= + \underline{\quad 1^m}$
　　　45^0 5′   　　　M.O.Z. $= 6^h 28^m$
G. B. $= + \underline{\quad 53′}$ 　　　Lg. i. Z. $= \underline{\quad 17^m}$
w $\frac{d}{\text{☾}}$ h $= 45^0$ 58′ S   　　　M.G.Z. $= 6^h 45^m$ d. 23. 11.

$z_0 = 44^0$ 2′ N
$\text{☾ } \delta = 5^0$ 56′ N
$\varphi = 49^0$ 58′ N

$\text{☾ } \delta$ 23. 11. $6^h = 6^0$ 4,1′ N
0,174 · 45 $= \underline{\quad 7,8′}$
　　$\text{☾ } \delta = 5^0$ 56,3′ N
　　$\text{☾ } \pi = 58,8′$

f) Gestirne im unteren Meridian. Ein Gestirn passiert sichtbar den unteren Meridian, wenn seine Abweichung gleichnamig mit der Breite und größer als das Breitenkomplement ist. Mißt man also die Höhe eines solchen Gestirns, wenn es im unteren Meridian steht, so findet man die Polhöhe oder Breite, indem man zur wahren Höhe die Poldistanz $(90^0 - \delta)$ addiert.

Geeignete Gestirne sind in erster Linie Fixsterne. Auf Breiten über $66\frac{1}{2}^0$ kommt im Sommer auch die Sonne in Betracht.

Um die Meridiandurchgangszeit eines Fixsterns zu bestimmen, verfährt man ähnlich wie schon angegeben, nur mit dem Unterschiede, daß man zur $\text{✶} \alpha$ keine 12 Stunden addiert.

Hat man die Sonne beobachtet, so findet man die M.G.Z., indem man an die W.O.Z., die $0^h 0^m$ ist, die Zeitgleichung und die Länge in Zeit anbringt.

g) Beispiel 1. Wann ging am 28. Dezember 1940 der Stern α ursae majoris (Dubhe) durch den unteren Meridian? Man beobachtete auf etwa 55^0 59′ N und 0^0 12′ O bei I. B. $= 0′$, Augeshöhe $= 4,5$ m Dubhe $\text{✶} = 28^0$ 7′ im unteren Meridian. Welche Breite folgt daraus?

$$\begin{array}{lll}
※ = 28^0 \; 7' \text{ u. M.} & ※ \alpha = 11^h \; 0^m & ※ \delta = 62^0 \; 4' \text{ N} \\
\text{I. B.} = \quad\;\; 0' & m \odot \alpha = 18^h \; 28^m & p = 27^0 \; 56' \\
\hline
\quad\quad\;\; 28^0 \;\; 7' & \text{M.O.Z.} = 16^h \; 32^m \text{d. 28. 12.} & \\
\text{G. B.} = - \quad 6' & & \\
\hline
w ※ h = 28^0 \;\; 1' & & \\
p = 27^0 \; 56' & & \\
\hline
\varphi = 55^0 \; 57' \text{ N} & &
\end{array}$$

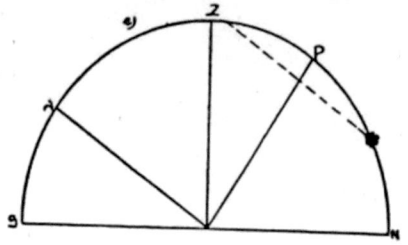

Beispiel 2. Am 29.—30. Juni 1940 wurde auf etwa 70⁰ 26' N und 14⁰ 12' O beobachtet bei I. B. = + 3', Augeshöhe = 5 m ⊙ = 3⁰ 40' im unteren Meridian. Welche Breite folgt daraus?

$$\begin{array}{ll}
\odot = \quad 3^0 \; 40' \text{ u. M.} & \text{W.O.Z} = 24^h \; 0^m \text{ d. 29. 6.} \\
\text{I. B.} = + \quad 3' & e = + \quad 3^m \\
\hline
\quad\quad 3^0 \; 43' & \text{M.O.Z.} = 24^h \; 3^m \text{ d. 29. 6.} \\
\text{G. B.} = - \quad 1' & \text{Lg. i. Z.} = - \; 57^m \\
\hline
w \odot h = \quad 3^0 \; 42' & \text{M.G.Z.} = 23^h \; 6^m \text{ d. 29. 6.} \\
p = 66^0 \; 48' & \odot \; \delta = 23^0 \; 12' \text{ N} \\
\hline
\varphi = 70^0 \; 30' \text{ N} & p = 66^0 \; 48'
\end{array}$$

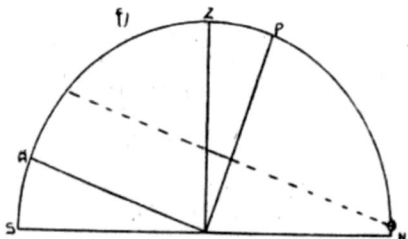

140. Das Chronometer.

a) **Beschreibung und Gebrauch.** Das Chronometer ist eine für den Seegebrauch eingerichtete, möglichst genau gehende Uhr, die in einem Messinggehäuse eingeschlossen ist. Es ist kardanisch aufgehängt. Außer den drei bekannten Zeigern (der Stunden, Minuten und Sekunden) trägt das Zifferblatt noch einen vierten, an dessen Stellung man erkennt, vor wieviel Stunden das Chronometer aufgezogen wurde (Auf- und Abwerk).

Damit Temperaturänderungen und Feuchtigkeit den Gang des Chronometers nicht beeinflussen, muß es mit dem Tragkasten an solchem Orte aufgestellt werden, wo derartige Einflüsse nicht oder nur in geringem Maße vorhanden sind.

Zweckmäßig umhüllt man es, nachdem es so aufgestellt worden ist, daß die eine Achse der kardanischen Aufhängung längs-, die andere querschifts steht, mit einer Wolldecke. Auch den Wirkungen starker Magnete oder elektrischer Ströme darf ein Chronometer nicht ausgesetzt werden. Öfen und senkrecht stehende größere Eisenteile dürfen nicht in der Nähe sein.

Beim Transport an oder von Bord ist die kardanische Aufhängung durch einen Schieber festzustellen. Erschütterungen und Drehbewegungen in horizontaler Richtung (um die senkrechte Achse) sind zu vermeiden.

Besitzt der Chronometerkasten einen doppelten Deckel, und zwar einen von Holz und darunter einen von Glas, so öffnet man beim Beobachten nur den oberen Holzdeckel.

Das Chronometer darf zu Beobachtungen nicht an Deck genommen werden. Ist man auf sich selbst angewiesen, so beobachtet man nach einer Beobachtungsuhr und vergleicht diese dann mit dem Chronometer, um die Chronometerablesung zu erhalten.

Beispiel: Man beobachtete nach der Taschenuhr um 7^h 56^m 43^s eine Höhe. Dann stellte man fest, daß um Chronometer-Zeit 7^h 22^m 0^s die Uhr 7^h 59^m 8^s zeigte. Welches war die Chr.-Zeit der Beobachtung?

$$\text{Uhr-Z.} = 7^h\ 59^m\ \ 8^s$$
$$\text{Chr.Z.} = 7^h\ 22^m\ \ 0^s$$

Die Uhr war also   37^m 8^s voraus
Uhr-Z. der Beob. = 7^h 56^m 43^s
Unt. = − 37^m 8^s

$$\text{Chr.Z. der Beob.} = 7^h\ 19^m\ 35^s$$

Die meisten Chronometer gehen 56 Stunden. Man zieht sie jedoch jeden Tag zu einer bestimmten Zeit, z. B. 8 Uhr morgens, auf. Da sich das Schlüsselloch im Boden des Gehäuses befindet, kehrt man das Gehäuse um und dreht es nach dem Aufziehen ebenso zurück.

Bleibt ein Chronometer einmal stehen, so dreht man es auf und wartet mit dem Ingangsetzen so lange, bis die Zeiger mit der Greenwicher Zeit ungefähr übereinstimmen. Dann faßt man den Kasten mit beiden Händen und dreht ihn einmal um seine senkrechte Achse hin und her. Bleibt es nach ein oder zweimaligem Versuch doch stehen, so bemühe man sich nicht weiter, denn dann wird irgend etwas in Unordnung geraten sein, und jede weitere Drehung würde möglicherweise größeren Schaden anrichten.

Sollte aus irgendeinem besonderen Grunde es doch einmal erforderlich werden, die Zeiger des Chronometers zu drehen, dann schraubt man den Glasdeckel ab, setzt den Schlüssel auf das Vierkant im Mittelpunkt des Zifferblattes und dreht den Minutenzeiger im Sinne der Zeigerbewegung. Es ist dann dafür zu sorgen, daß der Minutenzeiger nach dem Stellen mit der Angabe des Sekundenzeigers übereinstimmt.

Nach den Vorschriften der See-Berufsgenossenschaft müssen Schiffe, die über 61° N Breite hinausfahren, ein Chronometer an Bord haben. Ferner sind die Chronometer „vor ihrer Neubeschaffung durch die Seewarte zu prüfen; das darüber erteilte Attest ist an Bord aufzubewahren. Mindestens alle drei Jahre sowie außerdem nach jeder größeren Havarie sind die Chronometer einer Reinigung durch einen vom Vorstande der See-Berufsgenossenschaft anerkannten Chronometermacher und einer Gang- und Standbestimmung zu unterziehen, zu deren Vornahme außer der Seewarte auch deren Agenturen sowie andere vom Vorstande der See-Berufsgenossenschaft anzuerkennende Stellen oder Personen ermächtigt sind. Das hierüber erteilte Attest ist ebenfalls an Bord aufzubewahren."

b) Stand und Gang des Chronometers. Unter S t a n d des Chronometers versteht man die Anzahl Minuten und Sekunden, die zu einer bestimmten Zeit das Chronometer von der M.G.Z. abweicht. War z. B. am 5. September um 0^h M.G.Z. das Chronometer gegenüber der M.G.Z. $2^m 14^s$ voraus, so war der Stand $-2^m 14^s$, was besagt, daß zu dieser Zeit von einer Chronometer-Ablesung $2^m 14^s$ abzuziehen waren.

Ist die Chronometer-Zeit kleiner als die M.G.Z., dann ist der Stand plus, wenn größer, minus.

c) Standbestimmung. Den Stand eines Chronometers bestimmt man durch Zeitsignale (Zeitball, Zeitlichtzeichen usw.), Vergleich mit einer Normaluhr oder durch FT-Zeitsignale.

1. Durch Zeitsignale. Die Zeitsignalstationen der Welt sind in den Leuchtfeuerverzeichnissen für das Gebiet, worauf sich das Feuerbuch bezieht, zu finden. Durch das Fallen eines Balles, Verlöschen von Lichtstreifen oder Lampen, deren Aufleuchten einige Minuten vorher stattfand, Abfeuern eines Kanonenschusses usw. wird ein bestimmter Zeitpunkt bekanntgegeben. Diese Signalzeit ist beim Zeitball der Beginn des Fallens, beim Abfeuern einer Kanone das Aufblitzen des Schusses (nicht der Augenblick, in dem man den Schall hört, weil dieser später beim Beobachter anlangt). Es kommt gelegentlich vor, daß ein Signal versagt oder fehlerhaft gegeben wird. Man lese daher die Bemerkungen im Leuchtfeuerverzeichnis nach und richte sich danach.

Beispiel. Den Lichtstreifen der Zeitsignalstation Bremerhaven sah man nach Chron. um $10^h 58^m 51^s$ zum drittenmal verlöschen. Welches war der Stand des Chron.?

Nach dem Leuchtfeuerverzeichnis war es

$$
\begin{array}{rl}
& 11^h \quad 0^m \quad 0^s \text{ M.G.Z.} \\
\text{Chron. Zt.} = & 10^h \quad 58^m \quad 51^s \\
\hline
\text{Std des Chron.} = & +\quad 1^m \quad 9^s \text{ gegen M.G.Z.}
\end{array}
$$

2. Durch Vergleich mit einer Normaluhr. Auf Seefahrtschulen, Hauptagenturen der Deutschen Seewarte, Observatorien usw. befinden sich vielfach Normaluhren, deren Stand genau bekannt ist. Beabsichtigt man, den Chron.-Stand danach zu bestimmen, so vergleicht man vor dem An-Land-Gehen und nach dem An-Bord-Kommen Beobachtungsuhr und Chron., am Lande Uhr und Normaluhr miteinander.

Beispiel. In Cuxhaven stellte man folgende Vergleiche an:

$$
\begin{array}{rl}
\text{An Bord: Uhrzeit} = & 3^h 14^m 12^s \\
,, \quad ,, \quad \text{Chron.} = & 2^h 50^m 1^s \\
\hline
\text{Am Lande: Uhrzeit} = & 3^h 36^m 7^s \\
\text{Am Lande: Normaluhr} + \text{Std.} = & 3^h 15^m 0^s \\
\hline
\text{An Bord: Uhrzeit} = & 3^h 58^m 10^s \\
,, \quad ,, \quad \text{Chron.} = & 3^h 33^m 57^s \\
\hline
\end{array}
$$

Welches war der Stand des Chronometers?

An Bord: Uhrzeit $= 3^h\ 14^m\ 12^s$ . . . . $3^h\ 58^m\ 10^s$

,,   ,,   Chron. $= 2^h\ 50^m\ \ 1^s$ . . . . $3^h\ 33^m\ 57^s$

Unt. I $= -\ 24^m\ 11^s$ Unt. II $= -\ 24^m\ 13^s$

$$\text{Mittel} = -\ 24^m\ 12^s$$
$$\text{Am Lande: Uhrzeit} = 3^h\ 36^m\ \ 7^s$$
$$\text{Chr.Z.} = 3^h\ 11^m\ 55^s$$
$$\text{Normaluhr} + \text{Std., also M.G.Z.} = 3^h\ 15^m\ \ 0^s$$
$$\text{Std.} = +\ \ 3^m\ \ 5^s$$

3. Durch FT- (funkentelegraphische) Zeitangabe. Die FT-Stationen von Nauen, Paris, Leningrad usw. geben jeden Tag funkentelegraphische Zeitsignale. Näheres darüber findet man im Naut. Funkdienst.

Gang. Unter G a n g eines Chronometers versteht man die Sekunden und Zehntelsekunden, die es in 24 Stunden gegenüber der mittleren Zeit vorauseilt oder zurückbleibt. Eilt es voraus, dann ist der Gang minus, bleibt es zurück, plus. Man erhält den Gang, indem man den Stand an zwei nicht zu nahe zusammenliegenden Tagen bestimmt, dann von dem zweiten Stande den ersten algebraisch subtrahiert und den Unterschied durch die Zahl der zwischenliegenden Tage dividiert.

Beispiel 1. Am 11. Februar fand man den Stand eines Chron. zu $+4^m7^s$, am 21. Februar zu $+ 3^m\ 54^s$. Welches war der tägliche Gang?

$$\text{Std. d. 21. 2.} = +\ \ 3^m\ 54^s$$
$$\text{,, ,, 11. 2.} = +\ \ 4^m\ \ 7^s$$
$$\text{Gg. in 10 Tagen} = -\ \ 0^m\ 13^s$$
$$\text{,, ,, 1 Tag} = -\ 13^s : 10 = -\ 1{,}3^s,$$

d. h. das Chron. gewann tägl. 1,3^s.

Beispiel 2. Welches war der tägliche Gang eines Chron., dessen Stand am 29. Juni $= -\ 2^m\ 21^s$, am 11. Juli $= -\ 2^m\ 39^s$ war?

$$\text{Std. d. 11. 7.} = -\ \ 2^m\ 39^s$$
$$\text{,, ,, 29. 6.} = -\ \ 2^m\ 21^s$$
$$\text{Gg. in 12 Tagen} = -\ \ 0^m\ 18^s$$
$$\text{,, ,, 1 Tag} = -\ 18^s : 12 = -\ 1{,}5^s,$$

d. h. das Chron. gewann tägl. 1,5^s.

Beispiel 3. Welches war der Gang eines Chron., das am 2. Mai $0^m\ 4^s$ gegen M.G.Z. vor und am 17. Mai $0^m\ 30^s$ zurück war?

$$\text{Std. d. 17. 5.} = +\ \ 0^m\ 30^s$$
$$\text{,, ,, 2. 5.} = -\ \ 0^m\ \ 4^s$$
$$\text{Gg. in 15 Tagen} = +\ \ 0^m\ 34^s$$
$$\text{,, ,, 1 Tag} = +\ 34^s : 15 = +\ 2{,}3^s,$$

d. h. das Chron. verlor tägl. 2,3^s

Da der Stand eines Chronometers in der Regel für den Augenblick einer Beobachtung nicht bekannt ist, so ist es erforderlich, den täglichen Gang mit den Tagen und Bruchteilen von Tagen, die seit dem Augenblick, für den man den Stand kennt, verflossen sind, zu multiplizieren, um den ganzen Gang zu erhalten. Zur Verwandlung der Stunden und Minuten in Zehntel-Tage benutze man die folgende Tafel.

141. Tafel zur Umwandlung von Stunden und Minuten in Dezimalbruchteile des Tages.

Von 0^h 0^m bis 1^h 11^m	0 Tg.
„ 1^h 12^m „ 3^h 35^m	0,1 „
„ 3^h 36^m „ 5^h 59^m	0,2 „
„ 6^h 0^m „ 8^h 23^m	0,3 „
„ 8^h 24^m „ 10^h 47^m	0,4 „
„ 10^h 48^m „ 13^h 11^m	0,5 „
„ 13^h 12^m „ 15^h 35^m	0,6 „
„ 15^h 36^m „ 17^h 59^m	0,7 „
„ 18^h 0^m „ 20^h 23^m	0,8 „
„ 20^h 24^m „ 22^h 47^m	0,9 „
„ 22^h 48^m „ 24^h 0^m	1,0 „

142. Nebenmeridianbreite.

Es kommt oft vor, daß man wegen einer sich vorschiebenden Wolke die Höhe eines Gestirns, wenn es den Meridian passiert, nicht messen kann. Beobachtet man dann eine Höhe außerhalb des Meridians, so ist diese, wenn sie in der Nähe des oberen Meridians gemessen wird, zu klein, wird sie aber nahe dem unteren Meridian gemessen, zu groß gegenüber der Meridianhöhe. Den Unterschied u zwischen gemessener und Meridianhöhe erhält man bequem mit Hilfe der im Verlage von Eckardt und Meßtorff erschienenen „Tafeln zur Bestimmung der Breite und des Azimuts" von P. Andresen. Der Gebrauch der Tafeln ist denkbar einfach. Nachdem man wahre Höhe und Stundenwinkel ermittelt hat, entnimmt man der Tafel mit Stundenwinkel und Breite den Wert A, sodann mit Stundenwinkel und Abweichung den Wert B. Mit der Summe beider $(A + B = C)$ und mit der wahren Höhe geht man dann nochmals in die Tafel und findet unten den Wert u der Meridianbeschickung.

Beispiel 1. Am 1. November 1940 beobachtete man auf etwa $55^o 3' N$ und $6^o 38' O$ bei I.B. $= + 3'$, Agsh. $= 6$ m, Std. des Chron. $= - 4^m 2^s$ um Chr.Z. $= 11^h 37^m 11^s \overline{\odot} = 20^o 40'$ nahe dem S-Merid.

Welche Breite ergibt sich daraus?

Chr. Z. =	$11^h 37^m 11^s$	$\overline{\odot}$ =	$20^0 40'$	M.G.Z. = $11,6^h$ d. 1. 11.
Std. = —	$4^m 2^s$	I. B. =	$+ 3'$	$\odot$ δ = $14^0 28'$ S
M.G.Z. =	$11^h 33^m 9^s$		$20^0 43'$	e = $- 16^m 21^{s\cdot}$
Lg. i. Z. =	$26^m 32^s$	G.B. =	$- 23'$	
M.O.Z. =	$11^h 59^m 41^s$	h =	$20^0 20'$	
e = (—) +	$16^m 21^s$	u =	$+ 5'$	
W.O.Z. =	$12^h 16^m 2^s$	h_0 =	$20^0 25'$ S	
$\odot$ t =	$16^m 2^s$	z_0 =	$69^0 35'$ N	
A = 6,60		δ =	$14^0 28'$ S	
B = 7,05		φ =	$55^0 7'$ N	
C = 3,65; u = 5'.				

Beispiel 2. Am 23. April 1940 auf etwa $56^0 7'$ N und $3^0 14'$ O beobachtete man wie unten folgt. I. B. = $+ 1'$, Agsh. = 5,5 m, Std. d. Chron. = $+ 2^m 14^s$. Chr.Z. = $2^h 28^m 48^s$ Capella $*$ = $12^0 9'$.

Welche Breite ergibt sich daraus?

Chr. Z. =	$2^h 28^m 48^s$	Capella $*$ =	$12^0 9'$	M. G. Z. = $2,5^h$ d. 23. 4.	
Std. = +	$2^m 14^s$	I. B. =	$+ 1'$	m $\odot$ α = $2^h 3^m 57^s$	
M.G.Z. =	$2^h 31^m 2^s$		$12^0 10'$	$* \alpha$ = $5^h 12^m 16^s$	
Lg. i. Z. =	$12^m 56^s$	G. B. =	$- 9'$	$* \delta$ = $45^0 56'$ N	
M.O Z. =	$2^h 43^m 58^s$	h =	$12^0 1'$	p = $44^0 4'$	
m $\odot$ α =	$2^h 3^m 57^s$	u =	$- 8'$		
Υ τ =	$4^h 47^m 55^s$	h_u =	$11^0 53'$		
$* \alpha$ =	$5^h 12^m 16^s$	p =	$44^0 4'$		
$* \tau$ =	$23^h 35^m 39^s$	φ =	$55^0 57'$ N		
$* t_u$ =	$0^h 24^m 21^s$				
A = 6,95					
B = 7,13					
C = 4,08; u = 8'					

143. Nordsternbreite.

Unter allen Fixsternen nimmt der Polarstern oder Nordstern (α ursae minoris) eine besondere Stellung ein, und zwar deshalb, weil er nur etwa $1^0 1'$ vom Nordpol entfernt ist. Stände er am Pol, so brauchte man nur seine wahre Höhe zu ermitteln, und man hätte die Breite. Nunmehr steht er aber in der oberen Kulmination $1^0 1'$ höher, in der unteren $1^0 1'$ tiefer als der Pol. Zu jeder anderen Zeit ist der Unterschied zwischen Pol- und Sternhöhe geringer. Um nun aber nicht an den Augenblick der Kulmination gebunden zu sein, hat man Tabellen berechnet, aus denen man die an eine auf den wahren Horizont beschickte Höhe anzubringenden Berichtigungen entnimmt, um die

Breite zu erhalten. Diese Berichtigungen sind in der Tafel 2 des Naut. Jahrb. als I., II. und III. Berichtigung enthalten. Zur Benutzung der Tafel ist außer der Höhe des Polarsterns und dem Monat der Beobachtung der Zeitwinkel des Widderpunktes erforderlich. Um diesen zu erhalten, hat man (siehe Nr. 130 b) M.O.Z. und m $\odot\,\alpha$ zu addieren.

m $\odot\,\alpha$ nimmt wegen der scheinbaren Bewegung der Sonne am Fixstern-himmel täglich $3^m\,56^s$, also stündlich rund 10^s und in einer Zehntelstunde ($0,1^h$) um 1^s zu. Will man sie für einen bestimmten Augenblick dem Naut. Jahrb. entnehmen, so addiert man zu dem für die volle M.G.Z.-Stunde dem Jahrb. entnommenen Wert so viele Sekunden, wie Zehntelstunden der M.G.Z. vorhanden sind.

Beispiel. Am 27. September 1940 gegen 21^h wurde auf etwa $54^0\,7'\,N$ und $3^0\,40'\,O$ nach Chronometer beobachtet, wie unten folgt. Am 24. September 0^h M.G.Z. war der Stand des Chronometers $+\,1^m\,4^s$ gegen M.G.Z., und es verlor täglich $1,5^s$. I. B. $=\,-\,3,5'$, Augesh. $=\,4,9$ m, Chr. Z. $=\,8^h\,49^m\,17^s$ Polaris $\underline{\bullet}\,=\,54^0\,50'$. Welche Breite ergibt sich daraus?

$$
\begin{aligned}
\text{Chr.Z.} &= 20^h\,49^m\,17^s \\
\text{Std. d. 24. 9.} &= +\quad 1^m\,\ 4^s \\
\hline
\text{Ungef. M.G.Z.} &= 20^h\,50^m\,21^s \\
\text{Gg.} = 1,5^s\cdot 3,9 &= +\quad 0^m\,\ 6^s \\
\hline
\text{M G.Z.} &= 20^h\,50^m\,27^s\ \text{d. 27. 9.} \\
\text{Lg. i. Zt.} &= +\ 14^m\,40^s \\
\hline
\text{M.O.Z.} &= 21^h\ \ 5^m\,\ 7^s \\
\text{m}\,\odot\,\alpha &= 12^h\,25^m\,57^s \\
\hline
\curlyvee\ \tau &= \ 8^h\,39^m\,10^s
\end{aligned}
$$

Polaris $\underline{\bullet}\ =\ 54^0\,50'$		M.G.Z. $=\ 20,8^h$ d. 27. 9.
I. $\overline{\text{B.}}$ = $-\quad 3,5'$		m $\odot\,\alpha =\ \underline{12^h\,25^m\,57^s}$
$\overline{54^0\,46,5'}$		I. Ber. $=\,-\,14,3'$
G. B. $=\,-\quad 4,7'$		II. „ $=\,-\quad 0,2'$
w $\circ$ h $=\ 54^0\,41,8'$		III. „ $=\,+\quad 0,8'$
h Ber. $=\,-\quad 13,7'$		h Ber. $=\,-\,13,7'$
$\underline{\underline{\varphi\ =\ 54^0\,28'N}}$		

Anmerkung. Für die Praxis genügt es vollständig, wenn man nur die I. Berichtigung an die wahre Höhe anbringt.

144. Chronometerlänge.

Das Wort Chronometerlänge besagt schon, daß es sich um die Bestimmung der Länge unter Zuhilfenahme des Chronometers handelt. Das Wesen der Chronometerlänge besteht darin, daß man aus der Breite, der gemessenen Höhe und Abweichung eines Gestirns dessen Stundenwinkel berechnet, daraus die M.O.Z. ermittelt, dann durch Vergleich dieser mit der M.G.Z. die Länge in Zeit bestimmt und diese schließlich in Bogen verwandelt. Die Rechnung selbst besteht aus folgenden Teilen:

1. der Ermittlung der M.G.Z.,
2. der Beschickung der Höhe,
3. der Randrechnung, d. h. der Aufsuchung der Gestirns-Abweichung und der Zeitgleichung bzw. der m $\odot$ α und der $\ast$ α, je nachdem es sich um die Sonne oder ein anderes Gestirn handelt,
4. der Hauptrechnung zur Bestimmung des Stundenwinkels und
5. der Schlußrechnung.

Die Ermittlung der M.G.Z. aus der Chronometer-Ablesung ist bekannt; ebenso die Beschickung der gemessenen Höhe zur wahren.

Um die Abweichung und die Zeitgleichung zu erhalten, rundet man die M.G.Z. auf Zehntelstunden ($6^m = 0,1^h$) genau ab und entnimmt dafür die beiden Werte nach Schätzung den Seiten I bis IV des Naut. Jahrb. Die m $\odot$ α und die $\ast$ α findet man auf bekannte Weise.

Die Berechnung des Stundenwinkels erfolgt nach der Formel

$$\text{semi versus } t = \text{secans } \varphi \cdot \text{secans } \delta \cdot \text{sinus } \frac{z + z_0}{2} \cdot \text{sinus } \frac{z - z_0}{2}$$

Die Rechnung wird jedoch nicht in der Weise durchgeführt, daß man die einzelnen Faktoren sec φ, sec δ usw. miteinander multipliziert, sondern man schlägt dafür die Logarithmen auf und addiert dann diese. Die Logarithmen erhält man aus der Tafelsammlung. Eine Verbesserung ist höchstens insofern erforderlich, als man vielleicht für halbe Minuten den sin aufzuschlagen hat. Dann addiert man den halben Unterschied der beiden einschließenden Sinus-Logarithmen zu dem vorhergehenden.

Der Logarithmus semi versus (log sem) ist in der Tafel von vier zu vier Sekunden genau angegeben. Stimmt er mit der Tafelangabe nicht überein, dann schätzt man die dem Logarithmus entsprechende Sekundenzahl. Man hat z. B. log sem 9,37260 gefunden. In der Tafel sind 9,37251 und 9,37274 angegeben, zu denen die Stundenwinkel $3^h 52^m 24^s$ und $3^h 52^m 28^s$ gehören: t ist demnach $3^h 52^m 26^s$.

z ist die Zenitdistanz des beobachteten Gestirns, die man durch Subtraktion der wahren Höhe von 90^0 erhält. z_0 ist $\varphi - \delta$. Man findet z_0, indem man, wenn φ und δ gleichnamig sind, die beiden Werte voneinander subtrahiert, sie dagegen addiert, wenn φ und δ ungleichnamig sind. Die in Rechnung zu setzende Breite ist die Bestecksbreite.

$\frac{z - z_0}{2}$ bildet man am besten in der Weise, daß man $\frac{z + z_0}{2}$ von z oder z_0 von $\frac{z + z_0}{2}$ subtrahiert. $\frac{z + z_0}{2}$ wird gewöhnlich mit $^s/_2$ (halbe Summe), $\frac{z - z_0}{2}$ mit $^u/_2$ (halber Unterschied) bezeichnet.

Um die Schlußrechnung durchzuführen, hat man zunächst festzustellen, ob der Stundenwinkel Ost oder West ist, ob also das Gestirn östlich oder westlich vom Meridian steht. Ist t Ost, dann subtrahiert man ihn von 12^h

ist er West, dann addiert man ihn zu 12^h und hat dann den Zeitwinkel τ.
Daraus findet man dann bei der Sonne durch Anbringen der Zeitgleichung
die M.O.Z., während man bei einem Stern oder dem Monde so zu verfahren
hat, wie unter Nr. 130 b angegeben ist, indem man nämlich zum Zeitwinkel
• α oder ☾ α addiert, um ϒ τ zu erhalten; subtrahiert man davon dann
m ☉ α, so erhält man die M.O.Z. Der Unterschied zwischen der M.O.Z. und
der nach Chron. ermittelten M.G.Z. ist die Länge in Zeit, die man entweder
mit Hilfe der Tafelsammlung oder nach der Anleitung auf S. 29 in Bogen
verwandelt.

Die Bezeichnung der Länge richtet sich danach, ob die M.G.Z. kleiner
oder größer als die M.O.Z. ist. Ist sie kleiner, dann ist die Länge Ost, ist sie
größer, West.

Die Genauigkeit des Resultats hängt in erster Linie davon ab, ob das
Gestirn im ersten Vertikal, also Ost oder West vom Beobachter stand oder
nicht, dann aber auch von der Genauigkeit der Bestimmungsstücke (φ, h
und δ). Stand das Gestirn im ersten Vertikal, dann übt ein kleiner Breitenfehler keinen Einfluß auf das Resultat aus. War das aber nicht der Fall,
dann wird durch einen Fehler in der Breite die Länge um so ungenauer, je
weiter das Gestirn vom ersten Vertikal entfernt war und je größer die Breite ist.

Da im Winterhalbjahr die Sonne nicht im ersten Vertikal beobachtet
werden kann, so messe man die Sonnenhöhen, wenn sie etwa zwischen 5⁰
und 10⁰ sind. Bei sehr kleinen Höhen ist es empfehlenswert, den Oberrand
der Sonne zu messen.

Es ist bedeutend schwieriger, Fixsternhöhen zu messen als Sonnenhöhen,
weil die Kimm bei Nacht nur schwer auszumachen ist. Man beobachtet
Sterne deshalb fast nur in der Morgen- und Abenddämmerung, indem man
mehrere Höhen kurz nacheinander mißt und daraus das Mittel nimmt, d. h.
man addiert die Chron.-Zeiten und die Höhen und dividiert beide Summen
durch die Anzahl der Beobachtungen. Auch Sonnenhöhen beobachtet man zweckmäßig mehrere, wenn man glaubt, daß die erste Messung nicht genau war.
Die Möglichkeit besteht dann, daß die Ungenauigkeit der ersten Beobachtung
verringert oder gar beseitigt wird, aber sicher ist das nicht. Zuweilen ist eine
einzige Höhe besser als das Mittel aus drei anderen.

Beispiel 1. Am 2. Sept. 1940 gegen 16½^h auf etwa 53⁰ 58′ N und 2⁰ 45′ O
wurde beob. bei I. B. = — 2,5′, Augeshöhe = 4,2 m wie unten folgt. Der
Stand des Chron. war — 4^m 5^s gegen M.G.Z. Welche Länge ergibt sich daraus?

$$
\begin{array}{ll}
\text{Chr.Z.} = 16^h\ 27^m\ 37^s & \quad ☉ = 18^0\ 42' \\
\text{Std.} = -\quad 4^m\ 5^s & \quad \text{I. B.} = -\quad 2,5' \\
\hline
\text{M.G.Z.} = 16^h\ 23^m\ 32^s & \quad 18^0\ 39,5' \\
\text{M.G.Z.} = 16,4^h\ \text{d. 2. 9.} & \quad \text{G. B.} = +\quad 9,5' \\
☉\ \delta = 7^0\ 49'\ \text{N} & \quad w\ ⊖\ h = 18^0\ 49' \\
\hline
e = -0^m\ 25^s & \quad z = 71^0\ 11'
\end{array}
$$

$$\text{sem } t = \sec φ \cdot \sec δ \cdot \sin{}^s/_2 \cdot \sin{}^u/_2$$

$\varphi = 53°\ 58'\ N$ log sec 0,23043
$\delta = 7°\ 49'\ N$ log sec 0,00405
$z_0 = 46°\ 9'$
$z = 71°\ 11'$
$s = 117°\ 20'$
$s/_2 = 58°\ 40'$ log sin 9,93154   W.O.Z. = 16h 34m 26s
$u/_2 = 12°\ 31'$ log sin 9,33591   e = — 0m 25s
          log sem 9,50193   M.O.Z. = 16h 34m 1s d. 2. 9.
          ⊙ tw = 4h 34m 26s   M.G.Z. = 16h 23m 32s   ,,
          W.O.Z. = 16h 34m 26s   Lg. i. Z. = 10m 29s
                      Lg. = 2° 37' O

Beispiel 2. Am 8. November 1940 gegen $8\frac{1}{2}^{h}$ beob. man auf etwa 56° 15′N und 0° 1′ W wie unten folgt. I. B. = 0, Augesh. = 5,1 m. Der Stand des Chron. war am 2. Nov. 0h M.G.Z. = + 2m 51s, der tägliche Gang = — 1,7s. Welche Länge ergibt sich aus der Beobachtung?

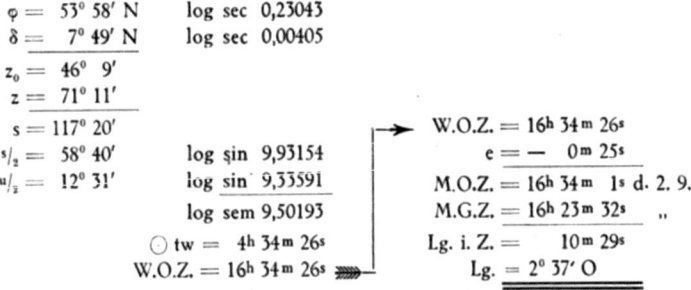

          Chr.Z. = 8h 18m 12s   ⊙ = 6° 15'
        Std. d. 2. 11. = + 2m 51s   I. B. = 0'
      Ungef. M.G.Z. = 8h 21m 3s   G. B. = — 28'
        Gg. 1,7 · 6,3 = — 11s   w ⊙ h = 5° 47'
          M.G.Z. = 8h 20m 52s   z = 84° 13'
          M.G.Z. = 8,3h d. 8. 11.
          ⊙ δ = 16° 34' S
          e = — 16m 9s

          sem t = sec φ · sec δ · sin $s/_2$ · sin $u/_2$

$\varphi = 56°\ 15'\ N$ log sec 0,25526
$\delta = 16°\ 34'\ S$ log sec 0,01841
$z_0 = 72°\ 49'$
$z = 84°\ 13'$
$s = 157°\ 2'$
$s/_2 = 78°\ 31'$ log sin 9,99122   W.O.Z. = 8h 37m 31s
$u/_2 = 5°\ 42'$ log sin 8 99704   e = — 16m 9s
          log sem 9,26193   M.O.Z. = 8h 21m 22s d. 8. 11.
          ⊙ t_0 = 3h 22m 29s   M.G.Z. = 8h 20m 52s
          W.O.Z. = 8h 37m 31s   Lg. i. Z. = 0m 30s
                      Lg. = 0° 8' O

Beispiel 3. Am 27. September 1940 gegen Mitternacht auf etwa 57° 14′ N und 6° 29′ O wurde nach Beobachtungs-Uhr beob. wie unten folgt. Der Std. d. Chron. war am 22. Sept. um 0h M.G.Z. = + 1m 12s geg. M.G.Z., der tägl. Gg. = + 1,2s , I. B. = — 2′, Augesh. = 4 m. Bei der Uhrvergleichung zeigte die Uhr 11h 34m 16s, das Chron. 11h 23m 8s.

Uhrz. $= 23^h\,30^m\;\;4^s$	Beteigeuze $* =\;\;9^0\;\;5'$ östl. v. Merid.
Unt. $= -\;\;11^m\;\;8^s$	I. B. $= \;\;-\;\;2'$ Welche Länge
Chr. Z. $= 23^h\,18^m\,56^s$	$\overline{\qquad\qquad 9^0\;\;3'}$ folgt daraus?
Std. 22. 9. $= +\;\;1^m\,12^s$	G. B. $= -\;\;9'$
U. M. G. Z. $= 23^h\,20^m\;\;8^s$	w $* $ h $=\;\;8^0\,54'$
Gg. $= 1,2 \cdot 6,0 = +\qquad 7^s$	z $= 81^0\;\;6'$
M. G. Z. $= 23^h\,20^m\,15^s$ d. 27. 9.	M. G. Z $= 23{,}3^h$ d. 27. 9.
Uhrvergl.: Uhrz. $= 11^h\,34^m\,16^s$	m $\odot\,\alpha = 12^h\,26^m\,21^s$
Chr. Z. $= 11^h\,23^m\;\;8^s$	$*\;\alpha = \;\;5^h\,51^m\,58^s$
Unt. $= -\;\;11^m\;\;8^s$	$*\;\delta = \;\;7^0\,24'$ N

$$\text{sem } t = \sec\varphi \cdot \sec\delta \cdot \sin {}^s/_2 \cdot \sin {}^u/_2$$

$\varphi =\;\;57^0\;14'$ N	log sec 0,26663	$*$ t $=\;\;5^h\,40^m\,10^s$
$\delta =\;\;\;\;7^0\,24'$ N	log sec 0,00363	$*\;\tau =\;\;6^h\,19^m\,50^s$
$z_0 =\;\;49^0\,50'$		$*\;\alpha =\;\;5^h\,51^m\,58^s$
$z =\;\;81^0\;\;6'$		$\Upsilon\;\tau = 12^h\,11^m\,48^s$
$s = 130^0\,56'$		m $\odot\,\alpha = 12^h\,26^m\,21^s$
$^s/_2 =\;\;65^0\,28'$	log sin 9,95891	M. O. Z. $= 23^h\,45^m\,27^s$ d.27 9.
$^u/_2 =\;\;15^0\,38'$	log sin 9,43053	M. G. Z. $= 23^h\,20^m\,15^s$,,
	log sem 9,65970	Lg. i. Z. $=\qquad 25^m\,12^s$
$*\;t_0 =\;\;5^h\,40^m\,10^s$		Lg. $=\;\;6^0\,18'$ O

Beispiel 4. Am 25. November 1940 gegen $16\tfrac{1}{2}^h$ wurde auf etwa $62^0\;3'$ N und $3^0\,25'$ O nach einem Chron., das um 0^h M.G.Z. des 15. November $3^m\,12^s$ gegen M.G.Z. vor war und tägl. $0{,}6^s$ gewann, beob. wie folgt. I. B. $= -\;2'$, Augesh. $= 4{,}5$ m.

Chr. Z. $= 16^h\,27^m\;\;2^s$	$\text{♃} = 15^0\,15'$ östl. v. Merid.
Std. d. 15. 11. $= -\;\;3^m\,12^s$	I. B. $= \;\;-\;\;2'$ Welche Länge
U. M. G. Z. $= 16^h\,23^m\,50^s$	$\overline{\qquad\qquad 15^0\,13'}$ folgt daraus?
Gg. $= 0,6 \cdot 10,7 =\qquad -\;\;6^s$	G. B. $= -\;\;7'$
M. G. Z. $= 16^h\,23^m\,44^s$ d.25.11.	w ♃ h $= 15^0\;\;6'$
	z $= 74^0\,54'$
	M. G. Z. $= 16{,}4^h$ d. 25. 11.
	m $\odot\,\alpha = 16^h\,17^m\,50^s$
	♃ α d. 25. 11. $= \;\;2^h\,23^m\,38^s$
	$1,1 \cdot 16,4 =\qquad -\;\;18^s$
	♃ $\alpha = \;\;2^h\,23^m\,20^s$
	♃ δ d. 25. 11. $= 12^0\,50{,}7'$ N
	$0,08 \cdot 16,4 =\qquad -\;1{,}3'$
	♃ $\delta = 12^0\,49'$ N

$$\text{sem } t = \sec\varphi \cdot \sec\delta \cdot \sin {}^s/_2 \cdot \sin {}^u/_2$$

$\varphi = 62^\circ \; 3' \; N$ log sec 0,32910   → $\mathbb{2l} \; t_0 = $ 5h 27m 31s

$\delta = 12^\circ 49' \; N$ log sec 0,01096 $\mathbb{2l} \; \tau = $ 6h 32m 29s

$z_0 = 49^\circ 14'$ $\mathbb{2l} \; \alpha = $ 2h 23m 20s

$z = 74^\circ 54'$ $\Upsilon \; \tau = $ 8h 55m 49s

$s = 124^\circ \; 8'$ m $\odot \; \alpha = $ 16h 17m 50s

$s/_2 = 62^\circ \; 4'$ log sin 9,94620   M.O.Z. $=$ 16h 37m 59s d. 25. 11.

$u/_2 = 12^\circ 20'$ log sin 9,34658   M.G.Z. $=$ 16h 23m 44s   ,,

log sem 9,63284   Lg. i. Z. $=$ 14m 15s

$\mathbb{2l} \; t_0 = $ 5h 27m 31s   Lg. $= 3^\circ 34'$ O

Beispiel 5. Am 16. Dezember 1940 gegen $5\tfrac{1}{4}^h$ wurde auf etwa 56^0 13' N und 1^0 6' W nach einem Chron. beobachtet wie unten folgt. Der Stand des Chron. war $+$ 5m 51s gegen M.G.Z., I. B. $= +$ 5', Augesh, $=$ 5 m. Welche Länge ergibt sich daraus?

Chr.Z. $=$ 7h 13m 38s $\mathbb{C} = 28^0 \; 52'$ westl. v. Merid.

Std. $= +$ 5m 51s   I. B. $= +$ 5'

M.G.Z. $=$ 7h 19m 29s d. 16. 12. $28^0 \; 57'$

       G. B. $= +$ 59'

       w$\mathbb{C}$ h $= 29^0 \; 56'$

M.G.Z. $=$ 7h 19m d. 16. 12.   z $= 60^0 \; 4'$

m $\odot \alpha = $ 17h 39m 8s   7h $\mathbb{C} \; \delta = 17^0 \; 56,7'$ N

7h $\mathbb{C} \; \alpha = $ 6h 49m 4s   0,044 $\cdot$ 19 $= $ 0,8'

2,27 $\cdot$ 19 $= $ $+$ 43s $\mathbb{C} \; \delta = 17^0 \; 57,5'$ N

$\mathbb{C} \; \alpha = $ 6h 49m 47s $\mathbb{C} \; \pi = $ 56,6'

sem t $=$ sec $\varphi \cdot$ sec $\delta \cdot$ sin $s/_2 \cdot$ sin $u/_2$

$\varphi = 56^\circ 13'$ N log sec 0,25488   → $\mathbb{C} \; \tau = $ 16h 10m 47s

$\delta = 17^\circ 58'$ N log sec 0,02171 $\mathbb{C} \; \alpha = $ 6h 49m 47s

$z_0 = 38^\circ 15'$ $\Upsilon \; \tau = $ 22h 60m 34s

$z = 60^0 \; 4'$ m $\odot \alpha = $ 17h 39m 8s

$s = 98^\circ 19'$ M.OZ. $=$ 5h 21m 26s d. 16. 12.

$s/_2 = 49^\circ \; 9,5'$ log sin 9,87882   M.G.Z. $=$ 7h 19m 29s   ,,

$u/_2 = 10^\circ 54,5'$ log sin 9,27701   Lg. i Z. $=$ 1h 58m 3s

log sem 9,43242   Lg. $= 29^0 \; 31'$ W

$\mathbb{C} \; t_w = $ 4h 10m 47s

$\mathbb{C} \; \tau = $ 16h 10m 47s

145. Die astronomische Standlinie.

Die Bestecksbreite, die man der Berechnung der Chronometerlänge zugrunde legt, ist selten richtig, und daher wird auch in der Regel (ausgenommen, wenn das Gestirn genau im ersten Vertikal steht) die Länge falsch. Um trotzdem den Schiffsort genau zu erhalten, bedient man sich der astronomischen Standlinie.

In der Fig. 122 sei M der Erdmittelpunkt, B ein beliebiger Beobachtungsort auf der Erde, Z sein Zenit. G sei ein Gestirn, P der Schnittpunkt der Verbindungslinie MG mit der Erdoberfläche. Man nennt P den Projektionspunkt des Gestirns G. Die Ebene GMZ schneidet auf der Himmelskugel den Kreisboden GZ aus, der die Zenitdistanz z des Gestirns G ist. Diese Ebene schneidet auf der Erdkugel den Bogen BP aus, der in Gradmaß ausgedrückt, gleich z ist. Dreht man den Bogen BP um P, so beschreibt B auf der Oberfläche einen Kreis, der in der Figur dargestellt ist. Gleichzeitig dreht sich die Gerade MZ mit, und Z beschreibt einen Kreis an der Himmelskugel. Alle Punkte des ersten Kreises haben von P den Abstand z, alle Punkte des zweiten Kreises haben von G den Abstand z. Aus dieser Betrachtung folgt, daß man in allen Punkten eines jeden Kreises, der auf der Erde um den Projektionspunkt eines Gestirns G gezogen wird, dieselbe Zenitdistanz, also auch dieselbe Höhe dieses Gestirns findet. Man nennt diesen Kreis der Erdoberfläche daher H ö h e n g l e i c h e.

Fig. 122

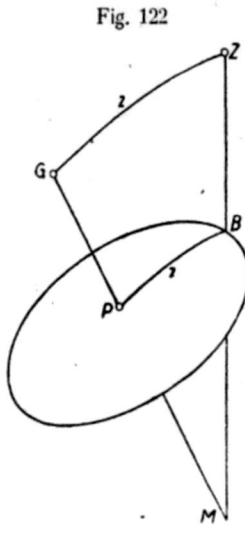

Denkt man sich an die Höhengleiche eine Tangente gelegt, so steht diese senkrecht zum Radius im Berührungspunkte. Da nun der Radius der Höhengleiche die Zenitdistanz des Gestirns ist, der Kreis also in der Regel über einen großen Teil der Erdoberfläche sich ausdehnt, so kann ein kleines, sich über wenige Seemeilen erstreckendes Stück als gerade Linie angesehen werden, die mit der Tangente zusammenfällt. Diesen Teil der Höhengleiche nennt man a s t r o n o m i s c h e S t a n d l i n i e. Diese steht daher auch senkrecht zum Radius der Höhengleiche, und da die wahre Richtung des Radius das wahre Azimut des Gestirns ist, so kann man auch sagen: D i e a s t r o n o m i s c h e S t a n d l i n i e s t e h t s e n k r e c h t z u m w a h r e n A z i m u t d e s G e s t i r n s.

Die Bestimmung der Lage der Standlinie kann auf mehrfache Weise geschehen.

Bestimmt man z. B. nach Bestecksbreite, Höhe und Abweichung die Länge und war die Breite fehlerhaft, Höhe und Abweichung aber richtig, dann ist auch die Länge falsch, und der Punkt, den man gefunden hat, ist nicht der Schiffsort, sondern ein Punkt der Höhengleiche, also auch der Standlinie. Solch einen Punkt nennt man L e i t p u n k t der astronomischen Standlinie. Ermittelt man dann das wahre Azimut des Gestirns und addiert dazu oder subtrahiert davon 90º, so hat man die Richtung der Standlinie, auf der das Schiff in irgendeinem Punkte stehen muß. Dasselbe gilt natürlich für die Berechnung der Breite aus einer Nebenmeridianhöhe, wenn die in Rechnung genommene Länge nicht stimmte.

Findet man z. B. in der Fig. 123 mit der Breite AB die Länge BC und zeigt der Pfeil die Richtung zum Gestirn (das Azimut) an, dann ist BD die astronomische Standlinie.

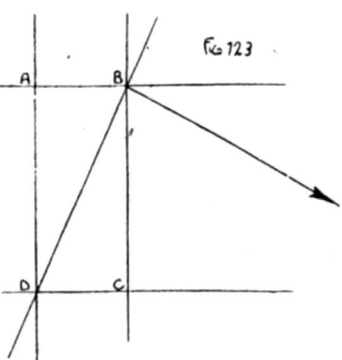

Fig 123

Nimmt man zur Berechnung der Länge eine etwas andere Breite als die Bestecksbreite in Rechnung, so ist die Länge auch eine andere geworden, aber auch dieser durch Breite und Länge gefundene Punkt liegt auf der Standlinie, weil die Höhe richtig war. Für die Breite DC würde man z. B. die Länge AD gefunden haben. Die Verbindung der beiden Punkte B und D ist daher auch die Standlinie.

Nach dem bisher Gesagten gibt es also verschiedene Methoden, die Lage der Standlinie kennenzulernen. Man kann mit der Bestecksbreite die Länge oder mit der Bestecksslänge die Breite und für den Augenblick der Beobachtung das wahre Azimut bestimmen; oder man kann für zwei von der Bestecksbreite zweckmäßig gleich weit abweichende Breiten (die eine um 10 bis 20 Minuten größer, die andere kleiner) zwei Längen oder für zwei von der Bestecksslänge abweichende Längen zwei Breiten berechnen und die beiden so gefundenen Punkte in der Seekarte miteinander verbinden. Die erste Methode ist die bequemere.

Steht das Gestirn im Meridian (Meridianbreite), so ist das Azimut rechtweisend S oder N, die Standlinie verläuft also O—W. Auch die Standlinie einer Nordsternhöhe kann man als O—W verlaufend annehmen.

Wenn man nun durch zwei Höhenbeobachtungen zwei Standlinien erhält, die sich möglichst rechtwinklig schneiden, so. ist der Schnittpunkt beider der Schiffsort.

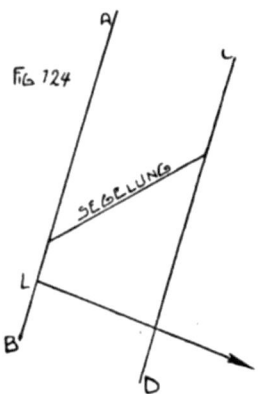

Fig 124

Liegt zwischen beiden Beobachtungen eine Versegelung, wurden die Höhen an verschiedenen Orten beobachtet, dann muß man die erste Standlinie (AB in Fig. 124) in Richtung und um den Betrag der Versegelung parallel mit sich selbst verschieben (nach CD). Die Versegelung trägt man in einem beliebigen Punkte der Standlinie an. Der Schnittpunkt dieser verschobenen Standlinie mit der zweiten ist dann der Schiffsort.

Hatte man nur zu einer Höhenbeobachtung Gelegenheit, dann läßt sich auch e i n e Standlinie verwerten. Lotet man z. B. zur Zeit der Beobachtung, dann hat man meistens schon einen gewissen Anhaltspunkt für den Schiffsort. Wenn man aber in nicht zu großen Zwischenräumen ein paarmal vor oder nach der Beobachtung lotet, so läßt sich daraus der Schiffsort mit hinreichender Genauigkeit feststellen.

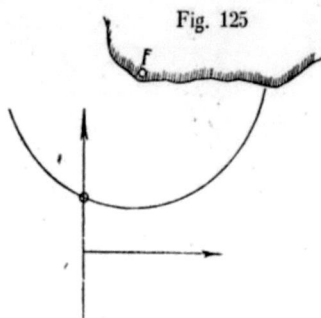

Fig. 125

Möglicherweise führt auch die Stand-linie, wenn man nahe der Küste ist, in die Nähe einer Landmarke oder in einen Feuer-kreis oder dicht an einem solchen vorbei. Im ersten Falle kann man den Kurs ein-schlagen, der durch die Standlinie gegeben ist, um die Landmarke bzw. den Feuerkreis anzulaufen und so seinen genauen Schiffs-ort zu bekommen (Fig. 125).

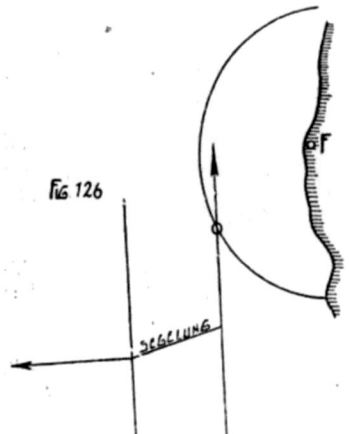

Fig 126

Im zweiten Falle verlegt man die Standlinie so weit, daß sie in den Feuer-kreis führt. Dann steuert man die ver-legte Standlinie an und darauf in Rich-tung dieser weiter, bis man in den Feuerkreis gelangt (Fig. 126).

Beispiele. 1. Am 31. Dezember 1940 gegen 23^h auf etwa $58^0 16'$ N und $9^0 40'$ O wurde beobachtet bei I. B. = 0, Augesh. = 4,5 m, Std. d. Chron. = $+ 3^m 28^s$ gegen M.G.Z. um Chr.Z. = $10^h 31^m 4^s$ Sirrah ⊛ = $25^0 33'$ westl. v. Merid. Zu derselben Zeit wurde unter denselben Verhältnissen beobachtet: Beteigeuze ⊛ = $39^0 5'$ im S-Merid. Welchen Schiffsort erhält man hieraus?

Chr.Z. = $22^h 31^m 4^s$,
Std. = $+ 3^m 28^s$
M.G Z = $22^h 34^m 32^s$ d. 31. 12.

Sirrah ⊛ = $25^0 33'$
I. B. = $0'$
G. B. = $- 6'$

w ⊛ h = $25^0 27'$
z = $64^0 33'$

M.G.Z. = $22,6^h$ a. 31. 12.
m ☉ α = $18^h 40^m 47^s$
⊛ α = $0^h 5^m 20^s$
⊛ δ = $28^0 46'$ N

$$\text{sem } t = \sec \varphi \cdot \sec \delta \cdot \sin s/_2 \cdot \sin u/_2$$

$\varphi = 58^0\,16'\,N$ log sec 0,27904
$\delta = 28^0\,46'\,N$ log sec 0,05721

$z_0 = 29^0\,30'$

$z = 64^0\,33'$

$s = 94^0\,3'$

$s/_2 = 47^0\,1,5'$ log sin 9,86431

$u/_2 = 17^0\,31,5'$ log sin 9,47874

      log sem 9, 67930

Beteigeuze $\ast = 39^0\,5'\,S$

I. B. $=$ $0'$

G. B. $= - $ $5'$

$w \circ h = 39^0\,0'\,S$

$z_0 = 51^0\,0'\,N$

$\ast\,\delta = 7^0\,24'\,N$

$\varphi = 58^0\,24'\,N$

$\ast\,t_w = 5^h\,49^m\,51^s$

$\ast\,\tau = 17^h\,49^m\,51^s$

$\ast\,\alpha = 0^h\,5^m\,20^s$

$\gamma\,\tau = 17^h\,54^m\,71^s$

$m\,\bigcirc\,\alpha = 18^h\,40^m\,47^s$

M. O. Z. $= 23^h\,14^m\,24^s$ d. 31.12.

M. G. Z. $= 22^h\,34^m\,32^s$

Lg. i. Z. $=$ $39^m\,52^s$

Lg. $= 9^0\,58'\,O$

Az. (Berechnung S. 177)
    $= N\,76^0\,W$

Standlinie $= N\,14^0\,O$

Schiffsort $= 58^0\,24'\,N$ und

$10^0\,2'\,O$

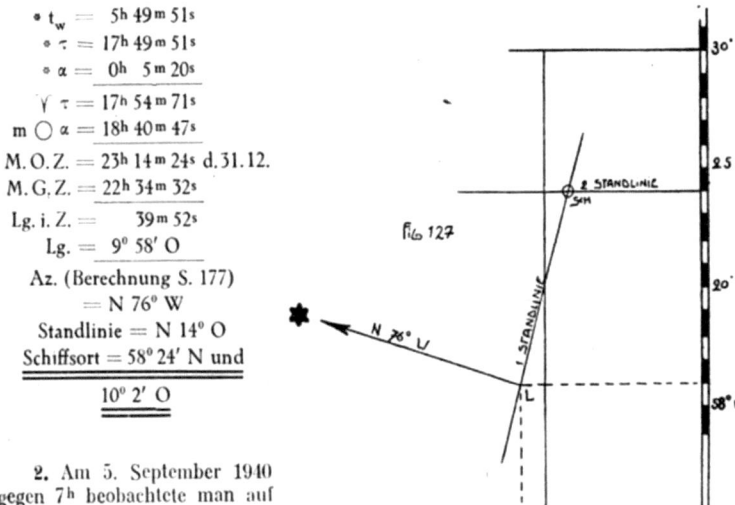

Fig 127

2. Am 5. September 1940 gegen 7^h beobachtete man auf etwa $61^0\,22'\,N$ und $3^0\,18'\,O$ bei I. B. $= +\,4'$, Augesh. $= 5$ m wie unten folgt. Der Std. d. Chr. war am 1. September 0^h M.G.Z. $= +\,1^m\,27^s$, d. Chr. verlor täglich $2,5^s$. Die Uhrvergleichung ergab: Uhrz. $= 6^h\,55^m\,13^s$, Chr.Z. $= 6^h\,42^m\,9^s$.

Uhrz. $= 6^h\,54^m\,17^s$ $(\cdot) = 12^0\,30'$. Dann wurde gesegelt rechtw. N 34^0 W 43 sm und nun beob. unter denselben Verhältnissen: $\bigodot = 34^0\,33'$ im S-Merid. Wo stand das Schiff zur Zeit der zweiten Beobachtung?

Uhrz. $= 6^h\,54^m\,17^s$	$\bigodot = 12^0\,30'$	Uhrvergleich:
Unt. $= -\,13^m\,4^s$	I. B. $= +\,4'$	Uhrz. $= 6^h\,55^m\,13^s$
Chr. Z. $= 6^h\,41^m\,13^s$	$12^0\,34'$	Chr.Z. $= 6^h\,42^m\,9^s$
Std. d. 1.9. $= +\,1^m\,27^s$	G. B. $= +\,8'$	Unt. $= -\,13^m\,4^s$
U. M. G. Z. $= 6^h\,42^m\,40^s$	$w\,\bigodot\,h = 12^0\,42'$	M.G.Z. $= 6,7^h$ d.5.9.
Gg. $2,5\cdot4,3 = +\,11^s$	$z = 77^0\,18'$	$(\cdot\,\delta = 6^0\,51'\,N$
M. G. Z. $= 6^h\,42^m\,51^s$ d. 5.9.		$e = -\,1^m\,16^s$

$$sem\,t = sec\,\varphi \cdot sec\,\delta \cdot sin\,s/_2 \cdot sin\,u/_2$$

$\varphi = 61°22'$ N   log sec 0,31948   Segelung $=$ N 34° W 43 sm   Abw. $=24$ sm W

$\delta = 6°51'$ N   log sec 0,00311   Br. U. $= 36'$ N   lg. U. $= 51'$ W

$z_0 = 54°31'$ Abf.Br. $=61°22'$N$/61°40'/$ Abf.Lg. $= 2°59'$ O

$z = 77°18'$ Err. Br. $= 61°58'$N   Err. Lg. $= 2°\ 8'$ O

$s = 131°49'$

$s/_2 = 65°54,5'$ log sin 9,96042

$u/_2 = 11°23,5'$ log sin 9,29560

              log sem 9,57861

$\odot\ t_0 = $ 5h 3m 58s

W. O. Z. $=$ 6h 56m 2s

$e = -$ 1m 16s

M. O. Z. $=$ 6h 54m 46s   d. 5. 9.

M. G. Z. $=$ 6h 42m 51s   „

Lg. i. Z. $=$ 11m 55s

Lg. $=$ 2° 59' O

Az. $=$ S 81° O

Standl. $=$ S 9° W

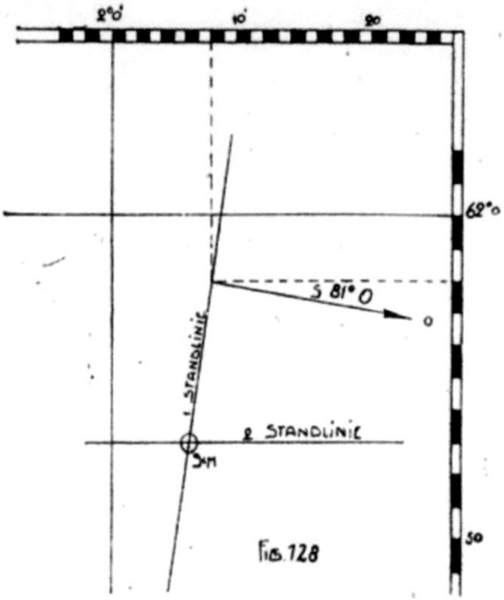

Fig. 128

W. O. Z. $= 12$h 0m $\odot = 34°38'$ S

$e = -$ 1m   I. B. $= +$ 4'

M. O. Z. $= 11$h 59m   34° 42'

Lg. i. Z. $=$ 9m   G. B. $= +$ 11'

M. G. Z. $= 11$h 50m   w $\ominus$ h $= 34°53'$ S

$= 11{,}8$h d. 5. 9. $z_0 = 55°\ 7'$ N

$\odot\ \delta = 6°46'$ N $\delta = 6°46'$ N

Schiffsort: $= 61°53'$ N $\varphi = 61°53'$ N

und 2° 6' O

146. Die Höhenmethode.

Die unter 145 gezeigten Methoden, den Schiffsort als Schnittpunkt zweier
Standlinien zu finden, haben den Nachteil, daß man bei der Beobachtung der
Höhen von bestimmten Zeiten abhängig ist. So wird man z. B. zu einer in der
Nähe des ersten Vertikals beobachteten Höhe nur eine solche zweite Höhe nehmen können, die nahe dem Meridian oder in diesem steht. Höhen, die weder
zur Berechnung des Stundenwinkels, noch zur Breitenbestimmung sich eignen, können nicht verwertet werden. Dieser Beschränkung unterliegt nicht die
sog. Höhenmethode.

Die wahre Höhe eines Gestirns kann man durch Rechnung finden. Beobachtet man nun die Höhe eines Gestirns und errechnet für den Augenblick der Beobachtung die Höhe desselben Gestirns, so muß die auf den wahren Horizont

beschickte beobachtete Höhe mit der berechneten übereinstimmen, wenn der Bestecksort richtig ist. Weicht jedoch der Bestecksort von dem wirklichen Schiffsorte nach der Richtung des Gestirns hin ab, so wird die errechnete Höhe (h_r) größer sein als die durch Beobachtung gefundene (h_o). Umgekehrt wird h_r kleiner als h_o sein, wenn der Bestecksort in entgegengesetzter Richtung vom wirklichen Schiffsort abweicht. Um den Betrag, um den die Höhen (h_o und h_r) voneinander verschieden sind, liegen auch die Höhengleichen voneinander ab, weil zahlenmäßig der Unterschied zwischen h_o und h_r gleich dem Unterschiede der zugehörigen Zenitdistanzen ist. Die Zenitdistanz ist aber der Halbmesser der Höhengleiche. In der nebenstehenden Figur sei P der Projektionspunkt des Gestirns und L der wirkliche Schiffsort. LP ist dann die Zenitdistanz, ein Hauptkreis in Richtung des Azimuts, der von der Höhengleiche 1 in L geschnitten wird. Hat man eine größere Zenitdistanz berechnet, z. B. AP, dann liegen die beiden Höhengleichen, die durch L und A gehen, um AL voneinander ab. Ist umgekehrt die berechnete Zenitdistanz kleiner, z. B. gleich BP, dann ist der Abstand der beiden Höhengleichen 1 und 3 gleich BL, dem Unterschiede der beiden Zenitdistanzen. Der Unterschied der beobachteten und der berechneten Zenitdistanz, also auch der entsprechenden Höhen ist gleich dem Abstande der durch den Bestecksort und der durch den wirklichen Schiffsort gehenden Standlinie.

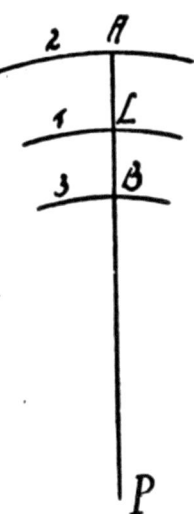

Fig. 129

Den Gang der Rechnung ersieht man an den folgenden Beispielen. Um jedoch bei jeder Aufgabe nicht erst überlegen zu müssen, wohin der Höhenunterschied $h_o - h_r = dh$ zu verlegen ist, bezeichne man h_o stets mit dem positiven, h_r mit dem negativen Vorzeichen. Der Unterschied der absoluten Werte erhält dann das Vorzeichen der größeren Zahl.

Die Höhe berechnet man am bequemsten nach der Formel

$$\text{sem } z_r = \text{sem } z_o + \text{sem } t \cdot \cos \varphi \cdot \cos \delta.$$

Setzt man das Produkt sem $t \cdot \cos \varphi \cdot \cos \delta = $ sem x, so erhält man

$$\text{sem } z_r = \text{sem } z_o + \text{sem } x.$$

Die Multiplikation sem $t \cdot \cos \varphi \cdot \cos \delta$ führt man logarithmisch durch und ermittelt für den erhaltenen $\log$ sem x den in der Tafel danebenstehenden sem. Hierbei ist eine Verbesserung nicht erforderlich, d. h. man nimmt für den dem gefundenen log sem nächstliegenden log sem den danebenstehenden sem. Addiert man diesen zum sem z_o, so erhält man den sem z_r, für den man schließlich z_r der Tafel entnimmt. Durch Subtraktion von 90° findet man dann h_r.

Nachdem man das wahre Azimut ermittelt hat, trägt man vom Bestecksorte aus in der Karte den Höhenunterschied dh in Richtung des Azimutes ab, wenn dh positiv, in entgegengesetzter, wenn dh negativ ist. Senkrecht zur Richtung des Azimutes zeichnet man dann die Standlinie.

Beispiel 1. Am 23. Oktober 1940 gegen 9 Uhr beobachtet man auf etwa 57° 21′ N und 6° 41′ O nach einem Chron., dessen Stand + 2ᵐ 7ˢ ist, wie folgt:

$$\text{Chr. Z.} = 8^h\, 15^m\, 28^s\quad ☾ = 32°\, 50'$$
$$\text{Chr. Z.} = 8^h\, 23^m\ \ 4^s\ ⊙ = 12°\, 40' \quad \Big\}\quad \text{I. B.} = +\ 2',\ \text{Agsh.} = 4\ \text{m.}$$

Wo steht das Schiff?

Fig. 130

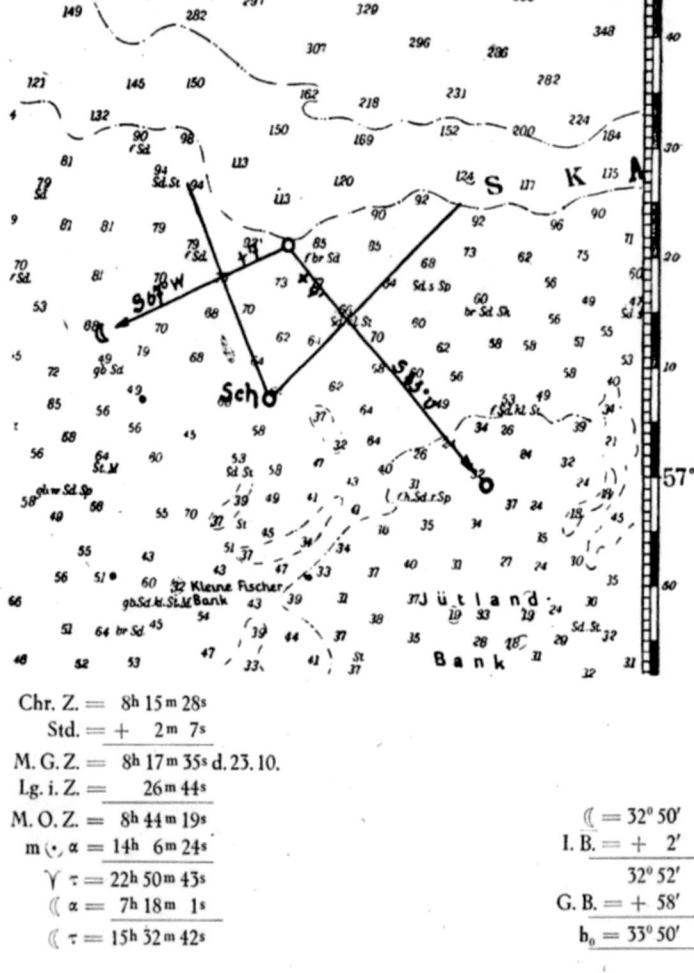

$$\text{Chr. Z.} =\quad 8^h\, 15^m\, 28^s$$
$$\text{Std.} = +\quad 2^m\ 7^s$$
$$\overline{\text{M. G. Z.} =\quad 8^h\, 17^m\, 35^s\ \text{d. 23. 10.}}$$
$$\text{Lg. i. Z.} =\quad 26^m\, 44^s$$
$$\overline{\text{M. O. Z.} =\quad 8^h\, 44^m\, 19^s}$$
$$\text{m}☾\ \alpha = 14^h\ \ 6^m\, 24^s$$
$$\Upsilon\ \tau = 22^h\, 50^m\, 43^s$$
$$☾\ \alpha =\quad 7^h\, 18^m\ \ 1^s$$
$$\overline{☾\ \tau = 15^h\, 32^m\, 42^s}$$

$$☾ = 32°\, 50'$$
$$\text{I. B.} = +\quad 2'$$
$$\overline{32°\, 52'}$$
$$\text{G. B.} = +\, 58'$$
$$\overline{b_0 = 33°\, 50'}$$

$\mathbb{C}\ t_w =$ 3ʰ 32ᵐ 42ˢ log sem 9,30171
$\varphi =$ 57° 21′ N   log cos 9,73200
$\delta =$ 16° 58′ N   log cos 9,98067

x . . . . log sem 9,01438

x . . . .   sem 10337
$z_0 =$ 40° 23′   sem 11914
$z_r =$ 56° 17′   sem 22251
$h_r =$ 33° 43′ (−)
$h_0 =$ 33° 50′ (+)
dh = + 7′

M.G.Z. = 8ʰ 18ᵐ d. 23. 10.
m ⊙ α = 14ʰ 6ᵐ 24ˢ
8ʰ $\mathbb{C}$ α = 7ʰ 17ᵐ 21ˢ
2,25 · 18 = 40ˢ
$\mathbb{C}$ α = 7ʰ 18ᵐ 1ˢ
8ʰ $\mathbb{C}$ δ = 16° 59,2′ N
0,065 · 18 = − 1,2
$\mathbb{C}$ δ = 16° 58′ N
$\mathbb{C}$ π = 56,8′
A = − 1,17
B = + 0,38
C = − 0,79
Az_1 = S 67° W

Chr. Z. = 8ʰ 23ᵐ 4ˢ
Std. = + 2ᵐ 7ˢ
M.G.Z. = 8ʰ 25ᵐ 11ˢ d. 23. 10.
Lg. i. Z. = 26ᵐ 44ˢ
M.O.Z. = 8ʰ 51ᵐ 55ˢ
e = (−) + 15ᵐ 36ˢ
W.O.Z. = 9ʰ 7ᵐ 31ˢ

⊙ = 12° 40′
I. B. = + 2′
12° 42′
G. B. = + 8′
$h_0 =$ 12° 50′

M.G.Z. = 8,4ʰ d. 23. 10.
⊙ δ = 11° 24′ S
e = − 15ᵐ 36ˢ

⊙ $t_0 =$ 2ʰ 52ᵐ 29ˢ log sem 9,13047
$\varphi =$ 57° 21′ N   log cos 9,73200
$\delta =$ 11° 24′ S   log cos 9,99135

x . . . . log sem 8,85382

x . . . .   sem 07142
$z_0 =$ 68° 45′   sem 31878
$z_r =$ 77° 19′   sem 39020
$h_r =$ 12° 41′ (−)
$h_0 =$ 12° 50′ (+)
dh = + 9′

A = − 1,68
B = − 0,30
C = − 1,98
Az_2 = S 43° O

$\varphi =$ 57° 7′ N $\lambda =$ 6° 37′ O

Beispiel 2. Am 1. Juni 1910 gegen 10½ Uhr beobachtet man auf etwa 58° 27′ N und 0° 59′ W nach einem Chron., das 3ᵐ 21ˢ gegen M.G.Z. voraus ist, wie folgt. I. B. = − 3′, Augsh. = 6 m.

Chr. Z. = 10ʰ 26ᵐ 48ˢ ⊙ = 49° 19′. Dann legt man in der rechtw. Richtung 139° 32 ˢᵐ zurück und beobachtet nachmittags mit demselben Instrument und nach demselben Chron. um Chr. Z. = 14ʰ 18ᵐ 50ˢ ⊙ = 46° 30′.

Wo steht das Schiff bei der zweiten Beobachtung?

Chr.Z. =	$10^h 26^m 48^s$
Std. =	$- \quad 3^m 21^s$
M.G.Z. =	$10^h 23^m 27^s$ d. 1. 6.
Lg. i. Z. =	$- \quad 3^m 56^s$
M.O.Z. =	$10^h 19^m 31^s$
e = (−) +	$2^m 20^s$
W.O.Z. =	$10^h 21^m 51^s$

$(\cdot) = 49^\circ 19'$	M.G.Z. $= 10,4^h$ d.1.6.
I. B. $= - \quad 3'$	$\odot\delta = 22^\circ 4'$ N
$49^\circ 16'$	$e = - 2^m 20^s$
G. B. $= + \quad 11'$	
$h_0 = 49^\circ 27'$	

$\odot t_0 =$	$1^h 38^m 9^s$	log sem 8,65471
$\varphi =$	$58^\circ 27'$ N	log cos 9,71870
$\delta =$	$22^\circ 4'$ N	log cos 9.96696
x		log sem 8,34037
x		sem 02189
$z_0 =$	$36^\circ 23'$	sem 09747
$z_r =$	$40^\circ 25'$	sem 11936
$h_r =$	$49^\circ 35' (-)$	
$h_0 =$	$49^\circ 27' (+)$	
dh =	$- \quad 8'$	

Segelung: $139^\circ 32^{sm}$
A. Br. $= 58^\circ 27'$ N
Br. U. $= \quad 24'$ S
Err. Br. $= 58^\circ 3'$ N

Abw. $= 21,0^{sm}$ O
Mittl. Br. $= 58^\circ 20'$

A. Lg. $= 0^\circ 59'$ W
Lg. U. $= \quad 40'$ O
Err. Lg. $= 0^\circ 19'$ W

A $= - 3,58$
B $= + 0,97$
C $= - 2,61$
$Az_1 = $ S 36° O

Chr.Z. =	$14^h 18^m 50^s$
Std. =	$- \quad 3^m 21^s$
M.G.Z. =	$14^h 15^m 29^s$
Lg. i. Z. =	$0^h 1^m 16^s$
M.O.Z. =	$14^h 14^m 13^s$
e = (−) +	$2^m 19^s$
W.O.Z. =	$14^h 16^m 32^s$

$\odot = 46^\circ 30'$	M.G.Z. $- 14,3^h$ d.1.6.
I. $\overline{B}. = - \quad 3'$	$\odot \delta = 22^\circ 5'$ N
$46^\circ 27'$	$e = - 2^m 19^s$
G. B. $= + \quad 11'$	
$h_0 = 46^\circ 38'$	

$\odot t_w =$	$2^h 16^m 32^s$	log sem 8,93517
$\varphi =$	$58^\circ 3'$ N	log cos 9,72360
$\delta =$	$22^\circ 5'$ N	log cos 9,96691
x		log sem 8,62568
x		sem 04224
$z_0 =$	$35^\circ 58'$	sem 09532
$z_r =$	$43^\circ 33'$	sem 13756
$h_r =$	$46^\circ 27' (-)$	
$h_0 =$	$46^\circ 38' (+)$	
dh =	$+ \quad 11'$	

A $= - 2,37$
B $= + 0,72$
C $= - 1,65$
$Az_2 = $ S 49° W

$\varphi = 58^\circ 3'$ N $\lambda = 0^\circ 45'$ W

Fig. 131

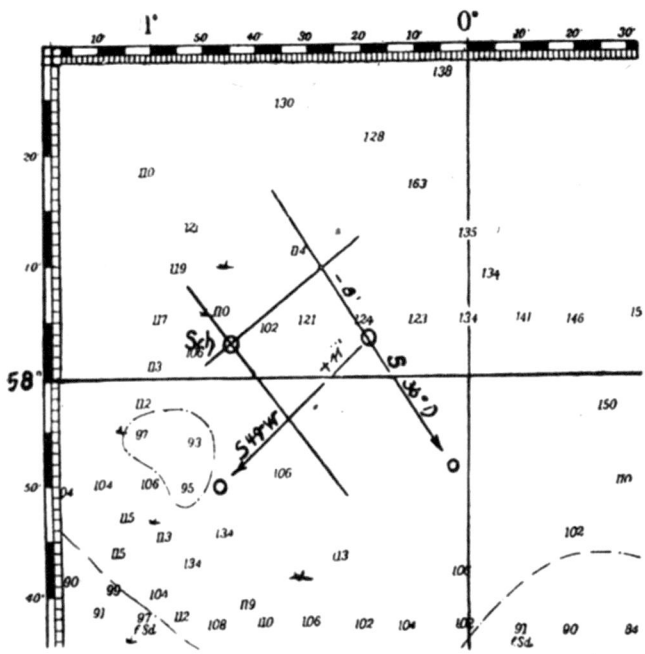

Lösung der Aufgabe außerhalb der Karte. Es ist natürlich am bequemsten, die Standlinien in die Karte einzutragen. Man kann jedoch auch ohne Kartenbenutzung sich eine Skizze entwerfen. Zu dem Zwecke nimmt man einen angemessenen Maßstab für eine Minute Höhenunterschied, z. B. $\frac{1}{2}$ cm = 1′ dh, und erhält aus der Skizze den Breitenunterschied direkt, während man den Längenunterschied erst aus der erhaltenen Abweitung ermitteln muß. Das obige Beispiel 1 soll so gelöst werden.

Es sei B der Bestecksort, durch den man einen Meridian und einen Breitenparallel zieht. Dann konstruiert man auf bekannte Weise die Standlinien. Die Konstruktion ergibt einen Br.U. = 14′ S, eine Abw. = 2 smW. Dafür erhält man nach der Tafel einen Lg.U. = 4′ W. Somit φ = 57° 7′ N, λ = 6° 37′ O. (Siehe Fig. 132).

147. Meridianbreite nach der Höhenmethode.

Die Berechnung der Höhe nach einer Formel fällt fort, wenn das Gestirn sich im Meridian befindet. Dann ist bekanntlich $\varphi - \delta = z_o$ und $90^a - z_o = h_r$. Ist die in Rechnung genommene Rechnung richtig, dann stimmt h_r mit der Meridianhöhe h_o überein. Liegt die Bestecksbreite weiter vom Projektionspunkt des Gestirns entfernt als die tatsächliche Breite, dann ist h_o größer als h_r; andernfalls kleiner. Daraus folgt:

Wenn $h_o - h_r$ positiv ist, berichtigt man die Bestecksbreite um dh in Richtung des Azimuts, wenn $h_o - h_r$ negativ ist, bringt man den Höhenunterschied nach der dem Azimut entgegengesetzten Richtung an.

Fig. 132

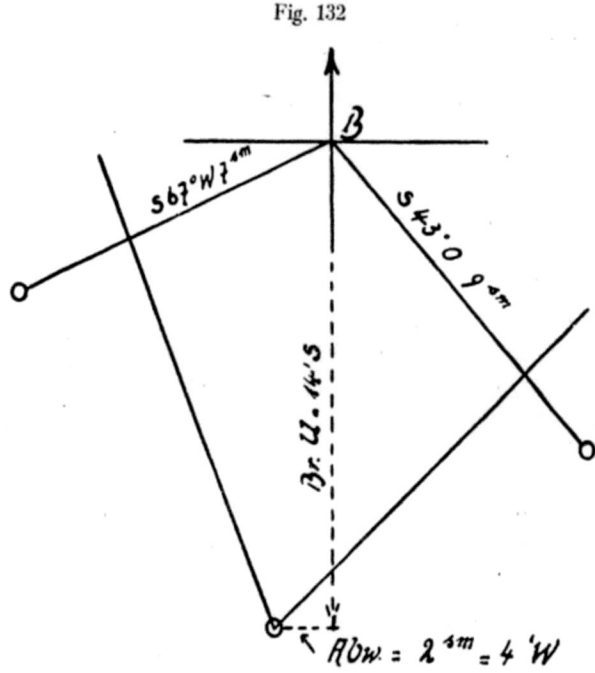

Um bei der Beobachtung die ungefähre Höhe am Spiegelinstrument einstellen zu können, vergleicht man zweckmäßig nicht die wahren Höhen, sondern die am Instrument abzulesende mit der abgelesenen Höhe. Deshalb bringt man an die berechnete wahre Höhe die Gesamtberichtigung und die I. B. mit entgegengesetzten Vorzeichen an und erhält so den zu erwartenden Kimmabstand.

Beispiel 1. Am 30. Juni 1940 auf etwa 52° 48′ N und 3° 17′ O soll die Unterrandshöhe der Sonne beim Durchgange durch den Meridian beobachtet werden. I. B. $= -3′$, Agsh. $= 5$ m. Welche Höhe hat man am Instrument einzustellen?

Es wird dann aber beob.: $\odot = 60° 19′$ im S-Merid. Welche Breite ergibt sich hieraus?

$\varphi' = 52^0\,48'\,N$ Beob. $h\odot_0 = 60^0\,19'\,S\,(+)$ W.O.Z. $=12^h\quad 0^m$

$\delta = 23^0\,10'\,N$ Z. erw. $h\odot_r = 60^0\,14'\,S\,(-)$ $e = +\quad 3^m$

$z_0 = 29^0\,38'\,N$ $dh = +\quad 5'\,(S)$ M.O.Z. $= 12^h\quad 3^m$

$h_r = 60^0\,22'\,S$ $\varphi' = 52^0\,48'\,N$ Lg. i. Z. $= -\quad 13^m$

Entg. G. B. $= -\quad 11'$ $\varphi = 52^0\,43'\,N$ M.G.Z. $= 11^h\,50^m$ d. 30. 6.

$\qquad\qquad 60^0\,11'$ $\qquad\qquad\qquad\qquad\quad = 11{,}8^h$

Entg. I. B. $= +\quad 3'$ $\odot\,\delta = 23^0\,10'\,N$

Zu erw. $h\odot_r = 60^0\,14'\,S$

Beispiel 2. Am 31. Oktober 1940 abends auf etwa $55^0\,31'\,N$ und $5^0\,2'\,O$ soll die Meridianhöhe des Jupiter beobachtet werden. I. B. $= -\ 2'$, Augesh. $= 6{,}5$ m. Welche Höhe hat man einzustellen?

Es wird dann aber $\mathfrak{A}_0 = 48^0\,15'$ im S-Merid. gemessen. Welche Breite ergibt sich?

$\varphi' = 55^0\,31'\,N$ Beob. $\mathfrak{A}_0 = 48^0\,15'\,S\,(+)$ M.O.Z. $= 23^h\,55^m$

$\delta = 13^0\,46'\,N$ Z. erw. $\mathfrak{A}_r = 48^0\,22'\,S\,(-)$ Lg. i. Z. $=\qquad 20^m$

$z_0 = 41^0\,45'\,N$ $dh = -\quad 7'\,(N)$ M.G.Z. $= 23^h\,35^m$ d. 31. 10.

$h_r = 48^0\,15'\,S$ $\varphi' = 55^0\,31'\,N$ $\qquad\qquad = 23{,}6^h$

Entg. G. B. $= +\quad 5'$ $\varphi = 55^0\,38'\,N$ $\mathfrak{A}\,\delta = 13^0\,48{,}2'\,N$

$\qquad\qquad 48^0\,20'$ $\qquad\qquad\qquad\qquad 0{,}10\cdot 23{,}6 =\quad 2{,}4'$

Entg. I. B. $= +\quad 2'$ $\mathfrak{A}\,\delta = 13^0\,46'\,N$

Zu erw. $\mathfrak{A}_r = 48^0\,22'\,S$ $\pi =\quad 0{,}0'$

148. Das Gestirn nahe dem ersten Vertikal (Längenbestimmung).

Hat man ein Gestirn im ersten Vertikal beobachtet und für den Augenblick der Beobachtung auch die Höhe berechnet, so läßt hier ein Höhenunterschied erkennen, daß die Länge· um den Betrag des Höhenunterschiedes falsch ist. Drückt man den Höhenunterschied in Minuten oder Seemeilen aus, so stellt dies die Abweitung der Besteckslänge von der richtigen Länge dar; man muß sie also in bekannter Weise in Längenunterschied verwandeln.

Fig. 133

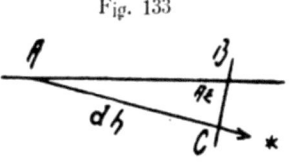

Steht das Gestirn nicht i m , sondern n a h e dem ersten Vertikal, so ist die Abweitung (AB in der Figur) gleich dem Höhenunterschiede dh mal cosec Az, also AB = dh · cosec Az.

Auch hier benutzt man zweckmäßig die Gradtafel, indem man mit dem Az als Kurswinkel und mit dh als Abweitung hineingeht. Neben diesem findet man in der Distanzspalte die Abweitung, die dann noch in Längenunterschied zu verwandeln ist.

Das Vorzeichen des Längenfehlers ergibt sich auch hier aus dem Azimut und dem Vorzeichen des Höhenunterschiedes.

Beispiel. Am 2. Juni 1940 morgens beobachtet man auf $60^0\,3'\,N$ und $3^0\,58'\,O$ um

Chr.Z. $= 6^h\,57^m\,42^s$, $\odot = 28^0\,25'$, I. B. $= -4'$, Augesh. $= 7$ m, Std. $= -\ 0^m\,50^s$.

Welche Länge ergibt sich hieraus?

Chr. Z. =	6^h 57^m 42^s
Std. =	− 0^m 50^s
M.G.Z. =	6^h 56^m 52^s d. 2. 6.
Lg. i. Z. =	15^m 52^s
M.O.Z. =	7^h 12^m 44^s
e = (−) +	2^m 13^s
W.O.Z. =	7^h 14^m 57^s

⊙ t_0 = 4^h 45^m 3^s log sem 9,53069
φ = 60° 3′ N   log cos 9,69831
δ = 22° 11′ N   log cos 9,96660

x = ... log sem 9,19560
x = ...   sem 15689
z_0 = 37° 52′   sem 10528
z = 61° 36′   sem 26217
h_r = 28° 24′

⊙ δ = 22° 11′ N   e = − 2^m 13^s
⊙ = 28° 25′   A = − 0,59
I. B̄. = − 4′   B = + 0,43
28° 21′   C = − 0,16
G. B. = + 9′   Az = S 85° O
h_0 = 28° 30′ (+)
h_r = 28° 24′ (−)
dh = + 6′

dh · cosec Az = Abw. = 6,0^{sm}
M.Br. = 60°; Lg. U. =   12′ O
Best. λ = 3° 58′ O
λ = 4° 10′ O

149. Das Gestirn nahe dem Meridian (Nebenmeridianbreite).

Beobachtet man ein Gestirn im Himmelsmeridian und berechnet man für den Bestecksort die Höhe desselben Gestirns, so folgt aus einem Unterschiede beider Höhen, daß die Bestecksbreite falsch war. Steht das Gestirn aber außerhalb des Meridians, dann ist ein etwaiger Höhenunterschied nicht allein in der fehlerhaften Bestecksbreite zu suchen, sondern auch die mit einem Fehler behaftete Länge übt einen Einfluß aus. Dieser ist um so größer, je weiter das Gestirn vom Meridian entfernt, je größer das Azimut ist. Bei Gestirnen nahe dem Meridian kann man den Einfluß eines kleinen Längenfehlers vernachlässigen.

Fig. 134

Um den Breitenfehler aus dem Höhenunterschiede dh zu finden, multipliziert man ihn mit sec Az, also d φ = dh · sec Az. Diese Multiplikation kann man umgehen, indem man mit dem Azimut als Kurswinkel und mit dh als Breitenunterschied in die Gradtafel geht. Der in der Distanzspalte daneben stehende Wert ist d φ.

Das Vorzeichen des Breitenfehlers ergibt sich aus dem Azimut und dem Vorzeichen des Höhenunterschiedes.

Beispiel. Am 1. Sept. 1940 beobachtet man um Mittag auf 48° 52′ N und 29° 16′ W um.

Chr.Z. = 1^h 39^m 10^s, ⊙ = 48° 57′, I. B. = − 3′, Agsh. = 6 m,
Std. d. Chr. = + 2^m 10^s.

Auf welcher Breite befindet man sich?

Chr.Z. =	$13^h 39^m 10^s$		$\odot \delta =$	$8^0 13'$ N,	$e = - 0^m 5^s$
Std. =	$+ 2^m 10^s$		$\odot =$	$48^0 57'$	$A = - 16,5$
M.G.Z. =	$13^h 41^m 20^s$ d. 1. 9.		I. B. = $-$	$3'$	$B = + 2,01$
Lg. i. Z. =	$1^h 57^m 4^s$			$48^0 54'$	$C = - 14,49$
M.O.Z. =	$11^h 44^m 16^s$		G. B. = $+ 11'$		$Az = S 6^0 O$
$e = (-) +$	5^s		$h_0 = 49^0 5'$		
W.O.Z. =	$11^h 44^m 21^s$				

$\odot\ t_0 = 0^h 15^m 39^s$ log sem = 7,06718
$\varphi = 48^0 52'$ N   log cos = 9,81810
$\delta = 8^0 13'$ N   log cos = 9,99552
        log sem = 6,88080
        sem = 00076
$z_0 = 40^0 39'$ sem = 12065
$z = 40^0 47'$ sem = 12141
$h_r = 49^0 13'\ (-)$
$h_0 = 49^0 5'\ (+)$
$dh = - 8'$

$d\ \varphi = dh \cdot sec\ Az$
    $= 8' \cdot sec\ 6^0 = 8'$ N
    Best. $\varphi = 48^0 52'$ N
    $d\ \varphi = 8'$ N
    $\varphi = 49^0 0'$ N

150. Von der Genauigkeit der Ortsbestimmung durch Standlinien.

Es ist heute allgemein üblich, die Tangentenkonstruktion der Standlinie anzuwenden. Ihre Lage läßt sich bestimmen, indem man:

1. Für die Bestecksbreite die Länge berechnet und das zugehörige Azimut ermittelt (Längenmethode),

2. für die Besteckslänge die Breite berechnet und das zugehörige Azimut ermittelt (Breitenmethode),

3. für den Bestecksort die Höhe berechnet und dh sowie das zugehörige Azimut ermittelt. Hieraus erhält man dann:

Höhen-
methode

a) φ und λ als Schnittpunkt zweier Standlinien (Ort aus 2 Höhen),
b) φ „   „ der Standlinie mit dem Meridian (Nebenmeridianbreite),
c) λ „   „   „   „   „ „ Breitenparallel (Chr.-Länge).

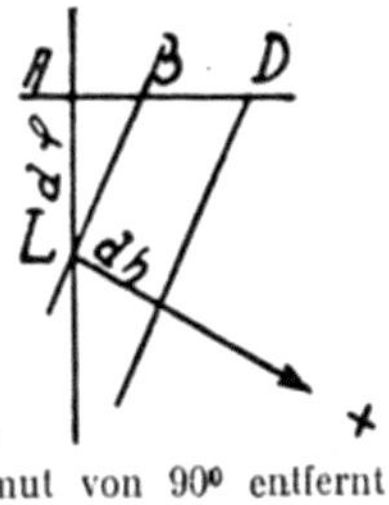

Zu 1. Die Genauigkeit der Lage der Standlinie und damit der Längenbestimmung hängt von der Genauigkeit der M.G.Z., der Besteckbreite und der Höhe ab.

Fig. 135

Ein Fehler in der M.G.Z. verschiebt die Standlinie in Richtung Ost oder West, und zwar nach Ost, wenn die M.G.Z. zu klein, nach West, wenn sie zu groß ist. Um denselben Betrag wird die Länge falsch.

Ein kleiner B r e i t e n f e h l e r verursacht keinen Längenfehler, wenn das Azimut 90^0 ist.

$$\Delta \lambda = \Delta \varphi \cdot cotang\ Az \cdot sec\ \varphi.$$

Ein Fehler entsteht erst dann, wenn das Azimut von 90^0 abweicht; er wird um so größer, je weiter das Azimut von 90^0 entfernt und je größer die Breite ist.

Ein H ö h e n f e h l e r verschiebt die Standlinie immer in der Richtung des Azimuts, wenn dieses also 90⁰ ist, in Richtung Ost oder West.

$$\Delta \lambda = \Delta h \cdot \text{cosec Az} \cdot \text{sec } \varphi,$$

Der durch die Verschiebung in der Länge entstehende Fehler ist um so größer, je weiter das Azimut von 90⁰ entfernt und je größer die Breite ist.

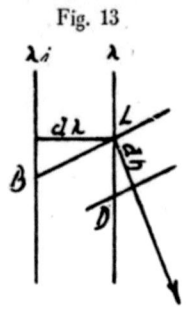

Fig. 13

Zu 2. Hier hängt die Genauigkeit des Resultats außer von der M.G.Z. und der Höhe von der Genauigkeit der Besteckslänge ab. Was von der M.G.Z. unter 1. gesagt wurde, gilt auch hier.

Ein kleiner L ä n g e n f e h l e r verursacht einen Fehler in der errechneten Breite, der um so größer ist, je kleiner die Breite und je größer das Azimut ist.

$$\Delta \varphi = \Delta \lambda \cdot \text{tang Az} \cdot \cos \varphi.$$

Ist das Azimut Null, so verursacht ein kleiner Längenfehler keinen Breitenfehler.

Ein H ö h e n f e h l e r verschiebt, wenn das Azimut Null ist, die Standlinie um den Betrag des Höhenfehlers in Richtung Nord oder Süd.

$$\Delta \varphi = \Delta h \cdot \text{sec Az}.$$

Bei zunehmendem Azimut verursacht der Höhenfehler einen wachsenden Breitenfehler, der bei 90⁰ Azimut unendlich groß ist.

Zu 3. Da die Höhengleiche ein Kreis, die Standlinie jedoch eine Gerade ist, so fällt bei der Tangentenkonstruktion, streng genommen, diese nur in einem Punkte, dem Leitpunkte, mit der Höhengleiche zusammen. Die Krümmung der Höhengleiche hängt von ihrem Radius, der Zenitdistanz des Gestirns, ab. Je größer diese, also je kleiner die Höhe, desto schwächer die Krümmung. Bei Höhen von 60 bis 70 Grad ist sie schon so gering, daß auf Entfernungen von 35 bis 40 sm vom Leitpunkte die Standlinie erst eine Seemeile außerhalb der Höhengleiche liegt (BC in der Fig. 137, in der die Krümmung der Übersichtlichkeit wegen zu stark gezeichnet ist). Vermeidet man daher über 60 bis 70 Grad hinausgehende Höhen, so kann der dadurch gemachte Fehler, daß man statt der „gekrümmten" eine gerade Linie benutzt, vernachlässigt werden.

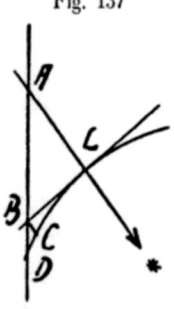

Fig. 137

Dieser Fehler wird jedoch bei der Benutzung der Standlinie zur Nebenmeridianbreite (b) und zur Chronometerlänge (c) vergrößert, und zwar bei der Nebenmeridianbreite um so mehr, je weiter das Azimut von 0⁰ entfernt ist (zu multiplizieren mit sec Az; BD in Fig. 137); bei der Chronometerlänge umso mehr, je weiter es von 90⁰ ab liegt (zu multiplizieren mit cosec Az). Überschreitet man jedoch in beiden Fällen nicht 45⁰, d. h. nimmt man bei der Nebenmeridianbreite kein größeres, bei der Längenbestimmung kein kleineres Azimut, so bleibt der Fehler belanglos. Wenn nämlich das Azimut 45⁰ ist, dann liegt sowohl der Schnittpunkt der Standlinie mit dem Meridian, als auch der mit dem Breitenparallel des Besteckortes um den Betrag von dh vom

Leitpunkt entfernt. Da aber dh in der Regel nicht mal die Hälfte der oben-erwähnten 35 bis 40^{sm} ist, so kann auch der vergrößerte Fehler vernach-lässigt werden.

S c h l u ß f o l g e r u n g e n. Hat man die Wahl, dann nehme man nicht zu große Höhen; sie lassen sich dann auch bequemer beobachten. Zur Bestimmung der Länge wähle man Höhen nahe dem 1. Vertikel, zur Bestimmung der Breite solche nahe dem Himmelsmeridian. In beiden Fällen ist zu beachten, daß man in der Regel mit Fehlern behaftete Werte in Rechnung nimmt und der ge-fundene Punkt lediglich ein Punkt auf der Standlinie, durchaus nicht immer der Schiffsort ist. Bei Anwendung der Höhenmethode hat man stets mit Un-sicherheiten, z. B. der Kimm, zu rechnen. Die Standlinie liegt daher inner-halb einer nach beiden Richtungen hin sich ausdehnenden Unsicherheitszone von einigen Minuten Breite.

151. Bestimmung der Kompaßablenkung (Deviation).

a) Einleitung. Die fortlaufende Kontrolle der Ablenkung der Kompasse ist zu einer sicheren Navigierung unbedingt erforderlich. Besonders sollten die Führer solcher Schiffe, die in größere Breiten, z. B. nach Island, fahren, keine Gelegenheit vorübergehen lassen, um durch Azimutbeobachtungen die Ab-lenkung ihrer Kompasse zu bestimmen, weil in größeren Breiten die Ablenkung eine andere ist als in kleineren. Auch die Führung eines Ablenkungs-Tagebuches ist sehr zu empfehlen, in das außer Kurs und gefundener Ablenkung auch das Datum und der Schiffsort einzutragen wären. Kommt man dann zu ei-ner späteren Zeit in dieselbe Gegend, dann kann man auf einem nicht zu neuen Schiffe mit derselben Ablenkung rechnen, vorausgesetzt natürlich, daß inzwischen die Kompensation des Kompasses keine Änderung erfahren hat.

b) Azimut. Die Bestimmung der Ablenkung geschieht auf folgende Weise: Man peilt ein Gestirn mit dem Kompaß und schreibt für den Augenblick der Peilung den Kurs und die Chronometerzeit an. Aus dieser ermittelt man den Stundenwinkel t des Gestirns.

Die Azimuttafeln von Matthies enthalten die Azimute der Gestirne für Brei-ten zwischen 0^0 und 81^0 und für Abweichungen bis zu 30^0. Außerdem sind noch die Azimute einer Anzahl Fixsterne angegeben, deren Abweichungen die Werte der Haupttafel überschreiten.

Die Tafel besteht aus drei Teilen. Mit φ und δ entnimmt man dem ersten Teile den Wert I, mit φ und t dem zweiten Teile den Wert II. Aus dem dritten Teile erhält man mit den Eingängen t und I + II das Azimut. Dieses zählt von Nord, wenn die algebraische Summe aus I und II positiv, von Süd, wenn sie negativ ist. Es ist außerdem Ost oder West, je nachdem t Ost oder West ist. Auf ähnliche Weise findet man das Azimut nach der ABC-Tafel der Nau-tischen Tafeln von Fulst, deren Gebrauch aus den Erläuterungen zu ersehen ist.

Hat man das wahre Azimut ermittelt, so vergleicht man damit die Peilung des Gestirns am Kompaß. Ein etwaiger Unterschied ist die Fehlweisung, die sich bekanntlich aus Mißweisung und Ablenkung zusammensetzt.

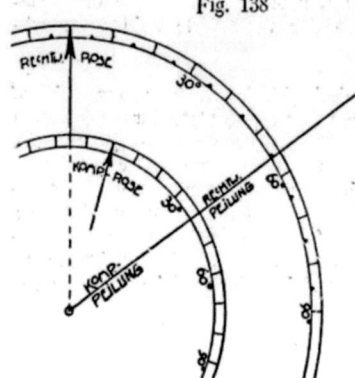

Fig. 138

Azimut und Kompaßpeilung werden in Vollkreisteilung ausgedrückt. Dann erhält man die Fehlweisung mit richtigem Vorzeichen, wenn man die Kompaßpeilung vom wahren Azimut algebraisch subtrahiert.

Beispiel 1. Das wahre Azimut wurde gefunden zu 56^0, die Kompaßpeilung war 40^0. Welches war die Fehlweisung?

$$\text{Wahr. Azim.} = \quad 56^0 \text{ (s. Fig. 138)}$$
$$\text{Komp.-Plg.} = \quad 40^0$$
$$\text{Fehlw.} = + 16^0$$

Beispiel 2. Das wahre Azimut war S 57^0 W, die Kompaßpeilung 251^0. Welches war die Fehlweisung?

$$\text{Wahr. Azim.} = \quad 237^0$$
$$\text{Komp.-Plg.} = \quad 251^0$$
$$\text{Fehlw.} = - 14^0$$

Um aus der Fehlweisung die Ablenkung zu erhalten, subtrahiert man davon die Mißweisung algebraisch. Diese entnimmt man der Seekarte.

Beispiel 1. Wie groß ist die Ablenkung des Kompasses, wenn die Fehlweisung $= + 2^0$ und die Mißw. $= - 11^0$ war?

$$\text{Fehlw.} = \quad + 2^0$$
$$\text{Mw.} = (-) + 11^0$$
$$\text{Abl.} = \quad + 13^0$$

Beispiel 2. Welches war die Ablenkung des Kompasses, wenn die Fehlweisung $= - 13^0$ und die Mißweisung $= - 10^0$ war?

$$\text{Fehlw.} = \quad - 13^0$$
$$\text{Mw.} = (-) + 10^0$$
$$\text{Abl.} = \quad - 3^0$$

Beispiel 3. Welches war die Ablenkung, wenn die Fehlweisung $= - 8^0$ und die Mißw. $= - 14^0$ war?

$$\text{Fehlw.} = \quad - 8^0$$
$$\text{Mw.} = (-) + 14^0$$
$$\text{Abl.} = \quad + 6^0$$

Es empfiehlt sich, die Gestirne nur dann zu peilen, wenn die Höhen kleiner als etwa 45° sind, weil einesteils die Genauigkeit dann größer, andernteils das Peilen bequemer ist als bei größeren Höhen.

Eine Berechnung des Stundenwinkels auf volle Minuten genügt bei dieser Rechnung vollständig.

Beispiel 1. Am 2. Juni 1910 gegen 17^h auf etwa 56° 29′ N und 0° 38′ W wurde bei einem Stande des Chron. von -2^m, Mißweisung $= -13°$, als das Schiff nach Komp. 330° anlag, beobachtet um

Chr.Z. $=$ $17^h\ 21^m$

Std. $=$ $-\ 2^m$

M.G.Z. $=$ $17^h\ 19^m$ d. 2. 6.

Lg. i. Z. $=$ $0^h\ 3^m$

M.O Z. $=$ $17^h\ 16^m$

$e = (-) +\ 2^m$

W.O.Z. $=$ $17^h\ 18^m$

$\odot t_w =$ $5^h\ 18^m$

$I = + 23$

$II = - 15$

$I + II = + 8$

$\odot$ N 67° W. Welche Ablenkung des Komp. ergibt sich daraus für den anliegenden Kurs?

W. Azim. $=$ N 85° W

$=$ 275°

$\odot\ =$ 293°

Fehlw. $= -$ 18°

Mw. $= (-) + 13°$

Abl. $= -$ 5°

M.G.Z. $= 17,3°$ d. 2. 6.

$e = -2^m$ a. w. Z.

$\odot\ \delta = 22°\ 14′$ N

Beispiel 2. Am 19. Dezember 1940 morgens gegen $\frac{1}{2}1^h$ auf etwa 54° 28′ N und 6° 50′ O wurde, als das Schiff nach Peilkompaß 225° anlag, bei einem Stande des Chron. von -3^m, Mißweisung $= -11°$ beobachtet um

Chr. Z. $=$ $23^h\ 57^m$

Std. $= -$ 3^m

M.G.Z. $= 23^h\ 54^m$ d. 18. 12.

Lg. i. Z. $= + 27^m$

M.O.Z. $=$ $0^h\ 21^m$ d. 19. 12.

$m \odot \alpha = 17^h\ 50^m$

$\Upsilon\ \tau = 18^h\ 11^m$

$\ast\ \alpha = 6^h\ 43^m$

$\ast\ \tau = 11^h\ 28^m$

$\ast\ t_0 = 0^h\ 32^m$

$A = - 10,0$

$B = - 2.14$

$C = - 12.14$

$\ast$ Sirius 182°. Welche Ablenkung ergibt sich?

W. Azim. $=$ S 8° O

$=$ 172°

$\ast =$ 182°

Fehlw. $= -$ 10°

Mw. $= (-) + 11°$

Abl. $= +$ 1°

M.G.Z. $= 23,9^h$ d. 18. 12.

$m \odot \alpha = 17^h\ 50^m$

$\ast\ \alpha = 6^h\ 43^m$

$\ast\ \delta = 16°\ 38′$ S

Hat man zwei Kompasse, so bestimmt man die Deviation des Steuerkompasses in der Weise, daß man für den Augenblick der Peilung auch den Kurs des Steuerkompasses anschreibt. Die gefundene Peilkompaß-Ablenkung

12*

wendet man dann auf den Kurs dieses Kompasses an, um den mißweisenden Kurs zu erhalten, und vergleicht damit den Kurs nach Steuerkompaß. Der Unterschied ist die Ablenkung dieses Kompasses. Die richtige Bezeichnung erhält man auch hier, indem man den in Vollkreisteilung ausgedrückten Kompaßkurs vom mißweisenden Kurs algebraisch subtrahiert.

Beispiel: Am 21. Oktober 1940 gegen 14^h auf etwa 55^0 $52'$ N und 20^0 $3'$ O wurde bei -3^0 Mißw., Std. des Chron. $= +6^m$ geg. M.G.Z. beobachtet um

Chr.Z. =	$12^h 34^m$	
Std. =	$+ 6^m$	
M.G.Z. =	$12^h 40^m$ d. 21. 10.	
Lg. i. Z. =	$1^h 20^m$	
M.O.Z. =	$14^h 0^m$	
e = (-) +	15^m	
W.O.Z. =	$14^h 15^m$	
$\odot t_w$ =	$2^h 15^m$	

$$I = -11$$
$$II = -69$$
$$III = -80$$

W. Azim. $= S 35^0 W$

$\odot$ 212^0. Das Schiff lag an nach Steuerkompaß 343^0, nach Peilkompaß 338^0. Welches war die Abl. beider Kompasse?

M.G.Z. =	$12,7^h$ d. 21. 10.
e =	$- 15^m$ a. w. Z.
(· δ =	$10^0 45'$ S
W. Azim. =	215^0
$\odot$ =	212^0
Fehlw. = +	3^0
Mw. = (-) +	3^0
Abl. d. Peil.K. = +	6^0
Kurs n. „ „ =	338^0
Mw. Kurs =	344^0
Kurs n. St.K. =	343^0
Abl. d. St.K. = +	1^0

e) Azimut beim wahren Auf- und Untergang. Zur Bestimmung der Ablenkung eignen sich auch Beobachtungen beim wahren Auf- und Untergang. Nun kann man aber nicht jedes Gestirn sehen, wenn es im wahren Horizont steht. Der Mond wird beim Aufgange erst dann dem Auge sichtbar, wenn er schon über dem wahren Horizont ist. Sterne sind in der Regel nicht deutlich genug zu sehen, wenn sie den wahren Horizont passieren. Es bleibt somit nur die Sonne übrig. Wegen der Kimmtiefe und der Strahlenbrechung muß die Sonne aber gepeilt werden, wenn bei 5 m Augeshöhe der U n t e r r a n d sich etwa 19', also um etwa $\frac{2}{3}$ des D u r c h m e s s e r s über der Kimm befindet. Dann ist der Mittelpunkt im wahren Horizont.

Tafel 10 wird das Azimut beim wahren Auf- und Untergange entnommen. Die Eingänge der Tafel sind die Ortsbreite und die Abweichung. Um die Abweichung für die Auf- oder Untergangszeit zu erhalten, entnimmt man diese Zeit zunächst der Tafel 9.

Die gefundene W.O.Z. verwandelt man auf bekannte Weise in M.G.Z. und sucht dafür die Abweichung.

Beispiel 1. Am 1. November 1940 wurde auf etwa 53^0 $41'$ N und 5^0 $5'$ O die Sonne gepeilt beim wahren Aufgange in 131^0. Welches war die Ablenkung des Kompasses, wenn die Mißw. $= -12^0$ war?

W.O.Z. des Aufg. = $7^h\,20^m$ W. Azim. =   S 65° O
       e = -16^m =   115°

M.O.Z. = $7^h\,4^m$ ☉ =   131°
Lg. i. Z. = 20^m Fehlw. =   −   16°
M.G.Z. = $6^h\,44^m$ d. 1. 11.   Mw. = (−) + 12°
       = $6{,}7^h$ Abl. =   −   4°

      ☉ δ = 14° 14′ S

Beispiel 2. Am 23. Oktober 1940 wurde auf etwa 55° 15′ N und 18° 43′ O die Sonne gepeilt beim wahren Untergange in 246° bei einer Mißw. von − 4°. Welches war die Ablenkung?

W.O.Z. des Unterg. = $16^h\,53^m$ W. Azim. =   S 70° W
          e = -16^m =   250°

M.O.Z. = $16^h\,37^m$ ☉ =   246°
Lg. i. Z. = $1^h\,15^m$)   Fehlw. = +   4°
M.G.Z. = $15^h\,22^m$ d. 23. 10.   Mw. = (−) +   4°
       = $15{,}4^h$ Abl. = +   8°

      ☾ δ = 11° 30′ S

A n m e r k u n g : Wenn man Gelegenheit hat, außer bei Sonnenauf oder -untergang auch Azimutbeobachtungen zu anderer Zeit anzustellen, dann sollte man auf großer Breite auf erstere verzichten, weil dort die Tageskreise gegen den Horizont nur wenig geneigt sind, die Bewegung der Sonne daher eine schnelle Peilungsänderung bewirkt und somit, wenn man nicht den rechten Augenblick trifft, die Beobachtung fehlerhaft wird.

14. Wetterkunde.

152. Einleitung.

Die Erde ist von einem gasförmigen Körper umgeben, den wir L u f t oder A t m o s p h ä r e nennen. Die Lehre von den Vorgängen und Erscheinungen in der Luft wird W e t t e r k u n d e genannt.

Die Luft besteht aus etwa 79 Teilen Stickstoff und 21 Teilen Sauerstoff.

So wie man den Druck, den jeder andere Körper auf seine Unterlage aus- übt, zu messen imstande ist, so auch den Luftdruck. Nun ist dieser aber nicht immer gleich, sondern wegen der leichten Verschiebbarkeit der einzelnen Luft- teilchen und so mancher sich geltend machenden Einflüsse ist er fortwährenden Schwankungen unterworfen.

153. Luftdruck.

Das B a r o m e t e r (Luftdruckmesser) ist das Instrument, welches den jeweiligen Druck der Luft angibt. Es gibt zwei Arten von Barometern, Q u e c k - s i l b e r - und M e t a l l b a r o m e t e r.

a) Das **Marinebarometer.** Unter den Quecksilberbarometern interessiert uns vor allem das Marinebarometer. Es besteht aus einem etwa 85 bis 90 cm langen Glasrohr, das zum Teil mit Quecksilber gefüllt ist und dessen unteres Ende in ein Gefäß mit Quecksilber mündet. Über dem Quecksilber in dem oben geschlossenen Rohr befindet sich ein luftleerer Raum, die Torricellische Leere. In dem Gefäß ist oben eine kleine Öffnung, durch die die Luft freien Zutritt zu der Oberfläche des Quecksilbers, dem Spiegel, hat. Eine lose eingedrehte Schraube dient zur Fernhaltung von Staub. Der auf den Spiegel drückenden Luft hält die Quecksilbersäule das Gleichgewicht. Um ein sogenanntes Pumpen des Quecksilbers zu vermeiden, ist das Rohr zu einem großen Teil stark ver- engt. Das ist nun andererseits ein Nachteil, weil dadurch das Barometer im Anzeigen träge wird. Etwas oberhalb des Gefäßes ist ein trichterartiger Einbau, die Buntensche Luftfalle, vorhanden, dessen Spitze nach unten gekehrt ist. Hierdurch wird das Eindringen von Luft in die Luftleere verhindert.

Um den Abstand der Quecksilberkuppe in dem Rohr von der Quecksilber- oberfläche im Gefäß, den „Stand des Barometers", zu bestimmen, dient ein Maßstab, der im oberen Teile der Messingröhre, die das Glasrohr umschließt, angebracht ist. Er ist mit einem Nonius versehen, wodurch ein Ablesen von Zehntelmillimetern ermöglicht wird. Weil durch das „Steigen" und „Fallen" des Barometers die Oberfläche des Quecksilbers im Gefäß sich senkt und hebt, die Nullage der Messung sich also verändert, sind die Teilstriche des Maßstabes von 760 mm über dem Nullpunkte ab nach oben und unten hin verkürzt.

Das Barometer ist kardanisch aufgehängt.

Beim Ablesen des Standes hat man das Auge mit der Quecksilberkuppe in gleiche Höhe zu bringen.

b) **Das Metallbarometer.** Ein Marinebarometer erfordert an Bord wegen der Bewegungen des Schiffes verhältnismäßig viel Platz, und deshalb begnügt man sich in der Regel mit dem M e t a l l - oder A n e r o i d b a r o m e t e r. Dieses beruht auf den Veränderungen, die der gewellte Deckel einer luftleeren Metallkapsel erleidet, wenn der Luftdruck zu- oder abnimmt. Der Deckel bewegt sich dann nach innen oder unter Benutzung einer Feder nach außen, und diese Bewegungen werden durch Hebel auf einen Zeiger übertragen, der sich vor einer Teilung am Rande des runden Gehäuses hin- und herbewegen kann.

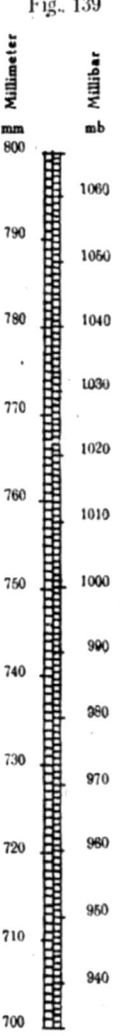

Fig. 139

Statt der Wellblechkapsel verwendet man auch eine luftleere, rund gebogene Röhre, die in der Mitte befestigt ist, während die beiden Enden sich bewegen können. Die durch den Luftdruck bewirkte Bewegung wird durch Hebel und Zahnrad auf den Zeiger übertragen.

Ein zweiter an dem Glasdeckel befestigter drehbarer Zeiger dient dazu, eine genaue Ablesung zu erzielen und festzustellen, ob das Barometer steigt oder fällt.

An der Rückwand befindet sich eine kleine Stellschraube. Nur größere Abweichungen von dem richtigen Barometerstande sollte man damit berichtigen.

Die Metallbarometer zeigen nicht so sehr den tatsächlichen Luftdruck als vielmehr Luftdruckänderungen an, die man an ihnen eher als an einem Quecksilberbarometer wahrnehmen kann. Von Vorteil ist es auch, daß sie nicht so leicht zerbrechlich sind wie jene und ihre Angaben durch die Schiffsbewegungen nicht beeinflußt werden.

c) **Der mittlere Luftdruck.** Der mittlere Druck der Luft ist in der Höhe des Meeresspiegels auf 1 qcm etwa 1 kg. Diesen Druck nennt man A t m o s p h ä r e n d r u c k oder eine A t m o s p h ä r e. Die Quecksilbersäule, die dem mittleren Luftdrucke das Gleichgewicht hält, wird daher mittlerer Barometerstand genannt. Als solchen nimmt man 760 mm an. In größeren Höhen ist der Druck geringer, weil das Gewicht der kürzeren Luftsäule kleiner ist. Auf je 10,5 m Höhe kommt eine Abnahme des Barometerstandes von 1 mm.

d) **Millibar.** Neuerdings wird der Druck der Luft entsprechend dem Vorschlag des norwegischen Physikers Bjerknes in Gewichtsmaß ausgedrückt, und zwar durch das Millibar. Ein Millibar ist der Druck von 1 g auf 1 qcm, 1000 Millibar stellen also den Druck von 1000 g oder 1 kg auf 1 qcm dar, sind somit gleich einer Atmosphäre. Dieser Druck entspricht einer Quecksilbersäule von 750 mm, so daß 1 mb = $\frac{3}{4}$ mm oder auch $\frac{3}{4}$ mb = 1 mm sind.

154. Wärme der Luft. Das Thermometer.

Neben der Messung des Druckes bestimmt man auch die Temperatur der Luft, Dazu bedient man sich des Thermometers oder Wärmemessers. Es besteht aus einem engen, oben geschlossenen Glasrohr, an das unten eine Kugel angeschmolzen ist. Die Kugel und ein Teil des Rohres sind mit Quecksilber gefüllt. Über dem Quecksilber ist ein luftleerer Raum. Neben dem Rohr, das auf einem Brettchen angebracht ist, befindet sich ein Maßstab.

Quecksilber dehnt sich bei Zunahme der Temperatur gleichmäßig aus, und darauf beruht die Einrichtung des Thermometers. Steckt man die Kugel in schmelzendes Eis oder frisch gefallenen Schnee, dann muß der Quecksilberfaden bis auf 0^0 heruntergehen. In kochendes (siedendes) Wasser gehalten, soll das hundertteilige Celsiusthermometer auf 100^0 stehen. Den erstgenannten Punkt nennt man Gefrierpunkt, den anderen Siedepunkt. In Deutschland rechnet man nur nach Celsius.

Wegen der beträchtlichen Länge des Rohres werden die gewöhnlichen Thermometer in der Regel nur bis 50^0 C hergestellt. Das genügt zum Messen der Lufttemperatur vollständig, erschwert allerdings das Nachprüfen. Man kann sie aber mit einem Normalthermometer vergleichen, indem man beide in langsam anzuwärmendes Wasser taucht. Die Angaben müssen dann immer miteinander übereinstimmen.

Die Lufttemperatur mißt man im Schatten. Das Thermometer darf daher von Sonnenstrahlen und von der Wärmeausstrahlung in der Nähe befindlicher Wände nicht getroffen werden. Darum wird es an Bord in einem Holzgehäuse mit Schlitzwänden, durch die die Luft hindurchfließen kann, aufgehängt.

Die Luft wird nicht direkt von der Sonne erwärmt, sondern diese erwärmt zunächst die Erde. Die Erde gibt dann die Wärme an die darüber lagernde Luft ab. Eine Folge davon ist, daß die Luft oben kälter ist als unten. Je steiler die Sonnenstrahlen auf die Erde fallen, desto größer ist die Wärme. Daher ist es in der heißen Zone wärmer als in den anderen Erdzonen, im Winter kälter als im Sommer.

Der heißeste Monat ist für uns der Juli, der kälteste der Januar. Die größte Wärme eines Tages tritt am Lande um etwa zwei bis drei Uhr, auf See um ein bis zwei Uhr nachmittags ein, während es kurz vor Sonnenaufgang am kältesten ist.

Linien, die Orte gleichen Thermometerstandes miteinander verbinden, nennt man Isothermen. Dabei unterscheidet man zwischen Jahres- und Tagesisothermen. Letztere findet man in einer der Nebenkarten der von dem Meteorologischen Amt für NW-Deutschland täglich herausgegebenen großen Wetterkarten.

155. Feuchtigkeit der Luft.

Mit dem Psychrometer kann endlich noch die Luftfeuchtigkeit gemessen werden. Dieses besteht aus zwei gleichen Thermometern, von denen die Kugel des einen mit einem Musselinläppchen umwickelt ist. Das eine Ende des Läppchens ist in ein Gefäß mit Wasser getaucht. Dadurch wird das Läppchen dauernd feucht gehalten. Das Wasser auf der Kugel verdunstet nun aber, und durch diesen Vorgang wird dem Quecksilber Wärme entzogen, wodurch das feuchte Thermometer weniger anzeigt als das trockene.

Statt durch Ansaugung die Kugel naßzuhalten, befeuchtet man sie kurz vor der Beobachtung auch wohl und erzeugt dann mit der sich schnell drehenden Scheibe eines Aspirators eine Verdunstung. Je mehr Wasser verdunstet, desto trockener ist die Luft, desto größer auch der Unterschied in den beiden Thermometerangaben. Ist die Luft aber mit Feuchtigkeit gesättigt, dann verdunstet das Wasser nicht, und es ist deshalb kein Unterschied vorhanden.

Den Feuchtigkeitsgehalt der Luft drückt man aus durch a b s o l u t e und r e l a t i v e Feuchtigkeit. Unter a b s o l u t e r F e u c h t i g k e i t versteht man die Anzahl Gramm Wasserdampf, die in einem Kubikmeter Luft enthalten sind.

Die Aufnahmefähigkeit der Luft an Wasserdampf ist mit der Temperatur verschieden; je höher diese, desto größer jene. Bei einer bestimmten Temperatur kann die Luft nur eine bestimmte Menge Feuchtigkeit aufnehmen. Ist diese Menge erreicht, dann ist die Luft mit Feuchtigkeit g e s ä t t i g t, und die dann vorhandene Temperatur heißt T a u p u n k t oder S ä t t i g u n g s p u n k t. Kühlt nun die Luft ab, so kondensiert der Wasserdampf und fällt als R e g e n (Schnee, Graupeln usw.) zur Erde.

Das Verhältnis der v o r h a n d e n e n zu der bei der herrschenden Temperatur m ö g l i c h e n Feuchtigkeit wird r e l a t i v e F e u c h t i g k e i t genannt. Sie wird in Prozenten ausgedrückt.

Sowohl die absolute als auch die relative Feuchtigkeit entnimmt man Psychrometertafeln.

156. Wolken.

Wolken sind Ansammlungen ganz winziger Wassertröpfchen, die durch Abkühlung gesättigter Luft unter den Taupunkt entstanden sind. Man unterscheidet vier Hauptformen, nämlich Haufen- oder Cumulus-, Regen- oder Nimbus-, Schicht- oder Stratus- und Feder- oder Cirruswolken. Sie kommen sowohl für sich allein als auch mit anderen verbunden vor (Cumulo-Nimbus, Cirro-Stratus usw.). Die Haufen- und Regenwolken erreichen keine größeren Höhen als 3000 m, während die Federwolken in 7—8000 m und zwischen beiden die Schichtwolken sich bewegen.

Wolken an der Erdoberfläche werden mit N e b e l bezeichnet.

Der Umfang der Bewölkung wird in Zehntel des sichtbaren Teiles des Himmels angegeben. So heißt 10 = ganz, 5 = halb bedeckt, 0 = wolkenlos.

157. Wind und Windstärke.

Durch Änderung der Temperatur oder des Wasserdampfgehaltes der Luft ändert sich der Druck, also auch der Barometerstand. Jede derartige Änderung hat aber eine Störung des Gleichgewichts zur Folge, so daß eine horizontale Luftströmung, der W i n d, entsteht. Der Wind fließt von einem Gebiete hohen nach einem solchen niederen Druckes. Ein Gebiet hohen Druckes heißt b a r o - m e t r i s c h e s M a x i m u m, ein Gebiet tiefen Druckes b a r o m e t r i s c h e s M i n i m u m. Je kleiner der Abstand zwischen Maximum und Minimum und je größer der Luftdruckunterschied ist, desto stärker ist der Wind. Man gibt auf See die Windstärke nach der Beaufort-Skala an, während es am Lande üblich ist, sie in Metern für die Sekunde auszudrücken.

Beaufort=Skala.

Wind= stärke	Bezeichnung des Windes	Mittlere Geschwindigkeit in	
		m die Sek.	sm die Std.
0	Windstille	—	—
1	Leiser Zug	2	3
2	Leichte Brise	3	6
3	Schwache Brise	5	9
4	Mäßige Brise	7	13
5	Frische Brise	9	17
6	Starker Wind	11	21
7	Steifer Wind	13	25
8	Stürmischer Wind	15	29
9	Sturm	18	35
10	Schwerer Sturm	21	41
11	Orkanartiger Sturm	26	50
12	Orkan	über 30	über 58

Man ersieht, daß die Windgeschwindigkeit in m die Sekunde nahezu doppelt so groß ist wie die Windstärke.

Die Windstärke ist in größeren Höhen bedeutend größer als unten.

Der Wind wird bezeichnet nach der Richtung, aus der er kommt. Auf einem fahrenden Schiffe ist die Bestimmung der Richtung und Stärke mit Schwierigkeiten verbunden; eine genaue Feststellung ist nur von einem unbeweglichen Punkte aus möglich. Man richtet sich daher am besten nach den Wellen, indem man die Richtung der Wellenkämme bestimmt und die Senkrechte dazu als Windrichtung annimmt. Die Windstärke muß man schätzen, so daß also nur ein geübter Beobachter hinreichende Genauigkeit verbürgt. Am Lande mißt man sie durch das A n e m o m e t e r.

I s o b a r e n sind Linien an der Erdoberfläche, die Orte gleichen Barometerstandes miteinander verbinden. Der Luftdruckunterschied zweier Isobaren, die 60 sm = 111 km voneinander entfernt liegen, heißt G r a d i e n t. Aus dem oben Gesagten folgt, daß, je größer der Gradient ist, desto größer auch die Windstärke sein muß. Ein Gradient von 4 mm bedeutet z. B. schon Sturm.

Isobaren, die ein Maximum oder ein Minimum einschließen, haben gewöhnlich eine unregelmäßige, ovale Form. Nun weht aber der Wind nicht etwa in Richtung des Gradienten vom Maximum zum Minimum, sondern infolge der Erddrehung wird er derart abgelenkt, daß er spiralförmig um ein Maximum (Hoch) mit dem Uhrzeiger nach außen, um ein Minimum (Tief) gegen den Uhrzeiger nach innen weht (Fig. 140). Auf Südbreite ist es umgekehrt, da weht er um ein Hoch gegen, um ein Tief mit dem Uhrzeiger.

Um daher aus der Windrichtung die Lage eines Tiefs kennenzulernen, stelle man sich mit dem Rücken gegen den Wind. Man hat dann (auf Nordbreite) den Kern des Minimums etwa 20 bis 30 Grad vorlicher als querab zur Linken.

Die Tiefdruckgebiete sind nicht nur an sich veränderlich, sondern sie bewegen sich auch in Bahnlinien weiter, und zwar in unserer Gegend von Westen
nach Osten (siehe S. 194).

Fig. 140

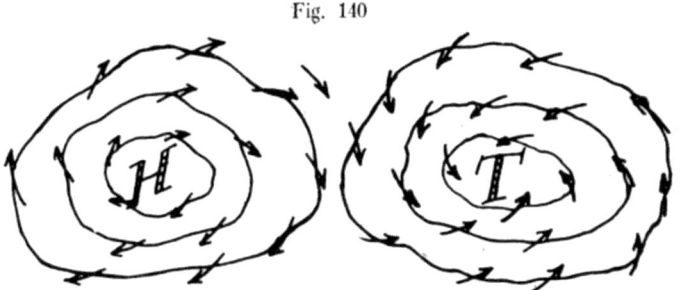

158. Wetterkarten des Meteorologischen Amtes für Nordwestdeutschland.

Das Meteorologische Amt für NW.-Deutschland in Hamburg gibt jeden Tag
Wetterkarten heraus, die sie auf Grund zur selben Tageszeit angestellter Beobachtungen zahlreicher Beobachtungsstationen in Deutschland und im Auslande
entworfen hat. In diesen Karten sind u. a. die Hoch- und Tiefdruckgebiete durch
ein H und T angedeutet und die Isobaren von 1025, 1020, 1015 mb usw. eingezeichnet. Die Windpfeile, denen die Spitze fehlt, sind befiedert, und zwar mit
der halben Beaufort-Skala. Dies Zeichen ||| ⌀ würde z. B. Westwind, Stärke 5
bedeuten.

Aus dem Verlauf der Isobaren und ihrem Abstande voneinander erkennt
man leicht die allgemeine Wetterlage. Aus mehreren aufeinanderfolgenden
Wetterkarten ist ferner die Änderung des Wetters zu ersehen. Stehen einem daher die letzten drei oder vier Karten zur Verfügung, so kann man mit einiger
Wahrscheinlichkeit den Verlauf des Wetters an dem nächstfolgenden Tage
bestimmen.

Die Erklärung weiterer Zeichen findet man in den Karten. Bemerkt sei
jedoch, daß die Windrichtung Ost durch ein E angedeutet wird.

Die Wetterkarten können durch die Post bezogen werden.

159. Wetterdienst des Meteorologischen Amtes für Nordwestdeutschland.

a) Sturmwarnungen. Zahlreiche meteorologische Stationen in Europa und
Schiffe auf See stellen täglich mehrere Male meteorologische Beobachtungen
an, die auf schnellstem Wege dem Meteorologischen Amt für Nordwestdeutschland zugehen. Sie werden in Wetterkarten eingetragen und wissenschaftlich
verarbeitet.

Besteht auf Grund der Wetterlage die Gefahr für ein Auffrischen der Winde
auf Beaufort 6—7 für die deutsche Küste oder deren Vorfeld oder einzelne Küstengebiete, so werden vom Meteorologischen Amt W i n d w a r n u n g e n , bei
einem voraussichtlichen Auffrischen der Winde auf Beaufort 8 oder darüber
S t u r m w a r n u n g e n erlassen.

Die Sturmwarnstellen.
Die Warntelegramme gehen vom Meteorologischen Amt entweder direkt
oder über das Telegraphenamt den S t u r m w a r n s t e l l e n zu. Die vorgeschriebenen Signale werden sofort nach Eingang der Warnung geheißt und die
Telegramme in den Sturmwarnungskästen durch Aushang bekanntgemacht.

Der B a l l wird gesetzt, wenn mit einem Winde der Stärke 6—7 gerechnet wird. K e g e l s i g n a l e werden gesetzt, wenn das Auftreten stürmischer Winde der Stärke 8 und darüber zu erwarten ist. Für ganz besonders schwere Stürme gibt es keine besonderen Zeichen, doch wird im Text des Telegrammes auf die Gefahr hingewiesen.

Während der Dunkelheit werden an Stelle der Tagsturmsignale die N a c h t - s i g n a l e geheißt, soweit die Sturmwarnstellen mit ihnen ausgerüstet sind.

Die Signale dürfen erst eingezogen werden, wenn es durch ein Telegramm „Gefahr vorüber, Signal abnehmen" besonders angeordnet ist.

Einige S t u r m w a r n u n g s - A u s h a n g s t e l l e n geben die Warntelegramme nur durch Aushang bekannt.

Sturmsignale an der deutschen Küste.

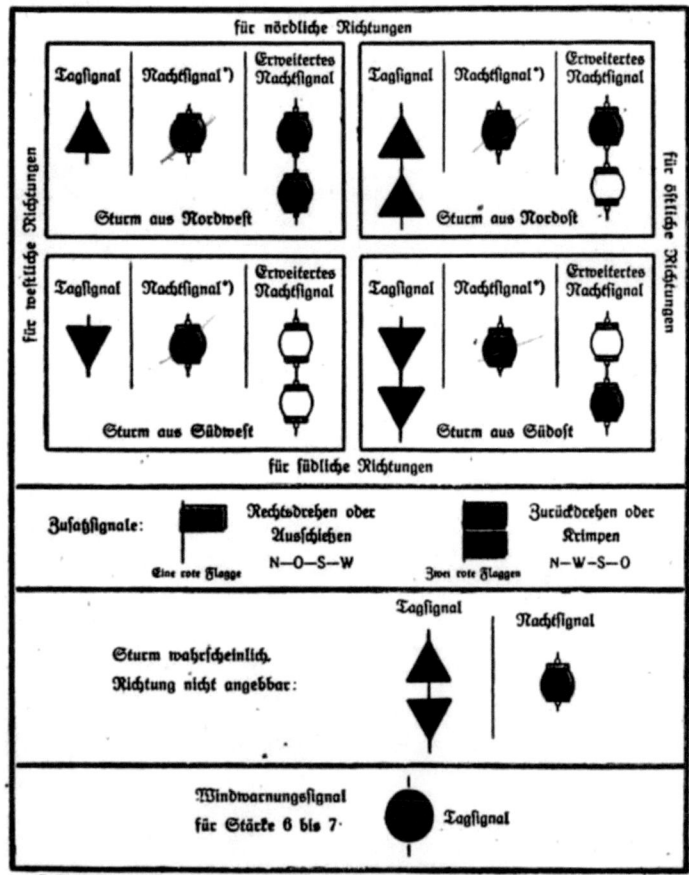

*) Die Richtung des Sturmes wird durch dies Signal nicht bezeichnet.

Es ist zu beachten, daß die Warnungen noch keinen Anspruch auf völlige Zuverlässigkeit machen können. Sie besagen, daß mit hoher Wahrscheinlichkeit die Winde die vorhergesagte Stärke erreichen werden.

Verzeichnis der Sturmwarnstellen (Stand vom 1. 3. 48)

a) Ostsee

Travemünde	Kiel-Düsternbrook
Lübeck	Eckernförde
Marienleuchte	Schleimünde
Bülk	Flensburg
Friedrichsort	Fehmarnsund

b) Nordsee

Amrum	Brunsbüttelkoog	Wilhelmshaven
Pellworm L	Glückstadt	Carolinensiel L
Süderhöft	Stadersand	Neuharlingersiel L
Westerhever	Hamburg-Altenwerder	Norderney
Wyk a/Föhr	Hamburg-Seemannshöft	Norddeich L
Husum	Hoheweg-Leuchtturm	Borkum-West
Tönning	Wesermünde	Borkum-Süd**)
Büsum	Bremerhaven	Nesserland
Neuwerk L	Brake	Oldersum
Cuxhaven	Wangeroog	Schillighörn
Belumer Schanze*)		

*) z. Zt. nur Tagsignale, Mast für Lampen in Arbeit.
**) nur Tagsignale.
L = Station ist für Nachtsignale zunächst nur mit einer roten Laterne ausgerüstet.

Sturmwarnungs-Aushangstellen.

a) Ostsee

Laboe	Burgstaaken	Heiligenhafen

b) Nordsee

Friedrichstadt	Leer	Hörnum
Vegesack	List a/Sylt	Bremen
Norden		

Die Sturmwarnungen auf dem Funkweg. (Stand vom 1. 3. 48)

Die Sturmwarnungen des Meteorologischen Amtes für Nordwestdeutschland werden in K l a r t e x t und deutscher Sprache von folgenden Sendern gestrahlt:

Elbe-Weser-Radio (DAC) auf Frequenz 2545 kHz (= 117,9 m) sofort nach Eingang und Wiederholung zum nächsten Sammelanruf (um ^{h} + 10m) oder im Anschluß an die Wettervorhersage (siehe Seewetterberichte).

Radio-Kiel (DAO) auf Frequenz 2545 kHz (= 117,9 m) sofort nach Eingang und Wiederholung im Anschluß an die nächste Funkstille oder im Anschluß an die Wettervorhersage.

Ferner wird von beiden Sendern auf E r s u c h e n von Schiffen gegen eine Gebühr von DM 4,— für Anfrage und Auskunft zusammen die Vorhersage einschließlich der vorliegenden Sturmwarnungen, Sturmflutwarnungen und Eisberichte übermittelt.

Über funkentelegraphische Abgabe von Sturmwarnungen und Wetterberichten siehe Nautischer Funkdienst I. Nachtrag 1946.

Seewetterberichte und Vorhersagen. (Stand vom 1. 3. 48)

Das Meteorologische Amt für Nordwestdeutschland gibt zu bestimmten Zeiten Seewetterberichte und Wettervorhersagen heraus, die von verschiedenen Sendern im K l a r t e x t und deutscher Sprache gestrahlt werden:

a) **Elbe-Weser-Radio** (DAC) strahlt auf Frequenz 2545 kHz (= 117,9 m) um 08,10 und 20,10 MGZ. in Telephonie (Klartext in deutscher Sprache) den Wetterbericht und die Vorhersage für die Deutsche Bucht, die Niederländische Küste, die Doggerbank, das Skagerrak, den Fladengrund, die Viking Bank, Utsira Loch und das Seegebiet nördlich der Shetlands.
Die Vorhersage gilt für die nächsten 21 Stunden mit Aussichten für weitere 24 Stunden.

b) Vom gleichen Sender wird auf derselben Frequenz zu den Zeiten 08,25 und 20,25 in Telegraphie (deutsche Sprache) eine Wiederholung der Wetterübersicht mit den Vorhersagen für die Gebiete Fladengrund, Viking Bank, Utsira Loch und Seegebiet nördlich der Shetlands und den Vorhersagen für die Gebiete Island Südküste, Westküste und Nordwestküste, Lofoten, Nordkap-Skolpenbank und Bäreninsel gebracht. Die Vorhersage gilt für die nächsten 24 Stunden mit Aussichten für weitere 24 Stunden.

Kiel-Radio (DAO) strahlt auf Frequenz 2545 kHz (= 117,9 m) um 08,30, 16,30, 21,30 MGZ den Wetterbericht und die Vorhersage für die mittlere und westliche Ostsee und das Kattegat.

Die Vorhersage gilt für die nächsten 12 Stunden mit Aussichten für weitere 12 Stunden.

Der **Nordwestdeutsche Rundfunk** strahlt um 13,00 GLZ (Gesetzliche Landeszeit) den Seewetterbericht: Wetterlage und Vorhersage für 12 Stunden und Aussichten für weitere 12 Stunden für das Gebiet der mittleren und westlichen Ostsee, der Deutschen Bucht sowie der südwestlichen Nordsee mit ausgewählten Stationsmeldungen.

Über funkentelegrafische Abgabe von Wetterberichten und Sturmwarnungen siehe Nautischer Funkdienst I. Nachtrag 1946.

Aushang von Wetterberichten:

Die Nordseewetterberichte oder Vorhersagen für die Deutsche Bucht werden an verschiedenen Dienststellen an der Küste in Wetterkästen ausgehängt oder liegen zur Einsicht aus. So

in Cuxhaven	auf Wetterwarte, Lotsenwache, Hafenamt, Signalstelle
in Bremerhaven	Fischmarkt, Lotsenkommandeur, Doppelschleuse, Wasserstraßenamt
in Emden	Hafenamt, Seelotsenstation
in Norderney	Hafenamt
in Brunsbüttel	Hauptschleuse
u. a. m.	

Der Abs. 3 des § 108 der U.V.V. der S.B.G. für Dampfer usw. lautet:

„Auf allen Schiffen außerhalb der Wattfahrt, die keine funktelegraphische oder funktelephonische Anlage haben, muß bei Fahrten auf See von mehr als 12 Stunden Dauer eine geeignete Rundfunkempfangsanlage zur Aufnahme von Wetter- und Warnnachrichten vorhanden sein. Der Kapitän ist verpflichtet, diese Nachrichten regelmäßig aufzunehmen. Führen solche Schiffe Seefahrten von weniger als 12 Stunden Dauer aus, so muß sich der Kapitän, sofern das Schiff nicht mit einer geeigneten Rundfunkempfangsanlage ausgerüstet ist, vor der Abfahrt über die voraussichtliche Wetterlage während der beabsichtigten Fahrt unterrichten."

b) **Sturmwarnung mit Scheinwerfern.** Von Arkona werden nach Eintritt der Dunkelheit von zwei zu zwei Stunden, beginnend mit gerader Stundenzahl (20ʰ, 22ʰ usw) die Warnungssignale mit Scheinwerfern gegeben, wenn ein Sturm im Anzuge ist. Man nennt sie wohl „Fischersignale", weil sie nur für einen Kreis von etwa 50 sm Halbmesser Geltung haben.

Der Kegel mit der Spitze nach oben wird angedeutet durch einen kurzen Schein von etwa 3 s Dauer, dem nach einer kurzen Pause ein Schein von etwa 9 s folgt. Der Kegel mit der Spitze nach unten wird durch einen langen und einen darauf folgenden kurzen Schein angedeutet. Eingeleitet und beendet wird die Warnung durch das Beschreiben von Kreisen mit dem Scheinwerfer. Mit dem Uhrzeiger (vom Schiffe aus gesehen) geschlagene Kreise bedeuten: der Wind dreht rechts herum; gegen den Uhrzeiger: der Wind dreht links herum. Abwechselnd mit und gegen den Uhrzeiger: Drehung nicht wahrscheinlich.

Kreise allein, abwechselnd mit und gegen den Uhrzeiger bedeuten dasselbe wie der Ball bei Tage.

Also:

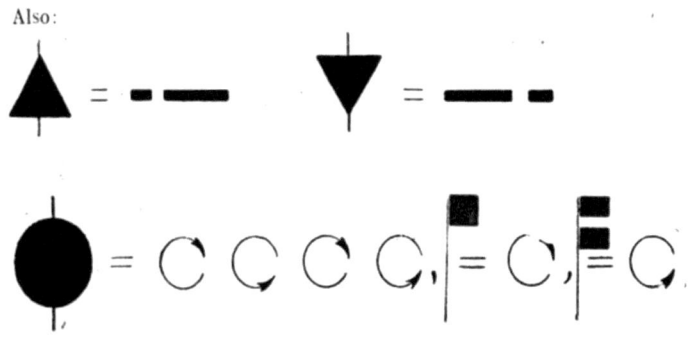

c) **Windanzeiger (Semaphore)** Eine wichtige Einrichtung sind die W i n d - a n z e i g e r -Stationen von Cuxhaven und Hoheweg-Leuchtturm[1]), die die zuletzt gemeldete Windrichtung und Windstärke von **Borkum** (= B) und ein Mittel aus den Angaben der Feuerschiffe Elbe I und P 11[2]) als „**Helgoland**" (= H) anzeigen.

a) die Wind r i c h t u n g von 2 zu 2 Strich durch Stellung des beweglichen Zeigers auf dem Kreise. Der Windrichtungsanzeiger wird so eingestellt, daß der Beschauer von einem stromabwärts fahrenden und von Süden kommenden Schiff aus Nord oben, Ost rechts, Süd unten und West links erblickt.

---

b) die Wind s t ä r k e durch die waagerechte Stellung der am Topp des Mastes befindlichen Flügel. Es bedeutet jeder waagerecht gestellte Flügel einer Seite 2 Stärken Beaufort-Skala, z. B. 1 Flügel = Stärke 1—2, 3 Flügel = Stärke 5 bis 6 usw.

Die den Windanzeigerstationen normalerweise zweimal täglich (nach Sonnenaufgang und um 13,00 Uhr) zugehenden Meldungen werden umgehend durch den Anzeiger zur Anschauung gebracht. Bei Änderungen des Windes in Richtung oder Stärke werden die Anzeiger außerhalb der normalen Zeiten neu eingestellt.

Um W i n d s t i l l e n zu signalisieren, wird bei gesenkten Windstärkeflügeln der Windrichtungsanzeiger auf Süd eingestellt.

Fig. 141

Liegen S t ö r u n g e n vor, die das Signalisieren des Windes unmöglich machen oder sind die neuen Windmeldungen ausgeblieben, so wird das oberste Windstärkeflügelpaar 45° nach unten, die übrigen ganz gesenkt und der Richtungsanzeiger auf Süd, d. h. nach unten gestellt.

In nebenstehender Figur besagen also die Signale, daß Borkum WNW-Wind hat, Stärke 6, Helgoland SW-Wind, Stärke 4.

d) Eismeldungen. Bei Auftreten von Eis auf hoher See sammelt das Deutsche Hydrographische Institut, Hamburg, alle von den Eisbeobachtungsstellen an den deutschen Küsten eingelaufenen Eismeldungen und verarbeitet sie zu einem Eisbericht. Dieser wird werktäglich gedruckt und an die dafür interessierten Behörden und Privatunternehmen versandt. Auch wird eine Eiskarte gezeichnet, woraus das Vorkommen der verschiedenen Eisarten und ihre räumliche Ausdehnung zu ersehen ist.

Die Sender Kiel-Radio und Elbe-Weser-Radio verbreiten die Eismeldungen nach dem internationalen baltischen Eisschlüssel und mit einem Klartext in deutscher und englischer Sprache täglich. Die Funkzeiten, Rufzeichen und Wellenlänge dieser Meldungen sind im 1. Nachtrag 1947 des Nautischen Funkdienstes enthalten.

Die Funkeismeldungen der an die Nord- oder Ostsee angrenzenden Staaten werden täglich aufgenommen. Diese ausländischen Meldungen werden in dem Eisbericht und der Eiskarte mitverarbeitet, so daß die Eislage und die Schiffahrtbehinderung durch Eis im gesamten Nord- und Ostseeraum jederzeit klar erkennbar ist.

160. Beurteilung des Wetters.

Will der Seemann sich von dem Verlauf der Witterung ein ungefähres Bild machen, so ist außer der Benutzung der mannigfachen, bisher angegebenen Hilfsmittel die Beobachtung seiner Wetterinstrumente, der Bewölkung, des Seeganges, des Aussehens der Luft, der Wolken usw. unbedingt erforderlich. Er kann folgern: Hohes und noch steigendes Barometer bedeutet, daß ein Maximum und damit meistens schönes Wetter sich nähert, niedriges und noch fallendes Barometer, daß ein Minimum und schlechtes Wetter im Anzuge ist. Je schneller das Barometer fällt, desto schneller stellt sich das schlechte Wetter ein, desto schneller zieht es in der Regel vorüber. Dabei ist zu bedenken, daß im südlichen Teile der Nordsee und in der Ostsee die meisten Stürme aus südwestlichen und westlichen Richtungen wehen und ein plötzliches Steigen des Barometers vielfach mit einem „Ausschießen", d. i. ein plötzliches Umlaufen, nach Nordwesten verbunden ist, weil dann das in östlicher Richtung ziehende Minimum vorübergezogen ist und man sich an der Rückseite befindet. Beim Segeln oder Beidrehen richte man sich so ein, daß beim Ausschießen die Segel nicht back schlagen.

Dreht der Wind gegen den Uhrzeiger, so sagt man, daß er „krimpe".

Höfe und Ringe um Sonne und Mond entstehen, wenn die Luft reich ist an Wasserdampf und in den höheren Schichten an Eiskristallen. Sie sind oftmals Vorboten stürmischen Wetters.

Federwolken und „Windstreifen" zeigen das Herannahen schlechten Wetters an, während die „Schäfchen-Wölkchen", kleine weiße, hoch schwebende Bälle, wenn sie sich mehr und mehr verdichten, die Vorboten von Regen sind.

Auch heranrollende Dünung gibt dem Schiffsführer Veranlassung, auf der Hut zu sein und mit besonderer Aufmerksamkeit die Vorgänge in der Natur zu verfolgen.

161. Das Wetter im Nordatlantik.

a) Allgemeine Übersicht. Um sich eine Vorstellung von den Wetterverhältnissen im Nordatlantischen Ozean zu machen, muß man von der Wirkung der Sonne auf die Atmosphäre ausgehen. Während des ganzen Jahres bewegt sie sich über einem Gebiete, das von den Wendekreisen begrenzt ist, also über der heißen Zone hin und her. Hier ist die Luft daher warm und leicht. Nördlich davon in den sog. Roßbreiten ist sie kälter und schwerer, und von diesem hier liegenden Hoch strömt die Luft der Äquatorgegend zu. Der so entstehende Nordwind wird durch die Erddrehung aber abgelenkt, so daß im nördlichen Teil der heißen Zone ein NNO-Wind, in der Nähe des Äquators gar ein ONO-Wind weht. Dieser jahraus jahrein wehende Wind heißt NO - P a s s a t.

In der Nähe des Äquators steigt die Luft empor und fließt in der Höhe nach Norden und Süden ab (Antipassat). Die nunmehr kalt werdende und nach Norden abfließende Luft senkt sich allmählich wieder und erzeugt durch den so entstehenden Druck das R o ß b r e i t e n h o c h. Es liegt zwischen etwa 25 und 35⁰ Breite, verschiebt sich im Sommer etwas nach Norden, im Winter nach Süden und dehnt sich besonders im Winter über die ganze Breite des Ozeans aus. Während in dem Roßbreitenhoch schwache Winde, Windstillen, wolkenloser Himmel und Regenarmut vorherrschen, wehen nördlich davon südwestliche und westliche Winde, die jedoch in der Nähe der Festlandküste — Biskaya, Küste Portugals — in den Monaten April bis August abbiegen und eine nördliche Richtung annehmen.

Nördlich von diesem Gebiete, also nahezu die kalte Zone bedeckend, liegt ein Luftkörper, der von dem vorhin beschriebenen Kreislauf getrennt ist. In ihm herrschen an der Erdoberfläche niedrige Temperaturen vor, während in größeren Höhen die Luft wärmer ist. Die Windrichtung ist durchweg eine östliche bis nordöstliche.

b) **Das Gebiet des Nordostpassates,** dessen Grenzen in der Nähe der afri-
kanischen Küste sich weiter nach Norden hin erstrecken als im Westen des
Atlantischen Ozeans, verschiebt sich entsprechend der jährlichen Bewegung der
Sonne. Die Verschiebung steht jedoch zeitlich nicht in Übereinstimmung mit der
Deklinationsänderung. Am nördlichsten liegt der Passat im September, am süd-
lichsten im März. Im September reicht die nördliche Grenze bis an etwa 35° N-
Breite, im März bis etwa 26° N. Die südliche Grenze verschiebt sich entspre-
chend bis 11° bzw 3° N-Breite.

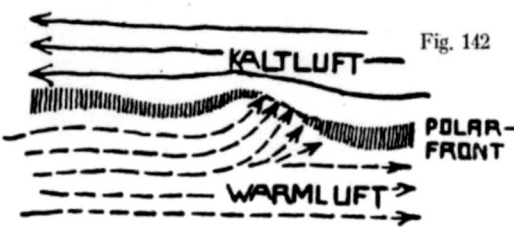

Fig. 142

Im Winter, wenn das Roßbreitenhoch ausgeprägter als im Sommer erscheint,
ist der durchschnittlich als frische Brise wehende Passat kräftiger als im Sommer.

Das Passagebiet ist arm an Regen, das Wetter meist heiter, und Luftdruck-
störungen kommen nur gelegentlich an der unteren Grenze in den westin-
dischen Gewässern vor, der Heimat tropischer Wirbelstürme. Im allgemeinen
findet ein regelmäßiges tägliches Steigen und Fallen des Barometers derart statt,
daß um 10 und 22 Uhr das Barometer den höchsten, um 4 und 16 Uhr den
niedrigsten Stand erreicht. Der Unterschied beträgt etwa 1,1 mm an der nördlichen, 2,4 mm an der äquatorialen Grenze.

c) **In der nördlich gemäßigten Zone** treten oft Wirbelstürme (Zyklonen)
auf, die, der allgemeinen Luftströmung folgend, als Ganzes sich nach Osten
bewegen. Über ihre Entstehung gehen die Ansichten noch auseinander, doch
gewinnt die Theorie des norwegischen Meteorologen V. Bjerknes immer mehr
Anklang. Hiernach entsteht eine Zyklone dadurch, daß an der südlichen Grenze
der kalten „Polarfront", wo östliche   Fig. 143
Winde vorherrschen, gelegentlich geringe Einbuchtungen sich bilden, in welche die von
Westen kommende leichte Warmluft (Tropik-
luft) stößt. Sie gleitet schräg ansteigend über
die schwerere Kaltluft hinweg und wird durch
diese von ihrem Wege nach links hin abge-
bogen. So entsteht allmählich ein Wirbel. Die
Linie, die am Erdboden die Aufgleitfläche begrenzt, liegt vor (östlich) der sog. Warmfront
und hat eine gekrümmte Form. Ihre Lage ist
entsprechend dem Alter der Zyklone verschieden. Die Kurvenform der diese Linie schneidenden Isobaren ist in diesem Schnittpunkte in
der Regel gestört, wodurch eine charakteristi-
sche Knickform entsteht (s. Fig. 143).

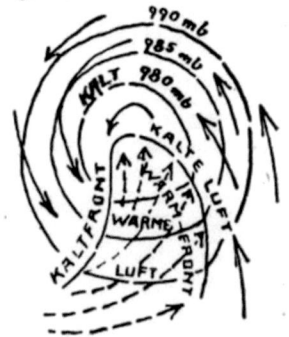

An der Rückseite des Einbruchsgebietes der Warmluft ist die kalte Luft bestrebt, sich mit der kalten Luft vor der Warmfront wieder zu vereinigen. Die Trennungsfläche zwischen Kalt- und Warmluft an der Westseite heißt E i n - b r u c h s f l ä c h e, die an der Erdoberfläche liegende Schnittlinie wird E i n - b r u c h s l i n i e, auch B ö e n - oder K a l t f r o n t genannt. Auch hier ist vielfach die Knickform der Isobaren vorhanden.

Hat die Kaltfront die Warmfront eingeholt, so wird die Zufuhr warmer Luft versperrt, die Zyklone wird abgeschnürt und stirbt wegen des Fehlens von Energie ab. Eine solche Zyklone, worin die Warmluft durch die Vereinigung der Kaltluft vom Erdboden abgehoben ist, heißt z u s a m m e n g e k l a p p t e s T i e f d r u c k g e b i e t (Okklusion).

In der Regel treten die Zyklonen nicht als Einzelerscheinung auf, sondern es folgen etwa vier oder fünf in kurzen Zwischenräumen aufeinander. Solch eine Zyklonenfamilie gebraucht etwa 5½ Tage zum Vorüberziehen. Die einzelne Zyklone besteht etwa eine Woche lang und stirbt dann, nachdem die treibende Warmluft vom Erdboden abgeschnürt worden ist.

Oft kommt es vor, daß eine Hauptzyklone von einer kleineren begleitet wird. Diese bildet sich dann gewöhnlich an der dem Pol abgekehrten Seite, oder sie eilt der Hauptzyklone voraus. Man nennt sie R a n d z y k l o n e n oder T e i l t i e f s.

d) Anzeichen und Verlauf. Vor dem Herannahen einer Zyklone ist der leichte Wind vielfach südlich bis südöstlich und die Temperatur gewöhnlich normal. Das Barometer beginnt zu fallen, am Himmel bilden sich Cir-str-Wolken, die sich schnell verdichten. Aus den Cir-str werden niedrigere Alt-str, die schließlich von noch tiefer liegenden Nimbus-Wolken verdeckt werden. Feiner Regen setzt ein; er wird aber bald stärker und ist meist anhaltend (Landregen). Bei der Annäherung der Warmfront dreht der Wind gewöhnlich um mehrere Strich im Zeigersinn bis SSW und SW, und das Fallen des Barometers hört auf. Der Temperaturunterschied ist meistens so gering, daß er kaum wahrnehmbar ist. Vorübergehend klart es jetzt auf, bis die kalte Front sich nähert. Dann schießt der Wind meistens nach NW aus, Böen setzen ein, das Barometer steigt, und es wird merklich kälter. Zuweilen sind mit dem Einsetzen der Kaltfront auch heftige Gewitter, sog. Frontgewitter, verbunden.

Aber nicht immer ist der Verlauf so, wie hier geschildert. Manchmal macht sich eine Zyklone nur als Schlechtwetterperiode ohne die charakteristischen, oben beschriebenen Kennzeichen bemerkbar.

162. Auszüge aus den Art. 34, 35 und 38 des Schiffssicherheitsvertrages von 1929, die mit den Art. 2 und 3 der deutschen „Verordnung über die Sicherheit der Seefahrt" vom 25. Dez. 1932 übereinstimmen.

Der Kapitän eines jeden Schiffes, der gefährliches Eis, gefährliche Wracks oder einen gefährlichen tropischen Sturm antrifft oder eine andere unmittelbare Gefährdung der Schiffahrt erkennt, ist verpflichtet, hiervon die in der Nähe befindlichen Schiffe und die zuständigen Behörden des ersten Küstenplatzes, mit dem er in Verbindung treten kann, mit allen verfügbaren Verständigungsmitteln zu unterrichten (Art. 34).

Ferner muß er bei Windstärke 10 oder mehr nach der Beaufort-Skala in seiner Nähe befindliche Schiffe davon in Kenntnis setzen (Art. 35).

13*

Wenn dem Kapitän Eis auf oder nahe bei seinem Kurs gemeldet wird, so muß er des Nachts mit mäßiger Geschwindigkeit fahren oder seinen Kurs so ändern, daß er gut frei von dem Gefahrbereich führt (Art. 38).

163. Das Meteorologische Tagebuch.

Auf vielen Schiffen führt man heute ein von der Deutschen Seewarte entworfenes Meteorologisches Tagebuch. Schiffe in der kleinen Fahrt, besonders Fischdampfer, benutzen das „Kleine Meteorologische Tagebuch", wovon sich eine Seite im Anhang dieses Buches befindet. Es ist nicht so umfangreich wie jenes, das einige Spalten mehr enthält.

Bezüglich der in dem Tagebuch anzugebenden Besteckversetzung sei darauf hingewiesen, daß zur Bestimmung des Bestecksortes keine mutmaßliche Strömung mit in Rechnung gestellt werden darf, wohl aber eine etwaige Abtrifft. Die ganze Strömung soll eben durch die Besteckversetzung zum Ausdruck kommen.

Die Verschlüsselung der Beobachtungen geschieht zweckmäßig mit Hilfe eines Wetterschlüssels und bedarf keiner besonderen Erläuterung.

15. Meereskunde.

164. Einleitung.

Wegen des im Meerwasser enthaltenen Salzes ist es etwas schwerer als Süß-
oder Frischwasser. Wiegt ein Liter von diesem 1 kg, dann ein solches von jenem
etwa 1,03 kg. Das spezifische Gewicht ist demnach 1,03. Dies ist jedoch ein
Mittelwert; das spezifische Gewicht des Wassers der Nordsee ist etwa 1,03, das
der Ostsee kleiner, jedoch im westlichen Teil größer als im östlichen. Hieraus
folgt, daß der Tiefgang eines Schiffes etwas geringer wird, wenn es aus dem
Frischwasser des Hafens oder Flusses in salziges Seewasser kommt, ist doch
das Gesamtgewicht eines Schiffes gleich dem der von ihm verdrängten Wassermasse. Wegen des Salzgehaltes ist die Eisbildung in der Nordsee seltener als
in der Ostsee.

165. Seegang und Dünung.

Streicht der Wind über die Wasseroberfläche hin, so werden durch die
Reibung die Wasserteilchen in drehende Bewegung gesetzt, und es entstehen
W e l l e n. Sie werden um so höher, je stärker und länger der Wind weht. Von
dem Seemann werden sie S e e n genannt.

Wellen, die unbeeinflußt von dem am Orte wehenden Winde sich bemerkbar machen, heißen D ü n u n g. Diesen fehlen die den Seen eigenen K ä m m e.
Der Abstand zweier benachbarter Kämme voneinander heißt W e l l e n l ä n g e,
der senkrechte Abstand eines Wellenkammes vom benachbarten Wellental H ö h e
der Welle.

Die Länge der Wellen ist sehr verschieden und hängt von mancherlei Umständen ab. In der Ostsee, wo sie bekanntlich recht kurz sind, schwankt ihre
Länge zwischen 20 und 30 m, auf großer Süd-Breite, wo keine Küste sie hemmt,
können sie in schweren Stürmen bis zu 350 m lang werden.

Ihre größte Höhe liegt zwischen 4 und 15 m, doch kommt sie im Gebiete
der Nord- und Ostsee selten über 4 bis 5 m hinaus, wenn es auch meistens
scheint, als ob sie größer wäre.

Man pflegt die Höhe der Wellen oder des Seeganges nach der Beaufort-Skala
anzugeben, wonach glatte See mit 0, die schwerste See mit 9 bezeichnet wird.

Dort wo See und Strömung gegeneinander anlaufen, also besonders in Flußmündungen und in der Nähe der Küsten, entstehen steile und hohe Seen. An
Flachküsten und auf Bänken bildet sich, weil die rollende See unten auf Widerstand stößt, die B r a n d u n g.

Um Kammbildungen zu verhindern und die See zu glätten, benutzt man
geringe Mengen Öl.

166. Strömungen.

Die horizontale Bewegung des Wassers nennt man S t r ö m u n g. Sie wird nach der Richtung bezeichnet, nach der sie hinsetzt, umgekehrt wie beim Winde. Eine SO-Strömung ist also eine solche, die nach SO hinfließt.

Die Hauptursache d e r Strömungen, die für den Nautiker der Nordsee in Betracht kommen, sind Ebbe und Flut, wodurch an den Küsten Gezeitenströme von manchmal großer Stärke entstehen (s. S. 201). Aber auch durch die Reibung der Luft an der Wasseroberfläche wird Strömung erzeugt. So wie durch den Wind Wellen entstehen, wird auch das Wasser weiter geschoben und eine Strömung oder T r i f t hervorgerufen. Dadurch wird aber, so lange der Wind weht, einem Gebiete Wasser entzogen, einem andern zugeführt. Nach Aufhören des Windes fließt die Strömung in entgegengesetzter Richtung zurück, es findet ein Ausgleich statt (Ausgleichsströmung).

Eine weitere Ursache der Strömung besteht darin, daß Flüsse größtenteils geschlossenen Meeren große Mengen Wasser zuführen, wodurch der Wasserspiegel erhöht wird. Dies hat dann ein Abfließen des Wassers zur Folge.

Die Stromstärke wird angegeben in sm in der Stunde oder im Etmal (24 Stunden).

167. Die Strömungen im Nordatlantik.

a) Warme Strömungen. NO- und SO-Passat des Atlantischen Ozeans bewirken, daß das Oberflächenwasser in den von ihnen bestrichenen Teilen des Ozeans dem Äquator zufließt. Die so erzeugten P a s s a t t r i f t e n, auch Ä q u a t o - r i a l s t r ö m e genannt, werden jedoch, dem Verlauf der Passate folgend, mehr und mehr nach Westen abgelenkt. Die Geschwindigkeit der NO-Passattrift beträgt etwa 24 sm im Etmal.

Zwischen NO- und SO-Passattrift fließt im östlichen Teile des Ozeans ein Gegenstrom, als G u i n e a s t r o m bekannt, der ein keilartiges Gebiet einnimmt. Die nach Westen gerichtete Spitze des Keils liegt im nördlichen Sommer auf etwa 40⁰ W, im nördlichen Winter auf ungefähr 25⁰ W-Länge und immer auf etwa 5⁰ N-Breite. Die Basis bildet die Küste Afrikas, wo der Strom am stärksten läuft und Versetzungen bis zu 3 sm die Stunde vorkommen.

Nach der Vereinigung der beiden Passattriften zweigt an der südlichen Seite an der NO-Ecke Südamerikas (Kap San Roque) ein Teil nach Süden ab und fließt als B r a s i l s t r o m längs der Küste Brasiliens mit einer Geschwindigkeit von etwa 12 sm, während der Hauptteil unter dem Namen G u y a n a - s t r o m in WNW-Richtung an der N-Küste Südamerikas entlang setzt. Die größte Stärke dieses Stromes beträgt 72 sm den Tag.

Nordwärts von den Antillen führt der Strom den Namen A n t i l l e n - s t r o m. Das durch die Karibische See nach Westen fließende Wasser staut sich in der Gegend der Straße von Yukatan, durchläuft diese mit großer Stärke und setzt dann fächerartig in den Golf von Mexiko hinein. Hier entsteht der G o l f s t r o m. Mit großer Geschwindigkeit strömt das Wasser als F l o r i d a - s t r o m durch die Sraße von Florida in anfangs nördlicher Richtung. Ungefähr in der Mitte zwischen Florida und den Bahama-Inseln setzt der Strom mit 80 bis 120 sm Stärke.

Nach dem Passieren der Bahama-Inseln vereinigt sich das Wasser des Antillenstromes mit ihm, und unter dem Namen Golfstrom fließt er jetzt nach Nordosten weiter. Seine größte Stärke hat er mit etwa 60^{sm} an der westlichen Seite, wo er bis zur 200-m-Tiefengrenze, der Flachseezone oder dem Schelf, an die amerikanische Küste herankommt. In etwa 40⁰ Breite beginnt er, eine östlichere Richtung anzunehmen und sich in seinem südlichen Teile zu verzweigen.

Auf seinem weiteren Wege über den Nordatlantik nach Osten, wo er durch die vorherrschenden westlichen Winde gefördert wird, verliert der Golfstrom, der von etwa 40⁰ W-Länge an auch A t l a n t i s c h e T r i f t genannt wird, allmählich den Charakter eines geschlossenen Stromes. An der Südseite zweigen kleinere Teile, später ein größerer Arm ab, der als K a n a r i s c h e r S t r o m dem Nordäquatorialstrom Wasser zuführt (Ergänzungsstrom). Andere Teile fließen in östlicher Richtung zum Golf von Biskaya und dem Englischen Kanal weiter, während die Hauptmasse nach Nordosten fließt und die Westküsten Irlands, Schottlands und Norwegens und die Süd- und Westküste Islands bespült. In die Nordsee dringt der um Schottland biegende Arm fast bis zur Doggerbank vor, während der nach Norwegen fließende Arm um das Nordkap setzt und sich noch bei Nowaja-Semlja bemerkbar macht.

Die nach Süden von der Atlantischen Trift abzweigenden Teile schließen mit dem Antillen- und dem Golfstrom ein Gebiet ein, das unter dem Namen S a r g a s s o s e e bekannt ist. Es liegt zwischen etwa 20 und 40⁰ N und 30 und 60⁰ W und hat ellipsenförmige Gestalt. Alle bisher beschriebenen Ströme führen warmes Wasser mit sich.

b) Kalte Strömungen. Aus dem Polarbecken kommend, fließt an der Ostküste Grönlands ein kalter, Treibeis mit sich führender Strom, O s t g r ö n - l a n d s t r o m , vorbei. Anfangs nach Süden, dann nach ʼSüdwesten fließend, schickt er Zweige nach Südosten und Süden, welche die Ostküste Islands z. T. bespülen. Er setzt um Kap Farvel, die Südspitze Grönlands, herum in die Davis-Straße hinein, wo er in nordwestlicher Richtung an der Westküste Grönlands entlang fließt.

Im westlichen Teile der Straße längs der Küste von Baffinsland bringt ein kalter Strom Bergeis, das den Gletschern Westgrönlands entstammt, nach Süden. Er setzt an der Küste Labradors vorbei unter dem Namen L a b r a d o r s t r o m und verfrachtet sein Eis bis zur Neufundlandbank und weiter bis zum Golfstrom, auf den er unter rechtem Winkel stößt. Dieses Zusammenstoßen ruft vielfach schlechtes Wetter und bei südlichen Winden Nebel hervor, der besonders häufig in den Monaten Mai bis Juli auftritt.

Der größte Teil des Labradorstromes dringt in der Regel streifenartig in den Golfstrom hinein und verliert sich allmählich durch Untertauchen, während ein kleiner Arm nach Westen abbiegt und zwischen Golfstrom und Küste nach Südwesten fließt. Dieser kalte Küstenstrom, cold wall, d. i. Kalte Mauer, macht sich bis Kap Hatteras noch bemerkbar. Nicht nur durch sein grünes Wasser unterscheidet er sich von dem blauen Golfstrom, sondern auch durch seine Temperatur, die manchmal auf Entfernungen von 10 bis 15 km um 10 bis 15⁰ C unter der des Golfstromes liegt.

c) Schluß. Obgleich der Golfstrom so nahe der amerikanischen Küste entsteht, kommt der von ihm ausgehende Nutzen nur Europa zugute. Hier bespült er die westlichen Küsten, und die über seinem warmen Wasser sich entwickelnde Warmluft wird durch die vorherrschenden Westwinde dem Lande zugeführt. So wird das Klima Europas milde, während das des östlichen Teiles von Nordamerika, an dem der kalte Küstenstrom vorbeifließt, besonders im Winter wesentlich rauher und kälter ist.

Wenn man bedenkt, daß durch den Südäquatorialstrom gewaltige Mengen Wasser dem Nordatlantischen Ozean zugeführt werden, dagegen durch den Guineastrom viel weniger Nordatlantikwasser nach Süden befördert wird, dann erkennt man, daß neben dem großen horizontalen Kreislauf des Oberflächenwassers noch ein in vertikaler Richtung liegender vorhanden sein muß. Man nimmt an, daß dieser in der Sargassosee entsteht; hier sinkt das Wasser hinab und fließt als Tiefenstrom nach dem Süden zurück.

168. Strömungen in der Nord= und Ostsee.

Die Strömungen in der Nordsee sind in erster Linie Gezeitenströme. Machen sich abweichende Stromversetzungen bemerkbar, so deutet das auf einen kommenden Wind oder Stürme hin.

In der Ostsee liegt der Wasserspiegel infolge der großen Wasserzufuhr aus den Flüssen besonders im Frühjahr wesentlich höher als in der Nordsee. Die Folge davon ist, daß das Ostseewasser in südlicher Richtung aus dem Bottnischen Meerbusen fließt, dann nach Westen setzt und in nördlicher Richtung durch Sund und Belte in das Kattegat hineinströmt. Im Kattegat setzt die Strömung unter der schwedischen Küste am stärksten. Im Skagerrak schlägt sie wieder eine westliche Richtung ein und läuft hauptsächlich längs der norwegischen Küste. Selbst bei westlichen Winden ist das der Fall, während unter der dänischen Küste dann eine Strömung nach Osten setzt.

Fig. 144

169. Neerstrom.

Fließt dicht an einer Küste eine Strömung entlang, so setzt oft, besonders dort, wo Einbuchtungen der Küste vorhanden sind, eine leichte Strömung in entgegengesetzter Richtung. Dieses Zurückfließen wird N e e r - s t r o m genannt.

170. Gezeiten.

a) Erklärung und Entstehung der Gezeiten. Unter G e z e i t e n (F l u t und E b b e) versteht man das regelmäßige tägliche Steigen und Fallen des Meeresspiegels. Das Steigen wird Flut, das Fallen Ebbe genannt. Der höchste Stand des Wassers heißt H o c h w a s s e r, der niedrigste N i e d r i g w a s s e r, der Unterschied beider T i d e n h u b.

Die Gezeiten entstehen in erster Linie durch das Zusammenwirken der Massenanziehungskraft des Mondes und der Fliehkraft, welche die Massen der Erde bei ihrem Lauf um den mit dem Monde gemeinsamen Schwerpunkt erfahren. Eine gleiche Wirkung übt, wenn auch in bedeutend geringerem Maße, die Sonne aus.

An den Tagen des Neu- und Vollmondes gehen Sonne und Mond gleichzeitig durch den Meridian. Zu dieser Zeit (S p r i n g z e i t) wirken die gezeitenerzeugenden Kräfte beider Gestirne in gleicher Richtung, es entsteht daher das höchste Hochwasser (S p r i n g h o c h w a s s e r), das niedrigste Niedrigwasser (S p r i n g - n i e d r i g w a s s e r). Der Zeitraum zwischen 0^h bzw. 12^h und dem Eintritt des Hochwassers zur Zeit des Neu- und Vollmondes heißt H a f e n z e i t.

Weil nun der Mond in durchschnittlich 24^h 50^m, die Sonne aber in 24^h scheinbar die Erde umläuft, so ändern sowohl Tidenhub als auch Hoch- und Niedrigwasserzeit. An den Tagen des ersten und letzten Viertels fallen Mondhochwasser und Sonnenniedrigwasser zusammen (N i p p z e i t). Es entsteht ein niedriges Hochwasser und ein hohes Niedrigwasser (N i p p h o c h w a s s e r und N i p p n i e d r i g w a s s e r, t a u b e G e z e i t). Die Fluthöhe erreicht in der Regel erst ein bis drei Tage nach Neu- und Vollmond ihren größten und ein bis drei Tage nach dem ersten und letzten Mondviertel ihren kleinsten Wert. Diese Verspätung der größten Fluthöhe gegenüber Neu- und Vollmond und der kleinsten Fluthöhe gegenüber den Mondvierteln heißt S p r i n g v e r s p ä t u n g. Sie wird für die einzelnen Hafenplätze durch Beobachtung ermittelt.

Der Verlauf der Gezeiten wird durch das Festland und die Verschiedenheit der Meerestiefen erheblich beeinflußt. Desgleichen dadurch, daß die Flutwéllen auf verschiedenen Wegen dieselben Orte erreichen. So beträgt z. B. der Tidenhub bei Kiel nur etwa 7 cm, bei Memel kaum noch 1 cm. In der Bucht von St. Malo an der französischen Kanalküste ist dagegen der Tidenhub bei Springzeit 12 m, in der Bucht von Bristol gar 13 m.

b) **Gezeitenströmungen.** Flut und Ebbe sind immer von Strömungen begleitet, die man G e z e i t e n s t r ö m u n g e n nennt. An der freien Küste läuft der F l u t s t r o m, so lange das Wasser steigt, der E b b s t r o m, wenn es fällt. Der Wechsel in der Stromrichtung, das K e n t e r n des Stromes, fällt dort mit der Zeit des Hochwassers und des Niedrigwassers zusammen Es steht dann das Wasser eine kurze Zeit still, es ist S t a u - oder S t i l l w a s s e r.

Auf hoher See läuft zu den Zeiten des Hoch- und Niedrigwassers die Strömung am stärksten. Das Kentern findet erst mehrere Stunden nach Hoch- und Niedrigwasser statt.

c) **Berechnung der Hoch- und Niedrigwasserzeit.** Die vom Deutschen Hydrographischen Institut Hamburg jährlich herausgegebenen Gezeitentafeln enthalten für eine Reihe von Orten für jeden Tag des Jahres die Hoch- und Niedrigwasserzeiten sowie die zugehörigen Höhen über Kartennull. Diese Orte werden B e - z u g s o r t e genannt. Ferner enthalten sie Tabellen, worin für eine große Zahl von Häfen und Küstenpunkten die Beträge, um die hier das Hoch- und Niedrigwasser später (+) oder früher (—) als an einem dort bezeichneten Bezugsport eintritt, angegeben sind. Auch findet man dort die Höhenunterschiede für Hoch- und Niedrigwasser gegenüber den Bezugsorten. Diese Häfen und Küstenpunkte heißen A n s c h l u ß o r t e, die Zeit- und Höhenunterschiede G e z e i t e n - u n t e r s c h i e d e. Addiert man daher die Gezeitenunterschiede eines Ortes algebraisch zu den Gezeitenangaben des Bezugsortes, so erhält man die Werte des gesuchten Ortes.

Für die Höhenunterschiede sind vier Spalten vorhanden, je zwei für Spring- und Nippzeit. Wenn die Unterschiede für Spring- und Nippzeit, wie das im allgemeinen der Fall ist (ausgenommen gewisse englische und französische Küsten-

punkte), nicht groß sind, so nimmt man kurzerhand das Mittel aus der Spring-
und Nippzeitangabe. Findet man z. B. — 0,6 und — 0,4 m, so nimmt man — 0,5 m.

Überhaupt sollte man bei der Bestimmung der Wasserhöhen nicht kleinlich
sein, sondern ab- oder aufrunden. Die Wassertiefen in den Seekarten sind ja
meistens auch nicht, mit Ausnahme nahe der Küste, auf Zehntel Meter gegeben,
und wenn man lotet, müßte man bei theoretisch genauem Verfahren auch feststellen, ob man die Höhe des Wellenberges oder des Wellentales gemessen hat.
Es kommt hinzu, daß der Windstau uns manchmal ein Schnippchen schlägt,
ohne daß wir es ahnen.

Hiermit soll beileibe nicht einer Gleichgültigkeit gegenüber der sorgfältigen
Bestimmung der Wassertiefen das Wort geredet werden.

Ein Blick auf die Gezeitentafeln zeigt uns, daß an bestimmten Tagen an
einem Orte nur e i n Hoch- oder nur e i n Niedrigwasser stattfindet. Das liegt
daran, daß die Meridiandurchgänge des Mondes rund 12,5 Stunden auseinanderliegen.

Wenn für einen Anschlußort ein Zeitunterschied für Niedrigwasser nicht gegeben ist, so bringt man an die nächste Hochwasserzeit einen mittleren Viertel-
Mondtag (6^h 12^m) an.

d) Bestimmung der Hoch- und Niedrigwasserzeit auf See. Die Gezeitentafeln
enthalten außerdem im Anhang zwei Karten. Die Karte 2 ist bezeichnet mit:
„Linien gleichen mittleren Hochwasserzeitunterschiedes gegen den Meridian-
durchgang des Mondes in Greenwich." Entnimmt man der Tafel 1 die Zeit des
Meridiandurchganges des Mondes in Greenwich (M.G.Z.) und addiert dazu den
für irgendeinen Ort auf See der Karte entnommenen Wert, so hat man die M.G.Z.
der Hochwasserzeit. Mit Hilfe eines Viertel-Mondtages findet man dann auch die
für die Praxis hinreichend genaue Niedrigwasserzeit. Den Tidenhub entnimmt
man der Karte 1.

Beispiele. 1. Am 4. Mai 1910 befand man sich vormittags in der Nähe des
Borkumriff-Feuerschiffes. Wann hatte man das nächste Hochwasser, und welches
war die Höhe über Kartennull?

Helgoland H. W.	=	9^h 54^m	Höhe = 2,2 m
Gezeitenunterschied	= + 2^h 38^m		= — 0,3 m
Borkumriff-Feuerschiff H. W.	=	12^h 32^m	Höhe = 1,9 m = 2 m

2. In der Nacht vom 17. zum 18. März 1910 befand man sich gegen 23 Uhr
M.E.Z. in der Nähe des Bremen-Feuerschiffes. Zu welcher Zeit war Niedrigwasser und konnte man ungefähr mit dem Einsetzen der Flut rechnen?

Bremerhaven N.W.	=	1^h 3^m d. 18. 3.	
	=	25^h 3^m d. 17. 3.	Höhe = 0,1 m
Gezeitenunterschied	= — 1^h 5^m		0,0 m
Bremen-Feuerschiff N.W.	=	23^h 58^m d. 17. 3.	Höhe = 0,1 m = 0 m

3. Am 19. Dezember 1940 vormittags gegen 6 Uhr M.E.Z. war man nicht
weit vom Norderney-Feuerschiff. Zwischen welchen Hoch- und Niedrigwasserzeiten befand man sich?

Helgoland H.W.   = 2^h 20^m d. 19. 12.

Gezeitenunterschied   = — 0^h 38^m

Norderney-Feuerschiff H.W. = 1^h 42^m d. 19. 12.

ein Viertel-Mondtag   = + 6^h 12^m

Norderney-Feuerschiff N.W. = 7^h 54^m d. 19. 12.

Hier ist also ein Viertel-Mondtag anzubringen, da für Norderney-Feuerschiff
ein Gezeitenunterschied für Niedrigwasser fehlt.

4. Am Mittag des 23. November 1940 stand ein Schiff auf 54^0 10′ N und 1^0
10′ O. Wann war hier zu dieser Zeit Hochwasser, und wie groß war der Tidenhub?

Mond-Meridian-Durchgang in Gr. = 6^h 27^m d. 23. 11.

H.W. Zeit-Unterschied   = + 4^h 30^m

H.W.   = 10^h 57^m d. 23. 11.

Hub = 3 m.

e) **Beschickung der Lotung auf Niedrigwasser.** Die in den Seekarten angegebenen Wassertiefen beziehen sich auf den Wasserstand bei m i t t l e r e m
S p r i n g n i e d r i g w a s s e r, d. i. das Mittel aus vielen Springniedrigwassern.
Von Lotungen, die nicht gerade zur Niedrigwasserzeit gemacht werden, hat man
daher einen bestimmten Betrag abzuziehen, ehe man sie mit der Kartenangabe
vergleicht.

Das Wasser steigt und fällt nun aber nicht gleichförmig; vielmehr ist das
Steigen und Fallen kurz vor bzw. nach Hochwasser und umgekehrt kurz nach
bzw. vor Niedrigwasser gering. Für die in den Gezeitentafeln angegebenen Be-
zugsorte sind den Tafeln Kurven beigefügt, denen man die an eine Lotung an-
zubringende Berichtigung leicht entnehmen kann.

Wünscht man für einen angeschlossenen Ort die Berichtigung, so benutzt
man die Tafel 3.

Man bestimmt zunächst die die Lotung einschließenden Hoch- und Niedrig-
wasserzeiten und die dazwischenliegende Zeit, sodann die Zwischenzeit zwischen
Lotung und dem nächsten Hochwasser. Mit diesen beiden Werten und dem
Tidenhub entnimmt man der Tafel die Beschickung.

Beispiele. 1. Nicht weit vom Außenjade-Feuerschiff lotete man bei nebli-
gem Wetter am 5. September 1940 um 3^h 5^m eine Wassertiefe von 21 m. Welche
Tiefe hatte man mit der Kartenangabe zu vergleichen?

Wilhelmshaven H.W.	= 3^h 17^m	Höhe = 4.1 m	N.W. = 9^h 24^m	Höhe	= 0.1 m
Gezeitenunterschied	= — 1^h 33^m	— 1.1 m	— 0^h 50^m		— 0;1 m
Außenj.-Frsch.H.W.	= 1^h 44^m	Höhe = 3.0 m	N.W. = 8^h 34^m	Höhe	= 0.0 m
Gelotet wurde um	3^h 5^m	. . . .			21 m
d. i.	1^h 21^m nach H.W.		Abzug nach Tafel 3 = 2.7 m		
N.W.	= 8^h 34^m	Höhe = 0.0 m	Zu vergleichen = 18 m		
H.W.	= 1^h 44^m	3.0 m			
Dauer der Ebbe	= 6^h 50^m	Hub = 3 m			

2. Auf 50⁰ 37′ N und 0⁰ 53′ O lotete man am 10. Oktober 1940 um 16^h 0^m 45 m. Welche Wassertiefe mußte mit der Kartenangabe verglichen werden?

Mond-Merid.-Drchg. in Gr.	=	7^h 33^m
H.W. Zeit-Unterschied	= +	9^h 30^m
H.W.	=	17^h 3^m Hub = 7.5 m
Gelotet wurde um		16^h . . . . 45 m
d. i. rund =		1^h vor H.W. Abzug nach Tafel 3 = 7 m
Dauer der Ebbe oder Flut =		6^h 12^m. Zu vergleichen 38 m

16. Schiffskunde.

171. Einleitung.

Werft nennt man die Anlage zum Bau, zur Ausrüstung und Ausbesserung von Schiffen und H e l l i n g die schiefe Ebene, worauf das Schiff während des Bauens ruht. Die Helling ist nach der Wasserseite hin geneigt, um das „Ablaufen" des Schiffes zu ermöglichen. Die senkrecht zum Ufer liegende Helling heißt L ä n g s h e l l i n g, die parallel dazu laufende Q u e r h e l l i n g. Auf der Längshelling werden die Schiffe mit dem Heck dem Wasser zugekehrt gebaut. Dies geschieht deshalb, weil beim Ablaufen der zuerst ins Wasser eintauchende Teil allmählich beginnt aufzutreiben und dann der noch auf der festen Unterlage befindliche Teil stark beansprucht wird. Der vordere Schiffsteil (B u g) wird aber wesentlich stärker gebaut als der hintere und kann daher den größeren Druck besser aushalten. Außerdem ist es so mit Hilfe der Buganker möglich, das Schiff nach dem Ablauf schnell zum Stillstand zu bringen.

Man baut heutzutage fast nur noch Eisen- und Stahlschiffe. Sie haben gegenüber den Holzschiffen eine größere Lebensdauer, sind in den einzelnen Teilen und im ganzen fester und besitzen eine größere Tragfähigkeit, weil das Gewicht eines Eisenschiffes bedeutend kleiner ist als das eines gleich großen Holzschiffes.

Die einzelnen Teile eines Eisenschiffes sind in erster Linie miteinander durch Nietung verbunden, in geringerem Grade auch durch Verschraubung oder Schweißung. Ein Niet besteht aus Nietschaft, Nietkopf und Schließ- oder Setzkopf. Dieser wird durch Hämmern des heißen Nietes gebildet.

Es gibt drei Arten von Nietungen: Festigkeits-, wasserdichte und öldichte Nietungen. Sie unterscheiden sich durch die Abstände der Nieten voneinander, indem bei der ersten Art die Abstände etwa 7, bei der zweiten 4 und bei der dritten 3 Nietdurchmesser sind.

Beim Vernieten zweier oder mehrerer Teile müssen die Nietlöcher, die entweder durch B o h r e n oder S t a n z e n (Durchdrücken) hergestellt werden, kreisrund sein und genau aufeinander passen. Das Vernieten erfolgt mit der Hand, elektrisch oder mit Preßluft.

Nähte und Stöße werden nach dem Vernieten noch besonders v e r - s t e m m t. Unter Stemmen versteht man das Zusammenarbeiten der vernieteten Teile mit dem S t e m m e r, einem meißelartigen Instrument.

Profile sind senkrechte Querschnitte der beim Schiffbau zu verwendenden Eisenteile. Die am häufigsten vorkommenden Profile sind:

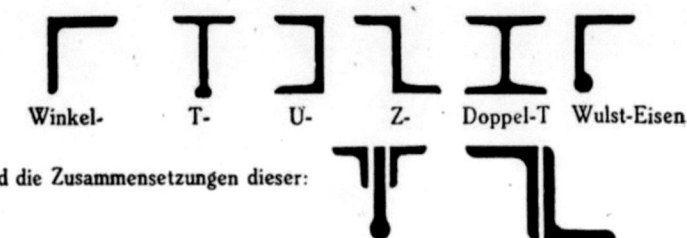

Winkel-   T-   U-   Z-   Doppel-T   Wulst-Eisen

und die Zusammensetzungen dieser:

172. Verbände des Schiffes.

Auf einen Schiffskörper wirken stets Kräfte ein, die bestrebt sind, eine Form-veränderung herbeizuführen. Die Maschine des Dampfers übt z. B. durch ihr Ge-wicht beim leeren Schiff einen größeren Druck nach unten aus als die leeren Räume vor und hinter dem Maschinenraum. Dadurch wird das Schiff in der Längsrichtung beansprucht. Diese Beanspruchung kann noch vergrößert oder verringert werden durch entsprechende Stauung der Ladung. Schwergut an den Enden des Schiffes würde eine Vergrößerung, nahe dem Maschinenraum eine Verringerung bedeuten.

Die Beanspruchung in der Längsrichtung wird auf See noch vergrößert, wenn die Mitte des Schiffes auf einem Wellenkamm liegt oder die Enden auf solchen ruhen. Laufen die Seen quer oder schräge zur Längsrichtung, so wird das Schiff ruckartig erfolgenden Spannungen und Stößen ausgesetzt, wodurch die Neigung entsteht, eine Formänderung des Schiffes herbeizuführen.

Daneben wirken noch Kräfte, die nur einzelne Teile des Schiffes beson-ders beanspruchen, wie das Arbeiten der Maschine und der Schraube, bei Segel-schiffen der Druck der Segel, beim Vorwärtsgang der Wasserdruck gegen den Bug, das Arbeiten der Winschen, des Spills usw.

Um alle diese und noch manche andere Beanspruchungen überwinden zu können, muß das Schiff sowohl in der Längs- als auch in der Querrichtung mit gehörigen Verstärkungen versehen ·sein, muß es einen guten L ä n g s - und Q u e r b a n d besitzen.

173. Kiel und Kielschwein.

Man beginnt den Bau eines Schiffes mit dem Legen des Kiels. Es gibt zwei Arten von Kielkonstruktionen, den unter dem Schiffsboden v o r s t e h e n d e n K i e l und den F l a c h k i e l. Der
vorstehende Kiel ist entweder ein
B a l k e n - oder ein M i t t e l -
p l a t t e n k i e l. Der B a l k e n -
k i e l (Fig. 146) besteht aus einer
starken Schiene von rechteckigem Profil, deren einzelne Teile durch L a -
s c h u n g e n (Fig. 145), die recht lang sein müssen, miteinander verbunden sind.

Fig. 145

Beim Mittelplattenkiel (Fig. 147) bestehen Kiel und Kielschwein aus einer hochstehenden Platte. An beiden Seiten sind unten starke Schienen von Kielhöhe angenietet.

Fig. 146

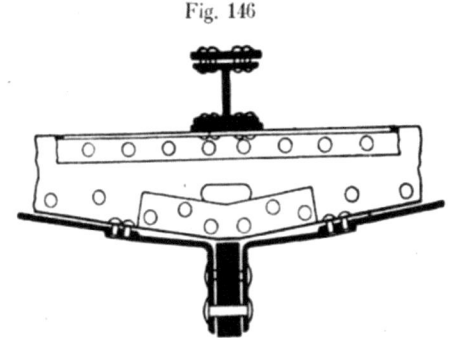

Fig. 147

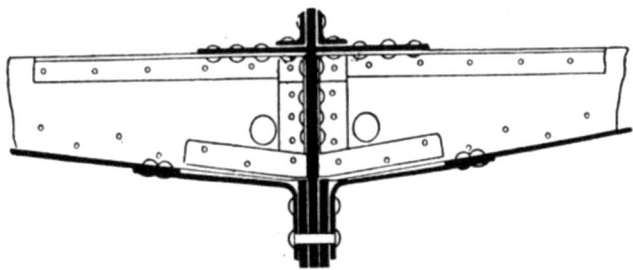

Fig. 148

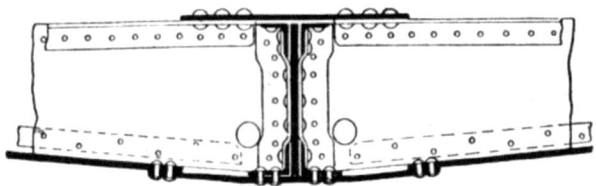

Der Flachkiel (Fig. 148) ist eine horizontalliegende Platte, die etwas stärker ist als die an beiden Seiten davon angebrachten Bodenplatten. Zu seinem Schutze bringt man vielfach unter dem Flachkiel eine horizontalliegende Platte von rechteckigem Durchschnitt an (Fig. 150). Dieser Schutzkiel schützt den Kiel bei Bodenberührungen und verstärkt den Längsverband des Schiffes. Vorstehende Kiele erhalten Segelschiffe, Flachkiele Dampfer und solche Schiffe, bei denen ein geringer Tiefgang zweckmäßig ist.

Über der Mitte des Flachkiels steht eine von vorn bis hinten ganz durch-
gehende Platte, M i t t e l p l a t t e n k i e l s c h w e i n genannt. Ist dieses aus
vielen von Spant zu Spant reichenden Stücken zusammengesetzt, so heißt es
e i n g e s c h o b e n e s oder I n t e r k o s t a l - K i e l s c h w e i n.

Fig. 149

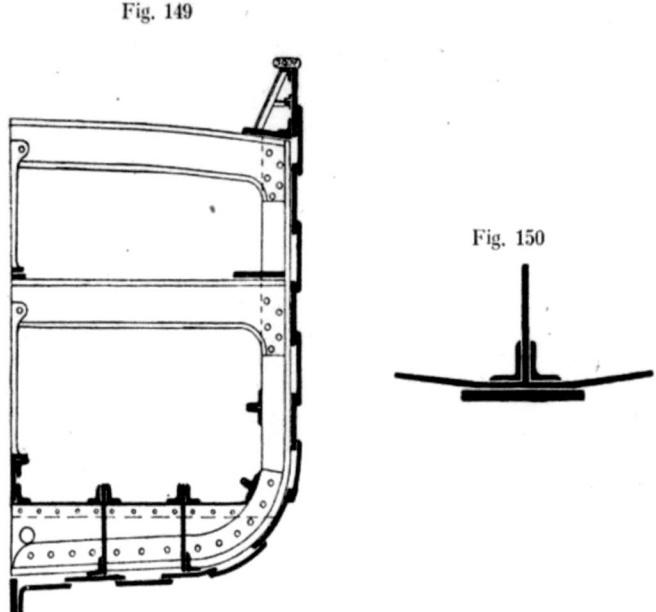

Fig. 150

Bei Schiffen ohne Doppelboden befindet sich das Kielschwein auf den Bodenwrangen und heißt T r ä g e r k i e l s c h w e i n (Fig. 146). Es besteht aus G r u n d -
p l a t t e, einem Doppel-T-Träger und einer oberen G u r t p l a t t e. Kleine
Schiffe haben vielfach nur zwei Rücken an Rücken vernietete Winkeleisen, zuweilen noch ein aufrechtstehendes Wulsteisen dazwischen.

174. Spanten.

Die Spanten geben dem Schiffe die Form. Sie bestehen aus ungleichschenk-
ligen Winkeleisen, deren kurzer Schenkel in der Längsrichtung des Schiffes liegt.

Ein ganzes Spant besteht aus zwei gleichen Teilen, die von Mitte Kiel bis
zum obersten Deck reichen. Auf dem Kiel sind sie durch lange Winkeleisen
miteinander verbunden.

Da der Druck des Wassers in erster Linie auf den Boden des Schiffes wirkt,
so sind die Spanten hier durch aufrechtstehende Platten, die B o d e n w r a n -
g e n, verstärkt. An der Oberkante sind diese mit Winkeleisen versehen, deren
Profil etwas schwächer als das der Spanten ist. Sie reichen bei größeren Schiffen

bis zum Oberdeck, bei kleineren bis etwas oberhalb der Bodenwrangen und heißen G e g e n s p a n t e n. Mit den Spanten sind sie vernietet.

Statt der Spanten und Gegenspanten nimmt man auch Z- und U-Spanten. Die Entfernung der Spanten richtet sich nach den Vorschriften der Klassifikationsgesellschaften (siehe Kap. 20).

175. Steven.

Der V o r s t e v e n hat ein rechteckiges Profil. Man läßt ihn bogenförmig auflaufen, um ein besseres Drehen des Schiffes zu ermöglichen. Man unterscheidet zwischen g e r a d e n (Fig. 151) und ü b e r f a l l e n d e n Steven. Jene

Fig. 152

Fig. 151

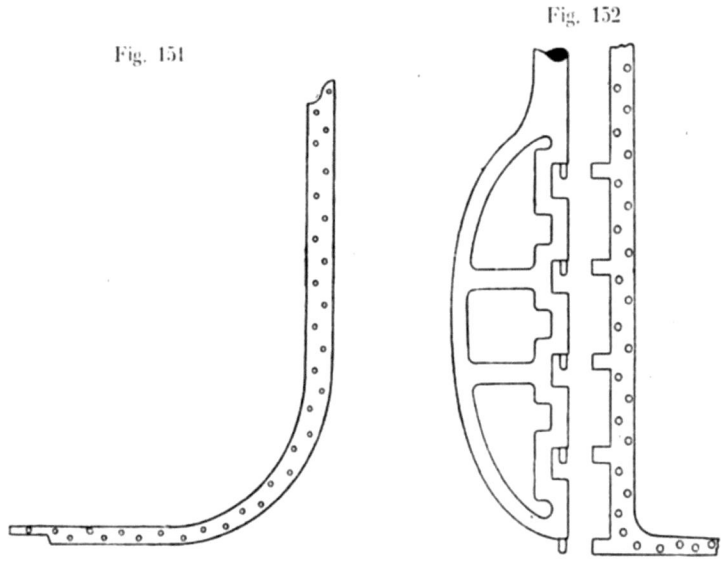

finden bei Dampfern, diese bei Seglern und Jachten Verwendung. Die Verbindung mit dem Kiel geschieht durch Laschung.

Der H i n t e r s t e v e n (Fig. 152), dessen Querschnitt ebenfalls rechtwinklig ist, ist mit einem horizontal verlaufenden Knie versehen, das sich über etwa 2 bis 3 Spanten hin erstreckt und ebenfalls durch Laschung mit dem Kiel verbunden ist. An der Rückseite sind R u d e r ö s e n und in Kielhöhe ist ein kleiner Vorsprung zur Aufnahme der R u d e r f i n g e r l i n g e angebracht.

Beim Einschraubendampfer ist der Hintersteven (S c h r a u b e n s t e v e n) mit dem weiter zurückliegenden R u d e r s t e v e n zu einem Rahmen verbunden,

der Schraubenrahmen heißt
(Fig. 153). In etwa halber Höhe ist
in dem Schraubensteven ein Auge
zur Aufnahme des Schraubenwellen-
rohres angebracht. Der untere Teil
des Schraubenrahmens, der nach hinten hin ein wenig nach oben hin ge-
rundet ist, heißt Kielsohle, der
obere Teil Gewölbe.

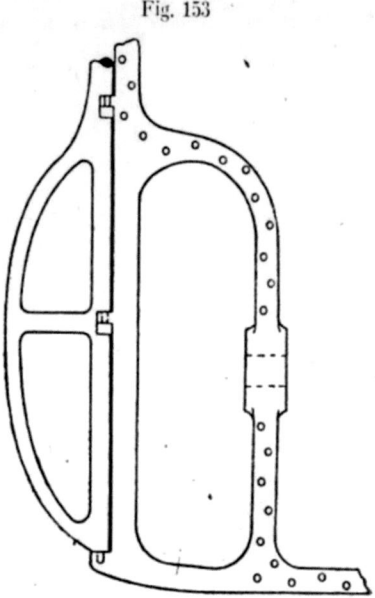

Fig. 153

176. Ruder.

Das Ruder (Fig. 152) dient zum
Steuern des Schiffes. Es besteht aus
Ruderschaft und Ruder-
blatt. Der Ruderschaft hat oben
einen kreisförmigen Querschnitt und
läuft unten rechteckig aus. Das Ru-
derblatt ist hinten kurvenförmig und
besitzt an der vorderen, geraden
Kante Fingerlinge, die in die
Ösen des Hinterstevens passen. Die
größte Breite soll das Ruder in der
Tiefladelinie des Schiffes besitzen.

Die meisten Ruder sind aus Stahl gegossen. Der Ruderschaft ist oben mit
einer Pinne oder einem Quadranten versehen. Wird das Ruder etwa 30
bis 35 Grad übergelegt, so stoßen Pinne oder Quadrant gegen starke, an Deck
angebrachte Knie, wodurch ein weiteres Überlegen verhindert wird.

Bei einem Balanceruder liegt die Drehachse nicht wie beim gewöhnlichen Ruder vorne, sondern etwas vor der Mitte. Dadurch wird bedeutend an
Kraft gespart, weil der vordere Teil ein Drehen unterstützt.

Das Bugruder, das man bei langen, schmalen Schiffen, die enge Gewässer befahren, und auf Loggern findet, besteht aus einem Stahlgußrahmen,
der dem Vorsteven des Schiffes genau angepaßt ist. Das Ruder ist an der Hinterkante eingehakt.

In neuerer Zeit bedient man sich zur Ersparung von Kraft des Flettner-
ruders. Es ist ein im hinteren Teil des Ruderblattes angebrachtes kleines
Hilfsruder, das zum bequemen Überlegen des eigentlichen Ruders dient. Bei
stilliegendem Schiffe ist es jedoch ohne besondere Einrichtung zum Legen des
ganzen Ruders nicht zu gebrauchen.

Das Oertz-Ruder. Bei diesem Ruder befindet sich vor der Drehachse
ein feststehender, senkrechter Leitkörper von erheblicher Dicke. Er umfaßt
vorne in ovaler Form den Rudersteven, während der hintere Teil etwas aus-
gehöhlt ist. In dieser Höhlung bewegt sich die Achse des Ruders, das hier dieselbe Dicke hat wie der anstoßende Teil des Leitkörpers. Das Ruder läuft hinten
verjüngt in einer Platte aus. Ein horizontaler Querschnitt von Leitkörper und

Fig. 154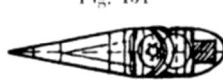
Ruder hat Ähnlichkeit mit dem horizontalen Längs-
schnitt eines Fisches.

Durch diese Formgebung wird in erster Linie
eine erhöhte Steuerfähigkeit, aber auch eine geringe
Erhöhung der Geschwindigkeit des Schiffes erzielt.

177. Doppelboden.

Doppelboden besitzen meistens größere Schiffe. Es gibt zwei Arten: 1. Doppelboden nach dem · L ä n g s s p a n t e n - oder S t ü t z p l a t t e n s y s t e m und
2. Doppelboden mit hohen Bodenwrangen.

Beim Längsspantensystem sind in vorgeschriebenen Abständen von der Mittelplatte Längsspanten (Längsträger) von Doppelbodenhöhe parallel zur Mittelplatte angebracht. Mit ihnen sind zwischen Spant- und Gegenspantwinkel S t ü t z -
p l a t t e n oder Bodenwrangenstücke verbunden.

Beim Doppelboden auf hohen Bodenwrangen sind an jedem Spant hohe
Bodenwrangen angebracht, die von der Mittelplatte bis zur R a n d p l a t t e reichen. Die Längsträger bestehen aus von Bodenwrange zu Bodenwrange reichenden Stücken (I n t e r k o s t a l p l a t t e n).

Die Bodenwrangen und Längsträger sind stets mit Wasserläufen unten und
Luftlöchern oben unter der Tankdecke, hohe Bodenwrangen auch mit Erleichterungslöchern versehen.

178. Decksbalken.

Decksbalken (Fig. 149) verbinden die Oberenden der Spanten miteinander
und schaffen die Unterlage für die Decks. Sie gehören zum Querverbande des
Schiffes. R a u m b a l k e n (Fig. 149) nennt man sie, wenn sie, kein Deck tra-
gend, im Raume angebracht sind, um die Spanten und damit die Seiten des
Schiffes zu versteifen.

Die Decksbalken haben eine leichte Rundung nach oben (B u c h t), die Raumbalken nicht. Die Enden der Balken sind mit den Spanten durch Knieplatten
verbunden. Ihr Profil ist verschieden, doch kommen ⌐-, ⊤- und ⊓⌐ -Eisen am
häufigsten vor. Je nach der Größe des Schiffes sind sie an jedem oder jedem
zweiten Spant angebracht. Auch ihre Stärke richtet sich nach den Vorschriften
der Klassifikationsgesellschaften, doch sind die Mittschiffsbalken stets stärker
als die an den Schiffsenden, während die Balken an den Lukenenden
(L u k e n b a l k e n) stärker als die Mittschiffsbalken sind. M a s t - und S p i l l -
b a l k e n besitzen Mittschiffsbalkenstärke, doch haben die halben Balken neben
den Luken (B a s t a r d b a l k e n) ein schwächeres Profil. Diese ruhen an der
Innenkante auf der S c h l i n g e , d. i. ein Träger, der die beiden Lukenbalken
vorne und hinten miteinander verbindet. Statt der Schlinge wird auch das
längsschiffs laufende Lukensüll (siehe Nr. 181) umgebogen, so daß darauf die
Balkenenden zu liegen kommen. Unter den Balken stehende R a u m s t ü t z e n
(Fig. 149) tragen zur Verstärkung bei.

179. Stringer und Stringerplatten, Seiten= und Kimmkielschweine.

Ein Längsverband, der oberhalb der Kimm angebracht ist, wird S t r i n -
g e r genannt; befindet er sich unterhalb der Kimm, so heißt er K i e l s c h w e i n.
K i m m ist die Rundung, in der die senkrechte Schiffswandung und der waage-

rechte Boden zusammenstoßen. Auf den Decksbalken und Raumbalken angebrachte und an der Bordwand entlanglaufende Platten heißen S t r i n g e r -
p l a t t e n. K i m m s t r i n g e r heißt der an der Oberkante der Kimm angebrachte Stringer, während das K i m m k i e l s c h w e i n etwas unterhalb der Kimm angebracht ist. S e i t e n k i e l s c h w e i n e liegen im Boden des Schiffes zwischen Mittel- und Kimmkielschwein. Sie dienen außer der Verstärkung des Längsverbandes auch dazu, das Wasser in den Bilgen beim Rollen des Schiffes aufzuhalten, wodurch die Schlingerbewegungen gemildert werden. B i l g e n sind die Hohlräume zwischen Außenhaut und dem Bodenbelag, den B a u c h d i e l e n. Die Bekleidung oberhalb der Kimm heißt W e g e r u n g.

Auf kleineren Schiffen, wo die Anbringung von Seitenkielschweinen nicht erforderlich ist, bringt man vielfach in der Mitte zwischen Mittel- und Seitenkielschwein sog. S c h l a g w a s s e r p l a t t e n an, die zwischen den Bodenwrangen angebracht sind.

Auch der S c h l i n g e r - oder K i m m k i e l gehört zum Längsverbande. Er ist an der Außenhaut in der Kimm angebracht und dient in erster Linie dazu, das Schlingern zu verringern.

180. Lukenstringer und Diagonalbänder.

Lukenstringer sind auf jeder Balkenlage angebrachte Längsschienen neben den Luken, die vorne und hinten mit der Stringerplatte verbunden sind.

In diagonaler Richtung verlaufende Schienen auf den Decksbalken von den Abmessungen der Lukenstringer werden D i a g o n a l b ä n d e r genannt. Sie bezwecken die Verhütung einer Formänderung des Decks, während die Lukenstringer ein seitliches Ausbiegen der Balken verhindern. Wo Diagonalbänder fehlen, sind die Stringerplatten breiter gehalten.

Bei Mastlöchern sind schwere, über mehrere Balken sich erstreckende Platten auf den Decksbalken angebracht. Sie stehen mit der Stringerplatte durch zwei Diagonalbänder, deren Kreuzungspunkt im Mastloche liegt, in Verbindung. Dadurch wird der seitliche Mastdruck auf eine größere Länge der Stringerplatte verteilt.

181. Lukensülle.

Luken und Niedergänge müssen gegen das Eindringen von Seewasser durch senkrechtstehende Platten, die die Einfassung bilden, geschützt werden. Die Platten nennt man L u k e n s ü l l e. Die vier Ecken, in denen sie zusammenstoßen, sind mit einer leichten Rundung versehen, und an der Unterkante sind, damit das Lade- und Löschgeschirr nicht zu sehr scheuert und hakt, Halbrundeisen angebracht. Ein Falz an der Oberkante dient zur Aufnahme der Lukendeckel. Bei kleinen Luken ist ein, bei größeren sind drei Längsträger vorhanden, die vorne und hinten in u-förmig gebogenen Winkeleisen ruhen. Lange Luken erfordern auch noch die Anbringung eines oder mehrerer Querträger, S c h i e b -
b a l k e n. Sie sind der Gewichtsersparnis wegen in der Regel mit großen, ovalen Erleichterungslöchern versehen und in der Flucht der Bastardbalken angebracht.

Die Außenseiten der Lukensülle sind mit hakenförmigen, nach oben offenen Klampen versehen; sie dienen zur Befestigung der Persenninge.

182. Außenhaut.

P l a t t e n g ä n g e oder P l a t t e n s t r a k e nennt man die von einem bis
zum andern Ende durchgehenden Plattenstreifen, die die Bekleidung der Spanten bilden. Die einzelnen Platten stoßen mit ihren Enden gegeneinander, bilden
hier einen S t o ß und sind durch einen Plattenstreifen, L a s c h e genannt, miteinander verbunden. Oben und unten überfassen sie sich (bilden N ä h t e) in
der Weise, daß jeder zweite Gang an den Spanten bzw. davon abliegt (Fig. 149).
Durch die Anordnung der an- und abliegenden Gänge entstehen zwischen abliegenden Gängen und Spanten Hohlräume, die durch Flacheisenstücke ausgefüllt
sind. Neuerdings formt man die äußeren Spantflächen so, daß die Anbringung
besonderer Flachstücke nicht erforderlich ist (Fig. 155). Der dem Kiel nächst-
liegende Gang, der K i e l g a n g , wird gewöhnlich als abliegender Gang genommen (Fig. 149), einmal, um ein besseres Verstemmen der Längsnähte zu ermöglichen, dann auch, um bei etwaigen Kielbeschädigungen diesen Gang leichter
lösen zu können. Auch der mit der Oberdeckstringerplatte verbundene Gang,
der S c h e e r - oder F a r b e g a n g , wird als abliegender Gang angebracht (Fig.
149). Er ist stärker als die Seitengänge, während diese in der Regel
etwas dünner als die Bodengänge sind.

Fig. 155

Eine Methode, die Flachstücke bei abliegenden Gängen zu vermeiden, besteht darin, daß man den Rand eines Ganges über den
nächsten Gang greifen läßt (Joggling-Bauart), wodurch die Außenhaut
das Aussehen aufliegender Längsstreifen erhält. Da das Spant mit größ-
tem Umfange, das H a u p t s p a n t (⊗), mittschiffs liegt, so müssen
die Plattengänge nach vorne und hinten hin schmaler sein. Ist aber
das Hauptspant gegenüber den Endspanten so groß, daß eine Verjün-
gung das Aussehen sehr beeinträchtigen würde, so läßt man einzelne
Gänge gar nicht ganz bis zu den Enden durchlaufen. Solche Gänge
heißen v e r l o r e n e G ä n g e .

Bei Schiffen, denen man ein recht gefälliges Äußeres geben will,
läßt man die einzelnen Platten überall stumpf gegeneinanderstoßen, so
daß alle Gänge anliegend werden. Sowohl die Senkrechten als auch die
waagerechten Stöße versieht man dann an der Innenseite mit Laschen oder
Stoßblechen.

Stöße benachbarter Gänge dürfen nicht zusammenfallen, sie müssen vielmehr
um einige Spanten auseinanderliegen, v e r s c h i e ß e n .

Alle Öffnungen der Außenhaut, wie Seitenpforten, Klüsen, Fenster, Ausguß-
öffnungen der Pumpen usw., sind mit Verstärkungen zu versehen. — Zur Außenhaut gehört auch das Schanzkleid.

183. Schanzkleid.

Es dient als Schutz gegen Seen und verhindert ein Wegspülen von Gegenständen auf Deck. Die Höhe des Schanzkleides richtet sich nach der Größe
des Schiffes. Das Schanzkleid ist mit dem Scheergang vernietet und ist oben
durch ein Winkeleisen verstärkt, worauf die abgerundete Reeling liegt. Abge-
stützt ist es innenbords durch R u n d e i s e n - oder W u l s t e i s e n s t ü t z e n ,
die unten mit der Stringerplatte vernietet sind (Fig. 149).

184. Decks.

Die Decks, die das Schiff oben abschließen und, wo mehrere vorhanden sind,
der Höhe nach in Abteilungen zerlegen, sind aus Holz oder Eisen oder aus
beiden. Die H o l z d e c k s bestehen aus schmalen, längsschiffs laufenden und
nebeneinander befestigten Planken, die durch Schrauben mit den Decksbalken
verbunden sind. Die Nähte sind zunächst mit Werg k a l f a t e r t und dann mit
Pech ausgegossen oder mit einem weißen Kitt ausgestrichen. Zu Decksplanken
verwendet man kerniges, splint- und astfreies, harzhaltiges Holz, das den Ein-
flüssen der Witterung wenig zugänglich ist. Man nimmt F ö h r e n - , F i c h t e n - ,
P i t c h p i n e - , W h i t e p i n e - , T e a k h o l z usw. Teakholz (indische Eiche)
ist wegen seiner großen Haltbarkeit und Wetterbeständigkeit am geeignetsten.
Es hat ein schönes Aussehen und ist reich an Harz, doch ist es teurer als
andere Hölzer.

Die am Rinnsteinwinkel entlanglaufende breite Decksplanke, der W a s -
s e r g a n g oder S c h a n d e c k e l sowie die Planken unter Dampfwinden, Spill
usw. bestehen entweder aus Teakholz oder aus Eiche, wenn die andern Decksplanken auch aus anderem Holz bestehen.

E i s e r n e D e c k s sind gegenüber Holzdecks billiger, haltbarer und stärker.
Man findet sie in erster Linie auf Dampfern. Die Plattengänge laufen längsschiffs

Fig. 756

und sind so angeordnet, daß die nach mittschiffs hin gelegenen Gänge über die nach den
Seiten hin liegenden fassen (Klinker). Der Mitt-
schiffsgang ist ein ganz abliegender. Durch diese Anordnung kann das Wasser
nach den Seiten hin gut abfließen.

Auf Passagierdampfern und nach den Tropen fahrenden Dampfern bringt
man auf dem Eisendeck noch einen Holzbelag an. Dann sind die Plattengänge
an- und abliegend oder glatt (nebeneinander) liegend angebracht.

185. Schotte.

Nach den Vorschriften der See-Berufsgenossenschaft muß auf jedem Schiff
in einer Entfernung von mindestens $\frac{1}{20}$ Schiffslänge vom Vorsteven ein wasserdichtes Querschott, K o l l i s i o n s s c h o t t , angebracht sein. Schraubendampfer
müssen außerdem noch an jedem Ende des Maschinen- und Kesselraumes sowie
in angemessener Entfernung vom Hintersteven ein wasserdichtes Querschott
besitzen.

Die Plattengänge der Schotte laufen in der Regel waagerecht. Sie sind so angeordnet, daß an den senkrecht laufenden Versteifungswinkeln abwechselnd ein
Gang an-, der nächste abliegt. Die Versteifungswinkel laufen auf der einen Seite
senkrecht, auf der andern waagerecht.

Jedes Schott ist an Bodenwrange und Decksbalken befestigt. Wo keine
Decksbalken vorhanden sind, sind oben zwei Winkeleisen angebracht, je eins
vorne und hinten. Sie haben Spantenprofil, besitzen die Rundung des Decks und
dienen diesem als Auflagerungsstützen. Das Spant, an dem das Schott befestigt
ist, muß mit der Außenhaut wasserdicht abschließen.

186. Maschinenfundament.

Das Maschinenfundament ist der Unterbau, worauf die Maschine steht und
wodurch sie mit dem Schiffe verbunden ist. Die Einrichtung richtet sich nach
Maschinen- und Schiffsform. Vielfach sind auf den verstärkten Bodenwrangen
kastenartige Längsträger angebracht, worauf die Grundplatte der Maschine befestigt ist.

187. Mastspur.

Damit bezeichnet man die Unterlage, auf der ein Mast steht. Die Einrichtung richtet sich nach der Kielschweinkonstruktion, immer ist aber eine Horizontalplatte quadratischer Form vorhanden, worauf ein Winkeleisenring genietet ist, dessen innerer Durchmesser dem des Mastfußes entspricht. Je eine halbkreisförmige Flachschiene ist in dem Ringe und an dem Mastfuße so angebracht, daß, wenn der Mast eingesetzt ist, die beiden Hälften einen vollen Ring bilden. Ein Drehen des Mastes wird dadurch verhindert.

Bei Holzmasten ist statt des Winkeleisenringes ein quadratischer Rahmen angebracht, worin der ebenso geformte Mastfuß steht.

17. Über Stabilität der Schiffe.

188. Erklärungen.

Die L ä n g e (L) eines Schiffes wird in Höhe der Tiefladelinie gemessen von Hinterkante Vorsteven bis Vorkante Hintersteven bzw. Rudersteven. Die „B e - r e c h n u n g s l ä n g e" reicht bis Vorkante Schraubensteven, gemessen in Vermessungsdeckshöhe.

Die B r e i t e (B) ist die größte Breite von Außenkante bis Außenkante Spant.

S e i t e n h ö h e (H) ist die Höhe von Oberkante Kiel bis Oberkante Hauptdecksbalken an der Seite gemessen.

Die T i e f e (T) ist der senkrechte Abstand der Oberkante Kiel bis zur K o n - s t r u k t i o n s w a s s e r l i n i e (CWL). Dies ist die Schwimmebene (Wasserlinienfläche) bei beladenem Schiffe.

Der T i e f g a n g ist von Unterkante Kiel zu rechnen. Er kann an beiden Steven abgelesen werden, da nach den Vorschriften der See-Berufsgenossenschaft diese mit Tiefgangsskalen versehen sein müssen. Der Unterschied im Tiefgange vorne und hinten heißt Trimm.

R a u m t i e f e (RT) ist der senkrechte Abstand der Oberkante des Hauptdeckbalkens von der Oberkante der Bodenwrangen in der Mitte der Schiffslänge und mittschiffs gemessen.

W a s s e r v e r d r ä n g u n g (D) ist der Rauminhalt des von dem Schiffe verdrängten Wassers. Wird dieser in cbm ausgedrückt, so stimmt damit die Tonnenzahl des verdrängten Wassers überein, wenn das Schiff in Frischwasser sich befindet. In Seewasser treibend, muß er noch mit dessen spez. Gewicht (1,03) multipliziert werden, um das Gewicht zu erhalten.

S c h i f f s g e w i c h t u n d G e w i c h t d e s v e r d r ä n g t e n W a s s e r s s i n d s t e t s g l e i c h.

Das Gesamtgewicht eines Schiffes besteht aus t o t e m G e w i c h t und n ü t z - l i c h e r Z u l a d u n g oder T r a g f ä h i g k e i t. Das tote Gewicht besteht aus dem Gewicht des Schiffskörpers, der Maschinen nebst Brennstoff, der Takelage, Boote, Anker, Ketten und Trossen, der Mannschaft und des Proviants, des Materials zur Instandhaltung des Schiffes und des etwa erforderlichen Ballastes. Die nützliche Zuladung ist das Gewicht der Ladung und eventuell der Passagiere nebst Proviant dafür.

S c h w e r g u t ist jede Ladung, die mindestens soviel wiegt, wie sie mißt, d. h. von der 1 cbm mindestens 1000 kg wiegt oder deren spez. Gewicht mindestens 1 ist.

Die Wasserverdrängung entnimmt man der V e r d r ä n g u n g s s k a l a oder der V e r d r ä n g u n g s k u r v e, in die man mit dem Tiefgange des Schiffes eingehen muß. Sie werden von der Bauwerft geliefert.

Das Verhältnis der Verdrängung zum Produkt aus Berechnungslänge $L \times B \times T$ heißt **Verdrängungs-Völligkeitsgrad** (δ). Ist z. B. die Verdrängung 400, jenes Produkt 500 Tons, dann ist

$$\delta = \frac{400}{500} = \frac{4}{5} = 0,8.$$

Je kleiner δ, desto schärfer ist das Schiff.

Der Völligkeitsgrad der CWL. (α) ist das Verhältnis dieser zu dem Produkt aus L und B, also

$$\alpha = \frac{CWL.}{L \times B}$$

Der Völligkeitsgrad der Hauptspantfläche (β) ist das Verhältnis dieser zu dem Produkt aus B und T, also

$$\beta = \frac{\boxtimes}{B \times T}$$

Freibord nennt man den Abstand der Oberkante des Hauptdecks von der Wasserlinie, mittschiffs an der Seite gemessen. Der Freibord wird durch die unten abgebildete Freibordmarke, die vom Vorstande der See-Berufsgenossenschaft nach Anhörung des Germanischen Lloyd (siehe Klassifikation S. 226) festgesetzt wird, gekennzeichnet.

Die am 5. Juli 1930 in London von 27 Ländervertretern unterzeichnete Internationale Ladelinien-Konvention bestimmt u. a., daß die Freibordmarke noch um die Winterladelinie für den Nordatlantik WNA, die Salzwassermarke T und die Süßwassermarke FT für tropische Gewässer erweitert werden soll.

Das Freibord- oder Ladelinienzertifikat, das internationale Bedeutung hat und nur für 5 Jahre gilt, wird von der Regierung oder einer dazu bevollmächtigten Stelle ausgefertigt. Die Konvention ist am 1. Januar 1933 in Kraft getreten.

Freibordmarke.

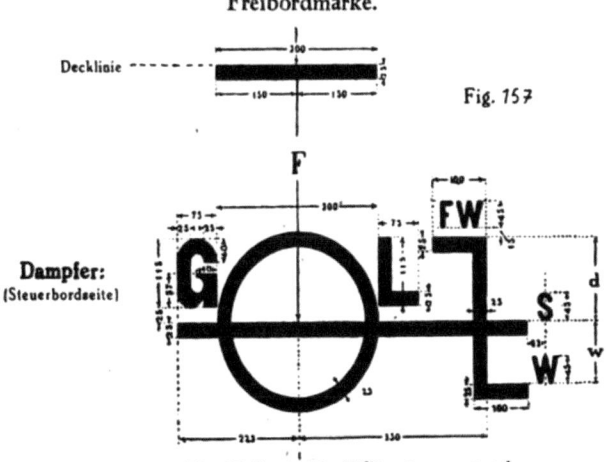

Fig. 157

Die Maße sind in Millimetern angegeben.

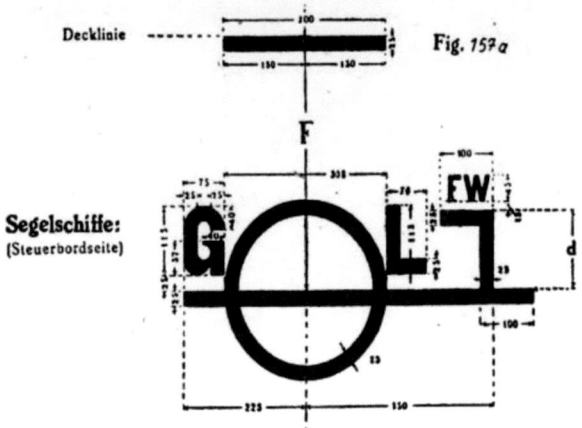

Die Maße sind in Millimetern angegeben.

S p r u n g ist der Unterschied zwischen Freibord mittschiffs und vorne bzw. hinten.

A u f t r i e b. Ein schwimmendes Schiff übt durch sein Gewicht eine Kraft senkrecht nach unten hin aus, der eine gleiche Kraft nach oben hin das Gleichgewicht hält. Die nach oben hin wirkende Kraft (Auftrieb) kann als in einem Punkte, dem A u f t r i e b s m i t t e l p u n k t e, angreifend gedacht werden. Dieser Punkt ist der Schwerpunkt der verdrängten Wassermasse und wird daher V e r d r ä n g u n g s s c h w e r p u n k t F (Fig. 159) genannt. Man nennt ihn aber auch F o r m schwerpunkt. Das ganze Gewicht des Schiffes kann man sich in einem Punkte vereinigt denken; dieser heißt G e w i c h t s - oder S y s t e m - s c h w e r p u n k t (G). Wären beide Kräfte nicht gleich groß, so würde das Schiff entweder tiefer einsinken oder mehr gehoben werden.

189. Stabilität.

Fig. 158

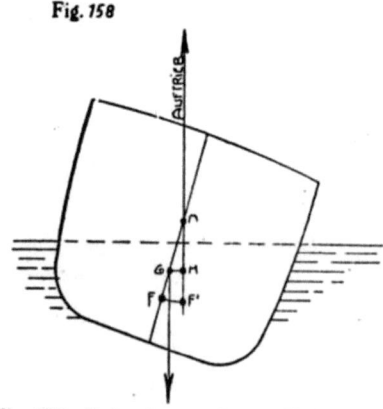

Bei einem ruhig und gerade liegenden Schiffe befinden sich die beiden Schwerpunkte in der senkrechten Mittschiffsebene. Hat ein Schiff, das durch Winddruck oder Seegang übergeneigt (gekrängt) wurde, das Bestreben, sich wieder aufzurichten, dann sagt man, es ist stabil, es besitzt Stabilität. Bei dem so gekrängten Schiffe bleibt der Gewichtsschwerpunkt G liegen, während die Form der vom eingetauchten Schiffskörper verdrängten Wassermasse eine Änderung erleidet und somit der Formschwerpunkt F aus der Mittschiffsebene nach Lee rückt, also nach F' (Fig. 158). Dadurch entsteht ein Kräftepaar, indem in G eine Kraft nach unten, in F' eine gleiche nach oben wirkt. Der Punkt, in dem die durch F' hindurchgehende Kraftlinie die Mittschiffsebene schneidet, heißt M e t a z e n t r u m (M), der Abstand des Metazentrums vom Gewichtsschwerpunkt m e t a z e n t r i s c h e 'H ö h e (MG). Ist MG groß, dann ist das Schiff steif, ist sie klein, r a n k. Bei Dampfern liegt sie zwischen etwa 0,30 und 0,60 m, bei Seglern ist sie größer und sollte nicht unter 1 m sein.

Je größer der waagerechte Abstand der beiden Kraftlinien voneinander, desto größer ist das Bestreben des Schiffes, sich aufzurichten. Fällt man von G aus das Lot auf die Linie F'M, so erkennt man an der Länge des Lotes die Größe des Aufrichtungsvermögens. Man nennt dieses Lot den H e b e l a r m d e r S t a - b i l i t ä t. Die W i r k u n g dieses Hebelarmes ist um so größer, je größer die Verdrängung ist, und daher erhält man sie, indem man die Verdrängung mit dem Hebelarm multipliziert.

Der Hebelarm der Stabilität ist so lange ein a u f r i c h t e n d e r, als M über G liegt; liegt M unterhalb, dann ist er ein kippender.

190. Metazentrische Höhe.

Nur wenn durch äußere Einflüsse, wie Wind und Seegang, das Schiff gekrängt wird, verschiebt sich die Lage des Gewichtsschwerpunktes nicht. Wenn aber durch Verschiebung von Gewichten das Schiff in eine geneigte Lage kommt,

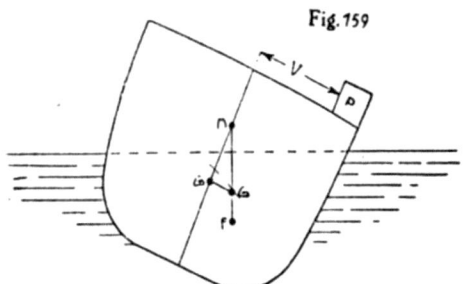

Fig. 159

werden beide Schwerpunkte derart verschoben, daß sie, solange das Schiff in dieser Lage bleibt, senkrecht übereinander zu liegen kommen (Fig. 159). Der Betrag der Verschiebung des Gewichtsschwerpunktes läßt sich unter Benutzung der rechtwinkligen Dreiecke der Gradtafel berechnen und wenn man diesen festgestellt hat, dann kann auch die metazentrische Höhe damit ermittelt werden.

Man hängt an einem möglichst windstillen Tage vorne und hinten zwei Lote von mehreren Metern Länge auf. 'Zwei Gefäße mit Wasser werden so aufgestellt, daß die Lotgewichte ganz darin hängen. Die Lage der Leinen etwas oberhalb der Lotgewichte wird dann markiert. Kein fließendes Wasser, wie teilweise gefüllte Tanks, Kessel, Fässer usw., darf an Bord sein; auch die Mannschaft nicht. Nach dem Tiefgange wird nun die Verdrängung festgestellt. Ein mittschiffs angebrachtes Gewicht wird dann zunächst nach der einen und darauf nach der andern Seite gebracht; oder man füllt einen Tank oder ein Boot zunächst auf der einen und dann auf der andern Seite des Schiffes mit der gleichen Wassermenge. Dadurch erhält das Schiff, das lose in den Leinen liegen muß, eine Krängung, der Gewichtsschwerpunkt verschiebt sich. Den Betrag ermittelt man so: Es verhält sich die Verschiebung v des Gewichtsschwerpunktes zur Verschiebung V des Krängungsgewichtes wie das verschobene Gewicht p zur Verdrängung D, also

$$v : V = p : D$$

$$v = \frac{V \cdot p}{D}.$$

Den Grad der Krängung α erhält man aus den Entfernungen eines Punktes etwas oberhalb des Lotgewichtes vom Aufhängepunkt und der vorhin erwähnten Markierung. Geht man mit den beiden Werten in die Distanz- bzw. Abweitungsspalte der Gradtafel, so findet man die Krängung am Kopfe der Tafel.

Die ungefähre metazentrische Höhe erhält man dann, indem man bei dem Winkel α mit v in die Abweitungsspalte geht. Der danebenstehende Wert in der Breitenunterschiedsspalte gibt dann die metazentrische Höhe.

(Eine genauere Feststellung erhält man nur trigonometrisch: $MG = v \cdot \operatorname{cotang} \alpha$).

B e i s p i e l. Auf einem Schiffe von 370 Tons Verdrängung verschob man ein Gewicht von 4,5 Tons um 3 m zuerst nach Steuerbord und dann nach Backbord. Die 5,5 m langen Lote hatten folgende Ausschläge: Krängung nach Steuerbord: Ausschlag vorne 0,34, hinten 0,33 m; Krängung nach Backbord: Ausschlag vorne 0,35, hinten 0,34 m. Wie groß war die ungefähre metazentrische Höhe?

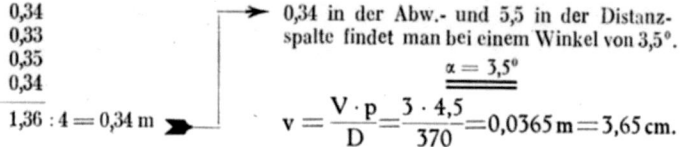

0,34
0,33
0,35
0,34

1,36 : 4 = 0,34 m

0,34 in der Abw.- und 5,5 in der Distanzspalte findet man bei einem Winkel von 3,5°.

$$\alpha = 3,5°$$

$$v = \frac{V \cdot p}{D} = \frac{3 \cdot 4,5}{370} = 0,0365\,\text{m} = 3,65\,\text{cm}.$$

Fig. 160

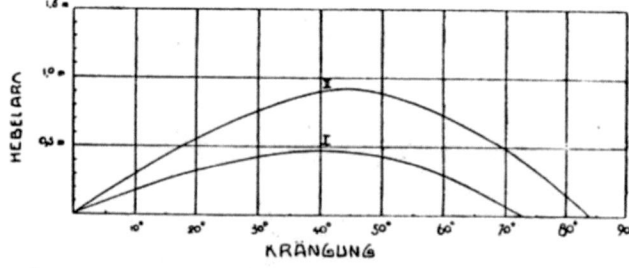

HEBELARM

10° 20° 30° 40° 50° 60° 70° 80° 90°

KRÄNGUNG

I UNBELADENES Schiff
II BELADENES Schiff

Geht man bei $\alpha = 3,5°$ mit v = 3,65 cm in die a-Spalte, so erhält man in der b-Spalte die ungefähre metazentrische Höhe = 61 cm.

191. Hebelarm der Stabilität.

Auch diesen kann man mit Hilfe der Gradtafel bestimmen. Man geht unter dem Krängungswinkel mit der metaz. Höhe in die Distanzspalte und nimmt den

Hebelarm der Stabilität aus der Abweitungsspalte. Für oben gefundene MG $=$ 61 cm findet man:

α	Hebelarm	α	Hebelarm
1°	1,1 cm	6°	6,4 cm
2°	2,1 „	7°	7,4 „
3°	3,2 „	8°	8,5 „
4°	4,3 „	9°	9,5 „
5°	5,3 „	10°	10,6 „

Bei größeren Krängungen ändert sich die MG und läßt sich daher der Hebelarm in dieser einfachen Weise nicht bestimmen.

Neuen Schiffen sollte die Bauwerft Hebelarm - Kurven (Fig. 160) mitgeben, denen der Hebelarm dann leicht für jeden Grad der Krängung entnommen werden kann.

18. Instandhaltung der Schiffe.

Eisen und Stahl beginnt, wenn es dem Einflusse der Luft und der Feuchtigkeit ausgesetzt ist, alsbald zu rosten. Es bildet sich dann eine bräunliche Schicht darauf, die R o s t genannt wird. Diese Schicht ist jedoch nicht etwa ein Schutzmittel gegen eine weitere Rostbildung, sondern darunter geht die Zersetzung weiter, es bildet sich immer mehr Rost, bis das Eisen schließlich ganz zerfressen ist.

Um eine Rostbildung zu verhüten, gibt es zwei Methoden, entweder überzieht man das Eisen mit einem metallischen Überzug von Zink oder Zinn (G a l - v a n i s i e r e n) oder versieht es mit einem Anstrich. Das Galvanisieren kommt außer für Beschläge und Ausrüstungsgegenstände für die Bestandteile des Schiffes nicht in Betracht. Man ist vielmehr auf den Anstrich angewiesen. Dieser muß auf das reine, trockene Eisen aufgetragen werden.

Als Anstrich eignet sich mit Leinölfirnis angerührte Bleimennige, Blei- und Zinkweiß, Steinkohlenteer, Asphalt und Zement. Die Bleimennige, die am häufigsten benutzt wird, soll beim ersten Anstrich recht dünn aufgestrichen werden.

Kohlenteer, warm auf trockenes, reines Eisen aufgetragen, ist auch ein vorzügliches Schutzmittel gegen Rost.

Für Teile der Außenhaut, die unter Wasser sind, verwendet man Patentfarbe; sie dient neben dem Eisenschutz dazu, das Bewachsen des Schiffsbodens zu verhindern.

Innenräume, die vom Wasser bespült werden, wie Bilgen, Doppelboden, Tanks, Wasserläufe usw., zementiert man. Den Zement, dem feiner Sand zugesetzt wird, rührt man mit Wasser an. Das Eisen, worauf es aufgetragen wird, muß durchaus rein sein.

19. Schiffsvermessung, Schiffspapiere.

Nach der Schiffsvermessungsordnung müssen alle Schiffe, Fahrzeuge und Boote, welche ausschließlich oder vorzugsweise zur Seefahrt bestimmt sind, vermessen werden. Man versteht darunter die Bestimmung der Größe des Schiffes in Tons und Kubikmetern. Der Zweck der Vermessung besteht darin, einen Maßstab für die Ladefähigkeit des Schiffes und für die Berechnung der Hafenabgaben, Leuchtfeuergebühren, Lotsengelder usw. zu schaffen. Sie wird durch das Seeschiffsvermessungsamt in Hamburg ausgeführt.

192. Meßbrief.

Über die erfolgte Vermessung wird ein M e ß b r i e f ausgestellt. Neben der den Brutto- und Nettoraumgehalt ausdrückenden Zahl der Kubikmeter ist in den Meßbriefen auch die entsprechende Zahl britischer Registertons angegeben. 1 Reg.-Ton = 100 Kubikfuß engl. = 2,8315 Kubikmeter. 1 Kubikmeter = 0,353 Reg.-Tons.

D e r B r u t t o r a u m g e h a l t ist der Inhalt aller gedeckten und geschlossenen Schiffsräume, N e t t o r a u m g e h a l t ist jener abzüglich der Räume des Kapitäns und der Offiziere, der Mannschaftsräume, des Karten- und Ruderhauses, der Räume für Hilfsmaschinen und Navigationsinstrumente, des Kabelgats und (auf Segelschiffen) der Segelkammer, soweit diese (die Segelkammer) 2½% des Bruttoraumgehalts nicht übersteigt. Bei Schraubendampfern werden, wenn der Maschinen- und Kesselraum zwischen 13 und 20% des Bruttoraumgehaltes beträgt, 32% des Bruttoraumgehalts in Abzug gebracht. Entspricht dieser Raum den Größenverhältnissen (13 bis 20%) aber nicht, so kann die tatsächliche Größe plus 75% dieses Raumes in Abzug gebracht werden. Näheres siehe Schiffsvermessungsordnung.

Reeder und Führer eines Schiffes sind gemäß § 32 dieser Verordnung verpflichtet, bei der Vermessung selbst oder durch ihre Leute der Vermessungsbehörde jede Hilfe und jeden Aufschluß zu gewähren, welche diese für die Ausführung des Vermessungsgeschäfts beansprucht. Ebenso haben sie den etwaigen Anforderungen nachzukommen, welche die Vermessungsbehörde behufs Aufräumung des Schiffsraumes zum Zwecke der Vermessung an sie richtet. Ladung oder Ballast darf vor beendeter Vermessung oder Zustimmung der Vermessungsbehörde nicht eingenommen werden.

Nach § 33 sind räumliche Veränderungen durch Umbau, sofern diese bei Ausstellung des Meßbriefes nicht berücksichtigt wurden und der Umbau im Auslande ausgeführt wurde, von dem Schiffsführer der Vermessungsbehörde in dem ersten, von dem Schiffe angelaufenen Hafen schriftlich mitzuteilen. Derjenige, der im Inlande einen Umbau ausführt, hat dies der zuständigen Vermessungsbehörde zu melden.

Die Vermessung findet im allgemeinen nach einem umständlichen Verfahren statt, auf das hier nicht näher eingegangen werden kann.

Unter bestimmten Voraussetzungen kann jedoch ein Schiff auch nach einem abgekürzten Verfahren vermessen werden. Man bestimmt dann dort, wo das

Schiff die größte Breite hat, den halben Umfang des Schiffes, multipliziert ihn mit sich selbst, mit der Länge im obersten Deck und mit 0,18.

In diesem Falle stellt die Vermessungsbehörde den einstweiligen Meßbrief aus. Er muß u. a. den Grund enthalten, warum das abgekürzte Verfahren angewandt wurde. Sobald dieser Grund fortfällt, muß das Schiff im ersten deutschen Hafen, den es erreicht, nach, dem vollständigen Verfahren vermessen werden.

In fast allen schiffahrttreibenden Ländern ist die oben beschriebene Art der Vermessung üblich. Für Schiffe, die durch den Suezkanal oder den Panamakanal fahren wollen, ist ein anderes Abzugsverfahren vorgeschrieben. Nach Schweden fahrende Schiffe müssen ebenfalls besonders vermessen sein und den sog. Schwedenausweis besitzen. Zweckmäßig läßt man, um hohe Unkosten in Schweden zu vermeiden, die Schiffe in Deutschland nach dem vorgeschriebenen Verfahren vermessen, was nur verhältnismäßig wenig kostet.

193. Schiffsregister, Schiffszertifikat und Flaggenzeugnis.

Das Recht, die deutsche Handelsflagge zu führen, haben nur diejenigen Schiffe, die in das Schiffsregister des Hafens, von dem aus die Seefahrt mit dem Schiffe betrieben wird (Heimathafen), eingetragen sind § 6 des Gesetzes betr. das Flaggenrecht der Kauffahrteischiffe). Nur solche Schiffe werden in ein Schiffsregister eingetragen, die im ausschließlichen Eigentume von Reichsangehörigen sind. Diesen werden gleichgeachtet Gesellschaften usw., deren Sitz in Deutschland ist, und auch solche Gesellschaften, deren persönlich haftenden Mitglieder Reichsangehörige sind (§ 2).

Ausländer können daher nicht Reeder oder Mitreeder deutscher Schiffe, wohl aber Aktionäre deutscher Gesellschaften sein.

Die Schiffsregister werden von Amtsgerichten geführt, deren Bezirke die See, Seewasserstraßen oder andere von Seeschiffen befahrene Gewässer berühren (§ 4).

Das Schiffsregister ist öffentlich; die Einsicht desselben ist jedem gestattet (§ 5).

Das Schiffsregister muß enthalten:

1. Den Namen und die Gattung des Schiffes sowie das Unterscheidungssignal;

2. die Ergebnisse der amtlichen Vermessung;

3. die Zeit und den Ort der Erbauung, soweit sie festzustellen sind;

4. den Heimathafen;

5. den Namen und die nähere Bezeichnung des Reeders;

6. die Angabe, daß in Ansehung der Reichsangehörigkeit der Beteiligten die gesetzlichen Anforderungen erfüllt sind;

7. den Rechtsgrund, auf dem die Erwerbung des Schiffes oder der einzelnen Schiffsparten beruht;

8. den Tag der Eintragung;

9. die Ordnungsnummer, unter der das Schiff eingetragen ist.

Über die Eintragung des Schiffes in das Schiffsregister wird von dem Registergericht eine mit dem Inhalte der Eintragung übereinstimmende Urkunde, das Schiffszertifikat, gewöhnlich nur Zertifikat genannt, ausgestellt (§ 10). Durch das Schiffszertifikat wird das Recht des Schiffes zur Führung der Handelsflagge nachgewiesen. Das Zertifikat oder ein vom Registergericht beglaubigter Auszug daraus ist während der Reise stets an Bord mitzuführen (§ 11). Der Schiffer, der hiergegen verstößt, wird mit Geldstrafe bis zu 150 Mark oder mit Haft bestraft.

Treten in den eingetragenen Tatsachen oder Rechtsverhältnissen Veränderungen ein, so sind sie in das Schiffsregister einzutragen und dann auf dem Zertifikat zu vermerken.

Geht das Schiff unter oder wird es als reparaturunfähig kondemniert oder verliert es das Recht zur Führung der Handelsflagge, so ist es im Schiffsregister zu löschen und das Zertifikat von dem Registergericht unbrauchbar zu machen.

Geht ein im Auslande befindliches Schiff in den Besitz eines Reichsangehörigen über, so erlangt es dadurch das Recht zur Führung der deutschen Handelsflagge. Der zuständige deutsche Konsul kann dann eine Bescheinigung über das Recht zur Führung der Flagge erteilen. Diese Bescheinigung heißt F l a g g e n z e u g n i s. Es hat nur für die Dauer eines Jahres Gültigkeit, darüber hinaus nur für die Dauer einer durch höhere Gewalt verlängerten Reise.

Zur Überführung eines neuen Schiffes in einen andern Hafen stellt das Registergericht des Erbauungshafens ein Flaggenzeugnis aus. Nach der Überführung verliert es seine Gültigkeit (§ 12).

Wenn ein Schiff vor Erteilung des Zertifikats bzw. des Flaggenzeugnisses die Handelsflagge führt, so kann der Schiffer mit Geldstrafe bis zu 300 Mark oder mit Haft bestraft werden (§ 19). Führt ein Schiff, dessen Reeder oder Mitreeder Ausländer sind, die deutsche Flagge, so kann der Schiffer mit Geldstrafe bis zu 1500 Mark oder mit Gefängnis bis zu sechs Monaten bestraft werden (§ 18).

Wechselt man mit dem Heimathafen auch den Registerbezirk, dann hat das Registergericht nach Vollziehung der Eintragung das Schiffszertifikat mit einer beglaubigten Abschrift des Registerinhalts dem neuen Registergerichte zur Eintragung zu übersenden (§ 13).

Deutsche Schiffe bis zu 50 cbm Bruttoraumgehalt sind auch ohne Eintragung in das Schiffsregister und Erteilung des Schiffszertifikates berechtigt, die Handelsflagge zu führen.

194. Aus der Verordnung über die Flaggenführung der Schiffe.
(vom 17. Januar 1936).

Beim Einlaufen in einen Hafen und beim Auslaufen ist die Handelsflagge zu zeigen (§ 4); ferner während des Aufenthalts in einem Hafen von 8 Uhr morgens bis Sonnenuntergang.

Die Handelsflagge wird am Heck an einem Flaggenstock oder am hinteren Mast, und zwar in der Regel an der Gaffel des Mastes, in Ermangelung einer solchen am Topp oder im Want, gesetzt. An der Stelle, an der die Handelsflagge gesetzt ist oder regelmäßig gesetzt wird, dürfen andere Flaggen nur zum Signalgeben gesetzt werden (§ 3).

195. Entrattungszeugnis.

Alle Schiffe, die deutsche Häfen anlaufen, mit Ausnahme einheimischer Küstenfahrzeuge haben sich durch ein von der Gesundheitsbehörde ausgestelltes E n t r a t t u n g s z e u g n i s darüber auszuweisen, daß sie innerhalb der letzten sechs Monate einer wirksamen Rattenvertilgung unterzogen worden sind. Können sie nachweisen, daß keine oder nur wenige Ratten an Bord sind, so kann die Vertilgung unterbleiben; sie erhalten dann ein B e f r e i u n g s z e u g n i s.

Auf Antrag kann den Schiffen, die sich auf der Fahrt nach dem Heimathafen befinden, die Frist um einen Monat verlängert werden.

196. Die Seeberufsgenossenschaft (S.B.G.).

Der Seeberufsgenossenschaft obliegt gemäß den Vorschriften der Reichsversicherungsordnung die Beaufsichtigung der deutschen Seeschiffe hinsichtlich ihrer Seetüchtigkeit. Deshalb hat sie Unfallverhütungsvorschriften herausgegeben, und zwar für Dampfer, Motorschiffe und Segler (blauer Einband), Küstenfahrzeuge (gelb) und Fischereifahrzeuge (braun). Die bei den Sektionen Emden, Bremen, Hamburg und Kiel angestellten technischen Aufsichtsbeamten
haben das Recht und die Pflicht, die in ihrem Bezirk beheimateten sowie die
dort verkehrenden Schiffe zu kontrollieren.

Die S.B.G. ist Trägerin der Unfallversicherung der Seeleute, der Invaliden-,
Witwen- und Waisenversicherung (Seekasse) sowie der Seekrankenkasse. Der
Angestelltenversicherung angehörende Kapitäne und Schiffsoffiziere wenden sich
in Versicherungsangelegenheiten ebenfalls an die S.B.G.

Nach Inkrafttreten des Schiffssicherheitsvertrages hat die Reichsregierung
die S.B.G. mit der Überwachung der Seeschiffe bezgl. der Vorschriften dieses
Vertrages betraut. Als deren Aufsichtsorgan besitzt die S.B.G. Behördencharakter,
und die von ihr in dieser Eigenschaft ausgestellten Dokumente, wie Fahrter-
laubnisschein, Freibordzeugnis, Sicherheitszeugnis für Fahrgastschiffe und Funk-
sicherheitszeugnis, werden in anderen Ländern anerkannt.

Die S.B.G. stellt auch die Befähigungszeugnisse als Rettungsbootsmann und
als Feuerschutzmann aus.

20. Die Klassifikation der Schiffe.

Der Zweck der Schiffsklassifikation besteht darin, einen Maßstab für die Güte des Schiffes zu schaffen. Nach der Klasse, die das Schiff besitzt, richtet sich der Kaufmann bei der Verschickung von Gütern, also beim Frachtabschluß, der Reeder beim Kauf des Schiffes, der Versicherer von Schiff und Ladung bei Bemessung der Versicherungsprämie.

Die Klassifikation liegt in den Händen von Privatgesellschaften. Die bekanntesten sind der Germanische Lloyd-Berlin, der Englische Lloyd-London und das Bureau Veritas-Paris. Deutsche Schiffe sind fast alle beim Germanischen Lloyd klassifiziert.

Die Klassifikationsgesellschaften haben in allen größeren Häfen ihre Vertreter, E x p e r t e n. Diese führen bei einem Neubau die Aufsicht darüber, daß das Schiff entsprechend den Vorschriften der Gesellschaft gebaut wird. Zur Erhaltung der Klasse sind periodische Besichtigungen vorgeschrieben. Außerdem findet nach jeder Haverei, wodurch die Seetüchtigkeit zweifelhaft wird und die den Verlust der Klasse nach sich zieht, eine Besichtigung statt. Auf Grund des Berichtes des Experten stellt die Klassifikationsgesellschaft das K l a s s i f i - k a t i o n s z e r t i f i k a t aus, dessen Inhalt aus den folgenden Ausführungen ersichtlich ist.

K l a s s i f i k a t i o n s s y s t e m. Zur Bezeichnung der Klasse bedient sich der Germanische Lloyd der folgenden Zeichen:

a) E i s e n - u n d S t a h l s c h i f f e. Das Klassenzeichen ist A. Es enthält eine Zahl, die besagt, nach wieviel Jahren eine Wiederbesichtigung stattzufinden hat. Vor dem Klassenzeichen steht eine Klassennummer (100, 90 usw.), die den Stärkegrad des Schiffes bezeichnet. 100⚓ bedeutet z. B., daß das Schiff die höchste Klasse besitzt und nach 4 Jahren neu besichtigt werden muß.

Schiffe, die einen größeren Freibord als üblich erhalten, können schwächer gebaut werden und erhalten dann den Zusatz „mit Freibord".

Außerdem wird dem Klassenzeichen noch ein Fahrtzeichen hinzugefügt. So bedeutet I Binnenfahrt, W Wattfahrt, k kleine Küstenfahrt, K große Küstenfahrt und Nords., Osts. usw. Fahrt in der Nordsee, Ostsee usw.

Kleine Küstenfahrt ist die Fahrt längs der Küsten des Festlandes und der Inseln der Nordsee vom Kap Griz Nez bis zum Aggerkanal, einschließlich der Fahrten vom Festlande nach Helgoland, im Kattegat südlich von Frederikshavn, im Skagerrak südlich von L y s e k i l, in den Belten und im Sund sowie längs der Küsten der Ostsee.

Große Küstenfahrt ist die Fahrt zwischen allen Häfen Europas und im Mittelländischen und Schwarzen Meer sowie die Fahrt in überseeischen Gewässern ähnlicher Art.

Ferner bedeutet:

[E], daß das Schiff mit einem Eisbug versehen ist;

✚, daß das Schiff unter spezieller Aufsicht des Germanischen Lloyd gebaut ist;

✚, daß das Schiff unter spezieller Aufsicht einer anderen Gesellschaft gebaut ist;

[✚], daß das Schiff unter spezieller Aufsicht des Germanischen Lloyd gebaut ist, besonders verstärkte Schotte hat und die Schotteneinteilung den Vorschriften der See-Berufsgenossenschaft entspricht;

⚓, daß die Schottenanordnung den Vorschriften der See-Berufsgenossenschaft über wasserdichte Schotte für Passagierdampfer entspricht.

b) Holzschiffe. Klassenzeichen sind A, B und C. Es bedeutet:

A₁, daß das Schiff neu oder wie neu repariert ist;

A, daß das Schiff noch geeignet ist, um Güter irgendwelcher Art auf längeren Reisen über See zu bringen;

B₁ oder B, daß das Schiff weniger gut ist, aber noch die zweite Klasse hat;
C, daß das Schiff die niedrigste Klasse besitzt.

Der Umfang der periodischen Besichtigungen ist genau vorgeschrieben. Dabei unterscheidet man zwischen Besichtigung I, II und III. Die Besichtigung Nr. II ist umfangreicher als die Nr. I, während Nr. III die weitgehendste ist.

21. Die Versicherung gegen die Gefahren der Schiffahrt.

Unter Versicherung versteht man einen Vertrag zwischen zwei Parteien, in dem sich die eine Partei (V e r s i c h e r e r oder A s s e k u r a d e u r) der anderen (V e r s i c h e r u n g s n e h m e r) gegenüber verpflichtet, den Schaden zu ersetzen, den dieser womöglich durch die Gefahren der See erleidet. Der Versicherungsnehmer kann auch für einen Dritten, den V e r s i c h e r t e n , eine Versicherung abschließen.

a) **Police und Prämie.** Über die Versicherung wird seitens des Versicherers eine von ihm unterzeichnete Urkunde ausgestellt, die P o l i c e genannt wird. Die Vergütung, die dem Versicherer für die Versicherung zu zahlen ist, heißt P r ä m i e .

Die Vermittlung von Versicherungen geschieht in der Regel durch V e r - s i c h e r u n g s - oder A s s e k u r a n z m a k l e r .

In Deutschland werden Versicherungen nach den „Allgemeinen Deutschen Seeversicherungsbedingungen" (A.D.S.) abgeschlossen, doch enthalten auch die §§ 778 bis 900 des HGB. Bestimmungen, die nicht außer acht gelassen werden dürfen.

b) **Versicherungswert und Überversicherung.** Der volle Wert des versicherten Gegenstandes ist der V e r s i c h e r u n g s w e r t. Die Versicherungssumme kann den Versicherungswert nicht übersteigen. Soweit sie ihn übersteigt (Ü b e r - v e r s i c h e r u n g), hat die Versicherung keine rechtliche Geltung, doch kann der Versicherer die volle Prämie verlangen. Eine Überversicherung, die in der Absicht abgeschlossen wurde, sich dadurch evtl. zu bereichern, ist rechtsungültig, doch muß die Prämie dafür ganz bezahlt werden.

Bleibt die Versicherungssumme unter dem Versicherungswert, so hat der Versicherer bei etwaigen Schäden diese nur im Verhältnis der Versicherungssumme zum Versicherungswert zu ersetzen.

c) **Doppelversicherung.** Ist ein Gegenstand gegen dieselbe Gefahr bei mehreren Versicherern versichert und übersteigen die Versicherungssummen zusammen den Versicherungswert (Doppelversicherung), so sind die Versicherer in der Weise als Gesamtschuldner verpflichtet, daß dem Versicherten jeder Versicherer für den Betrag haftet, dessen Zahlung ihm nach seinem Vertrag obliegt, der Versicherte aber im ganzen nicht mehr als den Betrag des Schadens verlangen kann. — Hat der Versicherte eine Doppelversicherung in der Absicht genommen, sich dadurch einen rechtswidrigen Vermögensvorteil zu verschaffen, so ist jeder in dieser Absicht geschlossene Vertrag nichtig; der Versicherer kann die ganze Prämie verlangen, sofern er nicht bei der Schließung des Vertrags von der Nichtigkeit Kenntnis hatte (§ 787 HGB.).

Wer eine Doppelversicherung nimmt, muß jedem Versicherer von der andern Versicherung Mitteilung machen.

d) **Ristorno.** Nach Abschluß und Unterzeichnung des Versicherungsvertrages kann der Versicherer von dem Vertrage nicht zurücktreten, es sei denn, daß der Versicherte die Anzeige eines erheblichen Umstandes unterlassen hat. War der versicherte Gegenstand der Gefahr, gegen die er versichert war, noch nicht ausgesetzt, so kann der Versicherte gegen Zahlung einer sog. R i s t o r n o g e b ü h r zurücktreten. Diese Gebühr beträgt die Hälfte der Prämie, soll aber $^1/_8\%$ der Versicherungssumme nicht übersteigen (A.D.S.).

Umfaßt die Versicherung einen bestimmten Zeitraum, so beginnt sie am Mittage des Tages, an dem der Vertrag geschlossen wurde. Sie endigt am Mittage des letzten Tages der Frist (§ 830 HGB.).

e) **Gegenstand der Versicherung** kann jedes in Geld schätzbare Interesse sein, welches jemand daran hat, daß Schiff oder Ladung die Gefahren der Seeschiffahrt besteht (§ 778 HGB.). Es können insbesondere versichert werden: 1. das Schiff, 2. die Fracht, 3. die Überfahrtsgelder, 4. die Güter, 5. die Bodmereigelder, 6. die Havereigelder, 7. andere Forderungen, zu deren Deckung Schiff, Fracht, Überfahrtsgelder oder Güter dienen, 8. der von der Ankunft der Güter am Bestimmungsort erwartete Gewinn, 9. die zu verdienende Provision, 10. die von dem Versicherer übernommene Gefahr (Rückversicherung).

Die Versicherung des Schiffes wird K a s k o -, der Ladung K a r g o v e r - s i c h e r u n g genannt.

f) **Pflichten des Versicherten.** Die Prämie ist nach Abschluß der Versicherung zu zahlen. Wird statt der versicherten Reise eine andere angetreten oder die angetretene Reise verändert, so tritt die Versicherung nicht in Kraft. Auch wenn durch Verschulden des Versicherten Reiseantritt oder -vollendung ungebührlich vergrößert wird, so daß eine Vergrößerung oder Veränderung der Gefahr eintritt, haftet der Versicherer nicht für später sich ereignende Unfälle, wenn diese die Folge jener Gefahrvergrößerung oder -änderung waren. Ausnahmen: Wenn der Schiffer durch ein Gebot der Menschlichkeit zu der Abweichung genötigt worden ist.

„Jeder Unfall ist, sobald der Versicherungsnehmer oder der Versicherte (wenn dieser von der Versicherung Kenntnis hat) Nachricht von dem Unfall erhält, dem Versicherer anzuzeigen, widrigenfalls der Versicherer befugt ist, von der Entschädigungssumme den Betrag abzuziehen, um den sie sich bei rechtzeitiger Anzeige gemindert hätte" (§ 818 HGB.).

„Der Versicherte ist verpflichtet, wenn sich ein Unfall zuträgt, sowohl für die Rettung der versicherten Sachen als auch für die Abwendung größerer Nachteile tunlichst zu sorgen. Er hat jedoch, wenn tunlich, über die erforderlichen Maßregeln vorher mit dem Versicherer Rücksprache zu nehmen" (§ 819 HGB.).

g) **Pflichten des Versicherers.** Nach § 820 HGB. trägt der Versicherer alle Gefahren, denen Schiff oder Ladung während der Dauer der Versicherung ausgesetzt ist, soweit nicht durch die nachfolgenden Vorschriften oder durch Vertrag ein anderes bestimmt ist. Er trägt insbesondere:

1. die Gefahr der Naturereignisse und der sonstigen Seeunfälle, auch wenn diese durch das Verschulden eines Dritten veranlaßt sind, wie Eindringen des Seewassers, Strandung, Schiffbruch, Sinken, Feuer, Explosion, Blitz, Erdbeben, Beschädigung durch Eis usw.;

2. die Gefahr des Krieges*) und der Verfügung von hoher Hand;

3. die Gefahr des auf Antrag eines Dritten angeordneten, von dem Versicherten nicht verschuldeten Arrestes;

4. die Gefahr des Diebstahls sowie die Gefahr des Seeraubes, der Plünderung und sonstiger Gewalttätigkeiten;

5. die Gefahr der Verbodmung der versicherten Güter zur Fortsetzung der Reise oder der Verfügung über die Güter durch Verkauf oder durch Verwendung zu gleichem Zwecke;

6. die Gefahr der Unredlichkeit oder des Verschuldens einer Person der Schiffsbesatzung, sofern daraus für den versicherten Gegenstand ein Schaden entsteht;

7. die Gefahr des Zusammenstoßens von Schiffen, und zwar ohne Unterschied, ob der Versicherte infolge des Zusammenstoßens unmittelbar oder ob er mittelbar dadurch einen Schaden erleidet, daß er den einem Dritten zugefügten Schaden zu ersetzen hat.

h) Was dem Versicherer nicht zur Last fällt. Nach § 821 HGB. fallen dem Versicherer die nachstehend bezeichneten Schäden nicht zur Last:

1. bei der Versicherung von Schiff oder Fracht: der Schaden, welcher daraus entsteht, daß das Schiff in einem nicht seetüchtigen Zustand oder nicht gehörig ausgerüstet oder bemannt oder ohne die erforderlichen Papiere in See gesandt worden ist;

   der Schaden, welcher außer dem Falle des Zusammenstoßens von Schiffen daraus entsteht, daß der Reeder für den durch eine Person der Schiffsbesatzung einem Dritten zugefügten Schaden haften muß;

2. bei einer auf das Schiff sich beziehenden Versicherung: der Schaden an Schiff und Zubehör, welcher nur eine Folge der Abnutzung des Schiffes im gewöhnlichen Gebrauch ist;

   der Schaden an Schiff und Zubehör, welcher nur durch Alter, Fäulnis oder Wurmfraß verursacht wird.

i) Höhe der Ersatzpflicht. Der Versicherer haftet im Falle eines Zusammenstoßes nur bis zur Höhe der Versicherungssumme; im Falle eines sonstigen Havereischadens muß er auch die Kosten ersetzen, die zur Rettung und Abwendung größerer Nachteile entstanden sind.

Nach § 34 der A.D.S. haftet der Versicherer nicht für einen Schaden, wenn dieser 3% des Versicherungswertes nicht erreicht (Franchise). Ausgenommen sind Beiträge zur großen Haverei, Haftung für den durch einen Schiffszusammenstoß entstandenen mittelbaren Schaden und Aufwendungen, die der Versicherungsnehmer aus eigener oder des Versicherers Veranlassung im Versicherungsfalle zur Abwendung oder Verringerung des Schadens macht.

k) Befreiung durch Zahlung der Versicherungssumme. Nach Eintritt eines Unfalles ist der Versicherer berechtigt, sich durch Zahlung der vollen Versicherungssumme von allen weiteren Verbindlichkeiten zu befreien. Will er von diesem Rechte Gebrauch machen, so hat er dies nach den A.D.S. dem Versicherten innerhalb von fünf Werktagen nach dem Zeitpunkt, in dem der Versicherer von dem Versicherungsfall und seinen unmittelbaren Folgen Kenntnis erlangt hat, mitzuteilen.

---

*) Nach § 35 der A.D.S. von 1919, nach denen, wie erwähnt, die Versicherungen in Deutschland abgeschlossen werden, trägt der Versicherer die Gefahr des Krieges nicht.

l) **Abandon (Übergang der Rechte des Versicherten an dem Schiffe auf den Versicherer).** Der Versicherte kann in folgenden Fällen die Auszahlung der Versicherungssumme verlangen:

1. wenn das Schiff total verlorengegangen ist (§ 71 der A.D.S.);

2. wenn das Schiff verschollen ist (§ 72 der A.D.S.);

3. wenn das Schiff durch Verfügung von hoher Hand angehalten oder zurückgehalten oder durch Seeräuber genommen wird (§ 73 der A.D.S.);

4. wenn das Schiff nach voraufgegangener Haverei reparaturunfähig oder reparaturunwürdig geworden ist (§ 77 der A.D.S.).

Mit der Auszahlung der Versicherungssumme gehen die Eigentumsrechte des Versicherten auf den Versicherer über.

22. Frachtgeschäft zur Beförderung von Gütern.

197. Chartepartie.

Der § 557 des HGB. lautet: „Wird das Schiff im ganzen oder zu einem verhältnismäßigen Teile oder wird ein bestimmt bezeichneter Raum des Schiffes verfrachtet, so kann jede Partei verlangen, daß über den Vertrag eine schriftliche Urkunde (Chartepartie) errichtet wird."

Die C h a r t e p a r t i e ist also der schriftlich niedergelegte Vertrag zwischen zwei Parteien. Die eine Partei ist der V e r f r a c h t e r, die andere der B e - f r a c h t e r. Der Verfrachter ist in der Regel der Reeder des Schiffes. Der Befrachter verpflichtet sich zur Lieferung der Güter. Liefert er sie selbst, so ist er auch gleichzeitig A b l a d e r, doch kann dies eine andere Person oder Firma sein. E m p f ä n g e r heißt derjenige, an den die Ladung nach der Reise abzuliefern ist.

Für das Zustandekommen des Geschäfts benötigt man im allgemeinen die Hilfe eines Schiffsmaklers, der dafür die B e f r a c h t u n g s c o u r t a g e erhält.

In der L i n i e n f a h r t, in der die Frachtsätze und die Bedingungen der Ladungsbeförderung festgelegt sind, bedarf es der Chartepartie nicht.

Wenn nun auch das Gesetz sagt, daß jede der vertragschließenden Parteien die Errichtung eines schriftlichen Vertrages verlangen kann, so ist doch eine bestimmte Form dafür nicht vorgeschrieben. Man hat jedoch, den Verhältnissen entsprechend, für die verschiedenen Ladungen und Reisen feste Formen und Wortlaute der Chartepartie eingeführt, die z. B. unter den Codewörtern und Bezeichnungen „Deutholz", „Deutholzneu", „Deutkohle", „Deuterz-Skandinavien", „Deuterzneu", „Deutsche Zeitcharter", „Scanfin", „Baltic and White Sea Coal Charter" usw. bekannt sind. In ihnen sind die wichtigsten Bedingungen (Klauseln) nun wohl enthalten, doch muß man sie beim Frachtabschluß sorgfältig durchsehen und nötigenfalls dem Schiffe ungünstige durch günstigere zu ersetzen suchen.

Solche günstigen Klauseln sind:

1. Lade- und Löschzeit sind voneinander getrennt;

2. die Güter sind „frei an und von Bord" zu bringen;

3. dem Schiffe steht es frei, mit oder ohne Lotsen zu fahren;

4. der Empfänger hat die Ladung so schnell anzunehmen, wie das Schiff löschen kann;

5. das Schiff erhält im Ladehafen einen Frachtvorschuß zu günstigen Bedingungen;

6. die Bestimmung der Überliegezeit und die Vergütung dafür;

7. das Schiff hat ein Pfandrecht an der Ladung, wenn der Empfänger die Fracht und etwaige Überliegegelder nicht zahlt;

8. die Nachlässigkeits- (Negligence-) Klausel:

Der Reeder ist nicht verantwortlich für Schäden, Einbußen und Verluste, die verursacht sind durch:

1. höhere Gewalt, die Gefahren der See, Feuer, Explosion, Kollision, Strandungen und alle anderen Schiffahrtsunfälle;

2. Feinde, Seeräuber, Veruntreuungen, Beraubung, Diebstahl (es sei denn, daß die Beraubung oder der Diebstahl durch die Schiffsmannschaft begangen ist), Arrest oder Verfügung von hoher Hand, Werfen oder Nehmen, Ausräucherung, Desinfektion oder sonstige Sanitätsmaßnahmen behördlicher Art, Meuterei, Boykott, Streik und Aussperrungen;

3. Platzen oder Explosion von Dampfkesseln oder Rohrleitungen, Brechen von Schäften oder Lösch- und Ladegeschirr oder irgendeinem Fehler am Schiff, dessen Zubehör, an den Maschinen oder Kesseln und Zubehör (es sei denn, daß ein Fehler die Ursache ist, der bei Antritt der Reise unter Anwendung der Sorgfalt eines ordentlichen Verfrachters erkennbar war);

4. Ungeziefer, Ratten- und Wurmfraß, Rost, Schweiß, Zersetzung, Schwinden, Bruch, Hitze, Regen, klimatische Einflüsse, Oxydieren oder aus diesen Ursachen entstandene Folgen, Landbeschädigung oder irgendeinen aus der natürlichen Beschaffenheit der verladenen Güter oder der mangelhaften, schwachen oder vorschriftswidrigen Verpackung, mangelhaften oder unvorschriftsmäßigen Adressierung, Verwischen oder Verschwinden der Marken, Nummern, Adressen oder Bezeichnungen der verladenen Güter entstandenen Nachteil, auch wenn zu dem Eintritt oder Vergrößerung solcher Schäden Einbußen oder Verluste, rechtswidrige Handlungen, Nachlässigkeiten, Irrtümer oder Fehler des Lotsen, des Schiffers, der Schiffsbesatzung oder anderer Personen, deren sich der Reeder zur Erfüllung seiner Verpflichtungen bedient, mitgewirkt haben. Der Reeder ist berechtigt, die in diesen Fällen etwa entstehenden Beiträge zur Großen Havarie von den Beteiligten zu fordern.

Nach Unterzeichnung der Chartepartie ist ein Zurücktreten vom Vertrage normalerweise nur möglich, wenn vor Antritt der Reise der Befrachter die Hälfte der bedungenen Fracht als Fautfracht (Faute de fret == mangels Fracht) zahlt. Die Reise gilt hier als angetreten, wenn der Befrachter das Schiff schon abgefertigt oder wenn er die Ladung bereits ganz oder zu einem Teile geliefert hat und die Wartezeit verstrichen ist. (§ 580 HGB.). Wartezeit ist die Zeit, während welcher der Verfrachter auf die Abladung zu warten verpflichtet ist; es ist dies die Ladezeit oder die Lade- und Überliegezeit, wenn der Verfrachter spätestens drei Tage vor Ablauf dieser Zeit dem Befrachter erklärt, daß er nicht länger zu warten beabsichtigt. Ist dies nicht geschehen, so läuft die Ladezeit oder Überliegezeit nicht eher ab, als bis die Erklärung nachgeholt ist und seit dem Tage der Abgabe der Erklärung drei Tage verstrichen sind.

Die in dem vorigen Absatz erwähnten drei Tage gelten stets als ununterbrochen fortlaufende Tage nach dem Kalender (§ 570).

Bei der Verfrachtung eines Schiffes im ganzen hat der Schiffer, sobald er zur Einnahme der Ladung fertig und bereit ist, dies dem Befrachter anzuzeigen.

Mit dem auf die Anzeige folgenden Tage beginnt die Ladezeit.

Über die Ladezeit hinaus hat der Verfrachter auf die Abladung noch länger zu warten, wenn es vereinbart ist (Überliegezeit).

Für die Ladezeit kann, sofern nicht das Gegenteil bedungen ist, keine besondere Vergütung verlangt werden. Dagegen hat der Befrachter dem Verfrachter für die Überliegezeit eine Vergütung (Liegezeit) zu gewähren (§ 567).

Der Frachtvertrag tritt außer Kraft, ohne daß ein Teil zur Entschädigung des andern verpflichtet ist, wenn vor Antritt der Reise durch einen Zufall:

1. das Schiff verloren geht, 'insbesondere wenn es a) verunglückt, b)· als reparaturunfähig oder reparaturunwürdig kondemniert, c) geraubt, d) aufgebracht oder angehalten und für gute Prise erklärt wird oder

2. die im Frachtvertrag speziell bezeichneten Güter verloren ge'ien oder

3. die im Frachtvertrag nicht speziell bezeichneten Güter verlorengehen, nachdem sie bereits an Bord gebracht oder vom Schiffer übernommen worden sind. Geschieht dies innerhalb der Wartezeit, so kann der Befrachter statt der verlorengegangenen andere Güter liefern, wenn er mit der Lieferung innerhalb der Wartezeit beginnen kann (§ 628).

Jeder Teil kann, ohne Entschädigung zu leisten, vom Vertrage zurücktreten, wenn vor dem Antritt der Reise

1. das Schiff mit Embargo*) belegt,

2. der Handel mit dem Bestimmungsort untersagt,

3. der Abladungs- oder Bestimmungshafen blockiert,

4. die Ausfuhr aus dem Abladungshafen oder die Einfuhr in den Bestimmungshafen verboten,

5. durch eine andere Verfügung von hoher Hand das Schiff am Auslaufen verhindert wird,

6. wegen Kriegsausbruches das Schiff und/oder die Güter der Gefahr der Aufbringung ausgesetzt würden (§ 629).

Bei jeder Art von Frachtvertrag hat der Verfrachter dafür zu sorgen, daß das Schiff in seetüchtigem Stand, gehörig eingerichtet, ausgerüstet, bemannt und mit genügenden Vorräten versehen ist (Seetüchtigkeit) und daß sich die Laderäume . . . in dem für die Aufnahme, Beförderung und Erhaltung der Güter erforderlichen Zustand befinden (Ladungstüchtigkeit).

Er haftet dem Ladungsbeteiligten für den Schaden, der auf einem Mangel der See- oder Ladungstüchtigkeit beruht, es sei denn, daß der Mangel bei Anwendung der Sorgfalt eines ordentlichen Verfrachters bis zum Antritt der Reise nicht zu entdecken war (§ 559).

Der Befrachter und der Ablader haften dem Verfrachter für die richtige Bezeichnung der Güter nach Maß, Zahl, Gewicht und Merkzeichen, woraus sich für den Verfrachter jedoch keine Rechtfertigung gegenüber dem Empfänger herleiten läßt (§ 563). Dies ist aber der Fall, wenn Befrachter oder Ablader schuldhalterweise unrichtige Angaben über Art und Beschaffenheit der Güter oder unter ein Einfuhr-, Ausfuhr- oder Durchfuhrverbot fallende Güter schuldhaft verladen (§ 564). Das gleiche gilt, wenn gefährliche Güter verladen werden, ohne daß der Schiffer von ihnen oder ihrer gefährlichen Beschaffenheit Kenntnis erlangt hatte (§ 564b).

Der Verfrachter ist verpflichtet, beim Einladen, Stauen, Befördern, Behandeln und Ausladen der Güter mit der Sorgfalt eines ordentlichen Verfrachters zu verfahren. Er haftet für den Schaden, der durch Verlust oder Beschädigung der Güter in der Zeit von der Annahme bis zur Ablieferung entsteht, es sei denn, daß der Verlust oder die Beschädigung auf Umständen beruht, die durch die Sorgfalt eines ordentlichen Verfrachters nicht abgewendet werden konnten (§ 606).

---

*) Unter Embargo versteht man das Beschlagnehmen von Schiffen seitens des Staates zum Zwecke der Benutzung als Transportmittel in Kriegszeiten oder zur Unterstützung eines Handelsverbots.

Der Verfrachter hat ein Verschulden seiner Leute und der Schiffsbesatzung in gleichem Umfang zu vertreten wie eigenes Verschulden.

Ist der Schaden durch ein Verhalten der Führung oder der sonstigen Bedienung des Schiffes oder durch Feuer entstanden, so hat der Verfrachter nur sein eigenes Verschulden zu vertreten. Zur Bedienung des Schiffes gehören nicht solche Maßnahmen, die überwiegend im Interesse der Ladung getroffen werden (§ 607).

Der Verfrachter haftet nicht für Schäden, die entstehen:

1. aus Gefahren oder Unfällen der See oder anderer schiffbarer Gewässer;

2. aus kriegerischen Ereignissen, Unruhen usw.;

3. aus gerichtlicher Beschlagnahme;

4. aus Streik, Aussperrung oder einer sonstigen Arbeitsbehinderung;

5. aus Handlungen oder Unterlassungen des Abladers oder Eigentümers des Gutes, seiner Agenten oder Vertreter;

6. aus der Rettung oder dem Versuch der Rettung von Leben oder Eigentum zur See;

7. aus Schwund an Raumgehalt oder Gewicht oder aus verborgenen Mängeln oder der eigentümlichen natürlichen Beschaffenheit des Gutes (§ 608).

Der Verfrachter ist von jeder Haftung frei, wenn der Befrachter oder der Ablader wissentlich bewirkt hat, daß die Art oder der Wert des Gutes im Konnossement falsch angegeben ist (§ 609).

Geht das Schiff nach dem Antritte der Reise durch einen Zufall verloren, so endet der Frachtvertrag. Jedoch hat der Befrachter, soweit Güter geborgen oder gerettet werden, die Fracht im Verhältnis der zurückgelegten zur ganzen Reise zu zahlen (Distanzfracht; § 631). Die Höhe der Distanzfracht richtet sich nach dem Verhältnis der zurückgelegten zu der noch zurückzulegenden Entfernung, sowie nach dem Verhältnis des Aufwandes an Kosten, Zeit, Gefahren und Mühen, die mit dem vollendeten Teile der Reise verbunden sind, zu denen des nicht vollendeten Teiles (§ 631).

Für Güter, die durch irgendeinen Unfall verlorengegangen sind, ist keine Fracht zu bezahlen und die etwa vorausbezahlte zu erstatten, sofern nicht das Gegenteil bedungen ist (§ 617).

Gehen die Güter nach dem Antritte der Reise durch einen Zufall verloren, so endet der Frachtvertrag, ohne daß ein Teil zur Entschädigung des anderen verpflichtet ist (§ 633).

Eine Abweichung von dem Reiseweg, die der Schiffer zum Zwecke der Rettung von Leben oder Eigentum zur See oder sonst gerechtfertigterweise vornimmt, hat auf die Rechte und Pflichten der Parteien keinen Einfluß, insbesondere haftet der Verfrachter nicht für den daraus entstehenden Schaden (§ 636a).

Im Bestimmungshafen hat der Schiffer, sobald er zum Löschen fertig und bereit ist, dies dem Empfänger anzuzeigen. Mit dem auf die Anzeige folgenden Tage beginnt die Löschzeit (§ 594).

Was oben von der Ladezeit gesagt wurde, gilt ähnlich auch von der Löschzeit, nur kommen die dort erwähnten drei Tage hier nicht in Betracht. Ist zwar eine Überliegezeit, aber nicht die Dauer festgelegt, so beträgt die Überliegezeit vierzehn Tage. Sie beginnt mit Ablauf der Löschtage. Hat der Empfänger in der vorgesehenen Zeit die Güter nicht in Empfang genommen, dann ist der Schiffer befugt, sie unter Benachrichtigung des Empfängers in einem öffentlichen Lager-

haus oder in sonst sicherer Weise zu hinterlegen. Weigert sich der Empfänger, die
Güter in Empfang zu nehmen, oder ist er nicht zu ermitteln, so ist der Schiffer
v e r p f l i c h t e t, so zu verfahren unter gleichzeitiger Benachrichtigung des
Befrachters (§ 601). Der Verfrachter hat wegen seiner Forderungen ein Pfandrecht
an den Gütern (§ 623).

B e v o r d e r E m p f ä n g e r die Güter übernimmt, können er und der
Schiffer, um den Zustand der Güter oder um deren Maß, Zahl oder Gewicht
festzustellen, sie durch die zuständige Behörde oder durch die hierzu amtlich
bestellten Sachverständigen besichtigen lassen. Die Gegenpartei ist, soweit
tunlich, zuzuziehen (§ 610).

Ein Verlust oder eine Beschädigung der Güter ist dem Verfrachter oder
seinem Vertreter im Löschungshafen spätestens bei der Auslieferung der Güter
von dem schriftlich anzuzeigen, der nach dem Frachtvertrag zum Empfang der
Güter berechtigt ist. War der Verlust oder die Beschädigung äußerlich nicht erkennbar, so genügt es, wenn die Anzeige innerhalb von drei Tagen nach diesem
Zeitpunkt abgesandt wird. In der Anzeige ist der Verlust oder die Beschädigung
zu kennzeichnen.

Der Anzeige bedarf es nicht, wenn der Zustand der Güter oder deren Maß,
Zahl oder Gewicht spätestens in dem in Abs. 1 Satz 1 genannten Zeitpunkt
unter Zuziehung beider Parteien durch die zuständige Behörde oder durch die
hierzu amtlich bestellten Sachverständigen festgestellt worden ist (§ 611).

A n m e r k u n g. Die hier gebrachten Auszüge sind entnommen dem neuen
deutschen Seefrachtrecht vom Jahre 1937, das am 1. Januar 1940 in Kraft getreten ist. Dasselbe gilt von den folgenden Sätzen vom Konnossement.

198. Konnossement.

Das Konnossement ist eine vom Verfrachter ausgestellte Bescheinigung über
empfangene Güter. Es enthält u. a. das Versprechen, die Güter im Bestimmungshafen in demselben guten Zustande abzuliefern, in dem sie angenommen wurden. Das Konnossement ist somit ein Wertpapier, ist der Gegenwert der Ladung.

Die §§ 642 bis 663 des HGB. handeln vom Konnossement. Von ihnen lassen
wir die für uns wichtigsten, zum größten Teil ungekürzt, hier folgen.

Der Verfrachter hat, sobald die Güter an Bord genommen sind, dem Ablader
unverzüglich gegen Rückgabe des etwa bei der Annahme der Güter erteilten
vorläufigen Empfangsscheins oder Übernahmekonnossements (Abs. 5) ein Konnossement in so vielen Ausfertigungen auszustellen, als der Ablader verlangt
(B o r d k o n n o s s e m e n t).

Alle Ausfertigungen des Konnossements müssen gleichlautend sein; in ihnen
muß angegeben sein, wie viele Ausfertigungen ausgestellt sind.

Der Ablader hat dem Verfrachter auf Verlangen eine von ihm unterschrie-
bene Abschrift des Konnossements zu erteilen.

Der Schiffer und jeder andere dazu ermächtigte Vertreter des Reeders ist
zur Ausstellung des Konnossements auch ohne besondere Ermächtigung des
Verfrachters befugt.

Das Konnossement kann mit Zustimmung des Abladers auch über Güter
ausgestellt werden, die zur Beförderung übernommen, aber noch nicht an Bord
genommen sind (Ü b e r n a h m e k o n n o s s e m e n t). Der Ausstellung eines
Bordkonnossements steht es gleich, wenn in dem Übernahmekonnossement ver-
merkt wird, wann und in welches Schiff die Güter an Bord genommen sind
(§ 642).

Das Konnossement enthält:

1. den Namen des Verfrachters;
2. den Namen des Schiffers;
3. den Namen und die Nationalität des Schiffes;
4. den Namen des Abladers;
5. den Namen des Empfängers;
6. den Abladungshafen;
7. den Löschungshafen oder den Ort, an dem Weisung über ihn einzuholen ist;
8. die Art der an Bord genommenen oder zur Beförderung übernommenen Güter, deren Maß, Zahl oder Gewicht, ihre Merkzeichen und ihre äußerlich erkennbare Verfassung und Beschaffenheit;
9. die Bestimmung über die Fracht;
10. den Ort und den Tag der Ausstellung;
11. die Zahl der ausgestellten Ausfertigungen (§ 643).

Ist in einem vom Schiffer oder einem anderen Vertreter des Reeders ausgestellten Konnossement der Name des Verfrachters nicht angegeben, so gilt der Reeder als Verfrachter ...... (§ 644).

Maß, Zahl oder Gewicht der Güter, ihre Merkzeichen sowie ihre äußerlich erkennbare Verfassung und Beschaffenheit sind auf Verlangen des Abladers im Konnossement so anzugeben, wie sie der Ablader vor dem Beginn des Einladens schriftlich mitgeteilt hat.

Dies gilt nicht für Merkzeichen, die auf den Gütern oder der Verpackung nicht aufgedruckt oder fest angebracht sind. Es gilt auch nicht, wenn der Verfrachter Grund zu der Annahme hat, daß die Angaben des Abladers ungenau sind, oder wenn er keine ausreichende Gelegenheit hat, diese Angaben nachzuprüfen (§ 645).

Im Fall des § 645 Abs. 2 kann das Konnossement die Angaben des Abladers wiedergeben, wenn es einen entsprechenden Zusatz enthält (§ 646).

Auf Verlangen des Abladers ist das Konnossement, wenn nicht das Gegenteil vereinbart ist, an die Order des Empfängers oder lediglich an Order zu stellen. Im letzteren Fall ist unter der Order die Order des Abladers zu verstehen.

Das Konnossement kann auch auf den Namen des Verfrachters oder des Schiffers als Empfänger lauten (§ 647).

Zur Empfangnahme der Güter legitimiert ist der, an den die Güter nach dem Konnossement abgeliefert werden sollen oder auf den das Konnossement, wenn es an Order lautet, durch Indossament übertragen ist.

Sind mehrere Ausfertigungen des Konnossements ausgestellt, so sind die Güter an den legitimierten Inhaber auch nur einer Ausfertigung auszuliefern (§ 648).

Melden sich mehrere legitimierte Konnossementsinhaber, so ist der Schiffer verpflichtet, sie sämtlich zurückzuweisen, die Güter in einem öffentlichen Lagerhaus oder sonst in sicherer Weise zu hinterlegen und die Konnossementsinhaber, die sich gemeldet haben, unter Angabe der Gründe seines Verfahrens hiervon zu benachrichtigen.

Er ist befugt, über sein Verfahren und dessen Gründe eine öffentliche Urkunde errichten zu lassen und wegen der daraus entstehenden Kosten in gleicher Art wie wegen der Fracht sich an die Güter zu halten (§ 649).

Hat der Schiffer die Güter noch nicht ausgeliefert, so geht unter mehreren sich meldenden Konnossementsinhabern, soweit die von ihnen auf Grund der Konnossementsübergabe an den Gütern geltend gemachten Rechte einander entgegenstehen, der vor, dem von dem gemeinschaftlichen Vormann die Ausfertigung zuerst ordnungsmäßig übergeben worden ist.

Bei der nach einem anderen Ort übersandten Ausfertigung wird die Zeit der Übergabe durch den Zeitpunkt der Absendung bestimmt (§ 652).

Die Güter brauchen nur gegen Rückgabe einer Ausfertigung des Konnossements, auf der ihre Ablieferung bescheinigt ist, ausgeliefert zu werden (§ 653).

Ist ein an Order lautendes Konnossement ausgestellt, so darf der Schiffer den Anweisungen des A b l a d e r s wegen Rückgabe oder Auslieferung der Güter nur dann Folge leisten, wenn ihm die sämtlichen Ausfertigungen des Konnossements zurückgegeben werden.

Dasselbe gilt, wenn ein K o n n o s s e m e n t s i n h a b e r die Auslieferung der Güter verlangt, bevor das Schiff den Bestimmungshafen erreicht hat.

Handelt der Schiffer diesen Vorschriften entgegen, so bleibt der Verfrachter dem rechtmäßigen Inhaber des Konnossements verpflichtet.

Lautet das Konnossement nicht an Order, so sind die Güter, auch wenn keine Ausfertigung des Konnossements beigebracht wird, zurückzugeben oder auszuliefern, wenn der Ablader und der im Konnossement bezeichnete Empfänger damit einverstanden sind. Werden jedoch nicht sämtliche Ausfertigungen des Konnossements zurückgegeben, so kann der Verfrachter verlangen, daß ihm wegen der deshalb zu besorgenden Nachteile zuvor Sicherheit geleistet wird (§ 654).

Das Konnossement ist für das Rechtsverhältnis zwischen dem Verfrachter und dem Empfänger der Güter maßgebend.

Das Konnossement begründet insbesondere die Vermutung, daß der Verfrachter die Güter so übernommen hat, wie sie nach § 643 Nr. 8, § 660 beschrieben sind. Dies gilt nicht:

1. wenn das Konnossement einen Zusatz nach § 646 enthält;

2. hinsichtlich des Inhalts solcher Güter, die nach dem Konnossement dem Schiffer in Verpackung oder in geschlossenen Gefäßen übergeben worden sind, wenn das Konnossement mit dem Zusatz: „Inhalt unbekannt" oder mit einem gleichlautenden Zusatz versehen ist.

Für das Rechtsverhältnis zwischen dem Verfrachter und dem Befrachter bleiben die Bestimmungen des Frachtvertrages maßgebend (§ 656).

Ist die Fracht nach der Menge (Maß, Zahl oder Gewicht) der Güter bedungen und im Konnossement die Menge angegeben, so ist diese Angabe für die Berechnung der Fracht entscheidend, wenn nicht das Konnossement eine abweichende Bestimmung enthält. Als eine solche ist ein Zusatz nach § 646 nicht anzusehen.

Wird wegen der Fracht auf den Frachtvertrag verwiesen, so sind hierin die Bestimmungen über Löschzeit, Überliegezeit und Liegegeld nicht als einbegriffen anzusehen (§ 657).

Ist in den Fällen der §§ 606, 607 für gänzlichen oder teilweisen Verlust von Gütern Ersatz zu leisten, so hat der Verfrachter den gemeinen Handelswert oder den gemeinen Wert zu ersetzen, den Güter derselben Art und Beschaffenheit am Bestimmungsort der Güter bei Beginn der Löschung des Schiffes oder, wenn das Schiff an diesem Ort nicht entlöscht wird, bei seiner Ankunft daselbst haben; hiervon kommt in Abzug, was infolge des Verlustes an Zöllen und sonstigen Kosten sowie an Fracht erspart ist.

Wird der Bestimmungsort der Güter nicht erreicht, so tritt an dessen Stelle der Ort, wo die Reise endet, oder, wenn die Reise durch Verlust des Schiffes endet, der Ort, wohin die Ladung in Sicherheit gebracht ist (§ 658).

Ist in den Fällen der §§ 606, 607 für Beschädigung von Gütern Ersatz zu leisten, so hat der Verfrachter den Unterschied zwischen dem Verkaufswert der Güter im beschädigten Zustand und dem gemeinen Handelswert oder dem gemeinen Wert zu ersetzen, den die Güter ohne die Beschädigung am Bestimmungsort zur Zeit der Löschung des Schiffes gehabt haben würden; hiervon kommt in Abzug, was infolge der Beschädigung an Zöllen und sonstigen Kosten erspart ist (§ 659).

In jedem Falle haftet der Verfrachter für jede Packung oder Einheit bis zu einem Höchstbetrag von 1250 DM, wenn nicht der Ablader die Art und den Wert des Gutes vor dem Beginn der Einladung angegeben hat und diese Angabe in das Konnossement aufgenommen worden ist (§ 660).

Ist ein Konnossement ausgestellt, so können die Verpflichtungen des Verfrachters aus:

§ 559 (See- und Ladungstüchtigkeit),

§ 563 Abs. 2 und §§ 606 bis 608 (Schadensersatzpflicht),

§§ 611, 612 (Schadensermittlung),

§ 656 (Beweisvermutung des Konnossements) und

§ 660 (Haftungssumme)

durch Rechtsgeschäft im voraus nicht ausgeschlossen oder beschränkt werden. Das gleiche gilt für die sich aus diesen Verpflichtungen ergebenden Schiffsgläubigerrechte ...... (§ 662).

Der § 662 findet u. a. keine Anwendung, wenn sich der Vertrag auf eine Ladung bezieht, die im Konnossement als Deckladung bezeichnet und tatsächlich so befördert wird, sowie auf Charteparotien (§ 663).

199. Ein= und Ausklarieren.

Unter Ein- und Ausklarieren versteht man die mit der Zollbehörde bezüglich der Ladung und der dem Schiffe und der Besatzung gehörenden zollpflichtigen Gegenstände zu erledigenden Formalitäten. Diese sind in dem Zollgesetz vom vom 20. März 1939 niedergelegt. Da der Wortlaut zu umfangreich ist, lassen wir die auf die Schiffahrt sich beziehenden Bestimmungen hier folgen.

Zollstraßen sind u. a. Seehäfen und sonstige Wasserstraßen (§ 9). Schiffe, die dem Zollstraßenzwang unterliegen, dürfen nur an Zoll-Landungsplätzen anlegen. Zoll-Landungsplätze sind die Seezollhäfen und die übrigen Häfen im Zollgrenzbezirk, an denen sich Zollstellen befinden (§ 10). Wo die Grenzzollstellen nicht nahe genug an der Zollgrenze liegen, sind Zollansageposten an der Zollgrenze errichtet (§ 39). Wenn an der Zollgrenze ein Zollansageposten besteht, ist Zollgut zunächst diesem zu gestellen. Der Zollansageposten bestimmt, welcher Grenzzollstelle das Zollgut zu gestellen und wie die Gestellung zu sichern ist.

Wenn sich an die Gestellung bei der Grenzzollstelle ein Zollverfahren nicht unmittelbar anschließt, hat der zur Gestellung Verpflichtete ein von ihm unterschriebenes Gestellungsverzeichnis abzugeben, das die Anschriften der Empfänger und Zahl, Art, Zeichen, Nummern und Rohgewicht der Packstücke vollständig und deren Inhalt im allgemeinen angibt (§ 13).

Fahrzeuge ... werden nach der Gestellung überholt, d. h. daraufhin geprüft, ob das gesamte Zollgut gestellt worden ist. Die Führer der Beförderungsmittel haben die Überholung zu ermöglichen und dabei nach amtlicher Anordnung Hilfe zu leisten. Sie haben geheime Behältnisse unaufgefordert anzugeben.

Schiffe dürfen, bevor sie überholt sind, mit dem Land oder mit andern Fahrzeugen nicht in Verbindung treten (§ 14).

Der Zollbeteiligte hat nach der Gestellung der Waren den Zollantrag zu stellen, die Waren anzumelden und darzulegen. Zollbeteiligter ist, wer Waren, die einem Zollverfahren unterliegen oder einem solchen zugeführt werden müssen, im unmittelbaren oder mittelbaren Besitz hat (§ 71).

Der Zollbeteiligte bestimmt durch den Zollantrag die Art des Zollverfahrens. Dem Zollantrag wird durch Zollabfertigung entsprochen (§ 74).

Der Zollantrag ist schriftlich zu stellen, soweit nicht der Reichsminister der Finanzen Ausnahmen zuläßt. Mit dem Antrag sind die erforderlichen Urkunden, insbesondere die Zollanmeldung, vorzulegen. Der Zollantrag darf in der Zollanmeldung gestellt werden (§ 75).

Die Zollanmeldung muß schriftlich in zwei Stücken abgegeben werden und von dem Zollbeteiligten unterschrieben sein. Sie muß enthalten Angaben über

1. Namen und Wohnort des Absenders und des Empfängers,

2. Zahl, Art, Zeichen und Nummern der Packstücke,

3. Art und Beschaffenheit der Waren nach den Benennungen des Zolltarifs oder der Ausfuhrzolliste oder nach Sprachgebrauch oder Handelsübung,

4. Menge der Waren nach den Maßstäben des Zolltarifs oder der Ausfuhrzolliste.

5. den Wert der Waren, die einem Wertzoll unterliegen,

6. das Herstellungsland der Waren,

7. die Verwendung der Waren im Zollgebiet, wenn ... die Zollstelle es verlangt (§ 76).

Z u s a t z. In den nicht in das Zollgebiet einbezogenen Küstengewässern und in den vom Zollgebiet ausgeschlossenen Binnengewässern längs der Reichsgrenze hat der Schiffsführer auf Aufforderung von Amtsträgern des Zollgrenzschutzes zu halten oder beizudrehen. Er hat den Amtsträgern zu ermöglichen, an Bord und von Bord zu gelangen, die Ladungs- und Zollurkunden einzusehen und das Schiff zu überholen (§ 35).

200. Aus der Seehafen=Zollordnung.

Ansageposten und Wasserzollfahrzeuge führen bei Tage außer der Dienstflagge eine grüne Flagge. Bei Nacht führen sie außer den ihnen nach der S.Str.O. vorgeschriebenen Lichtern drei grüne Lichter möglichst senkrecht übereinander.

Zum Anhalten eines Fahrzeugs führt das Wasserzollfahrzeug bei Tage einen weißen Stander mit der Aufschrift „Zoll" und darunter eine grüne Flagge. Es kann auch das Schallsignal: langer Ton, kurzer Ton (—•) geben. Bei Nacht blinkt es mehrmals mit den grünen Lichtern oder gibt das erwähnte Schallsignal (—•).

201. Sonstige auf die Ladung sich beziehende Papiere.

Vor Übernahme einer Stückgutladung übergibt der Ablader die L a d e - o r d e r (Shipping Order), womit des S t e u e r m a n n s Q u i t t u n g (Mate's Receipt) verbunden ist, der Schiffsführung. Die Ladeorder ist der schriftliche Auftrag zur Empfangnahme der Güter; ohne Ladeorder darf man daher keine Waren zur Beförderung annehmen. Wenn bei Übernahme der Ladung sich Unstimmigkeiten gegenüber dem Inhalt dieser Papiere, die bezüglich der Menge, Nummern und Art der Güter übereinstimmen, ergeben, so ist solches auf beiden zu vermerken. Voraussetzung ist jedoch, daß man den Ablader vor Übernahme der Ladung darauf aufmerksam gemacht hat und dieser trotzdem auf die Übernahme besteht.

Die Ladeorder bleiben an Bord, sie dienen zur Anfertigung des L a d e - b u c h e s und bei Unterzeichnung der Konnossemente durch den Kapitän zum Vergleichen der Richtigkeit der Eintragungen. Will der Ablader trotz etwaiger Beanstandungen auf den Ladeordern reine Konnossemente — was fast immer der Fall ist —, so stellt er dem V e r f r a c h t e r einen G a r a n t i e b r i e f aus. In diesem verpflichtet er sich, für den Schaden aufzukommen, der dem Verfrachter seitens des Empfängers der Ladung bezüglich der beanstandeten Punkte erwachsen könnte. — Vom moralischen Standpunkte aus betrachtet, ist ein solches Verfahren zu verurteilen.

202. Das Ursprungsattest.

Das Ursprungsattest ist ein Ausweis über die Herkunft einer Ladung. Es wird von der Hafenbehörde ausgestellt und von dem Konsul des Landes, in dem der Bestimmungshafen liegt, beglaubigt. In Fällen von Epidemien, in Kriegszeiten und im Falle vorliegender Handelsverträge kann es wertvolle Dienste leisten.

203. Das Klarierungspapier.

In einigen Ländern stellt die Zollbehörde dem Schiffe vor dem Auslaufen eine Bescheinigung darüber aus, daß alle Abgaben beglichen sind (K l a r i e - r u n g s p a p i e r). Es ist der Hafenbehörde beim Verlassen des Hafens vorzulegen.

23. Mannschaftspapiere.

204. Gesundheitspaß.

Der Gesundheitspaß ist eine Bescheinigung darüber, daß in dem Abgangshafen und dessen Umgebung seit einer bestimmten Zeit keine ansteckenden Krankheiten geherrscht haben. Er wird in der Regel von der Sanitätsbehörde ausgestellt und muß von dem Konsul des Landes, worin der Bestimmungshafen liegt, beglaubigt werden. Sein Zweck ist die Befreiung von Quarantäne.

205. Die Musterrolle.

Die Musterrolle ist die vom Seemannsamt angefertigte Anmusterungsverhandlung. Sie muß enthalten: Namen und Nationalität des Schiffes, Namen und

Wohnort des Kapitäns, Namen, Wohnort und dienstliche Stellung jedes Schiffsmannes, den Hafen der Ausreise, die Bestimmungen des Heuervertrages, namentlich auch den Überstundenlohn und etwaige besondere Verabredungen. Insbesondere muß aus der Musterrolle erhellen, was dem Schiffsmanne für den Tag
an Speise und Trank gebührt. Bei besonderen Verabredungen mit Schiffsoffizieren kann die Eintragung auf die Wiedergabe des wesentlichen Inhalts beschränkt werden.

Während der Reise muß sich die Musterrolle an Bord befinden; sie ist auf
Erfordern dem Seemannsamte vorzulegen.

Die Musterung eines Schiffsmannes, der erst nach Ausfertigung der Musterrolle angemustert wird, ist seitens des Seemannsamtes in die Musterrolle einzutragen. Desgleichen die Abmusterung.

Frühestens zwei Jahre nach Ausfertigung der Musterrolle kann der Kapitän
sich vom Seemannsamt einen beglaubigten Auszug aus der Musterrolle erteilen
lassen, der den gegenwärtigen Bestand der Mannschaft enthält und fernerhin
als Musterrolle gilt.

Die Musterrolle sowie der etwa erteilte Auszug sind nach Beendigung derjenigen Reise oder derjenigen Zeit, auf welche die als Musterrolle ausgefertigte
Anmusterungsverhandlung ·sich bezieht, dem Seemannsamte, vor dem abgemustert wird, zu übergeben.

Erfährt der Bestand der Mannschaft eine Änderung und kann eine Musterung ohne Verzögerung der Reise nicht stattfinden, so muß der Kapitän so bald
wie möglich die Musterung nachholen. Ist auch dies nicht mehr möglich, so muß
er dem Seemannsamt den Sachverhalt anzeigen. Ein Vermerk über die Anzeige
ist vom Seemannsamt in die Musterrolle und in die Musterbücher der beteiligten
Schiffsleute einzutragen.

24. Schiffstagebuch.

206. Auszug aus dem Handelsgesetzbuche.

(RGBl. 1897 S. 219.)

§ 519. Auf jedem Schiffe muß ein Tagebuch geführt werden, in welches für jede Reise alle erheblichen Begebenheiten, seit mit dem Einnehmen der Ladung oder des Ballastes begonnen ist, einzutragen sind.

Das Tagebuch wird unter der Aufsicht des Kapitäns von dem Steuermann und im Falle der Verhinderung des letzteren von dem Kapitän selbst oder unter seiner Aufsicht von einem durch ihn zu bestimmenden geeigneten Schiffsmanne geführt.

§ 520. **Von Tag zu Tag sind in das Tagebuch einzutragen:**

die Beschaffenheit von Wind und Wetter;

die vom Schiffe gehaltenen Kurse und zurückgelegten Entfernungen;

die ermittelte Breite und Länge;

der Wasserstand bei den Pumpen.

Ferner sind in das Tagebuch einzutragen:

die durch das Lot ermittelte Wassertiefe;

jedes Annehmen eines Lotsen und die Zeit seiner Ankunft und seines Abganges;

die Veränderungen im Personale der Schiffsbesatzung;

die im Schiffsrate gefaßten Beschlüsse;

alle Unfälle, die dem Schiffe oder der Ladung zustoßen, und eine Beschreibung dieser Unfälle.

Auch die auf dem Schiffe begangenen strafbaren Handlungen und die verhängten Disziplinarstrafen sowie die vorgekommenen Geburts- und Sterbefälle sind in das Tagebuch einzutragen.

Die Eintragungen müssen, soweit nicht die Umstände es hindern, täglich geschehen.

Das Tagebuch ist von dem Kapitän und dem Steuermanne zu unterschreiben.

§ 521. Die Landesgesetze können bestimmen, daß auf kleineren Fahrzeugen (Küstenfahrern und dergleichen) die Führung eines Tagebuches nicht erforderlich ist.

16*

207. Verordnung, betr. die Führung und Behandlung des Schiffstagebuches.

(Tagebuchverordnung vom 21. März 1904.)

§ 1. In das nach § 519 des Handelsgesetzbuchs zu führende Tagebuch ist außer dem im § 520 und durch sonstige gesetzliche Bestimmungen vorgeschriebenen Eintragungen nachstehendes einzutragen:

a) **vor Beginn jeder Reise:**

1. die zur Sicherung der Ladung, des Ballastes und der Pumpen getroffenen Vorrichtungen;

2. der Tiefgang des Schiffes vorn und hinten;

b) **von Tag zu Tag:**

die bei Berichtigung der Kurse angewandte Mißweisung, Ablenkung und Abtrift;

c) **im eintretenden Falle:**

1. die durch das Lot ermittelte Bodenbeschaffenheit;

2. die wichtigen Peilungen von Landmarken und Seezeichen. Wenn zugleich Abstandsbestimmungen vorgenommen sind, müssen bei allen dazu benutzten Peilungen (z. B. 4 Strich und quer ab) genaue Uhrzeiten angegeben werden. Bei Winkelmessungen sind auch die für Instrumentenfehler .verbesserten Winkel einzutragen;

3. die Abgabe von Nebelsignalen und die Fahrt des Schiffes bei Nebel, dickem Wetter, Schneefall oder heftigen Regengüssen;

4. jede Einnahme von Trinkwasser tunlichst mit kurzer Angabe der Herkunft des Wassers;

5. Erkrankungen, ·wenn sie bei einer auf dem Schiffe beschäftigten Person eine Arbeitsunfähigkeit von mehr als drei Tagen oder wenn sie den Tod des Erkrankten oder dessen Ausschiffung zur Folge haben, nebst einer kurzen Beschreibung der Krankheitserscheinungen. Die Eintragung ist nicht erforderlich, wenn die Erkrankung von dem Schiffsarzt in das von ihm zu führende Tagebuch eingetragen ist;

6. alle an Bord ausgeführten, dem Auftreten von ansteckenden Krankheiten vorbeugenden Maßnahmen sowie gegen die Weiterverbreitung dieser Krankheiten gerichteten Vorkehrungen;

7. alle von den Gesundheitsbehörden der auf einer Reise berührten Hafenplätze vorgenommenen Besichtigungen, Untersuchungen, Desinfektionen, Ausschiffungen usw.;

8. jede dem deutschen Konsul erstattete Meldung, betreffend die Verbringung von Frauenspersonen zu Unzuchtzwecken;

9. ein Vermerk, daß der Kapitän die zur Sicherung des Nachlasses der an Bord .verstorbenen Auswanderer erforderlichen Maßnahmen getroffen und das vorgeschriebene Nachlaßverzeichnis aufgenommen hat, sowie ein Vermerk darüber, welchem Konsul das Nachlaßverzeichnis übergeben worden ist.

Tagebuch

des deutschen Schiffes..

19............

den..........ten.....................auf der Reise von..................................nach...............................

Stunden Vm.	Wind	Gesteuerter Kurs	Abtrift	Ab-lenkung	Wahrer Kurs	See-meilen	Wasser-stand bei den Pumpen	Begebenheiten und Bemerkungen
1								
2								
3								
4								
5								
6								
7								
8								
9								
10								
11								
12								

Schiffsort nach Loggrechnung ....

Mißweisung........................

Schiffsort nach astronomischer Beobachtung ....

Nm.								
1								
2								
3								
4								
5								
6								
7								
8								
9								
10								
11								
12								

*) Anlage I stimmt mit der Anlage II insofern nicht überein, als dort die Spalte 6 mit „Mißw. Kurs" überschrieben ist.

§ 2. Bei der Eintragung von Geburten und Sterbefällen (§ 61 des Gesetzes über die Beurkundung des Personenstandes usw. vom 6. Februar 1875) sind die Zeitangaben nach der bürgerlichen mittleren Zeit des Ortes zu machen, an welchem das Schiff zur Zeit der Geburt oder des Sterbefalles sich befand.

§ 3. Das Tagebuch ist nach einem Muster zu führen, welches den Zeitraum eines bürgerlichen Tages umfaßt und mindestens die Spalten einer der Anlagen I und II enthält (siehe Seite 245).

Das Tagebuch muß, bevor es in Gebrauch genommen wird, mit fortlaufenden Seitenzahlen versehen sein. Das Herausreißen von Blättern sowie Radierungen sind unstatthaft. Etwaige Änderungen der Eintragungen sind durch einfaches Durchstreichen so zu bewirken, daß das Durchgestrichene leserlich bleibt. Nachträgliche Einschaltungen und Zusätze sind ausdrücklich als solche unter Beifügung des Datums zu bezeichnen.

§ 4. Das Tagebuch ist während 5 Jahre, von dem Tage der letzten Eintragung an gerechnet, aufzubewahren. Die Aufbewahrung kann an Bord oder am Lande erfolgen.

§ 5. Bei Seeunfällen hat der Kapitän, soweit es nach Lage der Umstände geschehen kann, für die Rettung des Tagebuches zu sorgen.

§ 6. Der Kapitän ist verpflichtet, einen Abdruck der in der Anlage III enthaltenen „Zusammenstellung der Vorschriften über die Führung und Behandlung des Schiffstagebuchs" an Bord zu führen.

§ 7. Zuwiderhandlungen gegen die Vorschriften dieser Verordnung sowie gegen die Bestimmungen der §§ 519, 520 des Handelsgesetzbuchs werden, sofern die Zuwiderhandlung nicht durch eine andere Vorschrift mit Strafe bedroht ist, mit Geldstrafe bis zu einhundert Mark bestraft.

§ 8. Die auf Grund des § 521 des Handelsgesetzbuchs ergangenen Bestimmungen, betreffend die Führung des Tagebuchs auf kleineren Fahrzeugen (Küstenfahrern und dgl.), bleiben unberührt.

Die vorstehenden Vorschriften treten am 1. April 1904 in Kraft.

208. Zusammenstellung der Vorschriften über die Führung und Behandlung des Schiffstagebuches.

I.

Auf jedem deutschen Kauffahrteischiffe muß ein Tagebuch geführt werden, in welches für jede Reise alle erheblichen Begebenheiten, seit mit dem Einnehmen der Ladung oder des Ballastes begonnen ist, einzutragen sind (Handelsgesetzbuch § 519 Abs. 1).

II.

In das Tagebuch sind insbesondere einzutragen:

a) Vor Beginn jeder Reise:

1. Die zur Sicherung der Ladung, des Ballastes und der Pumpen getroffenen Vorrichtungen (Tagebuchordnung vom 21. März 1904 § 1 a Nr. 1);

2. der Tiefgang des Schiffes vorn und hinten (Tagebuchverordnung § 1 a Nr. 2);

3. auf Fahrgastschiffen die Zeit, zu der Hängetüren, Seitenfenster, Pforten und andere Öffnungen vor dem Auslaufen geschlossen worden sind. (Vorschriften über die Sicherung der Schwimmfähigkeit der Fahrgastschiffe §§ 12, 13 und 19);

4. auf Fahrgastschiffen, deren Reisedauer eine Woche überschreitet, .

a) die vor dem Auslaufen vorgeschriebene vollständige Schottenübung (Vorschriften über die Sicherung der 'Schwimmfähigkeit der Fahrgastschiffe § 18 mit § 19 Z. 2);

b) der Tag, an dem die vor Antritt der Reise vorgeschriebene Bootsübung abgehalten wurde (Vorschriften über die Ausrüstung der Fahrgastschiffe § 29).

b) Von Tag zu Tag:

1. Die Beschaffenheit von Wind und Wetter (Handelsgesetzbuch § 520 Abs. 1);

2. die von dem Schiffe gehaltenen Kurse und zurückgelegten Entfernungen sowie die bei Berichtigung der Kurse angewandte Mißweisung, Ablenkung und Abtrift (Handelsgesetzbuch § 520 Abs. 1 und Tagebuchverordnung § 1 b);

3. die ermittelte Breite und Länge (Handelsgesetzbuch § 520 Abs. 1);

4. der Wasserstand bei den Pumpen (Handelsgesetzbuch § 520 Abs. 1);

5. auf Schiffen mit Funkausrüstung der Vermerk, daß in See die Hilfskraftquelle dauernd auf voller Leistungsfähigkeit gehalten wird und das selbsttätige Alarmzeichen-Empfangsgerät auf gutes Arbeiten geprüft worden ist (Verordnung über die Funkausrüstung und den Funkwachdienst der Schiffe Art. 8 Z. 15);

6. auf Fahrgastschiffen ein Vermerk, daß alle wasserdichten Krafttüren und Hängetüren in den Hauptquerschotten, die auf See gebraucht werden, in Betrieb gesetzt worden sind (Vorschriften über die Sicherung der Schwimmfähigkeit der Fahrgastschiffe § 18 mit 19 Z. 2).

c) Im eintretenden Falle:

1. Die durch das Lot ermittelte Wassertiefe und Bodenbeschaffenheit (Handelsgesetzbuch § 520 Abs. 2 und Tagebuchverordnung § 1 c Nr. 1);

2. die wichtigen Peilungen von Landmarken und Seezeichen (Tagebuchverordnung § 1 c Nr. 2);

3. die Abgabe von Nebelsignalen und die Fahrt des Schiffes bei Nebel, dickem Wetter, Schneefall oder heftigen Regengüssen (Tagebuchverordnung § 1 c Nr. 3);

4. jedes Annehmen eines Lotsen und die Zeit seiner Ankunft und seines Abgangs (Handelsgesetzbuch § 520 Abs. 2);

5. die im Schiffsrat gefaßten Beschlüsse (Handelsgesetzbuch § 520 Abs. 2);

6. alle Unfälle, welche dem Schiffe oder der Ladung zustoßen, und die Beschreibung dieser Unfälle (Handelsgesetzbuch § 520 Abs. 2);

6a. die Gründe für Unterlassung der Hilfeleistung, wenn der Kapitän außerstande ist oder es für unangebracht hält, einem in Not befindlichen Schiffe zu Hilfe zu eilen (Verordnung über die Sicherheit der Schiffahrt Art. 5);

7. die beim Kapitän angebrachte Beschwerde eines Schiffsmanns über Seeuntüchtigkeit des Schiffes oder über ungenügenden oder verdorbenen Proviant

unter genauer Angabe des Sachverhalts ·(Seemannsordnung § 99). Dem Beschwerdeführer ist auf Verlangen eine Abschrift der Eintragung auszuhändigen.
Die Unterlassung wird mit Geldstrafe bis zu 150 Mark oder mit Haft bestraft
(Seemannsordnung § 114 Nr. 12). Das Ergebnis der Untersuchung über die von
einem Schiffsoffizier oder nicht weniger als drei Schiffsleuten erhobenen
gleichartigen Beschwerden bei einem Seemannsamte (Seemannsordnung § 58)
hat dieses in das Schiffstagebuch einzutragen;

8. der Befund über die mindestens einmal jährlich ˙vorzunehmende Untersuchung der Beschaffenheit und Haltbarkeit der Fuß-, Spring- und Handpferde
von sämtlichen Raaen und vom Klüverbaum sowie der Vermerk über eine
etwaige Erneuerung derselben (§ 48 der Unfallverhütungsvorschriften der See-
Berufsgenossenschaft, weiterhin mit U.V. der SBG. bezeichnet);

8a. der Befund der Kräne, Ladebäume und des Ladegeschirrs bei der mindestens einmal jährlich vorzunehmenden Untersuchung (U.V. der SBG. § 63);

8b. bei Getreideladungen vor Antritt der Reise, wieweit den Vorschriften
über Aufstellung von Schotten usw. entsprochen ist (U.V. der SBG. § 122);

8c. bei Kohlenladungen in langer Fahrt das Ergebnis der täglich vorzunehmenden Temperaturmessungen (U.V. der SBG. § 132);

8d. die Prüfung der Sicherheits- (Gruben-) Lampen auf Explosionssicherheit, die vor Antritt längerer Reisen, sonst zweimal jährlich vorgenommen
werden soll (Seefrachtordnung § 8);

9. die vorgeschriebene periodische Untersuchung der Boote auf Seetüchtigkeit, das in bestimmten Zwischenräumen vorgeschriebene Ausschwingen derselben, die herbei festgestellte Bereitschaft zum sofortigen Aussetzen, etwaige
bei dem Ausschwingen gefundene Mängel sowie die Gründe einer etwaigen
Verzögerung (U.V. der SBG. §§ 97—98; Vorschriften über Auswandererschiffe
§ 46);

9a. der Tag, an dem auf Fahrgastschiffen die wöchentlich einmal vorgeschriebene Bootsübung abgehalten wurde, oder die Erklärung, warum die
Übung nicht möglich war (Vorschriften über die Ausrüstung der Fahrgastschiffe § 29);

10. der Befund über die mindestens einmal jährlich vorzunehmende Untersuchung der Beschaffenheit der Rettungsgürtel (U.V. der SBG. § 97, Vorschr.
über Auswandererschiffe § 51 Abs. 3);

11.*) jede Änderung in der Kompensation des Kompasses (U.V. der SBG.
§ 112);

12. auf Fahrgastschiffen das Schließen der Schottentüren unter der Tiefladelinie vor Antritt der Fahrt (U.V. der SBG. § 15 in Verbindung mit Anlage II);

12a. auf Fahrgastschiffen die wöchentlich vorgeschriebenen Schottübungen
und Besichtigungen der wasserdichten Türen usw. und die Zeit, zu der Hängetüren, Seitenfenster, Pforten und andere Öffnungen geöffnet und geschlossen
worden sind (Vorschr. über die Sicherung der Schwimmfähigkeit der Fahrgastschiffe §§ 12, 13, 18, 19);

13. die Straffestsetzungen des Seemannsamts wegen Verstoßes gegen die von
der See-Berufsgenossenschaft erlassenen Vorschriften, betreffend Einrichtungen
zur Verhütung von Unfällen sowie Beschaffung von Ausrüstungsgegenständen.

---

*) In der amtl. Zusammenstellung steht unter N. 11 die nicht mehr erforderliche Eintragung über
Barometerprüfung.

Die Eintragung erfolgt durch das Seemannsamt. Den zur Kontrolle der Unfall-
verhütungsvorschriften bestellten technischen Aufsichtsbeamten sowie den als
solche sich legitimierenden Rechnungsbeamten der See-Berufsgenossenschaft und
dem Seemannsamt ist das Tagebuch auf Verlangen zur Einsicht und zur Eintragung der Straffestsetzung vorzulegen (Reichsversicherungsordnung §§ 1208, 1213,
1214, 1215);

14. jede Einnahme von Trinkwasser tunlichst mit kurzer Angabe der Herkunft des Wassers (Tagebuchverordnung § 1 c Nr. 4);

15. eine Kürzung der Rationen oder eine Änderung hinsichtlich der Wahl
der Speisen und Getränke mit der Angabe, wann, aus welchem Grunde und in
welcher Weise sie eingetreten ist (Seemannsordnung § 57 Abs. 1, 2);

16. die beim Kapitän angebrachte Beschwerde eines Schiffsmanns über ungenügenden oder verdorbenen Proviant unter genauer Angabe des Sachverhalts
(Seemannsordnung § 99). Dem Beschwerdeführer ist auf Verlangen eine Abschrift der Eintragung auszuhändigen. Die Unterlassung wird mit Geldstrafe bis
150 Mark oder mit Haft bestraft (Seemannsordnung § 114 Nr. 12). Ferner jede
über die Verpflegung vorgetragene Beschwerde (Nr. 12 Soziale Schutzvorschriften
für die Besatzung § 5). Im Falle von gleichartigen Beschwerden beim Seemannsamte (Seemannsordnung § 58) hat dieses das Ergebnis der Untersuchung in das
Schiffstagebuch einzutragen;

17. das Ergebnis der vorgeschriebenen Prüfungen der Arzneimittel, der sonstigen Hilfs- und Lebensmittel zur Krankenpflege (§§ 12, 13 der Bekanntmachung,
betreffend Krankenfürsorge auf Kauffahrteischiffen);

18. die vorgekommenen Geburts- und Sterbefälle (Handelsgesetzbuch § 520
Abs. 3 — Gesetz über die Beurkundung des Personenstandes und die Eheschlie-
ßung vom 6. Febr. 1875 § 61 ff, § 68), wobei die Zeitangaben nach der bürgerlichen mittleren Zeit des Ortes, an welchem das Schiff zur Zeit der Geburt oder
des Sterbefalls sich befindet, zu machen und die in der angehängten Anweisung
zusammengestellten näheren Bestimmungen zu beachten sind;

19. die auf dem Schiffe begangenen strafbaren Handlungen (Handelsgesetzbuch § 520 Abs. 3; vgl. auch Seemannsordnung §§ 126, 127);

20. die Gründe für eine Verzögerung oder Unterlassung der Anmusterung
eines Seemannes (Seemannsordnung § 13);

21. die Veränderungen im Personale der Schiffsbesatzung (Handelsgesetzbuch § 520 Abs. 2), insbesondere auch

a) die Herabsetzung eines Schiffsmannes im Range, wenn derselbe zu dem
Dienste, zu welchem er sich verheuert hat, untauglich ist, die die Anordnung begründenden Tatsachen und die damit verbundene verhältnismäßige
Verringerung seiner Heuer nebst dem Vermerke, daß und wann die getroffene Anordnung dem Beteiligten vorgelesen worden ist (Seemannsordnung § 43);

b) die Entlassung eines Schiffsmanns vor Ablauf der Dienstzeit sowie der
Grund der Entlassung, wenn diese aus einem der in der Seemannsordnung
§ 70 Abs. 1 Nr. 2—5 angegebenen Anlässe erfolgt. Die Eintragung muß spätestens geschehen, bevor der Schiffsmann das Schiff verläßt (Seemannsordnung § 70 Abs. 2). Die Unterlassung der Eintragung wird mit Geldstrafe
bis zu 150 Mark oder mit Haft bestraft (Seemannsordnung § 114 Nr. 12);

22. jede gröbliche Verletzung der Dienstpflicht, deren sich ein Schiffsmann
schuldig macht ((Seemannsordnung § 96; vgl. auch Vorschriften über Auswan-

dererschiffe § 70 Nr. 2); die Eintragung ist mit genauer Angabe des Sachverhalts, sobald es geschehen kann, zu bewirken. Von dem Inhalt ist dem Schiffsmann unter ausdrücklicher Hinweisung auf die Strafandrohung des § 96 der Seemannsordnung Mitteilung zu machen;

23. jede vom Kapitän zur Aufrechterhaltung der Ordnung und zur Sicherung der Regelmäßigkeit des Dienstes getroffene Verfügung mit Angabe der Veranlassung (Seemannsordnung §§ 91, 92). Die Eintragung ist, sobald es geschehen kann, zu bewirken. Die Unterlassung wird mit Geldstrafe bis zu 150 Mark oder mit Haft bestraft (Seemannsordnung § 114 Nr. 12);

24. die Anordnungen des Kapitäns gegen einen Schiffsmann, welcher ohne seine Erlaubnis Güter, Waffen oder Munition, Branntwein oder andere geistige Getränke oder mehr an Tabak oder Tabakswaren, als er zu seinem Gebrauch auf der beabsichtigten Reise bedarf, an Bord bringt oder bringen läßt (Seemannsordnung §§ 87, 88, 89). Die Eintragung ist, sobald es geschehen kann, zu bewirken. Die Unterlassung wird mit Geldstrafe bis zu 150 Mark oder mit Haft bestraft (Seemannsordnung § 114 Nr. 12);

25. die Beschwerde eines Schiffsmannes über ungebührliches Betragen des Vorgesetzten oder anderer Mitglieder der Schiffsmannschaft unter genauer Angabe des Sachverhalts (Seemannsordnung § 99). Die Unterlassung wird mit Geldstrafe bis zu 150 Mark oder mit Haft bestraft (Seemannsordnung § 114 Nr. 12);

26. der bei dem Kapitän zu Protokoll oder schriftlich eingelegte Einspruch eines Schiffsmannes gegen den Strafbescheid des Seemannsamtes, wenn das Schiff vor Ablauf der zehntägigen Frist von der Verkündigung oder der Zustellung des Bescheids ab den Hafen verlassen hat (Seemannsordnung § 124 Abs. 2);

26a. die nach der Reichsversicherungsordnung vorgeschriebene Mitteilung des Kapitäns an die Mannschaft über einen Flaggenwechsel des Schiffes (§ 1055 der Reichsversicherungsordnung bestimmt darüber: „Bei Flaggenwechsel gilt das Dienstverhältnis in dem Augenblick als beendet, in welchem der Versicherte seine Entlassung verlangen durfte. Der Flaggenwechsel ist dem Versicherten mitzuteilen. Die Mitteilung hat der Kapitän ins Schiffstagebuch einzutragen, und die Versicherten haben den Eintrag zu bestätigen.") Vgl. auch § 74 Z. 2 der Seemannsordnung;

27. jeder Unfall, durch den eine auf dem Fahrzeuge beschäftigte Person auf der Reise getötet wird oder eine Körperverletzung erleidet, die eine völlige oder teilweise Arbeitsunfähigkeit von mehr als drei Tagen oder den Tod zur Folge hat, nebst kurzer Beschreibung des Unfalls (Reichsversicherungsordnung § 1746). Die Beschreibung des Unfalls hat in einem besonderen Anhange zum Tagebuch (Unfalltagebuch gem. U.V. der SBG. § 12) zu geschehen, während in das Tagebuch selbst nur ein kurzer auf den Unfall bezüglicher Vermerk bei gleichzeitigem Hinweis auf die betreffende Seite des Anhanges aufzunehmen ist. Für die Beschreibung und den Anhang sind besondere Formulare vorgeschrieben. Der Kapitän hat dem Seemannsamte, bei dem es zuerst geschehen kann, eine von ihm beglaubigte Abschrift der Eintragung zu übergeben oder aber das Tagebuch zur Entnahme einer Abschrift gegen Rückgabe binnen 24 Stunden vorzulegen. Zuwiderhandlungen unterliegen einer Geldstrafe bis zu 1000 Mark (Reichsversicherungsordnung §§ 1747, 1767);

28. Erkrankungen, wenn sie bei einer auf dem Schiffe beschäftigten Person eine Arbeitsunfähigkeit von mehr als drei Tagen oder wenn sie den Tod des

Erkrankten oder dessen Ausschiffung zur Folge haben, nebst einer kurzen Beschreibung der Krankheitserscheinungen. Die Eintragung ist nicht erforderlich, wenn die Erkrankung von dem Schiffsarzt in das von ihm zu führende Tagebuch eingetragen ist (Tagebuchverordnung § 1 c Nr. 5);

29. alle an Bord ausgeführten, dem Auftreten von Aussatz, Cholera, Fleckfieber, Gelbfieber, Pest und Pocken vorbeugenden Maßnahmen sowie die gegen die Weiterverbreitung dieser Krankheiten gerichteten Vorkehrungen (Tagebuchverordnung § 1 c Nr. 6);

30. alle von den Gesundheitsbehörden der auf einer Reise berührten Hafenplätze vorgenommenen Besichtigungen, Untersuchungen, Desinfektionen, Ausschiffungen usw. (Tagebuchverordnung § 1 c Nr. 7);

31. ein die Gründe angebender Vermerk über die etwa notwendig gewordene Verringerung der Beköstigungsmengen für die Auswanderer, der vom Kapitän, dessen Stellvertreter und dem etwa vorhandenen Proviantverwalter zu unterzeichnen ist. Der Vermerk ist sofort einzutragen (§ 70 Nr. 6 der Vorschriften über Auswandererschiffe);

32. Zahl, Art, Zeit und Ort der auf Auswandererschiffen abgehaltenen ·Bootsübungen (§ 50 der Vorschriften über Auswandererschiffe);

33. Zuwiderhandlungen gegen die vom Kapitän eines Auswandererschiffes im Interesse der Sittlichkeit und Ordnung getroffenen Maßregeln (§ 70 Nr. 2 der Vorschriften über Auswandererschiffe, Seemannsordnung § 98);

34. jede auf Grund des § 70 Nr. 10 der Vorschriften über Auswandererschiffe dem deutschen Konsul erstattete Meldung, betreffend ·die Verbringung von Frauenspersonen zu Unzuchtzwecken (Tagebuchverordnung § 1 c Nr. 8);

35. ein Vermerk, daß der Kapitän gemäß § 70 Nr. 11 der Vorschriften über Auswandererschiffe die zur Sicherung des Nachlasses der an Bord verstorbenen Auswanderer erforderlichen Maßnahmen getroffen und das vorgeschriebene Nachlaßverzeichnis aufgenommen hat, sowie ein Vermerk darüber, welchem Konsul das Nachlaßverzeichnis übergeben worden ist (Tagebuchverordnung § 1 c Nr. 9).

III.

Die Eintragungen müssen, soweit nicht die Umstände es hindern, täglich geschehen (Handelsgesetzbuch § 520 Abs. 4).

IV.

Das Tagebuch wird unter Aufsicht des Kapitäns von dem Steuermann und im Falle der Verhinderung des letzteren von dem Kapitän selbst oder unter seiner Aufsicht von einem durch ihn zu bestimmenden geeigneten Schiffsmanne geführt (Handelsgesetzbuch § 519 Abs. 2). Jedoch sind die Eintragungen unter II C Nr. 7, 15, 16, 21a und b, 22, 23, 24, 25, 26 und 33 von dem Kapitän persönlich und nur im Falle seiner Verhinderung von seinem Vertreter (dem Steuermanne) zu bewirken.

V.

Das Tagebuch ist nach einem Muster zu führen, welches den Zeitraum eines bürgerlichen Tages umfaßt und mindestens die Spalten einer der Anlagen I und II enthält (Tagebuchverordnung § 3 Abs. I).

VI.

Das Tagebuch muß, bevor es in Gebrauch genommen wird, mit fortlaufenden Seitenzahlen versehen sein. Das Herausreißen von Blättern sowie Radierungen

sind unstatthaft. Etwaige Änderungen der Eintragungen sind durch einfaches
Durchstreichen so zu bewirken, daß das Durchstrichene leserlich bleibt. Nachträgliche Einschaltungen und Zusätze sind ausdrücklich als solche unter Beifügung des Datums zu bezeichnen (Tagebuchverordnung § 3 Abs. 2).

VII.

Das Tagebuch ist von dem Kapitän und dem Steuermann mindestens am
Schlusse jeder Reise zu unterschreiben (Handelsgesetzbuch § 520 Abs. 5).

VIII.

Das Tagebuch ist während fünf Jahre, von dem Tage der letzten Eintragung
an gerechnet, aufzubewahren. Die Aufbewahrung kann an Bord oder am Lande
erfolgen (Tagebuchverordnung § 4).

IX.

Bei Seeunfällen hat der Kapitän, soweit es nach Lage der Umstände geschehen kann, für die Rettung des Tagebuches zu sorgen (Tagebuchverordnung
§ 5). Im Falle der Bergung hat der Strandvogt das Tagebuch an sich zu nehmen,
dasselbe sobald wie möglich mit dem Datum und seiner Unterschrift abzuschließen und dem Kapitän zurückzugeben (Strandungsordnung vom 17. Mai
1874 § 11).

X.

Der Kapitän ist verpflichtet, einen Abdruck dieser Zusammenstellung an
Bord zu führen (Tagebuchverordnung § 6).

209. Aus dem Gesetz über die Beurkundung des Personenstandes.

Das Reichsgesetz über die Beurkundung des Personenstandes und die Ehe-
schließung vom 6. Februar 1875 bestimmt im sechsten Abschnitt über die Beurkundung des Personenstandes der auf See befindlichen Personen folgendes:

§ 61. Geburten und Sterbefälle, welche sich auf Seeschiffen während der
Reise ereignen, sind nach den Vorschriften dieses Gesetzes spätestens
am nächstfolgenden Tage nach der Geburt oder dem Todesfalle von
dem Kapitän unter Zuziehung von zwei Schiffsoffizieren oder anderen glaubhaften Personen in dem Tagebuche zu beurkunden. Bei Sterbefällen ist zugleich
die mutmaßliche Ursache des Todes zu vermerken.

§ 62. Der Kapitän hat zwei von ihm beglaubigte Abschriften der Urkunden
demjenigen Seemannsamte, bei dem es zuerst geschehen kann, zu übergeben ...

§ 63. Ist der Kapitän verstorben oder verhindert, so hat der Steuermann die
in den §§ 61 und 62 dem Kapitän auferlegten Verpflichtungen zu erfüllen.

§ 64. Sobald das Schiff in den inländischen Hafen eingelaufen ist, in
welchem es seine Fahrt beendet, ist das Tagebuch der für den
Standesbeamten des Hafenorts zuständigen Aufsichtsbehörde vorzulegen ...

§ 68. Wer den in den §§ ... vorgeschriebenen Anzeigepflichten nicht nach-
kommt, wird mit Geldstrafe bis zu einhundertfünfzig Mark oder mit Haft
bestraft.

Die bezeichnete Strafe trifft auch den Kapitän oder Steuermann, welcher
den Vorschriften der §§ 61 bis 64 zuwiderhandelt.

Mit Rücksicht auf diese gesetzlichen Bestimmungen ist folgendes zu beachten:

I. Beurkundung von Geburten.

In dem Tagebuch ist zu vermerken:

a) Ort der Geburt, Datum und Stunde derselben nach bürgerlicher Zeit;
b) Geschlecht des Kindes;
c) Vornamen des Kindes;
d) Vor- und Familiennamen, Religion, Stand oder Gewerbe und Wohnort der Eltern.

Bei Zwillings- oder Mehrgeburten muß die Zeitfolge der verschiedenen Geburten ersichtlich sein.

Standen die Vornamen des Kindes zur Zeit der Eintragung noch nicht fest, so können dieselben später angezeigt werden. Der Schiffer hat in geeigneter Weise darauf hinzuwirken, daß dies erfolgt, bevor Mutter und Kind das Schiff verlassen.

II. Beurkundung von Sterbefällen.

In dem Tagebuch ist zu vermerken:

a) Ort des erfolgten Todes, Datum und Stunde desselben nach bürgerlicher Zeit;
b) Vor- und Familiennamen, Religion, Alter, Stand oder Gewerbe, Wohnort und Geburtsort des Verstorbenen;
c) Vor- und Familiennamen seines Ehegatten oder Vermerk, daß der Verstorbene ledig gewesen ist;
d) Vor- und Familiennamen, Stand oder Gewerbe und Wohnort der Eltern des Verstorbenen;
e) mutmaßliche Ursache des Todes.

Soweit diese Verhältnisse unbekannt sind, ist dies bei der Eintragung zu vermerken.

III. Gemeinsame Vorschriften.

1. Bei der Beurkundung von Geburten und Sterbefällen auf Seeschiffen sind Datum und Stunde nicht nach astronomischer Zeit, sondern nach bürgerlicher mittlerer Zeit desjenigen nach geographischer Breite und Länge tunlichst genau zu bezeichnenden Ortes zu vermerken, an welchem sich das Schiff zur Zeit der Geburt oder des Sterbefalles befunden hat.

Demgemäß ist der Tag von Mitternacht zu Mitternacht zu rechnen und der Stundenzahl die Angabe der Tageszeit — vormittags, nachmittags, nachts — hinzuzufügen.

2. Der Kapitän hat sowohl bei Geburten als auch bei Sterbefällen zu vermerken, ob er selbst dabei zugegen gewesen ist oder wer ihm die Anzeige gemacht hat und ob der Anzeigende aus eigener Wissenschaft unterrichtet ist. Jedenfalls ist Vor- und Familienname, Stand oder Gewerbe und Wohnort des Anzeigenden genau anzugeben, falls er nicht etwa zu den Schiffsoffizieren oder der Schiffsmannschaft gehört und dadurch dem Kapitän bekannt ist.

3. Nach § 61 ist ferner die Eintragung vom Kapitän und zwei von ihm zugezogenen Schiffsoffizieren oder anderen glaubhaften Personen zu u n t e r - z e i c h n e n.

Eine große Sorgfalt wird insbesondere darauf zu verwenden sein, daß die Persönlichkeit der Mutter des Kindes bzw. die Persönlichkeit des Verstorbenen oder aber evtl. die Persönlichkeit des Anzeigenden mit der größtmöglichen Sicherheit festgestellt wird und daß aus der Eintragung hervorgeht,

Schiff .... Heimatshafen .... Kapitän .... Reise ....

Geburtsregister

Laufende Nr.	Ort / der Geburt nach bürgerlicher Zeit	Datum	Stunde	Ge-schlecht	Vor-namen	Vor- und Fa-milien-namen	Religion	Stand oder Ge-werbe	Wohn-ort	Personen, welche die Geburt ange-zeigt haben oder aus eigener Wissenschaft bezeugen können	Wie die Persönlichkeit der Beteiligten festgestellt ist	Eigenhändige Unter-schrift des Kapitäns (Steuermanns) u. der von ihm zugezogenen beiden Personen	Bemerkungen
				des Kindes	des Kindes	der Eltern des Kindes							
1	—°— nördl. Breite —°— östl. Länge	26 sten April 1926	7½ Uhr abends	weibl.	Ma-thilde	Wilh. Lange, Anna Lange, geb. Leh-mann	luthe-risch	Ar-beiter	Parchim Meck-lenburg-Schwe-rin	Der Vater Wilh. Lange war bei der Entbindung zugegen	Anna Lange ist anerkannt durch Schiffsmann Peter Lehmann	Ferdinand A., Kapitän Robert B., Steuermann Wilh. Lange, Arbeiter	

Schiff .... Heimatshafen .... Kapitän .... Reise ....

Sterberegister

Laufende Nr.	Ort / des Todes nach bürgerlicher Zeit	Datum	Stunde	Vor- und Fa-milien-namen	Reli-gion	Alter	Stand oder Ge-werbe	Wohn-ort	Ge-burts-ort	Mut-maß-liche Todes-ur-sache	Vor- u. Fa-miliennamen des Ehe-gatten des Ver-storbenen oder Ver-merk, daß der Ver-storbene ledig gewes.	Vor- und Fa-milien-namen	Stand oder Ge-werbe	Wohn-ort	Personen, welche den Tod ange-zeigt haben oder ihn aus eigener Wissen-schaft bezeugen können	Angabe, wie die Persönlich-keit der Beteiligten festgestellt ist	Eigenhändige Unterschrift des Kapitäns (Steuermanns) und der von ihm zugezogenen Personen
				des Verstorbenen								der Eltern des Verstorbenen					
1	—°— nördl. Breite —°— westl. Länge	10 ten Juni 1926	8¼ Uhr mor-gens	Peter Thom-sen	evan-gelisch	30	Schiffs-mann	Eckern-förde	un-be-kannt	Herz-schlag	Amalie, geb. N.	Paul Thom-sen, Mutter un-bekannt	Fischer	Schles-wig	Steuermann Robert B. hat gesehen, daß Peter Thomsen starb	Peter Thomsen war den drei hierneben genannten Personen bekannt	Robert B., Steuermann, in Vertretung des erkrankt. Kapit. Ferdinand A., Theodor M., Maschinist, Ludwig N., Schiffsmann

daß und auf welche Weise die Überzeugung von der Persönlichkeit erlangt worden ist. Dies wird bei den zur Besatzung des Schiffes gehörigen Personen keine Schwierigkeiten haben, wohl aber bei Passagieren, wenn dieselben weder einer zur Schiffsbesatzung gehörigen Person bekannt sind, noch von einem Dritten, welcher einer zur Schiffsbesatzung gehörigen Person bekannt ist, rekognosziert werden. In diesem Falle wird zu vermerken sein, welche Nachforschungen zur Feststellung der Persönlichkeit angestellt sind.

4. Mit Rücksicht auf das im vorstehenden Angeführte sind für die in das Tagebuch einzutragenden Beurkundungen die unten folgenden Musterbeispiele entworfen.

Musterbeispiele für die Beurkundung von ‚Geburten und Sterbefällen.

1. Heute, den sechsundzwanzigsten April neunzehnhundertsechsundzwanzig, abends siebeneinhalb Uhr nach bürgerlicher Zeit auf .. Grad .. Minuten nördlicher Breite, .. Grad .. Minuten östlicher Länge hat die Ehefrau des Passagiers Arbeiter W i l h e l m L a n g e aus Parchim, Freistaat Mecklenburg-Schwerin, A n n a , geborene L e h m a n n , ein Kind weiblichen Geschlechts, M a - t h i l d e , geboren. Beide Eltern sind lutherischer Konfession. Der mitunterzeichnete Vater war bei der Entbindung gegenwärtig.

Die A n n a L a n g e ist ihrer Persönlichkeit nach durch den Schiffsmann P e t e r L e h m a n n anerkannt.

F e r d i n a n d A.   R o b e r t B.   W i l h. L a n g e
Kapitän   Steuermann   Arbeiter

2. Heute, den zehnten Juni neunzehnhundertsechsundzwanzig, morgens achteinviertel Uhr nach bürgerlicher Zeit auf .. Grad .. Minuten nördlicher Breite, .. Grad .. Minuten westlicher Länge starb ‘der Schiffsmann P e t e r T h o m - s e n vermutlich infolge eines Herzschlages. P e t e r T h o m s e n war wohnhaft in Eckernförde, 30 Jahre alt, evangelisch, mit A m a l i e , geborenen N., verheiratet, ein Sohn des Fischers P a u l T h o m s e n zu Schleswig. Der Name seiner Mutter sowie sein Geburtsort sind unbekannt.

R o b e r t B.
Steuermann
(in Vertretung des erkrankten Kapitäns F e r d i n a n d A.)
T h e o d o r M.   L u d w i g N.
Maschinist. ,   Schiffsmann.

5. Von den im Tagebuch eingetragenen Beurkundungen, einschließlich der drei Unterschriften, hat der Kapitän (oder falls er verstorben oder verhindert ist, der Steuermann) zwei Abschriften zu fertigen; denselben ist folgende Überschrift zu geben:

Auszug aus dem Tagebuch des Schiffes (A n t o n i e), Heimathafen: (Hamburg). Kapitän: (F e r d i n a n d A.). Reise: (von Hamburg nach Aberdeen).

Darunter ist zu vermerken:

Die Übereinstimmung mit dem Tagebuch beglaubigt

........, den........

F e r d i n a n d A.
Kapitän.

6. Es läßt sich auch das folgende Verfahren einschlagen: Dem Tagebuch ist am Schlusse ein Geburts- und ein Sterberegister, nach dem anliegenden Formular vorgedruckt, anzuheften. In diese sind dann die einzelnen Geburten und Sterbefälle einzutragen. Die Eintragung ist von dem Kapitän (bzw. Steuermann) und den von ihm zugezogenen beiden Personen in der dafür bestimmten Spalte durch ihre eigenhändige Unterschrift zu beurkunden, wie die als Musterbeispiele ausgefüllten Anlagen ergeben, in welche die unter 1 und 2 gewählten Beispiele eingetragen sind. Außerdem ist aber im Kontext des Tagebuchs an dem betreffenden Tage die Geburt bzw. der Sterbefall u n t e r B e z u g n a h m e a u f d i e b e t r e f f e n d e N u m m e r d e s R e g i s t e r s kurz zu erwähnen. Es würde also z. B. unter dem 26. April 1926 im Tagebuche zu vermerken sein:

Heute, den 26. April 1926, abends 7½ Uhr nach bürgerlicher Zeit gebar die verehelichte A n n a L a n g e , geborene L e h m a n n , ein Kind (Geburtsregister Nummer 1).

Von diesem Vermerk im Kontext des Tagebuchs u n d d e r b e t r e f f e n d e n N u m m e r d e s R e g i s t e r s ist eine zweifache Abschrift so zu fertigen, wie vorstehend zu 5 angegeben worden, mit Überschrift und Beglaubigungsvermerk zu versehen und demjenigen Seemannsamte, bei dem es zuerst geschehen kann, zu übergeben.

7. Nach der Rückkehr des Schiffes in den inländischen Hafen, in welchem es seine Fahrt beendet, ist das Tagebuch selbst der für den Standesbeamten des Hafenorts zuständigen Aufsichtsbehörde vorzulegen. Dies ist nach § 11 des Gesetzes die untere Verwaltungsbehörde, sofern die Landesgesetze nicht andere Aufsichtsbehörden bestimmen.

210. Paragraphen der Seemannsordnung, die sich auf die Tagebuchführung beziehen.

(Vom 2. Juni 1902, RGBl. S. 175)

§ 13. Die Anmusterung besteht in der Verlautbarung des mit dem Schiffsmanne geschlossenen Heuervertrags vor einem Seemannsamte. Sie muß vor Antritt oder Fortsetzung der Reise, wenn dies aber ohne Verzögerung der Reise unausführbar ist, sobald ein Seemannsamt angegangen werden kann, erfolgen; die Gründe für die Verzögerung oder Unterlassung der Anmusterung sind in das Schiffstagebuch einzutragen. Geschieht die Anmusterung innerhalb des Reichsgebiets, so ist dabei das Seefahrtsbuch vorzulegen.

§ 43. Stellt sich nach Antritt der Reise heraus, daß der Schiffsmann zu dem Dienste, zu welchem er sich verheuert hat, untauglich ist, so ist der Kapitän befugt, ihn im Range herabzusetzen und seine Heuer verhältnismäßig zu verringern. Diese Befugnis besteht nicht gegenüber Schiffsoffizieren.

Wird von dieser Befugnis Gebrauch gemacht, so hat der Kapitän die getroffene Anordnung und die die Anordnung begründenden Tatsachen so bald wie möglich in das Schiffstagebuch einzutragen, die Eintragung dem Schiffsmanne vorzulesen und in dem Tagebuche zu vermerken, daß und wann dies geschehen ist. Vor der Eröffnung und Eintragung tritt die Verringerung der Heuer nicht in Wirksamkeit.

Dem Schiffsmanne ist auf Verlangen eine vom Kapitän unterzeichnete Abschrift der Eintragung auszuhändigen.

Gegen die getroffene Anordnung kann der Schiffsmann die Entscheidung des Seemannsamtes anrufen, welches zuerst angegangen werden kann. Erst nach Entscheidung des Seemannsamtes, falls aber ein solches nicht angerufen ist, bei der Abmusterung dürfen Eintragungen über den Sachverhalt in das Seefahrtsbuch, und zwar nur durch das Seemannsamt, vorgenommen werden.

§ 57. Der Kapitän ist berechtigt, bei ungewöhnlich langer Dauer der Reise oder wegen eingetretener Unfälle eine Kürzung der Rationen oder eine Änderung hinsichtlich der Wahl der Speisen und Getränke eintreten zu lassen.

Er hat im Schiffstagebuch zu vermerken, wann, aus welchem Grunde und in welcher Weise eine Kürzung oder Änderung eingetreten ist.

Dem Schiffsmanne gebührt eine den erlittenen Entbehrungen entsprechende Vergütung. Über diesen Anspruch entscheidet unter Vorbehalt des Rechtsweges das Seemannsamt, vor welchem abgemustert wird.

§ 58. Wenn ein Schiffsoffizier oder nicht weniger als drei Schiffsleute bei einem Seemannsamte Beschwerde darüber erheben, daß das Schiff, für welches sie angemustert sind, nicht seetüchtig ist oder daß die Vorräte, welche das Schiff für den Bedarf der Mannschaft an Speisen und Getränken mit sich führt, ungenügend oder verdorben sind, so hat das Seemannsamt mit möglichster Beschleunigung unter Hinzuziehung von erreichbaren Sachverständigen und der ortsanwesenden Beschwerdeführer eine Untersuchung des Schiffes oder der Vorräte zu veranlassen und das Ergebnis in das Schiffstagebuch einzutragen. Auch hat das Seemannsamt, falls die Beschwerde sich als begründet erweist, für die geeignete Abhilfe Sorge zu tragen.

Kommt der Kapitän zu diesem Behufe getroffenen Anordnungen nicht nach, so kann jeder Schiffsoffizier und jeder Schiffsmann seine Entlassung mit der für den Fall des § 74 Nr. 1 vorgesehenen Wirkung (§ 76) fordern*).

§ 70. Der Kapitän kann den Schiffsmann vor Ablauf der Dienstzeit entlassen:

1. solange die Reise noch nicht angetreten ist, wenn der Schiffsmann zu dem Dienste, zu welchem er sich verheuert hat, untauglich ist;

2. wenn der Schiffsmann eines groben Dienstvergehens, insbesondere wiederholten Ungehorsams, fortgesetzter Widerspenstigkeit, wiederholter Trunkenheit im Dienste oder der Schmuggelei sich schuldig macht;

3. wenn der Schiffsmann des Vergehens des Diebstahls, Betrugs, der Untreue, Unterschlagung, Hehlerei oder Urkundenfälschung oder einer mit Todesstrafe oder mit Zuchthaus bedrohten Handlung sich schuldig macht;

4. wenn der Schiffsmann durch eine strafbare Handlung eine Krankheit oder Verletzung sich zuzieht, welche ihn arbeitsunfähig macht;

5. wenn der Schiffsmann mit einer geschlechtlichen Krankheit behaftet ist, die den übrigen an Bord befindlichen Personen Gefahr bringen kann. Ob dies der Fall ist, entscheidet sich, sofern ein Arzt zu erlangen ist, nach dessen Gutachten;

6. wenn die Reise, für welche der Schiffsmann geheuert war, wegen Krieg, Embargo oder Blockade, wegen eines Ausfuhr- oder Einfuhrverbots oder wegen eines anderen, Schiff oder Ladung betreffenden Zufalls nicht angetreten oder fortgesetzt werden kann.

Der Kapitän muß die Entlassung sowie deren Grund, sobald es geschehen kann, dem Schiffsmanne mitteilen und in den Fällen des Abs. 1 Nr. 2 bis 5 spätestens, bevor dieser das Schiff verläßt, in das Schiffstagebuch eintragen. Dem Schiffsmann ist auf Verlangen eine vom Kapitän unterzeichnete Abschrift der Eintragung auszuhändigen.

---

*) Nach § 76 gebührt dem Abgemusterten die Heuer für einen Monat unter Anrechnung der etwa erhaltenen Vorschußgelder. Ebenfalls steht ihm freie Zurückbeförderung nach dem Hafen der Ausreise zu oder nach Wahl des Kapitäns eine Vergütung, die im Streitfalle von dem Seemannsamt festgesetzt wird. Auch erhält er die Heuer für die voraussichtliche Dauer seiner Zurückbeförderung.

§ 87. Der Schiffsmann darf ohne Erlaubnis des Kapitäns keine Güter an Bord bringen oder bringen lassen. Für die gegen dieses Verbot beförderten eigenen oder fremden Güter muß er die höchste am Abladungsorte zur Abladungszeit für solche Reisen und Güter bedungene Fracht erstatten, unbeschadet der Verpflichtung zum Ersatz eines erweislich höheren Schadens.

Der Kapitän ist auch befugt, solche Güter über Bord zu werfen, wenn ihr Verbleib an Bord Schiff oder Ladung oder die Gesundheit der an Bord befindlichen Personen gefährden oder das Einschreiten einer Behörde zur Folge haben kann.

§ 88. Die Vorschriften des § 87 finden auch Anwendung, wenn der Schiffsmann ohne Erlaubnis des Kapitäns Waffen oder Munition, Branntwein oder andere geistige Getränke oder mehr an Tabak und Tabakwaren, als er zu seinem Gebrauch auf der beabsichtigten Reise bedarf, an Bord bringt oder bringen läßt.

Die gegen dieses Verbot mitgenommenen Gegenstände verfallen dem Schiffe.

§ 89. Der Kapitän hat die auf Grund der Vorschriften der §§ 87, 88 getroffenen Anordnungen, sobald es geschehen kann, in das Schiffstagebuch einzutragen.

§ 91. Zur Aufrechterhaltung der Ordnung und zur Sicherung der Regelmäßigkeit des Dienstes ist der Kapitän befugt, die geeigneten Maßregeln zu ergreifen. Geldbußen, Kostschmälerung von mehr als dreitägiger Dauer, Einsperrung und körperliche Züchtigung darf er jedoch zu diesem Zwecke weder als Strafe verhängen, noch als Zwangsmittel anwenden.

Bei einer Widersetzlichkeit oder bei beharrlichem Ungehorsam ist der Kapitän zur Anwendung aller Mittel befugt, welche erforderlich sind, um seinen Befehlen Gehorsam zu verschaffen. Zu diesem Zwecke ist ihm auch die Anwendung von körperlicher Gewalt in dem durch die Umstände gebotenen Maße gestattet. Er darf ferner gegen die Beteiligten die geeigneten Sicherungsmaßregeln ergreifen und sie nötigenfalls während der Reise fesseln.

Jeder Schiffsmann muß dem Kapitän auf Erfordern Beistand zur Aufrechterhaltung der Ordnung sowie zur Abwendung oder Unterdrückung einer Widersetzlichkeit leisten.

§ 92. Der Kapitän hat jede in Gemäßheit der Vorschriften des § 91 getroffene Maßregel mit Angabe der Veranlassung, sobald es geschehen kann, in das Schiffstagebuch einzutragen.

§ 93. Ein Schiffsmann, welcher nach Abschluß des Heuervertrags sich verborgen hält, um sich dem Antritte des Dienstes zu entziehen, wird mit Geldstrafe bis zu sechzig Mark bestraft.

Wenn ein Schiffsmann, um sich der Fortsetzung des Dienstes zu entziehen, entweicht oder sich verborgen hält, so tritt Geldstrafe bis zu 300 Mark oder Gefängnisstrafe bis zu drei Monaten ein.

Ein Schiffsmann, welcher mit der Heuer entweicht oder sich verborgen hält, um sich dem übernommenen Dienste zu entziehen, wird mit der im § 298*) des Strafgesetzbuchs angedrohten Gefängnisstrafe bis zu einem Jahre belegt. Sind mildernde Umstände vorhanden, so kann auf Geldstrafe bis zu 300 Mark erkannt werden**).

---

*) Nach § 287 des Strafgesetzbuches wird ein Schiffsmann, welcher mit der Heuer entläuft oder sich verborgen hält, um sich dem übernommenen Dienste zu entziehen, ohne Unterschied, ob das Vergehen im Inland oder im Ausland begangen worden ist, mit Gefängnis bis zu einem Jahre bestraft.
**) Befiehlt dieser Paragraph auch nicht direkt eine Eintragung, so ergibt sich in Verbindung mit den Vorschriften des Handelsgesetzbuches (S. 243) doch, daß im Tagebuch ein entsprechender Vermerk zu machen ist.

In den Fällen der Absätze 1, 2 tritt die Verfolgung nur auf Antrag des Kapitäns ein. Die Zurücknahme des Antrags ist zulässig.

§ 96. Mit Geldstrafe bis zum Betrage einer Monatsheuer wird ein Schiffsmann bestraft, welcher sich einer gröblichen Verletzung seiner Dienstpflichten schuldig macht.

Als Verletzung der Dienstpflicht, die, wenn sie in gröblicher Weise erfolgt, nach Abs. 1 strafbar ist, wird insbesondere angesehen:

. 1. Nachlässigkeit im Wachdienste;

2. Ungehorsam gegen den Dienstbefehl eines Vorgesetzten;

3. ungebührliches Betragen gegen Vorgesetzte, gegen andere Mitglieder der Schiffsmannschaft oder gegen Reisende;

4. Verlassen des Schiffes ohne Erlaubnis oder Ausbleiben über die festgesetzte Zeit;

5. Wegbringen eigener oder fremder Sachen von Bord des Schiffes und Anbordbringen oder Anbordbringenlassen von Gütern oder sonstigen Gegenständen ohne Erlaubnis;

6. eigenmächtige Zulassung fremder Personen an Bord und Gestattung des Anlegens von Fahrzeugen an das Schiff;

7. Trunkenheit im Schiffsdienste;

8. Vergeudung, unbefugte Veräußerung oder Beiseitebringen von Proviant.

Gegen Schiffsoffiziere kann die Strafe bis auf den Betrag einer zweimonatlichen Heuer erhöht werden.

Die Verfolgung tritt nur auf Antrag des Kapitäns oder eines verletzten Schiffsmannes ein. Der Antrag kann bis zur Abmusterung gestellt werden. Die Zurücknahme ist bis zur rechtskräftigen Entscheidung zulässig.

§ 98. Der Kapitän hat, sobald es geschehen kann, jede gröbliche Verletzung der Dienstpflicht (§ 96) mit genauer Angabe des Sachverhalts in das Schiffstagebuch einzutragen und dem Schiffsmanne von dem Inhalte der Eintragung unter ausdrücklicher Hinweisung auf die Strafandrohung des § 96 Mitteilung zu machen, auch demselben auf Verlangen eine Abschrift der Eintragung auszuhändigen.

Unterbleibt die Mitteilung, so sind die Gründe der Unterlassung im Tagebuch anzugeben. Ist die Eintragung versäumt, so tritt keine Verfolgung ein, soweit nicht im Falle des § 96 Abs. 2 Nr. 3 der verletzte Schiffsmann darauf anträgt.

§ 99. Beschwert sich ein Schiffsmann über ungebührliches Betragen der Vorgesetzten oder anderer Mitglieder der Schiffsmannschaft oder darüber, daß das Schiff, für welches er angemustert ist, nicht seetüchtig ist oder daß die Vorräte, welche das Schiff für den Bedarf der Mannschaft an Speisen und Getränken mit sich führt, ungenügend oder verdorben sind, so hat der Kapitän die Beschwerde mit genauer Angabe des Sachverhalts in das Schiffstagebuch einzutragen und dem Beschwerdeführer auf Verlangen eine Abschrift der Eintragung auszuhändigen.

§ 114. Mit Geldstrafe bis zu 150 Mark oder mit Haft wird bestraft ein Kapitän, welcher

. . . .

12. eine der in den §§ 70, 89, 92, 99 vorgeschriebenen Eintragungen in das Schiffstagebuch unterläßt.

§ 124. Gegen den Bescheid des Seemannsamtes kann der Beschuldigte inner-halb einer zehntägigen Frist von der Verkündigung oder der Zustellung ab auf gerichtliche Entscheidung antragen. Der Antrag ist bei dem Seemannsamte zu Protokoll oder schriftlich anzubringen. Dasselbe hat dem Antragsteller auf Ver-langen eine Bescheinigung über den Antrag zu erteilen.

Verläßt das Schiff vor Ablauf der Frist den Hafen, so kann der Schiffsmann auch bei dem Kapitän zu Protokoll oder schriftlich innerhalb der Frist Ein-spruch einlegen. Dem Schiffsmann ist auf Verlangen eine Bescheinigung über den erhobenen Einspruch einzuhändigen. Der Kapitän hat, sobald es geschehen kann, den Einspruch in das Schiffstagebuch einzutragen und den Antrag dem See-mannsamte zu übersenden. Die Verjährung ruht von der Eintragung des Ein-spruchs bis zum Eingange des Antrags beim Seemannsamte.

Hat das Seemannsamt seinen Sitz im Inlande, so ist für das weitere Ver-fahren dasjenige Gericht örtlich zuständig, in dessen Bezirke dieser Sitz gelegen ist. Hat es seinen Sitz im Auslande, so ist dasjenige Gericht örtlich zuständig, in dessen Bezirke sich der inländische Heimathafen oder in Ermangelung eines solchen der Registerhafen des Schiffes befindet.

211. Aus der Reichsversicherungsordnung.
(Vom 19. Juli 1911.)
Die See-Unfallversicherung.

§ 1552. Der Betriebsunternehmer hat jeden Unfall in seinem Betrieb anzu-zeigen, wenn durch den Unfall ein im Betriebe Beschäftigter getötet oder so ver-letzt ist, daß er stirbt oder für mehr als drei Tage völlig oder teilweise arbeits-unfähig wird.

Der Unfall ist binnen drei Tagen anzuzeigen, nachdem der Betriebsunter-nehmer ihn erfahren hat.

§ 1746. Ein Unfall, den ein auf einem Seefahrzeuge Beschäftigter während der Reise erleidet und der die im § 1552 Abs. 1 bezeichneten Folgen hat, ist in das Tagebuch (Schiffsjournal, Loggbuch) einzutragen und dort oder in einem An-hang kurz darzustellen.

Ist kein Tagebuch zu führen, so hat der Schiffsführer solche Unfälle in einer besonderen Niederschrift nachzuweisen.

§ 1747. Der Schiffsführer hat von jedem Eintrag dieser Art eine von ihm beglaubigte Abschrift dem Seemannsamte zu übergeben, bei dem es zuerst ge-schehen kann. Statt dessen kann er auch das Tagebuch oder die Niederschrift dem Seemannsamte zur Abschrift des Eintrags vorlegen.

Das Seemannsamt gibt das Tagebuch oder die Niederschrift binnen vierund-zwanzig Stunden zurück.

§ 1748. Ereignet sich der Unfall im Inland vor oder nach der Reise, so hat ihn der Schiffsführer spätestens am dritten Tage, nachdem er ihn erfahren hat, dem Seemannsamt oder, wo keines am Orte ist, der Ortspolizeibehörde sowie dem durch die Satzung bestimmten Genossenschaftsorgan anzuzeigen*).

§ 1751. Das Reichsversicherungsamt stellt die Muster für die Beschreibung der Unfälle und für die Nachweise fest. (Muster siehe S. 261.)

---

*) Nach § 47 der Satzung der See-Berufsgenossenschaft ist eine gleichlautende Abschrift dem Sektions-vorstande, in dessen Bezirk der Heimathafen des Schiffes liegt, einzusenden.

Unfall

in dem Betriebe des deutschen .... **Schiffes** ....

Heimathafen .... Unterscheidungssignal ....

Name und Wohnort des Schiffsführers ....

Name und Wohnort des Reeders (Reedereileiters) ....

—————

Für jede getötete und verletzte Person ist eine besondere Anzeige auszufüllen

Reise (im Hafen) von .... nach ....

1. Wochentag, Dat., Jahr, Stunde des Unfalls	............(Wochentag), den......ten.....19...... $\frac{vor}{nach}$ mittags...... Uhr ..... Min.
2. a) Vor- (nur Rufname) und Familien-name der getöteten oder verletzten Person	a) ....
b) Wohnort und Wohnung	b) ....
c) Dienststellung	c) ....
d) Höhe der Monatsheuer (nur bei zur Besatzung gehörigen Leuten auszufüllen)	d) ....
e) Tag, Monat, Jahr und Ort der Geburt (wenn unbekannt ungefähre Angabe des Lebensalters)	e) geboren am......ten......$\frac{18......}{19......}$ in.......
f) Ledig, verheiratet, verwitwet Zahl der Kinder unter 15 Jahren	f) ....
g) Bei minderjährigen Personen: Vor- und Familienname, Wohnort und Wohnung des Vaters oder des gesetzlichen Vertreters (Mutter, Vormund)	g) ....

Heftrand

Heftrand

Wenn möglich, nach dem Krankenschein oder den Angaben des Arztes

3. a) Ist der vom Unfall Betroffene getötet?

a) ....

b) I. Welche Körperteile sind verletzt
(rechts und links zu unterscheiden)?

b) I. ....

II. Welcher Art ist die Verletzung
(z. B. Knochenbruch Verrenkung, Gliedverlust)?

II. ....

III. Ist die Verletzung eine schwere
(entzündete Wunden, Knochenbrüche, Ausrenkungen, Verstauchungen und Quetschungen großer Gelenke, innere Verletzungen, ausgedehnte Brandwunden, Augenverletzungen, Milzbrand usw.)?

III. ....

c) Wird die Verletzung voraussichtlich den Tod zur Folge haben?

c) ....

d) Hat der Verletzte die Arbeit sofort eingestellt oder wann
(Tag und Stunde)?

d) ....

e) Hat er das Schiff verlassen? wann
(genaues Dat.) und wo?

e) ....

b) Name, Wohnort, Wohnung

4. a) Ist der Verletzte in einem Krankenhaus untergebracht? In welchem?
Oder wo befindet er sich? An Bord? Zu Hause?

a) ....

I. des zuerst zugezogenen Arztes

b) I. ....

II. des jetzt behandelnden Arztes

II. ....

III. der in der ersten Hilfeleistung besonders ausgebildeten Laien, welche die erste Hilfe geleistet haben
(in der Gesundheitspflege geprüfte Schiffsoffiziere, Sanitätskolonnenmitglieder, Heilgehilfen u. a.)

III. ....

5. a) Welcher Krankenkasse gehört der Verletzte an?

a) ....

b) Hatte der Verletzte vor dem Unfall volle Arbeitskraft? Wenn nicht, weshalb?

b) ....

c) Bezieht der Verletzte Unfall-, Invalidenrente, Knappschaftspension, Ruhegeld oder Gebührnisse auf Grund der Reichsversorgung? Von welcher Stelle?

c) ....

Heftrand

6. **Veranlassung und Hergang des Unfalls**

Hier ist der Unfall möglichst genau zu schildern. Insbesondere sind die Stelle des Schiffes wo der Unfall geschah (z. B. Back, Zwischendeck, Heizraum) sowie die Arbeit (Maschine usw.), bei der er sich ereignet hat, genau zu bezeichnen geeignetenfalls unter Beifügung einer erläuternden Zeichnung. Ereignete sich der Unfall am Lande, so ist der Ort des Unfalls (Straße, Platz, Stelle des Hafens) genau zu bezeichnen und — möglichst unter Beifügung einer Zeichnung — anzugeben, wie weit (in m) die Unfallstelle vom Liegeplatz des Schiffes entfernt ist und ob der Verunglückte beurlaubt oder in dienstlicher — welcher — Angelegenheit an Land war.

| 7. Vor- u. Familienname, Stand, Wohnort, Wohnung | a) sämtlicher Augenzeugen des Unfalls | a) .... |
| | b) anderer Personen, die zuerst von dem Unfall Kenntnis erhalten haben | b) .... |

8. Hat eine Unfalluntersuchung durch ein Seemannsamt (Konsulat) oder eine Ortspolizeibehörde stattgefunden? Zutreffendenfalls wo?

(Eine Unfalluntersuchung muß u. a. stattfinden, wenn der Unfall den Tod oder eine solche Verletzung zur Folge hat, die eine Erwerbsunfähigkeit vom mehr als 13 Wochen bedingen wird.)

9. a) Etwaige Bemerkungen   a) ....

   b) Wenn die Anzeige zu spät erstattet wird, weshalb geschieht dies?   b) ....
                                              ....

Eine beglaubigte Abschrift des Eintrags über diesen Unfall im Tagebuche (Schiffsjournale, Loggbuche) — Anhang zum Tagebuch (Unfalltagebuch) — in der besonderen Nachweisung (Unfalltagebuch) — (Nichtzutreffendes durchstreichen) oder

ein Stück dieser Anzeige des Unfalls

geht 1. an das Seemannsamt (Konsulat) in...
       oder wenn das Schiff in einem deutschen Hafen liegt, in dem sich kein Seemannsamt befindet, an die Ortspolizeibehörde in..
     2. an den für den Heimathafen des Schiffes zuständigen Sektionsvorstand der Seeberufsgenossenschaft, d. i. an den Vorstand der Sektion .... in ....

(Ort)..., den............ **ten** ....19........

Name des Schiffsführers oder seines Stellvertreters

....

§ 1767. Verletzt der Verpflichtete*) die Vorschriften über die Eintragung in das Tagebuch (Schiffsjournal) oder andere, nämlich

Nachweisung der Unfälle,

Mitteilung der Eintragung ...,

so kann der Vorstand der Genossenschaft gegen ihn Geldstrafen bis zu 300 Mark verhängen ...

Auf Beschwerde entscheidet das Oberversicherungsamt endgültig.

212. Aus der Polizei=Verordnung
betreffend die
Beförderung gefährlicher Gegenstände mit Kauffahrteischiffen.

§ 8. Die Sicherheits- (Gruben-) Lampen müssen vor Antritt längerer Reisen, sonst zweimal jährlich auf Explosionssicherheit geprüft und an Bord in gutem Zustande gehalten werden. Über jede Prüfung ist ein Vermerk in das Schiffstagebuch einzutragen.

213. Aus der Strandungsordnung.

Nach § 11 hat im Falle einer Bergung der Strandvogt zunächst die Schiffs- und Ladungspapiere, insbesondere das Schiffstagebuch an sich zu nehmen, dieses möglichst bald mit dem Datum und seiner Unterschrift abzuschließen und sämtliche Papiere dem Kapitän zurückzugeben (S. 278).

214. Aus der Bekanntmachung
betreffend
Krankenfürsorge auf Kauffahrteischiffen.

§ 15. Mindestens einmal im Jahre hat der Reeder die Ausrüstung**) durch einen von der zuständigen Landesbehörde für diesen Zweck bezeichneten, im Deutschen Reiche approbierten Arzt prüfen und dabei feststellen zu lassen, ob die Ausrüstung den bestehenden Vorschriften genügt ...· Hierbei soll, soweit erforderlich, ein von der zuständigen Landesbehörde für diesen Zweck bezeichneter Apotheker zugezogen werden ... Über die erfolgte Prüfung ist ein Vermerk in das Schiffstagebuch aufzunehmen.

§ 16. Unbeschadet dieser amtlichen Prüfung und Besichtigung hat der Kapitän — falls ein Schiffsarzt angemustert ist, dieser — vor dem Antritt einer jeden Reise von voraussichtlich mehr als vierwöchiger Dauer, mindestens aber alle drei Monate zu prüfen, ob die Arznei- und anderen Hilfsmittel sowie die Lebensmittel zur Krankenpflege für die weitere Reise noch in genügender Menge und Beschaffenheit vorhanden sind und ihre Vervollständigung rechtzeitig zu veranlassen. Die Prüfung hat sich insbesondere auch auf den Verschluß der Standgefäße und den Zustand der Instrumente zu erstrecken. Das Ergebnis der Prüfung ist in das Schiffstagebuch einzutragen.

---

*) Das ist der Kapitän, oder wenn er verhindert ist, sein Stellvertreter.
**) Die Ausrüstung mit Arznei- und anderen Hilfsmitteln sowie mit Lebensmitteln zur Krankenpflege.

215. Aus dem Schiffssicherheits=Vertrag.

Unterzeichnet in London am 31. Mai 1929.

Art. 31, Abs. 15. Solange das Schiff in See ist, muß die Hilfskraftquelle auf voller Leistungsfähigkeit gehalten und das selbsttätige Alarmzeichenempfangsgerät mindestens einmal innerhalb 24 Stunden auf gutes Arbeiten geprüft werden. Daß beide Anordnungen durchgeführt worden sind, ist täglich im Schiffstagebuch zu vermerken.

Art. 45, Abs. 5. Wenn ein Kapitän, der ein Funknotzeichen von einem anderen Schiffe erhält, außerstande ist oder — nach der besonderen Lage des Falles — es nicht für geboten oder nicht für nötig hält, dem anderen Schiffe Hilfe zu bringen, muß er den Kapitän dieses andern Schiffes unverzüglich davon benachrichtigen. Er hat ferner in sein Schiffstagebuch die Gründe für die Unterlassung der Hilfeleistung einzutragen.

Nach Regel 10 des Anhanges sind alle Seitenfenster in einem Zwischendeck, die beim Verlassen des Hafens mit ihrem tiefsten Punkte mindestens $2\frac{1}{2}$ v. H. der Schiffsbreite und höchstens 1,37 m $+ 2\frac{1}{2}$ v.H. der Schiffsbreite über der Ladelinie liegen, vor dem Verlassen des Hafens mit einem Schlüssel und wasserdicht zu verschließen. Sie dürfen während der Reise nicht geöffnet werden.

Im Schiffstagebuch ist der Zeitpunkt zu vermerken, wann solche Fenster im Hafen geöffnet und wann sie vor Antritt der Reise geschlossen worden sind.

Nach Regel 14 sind alle während der Fahrt geschlossen zu haltenden Hängetüren, losnehmbaren Verschlußplatten, Seitenfenster, Pforten und sonstigen Öffnungen vor dem Auslaufen zu schließen. Die Zeit des Schließens sowie die Zeit, zu der sie, sofern es die Regeln gestatten, geöffnet worden sind, muß in das Schiffstagebuch eingetragen werden.

Regel 45. Wenn möglich, sollen wöchentlich einmal und auf Schiffen, deren Reisedauer eine Woche überschreitet, vor Antritt der Reise Musterungen und Bootsübungen der Mannschaften stattfinden. Der Tag, an dem die Musterung abgehalten wurde, soll in das Schiffstagebuch eingetragen werden. Falls in einer Woche keine Musterungen abgehalten wurden, soll in das Schiffstagebuch eingetragen werden, warum solche nicht durchführbar war ...

216. Verordnung, betr. Führung eines Schiffstagebuches auf kleineren Fahrzeugen (Küstenfahrern und dergl.).

§ 1. Auf Grund der Bestimmung des § 521 des Handelsgesetzbuches sind von der Verpflichtung zur Führung eines Schiffstagebuches gemäß §§ 519, 520 des Handelsgesetzbuches befreit:

a) Schiffe in der Nahfahrt von weniger als 250 Kubikmeter Bruttoraumgehalt,

b) Schiffe in der Küstenfahrt von weniger als 250 Kubikmeter Bruttoraumgehalt, welche nicht zur Beförderung von Reisenden dienen,

c) Fahrzeuge in der Küstenfischerei,

d) Fahrzeuge in der kleinen Hochseefischerei, deren Führer die Befähigung gemäß § 6 Nr. 1 der Bekanntmachung vom 5. Mai 1904 besitzen müssen,

e) Lustfahrzeuge von weniger als 400 Kubikmeter Bruttoraumgehalt.

§ 2. Auf Seeleichter finden die Bestimmungen in § 1 unter a und b keine Anwendung.

25. Aus der Polizeiverordnung,
betr. die Beförderung gefährlicher Gegenstände mit Kauffahrteischiffen (Seefrachtordnung).

Ministerialblatt d. preuß. Handels- und Gewerbe-Verwaltung
vom 23. April 1912 S. 183.)

Dieser Polizeiverordnung sind zwei Anlagen beigefügt, in denen die in Frage kommenden gefährlichen Gegenstände einzeln aufgeführt sind. Da die Angabe dieser zu viel Raum beanspruchen würde, so verweisen wir Interessenten auf die Beilage zu Nr. 9 des Ministerialblattes der Handels- und Gewerbe-Verwaltung vom 23. April 1912 und auf das alphabetische Verzeichnis zur Seefrachtordnung nebst Nachträgen, herausgegeben vom Verein Hamburger Reeder.

Die wichtigsten den Schiffsführer interessierende Paragraphen der Polizeiverordnung sind die folgenden:

Allgemeine Verladungsvorschriften.

§ 6. Der Ablader hat die Verladescheine über gefährliche Gegenstände oder Stoffe der Anlage 1 dem Verfrachter oder seinem Vertreter so rechtzeitig zu übergeben, daß die Anordnungen für die den Vorschriften entsprechende Verladung auch unter Berücksichtigung etwa schon eingenommener Teilladungen getroffen werden können.

Bestehen Zweifel darüber, ob dies auf Grund der Verladescheine selbst noch möglich sein wird, so ist eine besondere Anmeldung vorauszuschicken. Diese Anmeldung muß Art, Umfang und Eigenschaft der Sendung sowie deren Gattungsziffer nach der Anlage 1 enthalten.

§ 7. Die Räume, in denen sich Sprengstoffe, Munition und Feuerwerkskörper (. . .) sowie leicht brennbare Ladungen jeder Art befinden, dürfen nur mit elektrischen oder gut verschlossenen Kerzen- oder Pflanzenöllampen betreten werden. Für Räume, in denen größere Mengen e n t z ü n d l i c h e, verdichtete und verflüssigte Gase (. . .), Stoffe, die in Berührung mit Wasser entzündliche oder die Verbrennung unterstützende Gase entwickeln (. . .), brennbare Flüssigkeiten (mit Ausnahme von fetten Ölen) verstaut sind oder in die Gase der genannten Ladungen eingedrungen sein können, sind ausschließlich tragbare elektrische Lampen ohne Kabelleitung, für Räume mit Kohlen und solche, die Kohlengasen zugänglich sind, nur sogenannte Sicherheits- (Gruben-) Lampen zu verwenden. Das Tabakrauchen in all diesen Räumen ist untersagt.

Während des Löschens und Ladens von Stoffen der erwähnten Arten mit Ausnahme von Steinkohlen darf auch in der Nähe der Ladeluken und der Transportwege nicht geraucht werden.

§ 8. Die Sicherheits- (Gruben-) Lampen müssen vor Antritt längerer Reisen, sonst zweimal jährlich, auf Explosionssicherheit geprüft und an Bord in gutem Zustande gehalten werden. Über jede Prüfung ist ein Vermerk in das Schiffstagebuch einzutragen.

§ 9. Wird während des Ladens und Löschens von Sprengstoffen (. . .) und Munition (. . .) sowie größerer Mengen selbstentzündlicher Stoffe (. . .) und brennbarer Flüssigkeiten der Arten III*) (mit Ausnahme von fetten Ölen) Feuer auf dem Schiffe unterhalten, so sind geeignete Vorkehrungen zur Verhütung des Funkenflugs zu treffen; z. B. sind die Schornsteine der Schiffskombüsen, Öfen und Hilfskessel, sofern sie nicht in den Hauptschornstein eingeführt sind, im Umkreis von 30 m von den Luken und Transportwegen mit Funkenfängern zu versehen.

Die Verladungsplätze müssen, wenn das Laden und Löschen bei Dunkelheit stattfindet, durch hoch angebrachte feste Laternen erleuchtet werden, die nicht durch leicht entzündliche Öle, wie Petroleum, gespeist sein dürfen.

§ 10. Beim Transporte von Behältern mit gefährlichen Gegenständen ist mit besonderer Sorgfalt zu verfahren, insbesondere sind die Verpackungen vor Beschädigungen, explosionsgefährliche Gegenstände auch schon vor Erschütterungen durch Stöße, Umkanten oder Rollen zu bewahren.

§ 11. Der Führer eines Kauffahrteischiffes, auf welchem sich Sprengstoffe befinden, die dem § 1 Abs. 1 des Reichsgesetzes gegen den verbrecherischen und gemeingefährlichen Gebrauch von Sprengstoffen vom 9. Juni 1884 (RGBl. S. 61)**) unterliegen, muß während des Aufenthalts seines Schiffes im Reichsgebiete den vorgeschriebenen Erlaubnisschein zum Besitze von Sprengstoffen oder dessen beglaubigte Abschrift an Bord haben und auf Verlangen vorzeigen.

§ 12. Auf Binnengewässern müssen Kauffahrteischiffe mit einer mehr als 35 kg (Rohgewicht) betragenden Ladung von Sprengstoffen (. . .) und Munition (. . .) als Warnungszeichen eine von weitem erkennbare, stets ausgespannt gehaltene schwarze Flagge mit einem weißen P führen.

§ 13. Zuwiderhandlungen gegen die vorstehenden Vorschriften und die Beförderungsbedingungen der Anlagen werden, soweit nicht Bestimmungen des Strafgesetzbuches und des Reichsgesetzes gegen den verbrecherischen und gemeingefährlichen Gebrauch von Sprengstoffen vom 9. Juni 1884 (RGBl. S. 61) Anwendung finden, mit Geldstrafe bis 100 Mark bestraft.

---

*) Das sind: 1. Kohlenwasserstoffe, wie Petroleum, rohes und gereinigtes, aus Braunkohlenteer bereitete Öle, Torf- und Schieferöle, Asphaltnaphtha und Destillate aus solchen, Steinkohlenteeröle (Benzol, Toluol und dergl.), Petroleumnaphtha, Petroleumäther (Gaselin, Gasäther usw.). 2. Flüssigkeiten, die bereitet sind aus Petroleumnaphtha einerseits und andererseits aus Harz, Kautschuk usw. Äther aller Art. 3. Schwefeläther, auch mit anderen Flüssigkeiten gemengt (z. B. Hoffmannstropfen), Bromäthyl. 4. Lösungen von Nitrozellulose in Essigsäure. 5. Holzgeist. 6. Das allgemeine Denaturierungsmittel für Spiritus mit Pyridie versetzter Holzgeist. 7. Gemische von Holzgeist und Benzol. 8. Schwefelkohlenstoff.

**) Der Abs. 1 des § 1 dieses Gesetzes lautet: Die Herstellung, der Vertrieb und der Besitz von Sprengstoffen sowie die Einführung derselben aus dem Auslande ist unbeschadet der bestehenden sonstigen Beschränkungen nur mit polizeilicher Genehmigung zulässig.

26. Die Haverei und Havereipapiere.

217. Der Begriff „Haverei". Arten.

Unter Haverei versteht man die Beschädigung, also Wertverminderung, oder den Verlust des Schiffes oder der Ladung oder beider durch die Gefahren der See. Das Gesetz kennt zwei Havereiarten, nämlich g r o ß e und b e s o n - d e r e H a v e r e i.

Zur g r o ß e n , g e m e i n s c h a f t l i c h e n H a v e r e i zählen „alle Schäden, die dem Schiffe oder der Ladung oder beiden zum Zwecke der Errettung beider aus einer gemeinsamen Gefahr von dem Kapitän oder auf dessen Geheiß vorsätzlich zugefügt werden, sowie auch die durch solche Maßregeln ferner verursachten Schäden, ingleichen die Kosten, die zu demselben Zwecke aufgewendet werden" (§ 700 HGB.). Die deutschen Bestimmungen darüber, ob ein Schaden große oder besondere Haverei ist, weichen von den sog. York-Antwerp-Rules, die von der Liverpool-Konferenz der Gesellschaft für die Reform des Völkerrechts im Jahre 1890 aufgestellt, im Jahre 1924 aber in Stockholm abgeändert wurden, in einigen Punkten ab, decken sich aber zum größten Teil damit. Nach dem deutschen Gesetz liegt große Haverei vor:

1. wenn Waren, Schiffsteile oder Schiffsgerätschaften über Bord geworfen, Masten gekappt, Taue oder Segel weggeschnitten, Anker, Ankertaue oder Ankerketten geschlippt oder gekappt und durch solche Maßregeln weiterhin Schäden verursacht werden;

2. wenn zur Erleichterung des Schiffes die Ladung ganz oder teilweise in Leichterfahrzeuge übergeladen wird;

3. wenn das Schiff absichtlich auf den Strand gesetzt wird, jedoch nur, wenn es zum Zwecke der Abwendung des Unterganges oder der Nehmung geschieht;

4. wenn durch Abbringung bei unfreiwilliger Strandung Kosten entstehen und zu diesem Zwecke dem Schiffe oder der Ladung absichtlich Schäden zugefügt werden;

5. wenn das Schiff zur Vermeidung einer dem Schiffe und der Ladung im Falle der Fortsetzung der Reise drohenden gemeinsamen Gefahr in einen Nothafen einläuft, insbesondere wenn das Einlaufen zur notwendigen Ausbesserung eines Schadens erfolgt, den das Schiff während der Reise erlitten hat (es gehören in diesem Falle zur großen Haverei die Kosten des Ein- und Auslaufens, die das Schiff selbst treffenden Aufenthaltskosten, die der Schiffsbesatzung während des Aufenthalts gebührende Heuer und Kost, die Auslagen für die Unterbringung der Schiffsbesatzung am Lande, solange die Besatzung nicht an Bord verbleiben kann, ferner, falls die Ladung wegen des Grundes, welcher das Einlaufen in den Nothafen herbeigeführt hat, gelöscht werden muß, die Kosten des Verbringens von Bord und an Bord sowie die Kosten der Aufbewahrung der Ladung am Lande bis zu dem Zeitpunkte, in welchem sie wieder an Bord gebracht werden kann);

6. wenn das Schiff gegen Feinde oder Seeräuber verteidigt wird und dem Schiffe oder der Ladung dabei Schaden zugefügt wird;

7. wenn Schiff und Ladung vom Feinde oder von Seeräubern losgekauft wird;

8. wenn die Beschaffung der zur Deckung der großen Haverei während der Reise erforderlichen Gelder Verluste 'und Kosten verursacht oder wenn durch die Auseinandersetzung unter den Beteiligten Kosten entstehen.

Nach § 701 des HGB. sind b e s o n d e r e Haverei alle nicht zur großen Haverei gehörigen, durch einen Unfall verursachten Schäden und ungewöhnlichen Kosten. Verliert z. B. ein Schiff die Masten, Anker und Kette, die Boote oder gerät die Ladung in Brand oder wird sie naß, so ist dies besondere Haverei.

Die Kosten der großen Haverei werden von Schiff, Fracht und Ladung gemeinschaftlich getragen, und zwar nach Maßgabe des Wertes dieser, die besondere Haverei von den Eigentümern des Schiffes und der Ladung, von jedem für sich allein.

Die Kostenverteilung geschieht bei der großen Haverei durch beeidigte D i s p a c h e u r e. Die Aufmachung und Berechnung des Schadens und der Beiträge wird D i s p a c h e genannt.

218. Verhalten des Kapitäns in Havereifällen.

a) **Verklarung und Seeprotest.** Nachdem das Schiff im Bestimmungshafen oder im Nothafen, wenn in diesem repariert oder gelöscht wird, einklariert ist, muß (im Reichsgebiet) beim zuständigen Gericht unter Vorlegung des Tagebuches und eines Verzeichnisses aller Personen der Besatzung die V e r k l a - r u n g angemeldet werden. „Der Kapitän hat über alle Unfälle, die sich während der Reise ereignen, ısie mögen den Verlust oder die Beschädigung des Schiffes oder der Ladung, das Einlaufen in einen Nothafen oder einen sonstigen Nachteil zur Folge haben, mit Zuziehung aller Personen der Schiffsbesatzung oder einer genügenden Anzahl von ihnen eine Verklarung abzulegen. Die Verklarung ist ohne Verzug zu bewirken . . ." (§ 522 HGB.).

Das Gericht nimmt so bald wie möglich die Verklarung auf, was vorher in geeigneter Weise öffentlich bekanntgemacht wird. In dem Termin haben der Kapitän und die Besatzung oder ein Teil davon über die Begebenheiten der Reise auszusagen und ihre Aussagen zu beschwören. Das Tagebuch dient als Grundlage.

Im Auslande nimmt die Verklarung der deutsche Konsul auf. Daneben kennt man dort noch den S e e p r o t e s t, den man vor einem Richter oder einem Notar ablegen kann. Der Seeprotest wird abgelegt, um sich seine Rechte und Gerechtsame zu sichern. Beide kommen in Frage, wenn es sich um größere Unfälle oder um solche handelt, die später womöglich noch das Seeamt zu untersuchen hat, sonst nur der Seeprotest.

Der Kapitän läßt sich von Seeprotest und Verklarung beglaubigte Abschriften geben; je eine schickt er seinem Reeder und dem Ladungsempfänger.

b) **Lukenbesichtigungsprotokoll.** In allen Havereifällen sollte der Kapitän auch Lukenbesichtiger bestellen, von denen er sich, wenn die Luken nach Seemannsbrauch gedichtet gewesen sind, das L u k e n b e s i c h t i g u n g s p r o - t o k o l l ausstellen läßt.

c) **Besichtigungs- und Taxationsprotokoll.** Wenn am Hafenorte oder in der Nähe ein Vertreter des Versicherers oder dieser selbst wohnt, dann hat sich der Kapitän mit ihm in Verbindung zu setzen, und beide haben je einen Sachverständigen (Expert, Surveyor) zur Schadenbesichtigung zu ernennen. Können die Sachverständigen sich über die Feststellung des Schadens nicht einigen, so ernennen sie einen Obmann. Können sie sich auch über die Person des Obmanns nicht einigen, so bezeichnet jeder von ihnen einen dritten Sachverständigen; unter den so bezeichneten entscheidet das Los. Befindet sich das Schiff im Auslande, so ersucht der Kapitän, wenn eine Einigung nicht stattfindet, den deutschen Konsul oder, wenn ein solcher nicht vorhanden oder bereit ist, einen für die Ernennung zuständigen Beamten des Staates, in dessen Gebiet sich das Schiff befindet, um die Ernennung des Obmanns.

Weigert sich der Versicherer, einen Sachverständigen zu ernennen, so ersucht der Kapitän die Handelskammer des Bezirks um Ernennung eines solchen. Im Auslande verfährt er, wie oben angegeben.

Bei Unterwasserschäden müssen die Sachverständigen evtl. nach der Entlöschung eine zweite Besichtigung vornehmen.

Ist die Ladung beschädigt, so sind auch Ladungssachverständige als Besichtiger zu bestellen.

Die Sachverständigen besichtigen den Schaden, stellen ihn fest und erstatten hierüber ein Gutachten. Zu der Besichtigung sind, soweit möglich, die Beteiligten hinzuzuziehen. Das Gutachten muß u. a. enthalten die Bezeichnung der einzelnen Schäden, ihre Ursache und die Schätzung der Kosten.

Auch ist der Wert des Schiffes im beschädigten Zustande anzugeben.

Das Gutachten ist von den Sachverständigen und, wenn ein Beauftragter des Versicherers an der Besichtigung teilgenommen hat, zur Anerkennung der Beteiligung auch von diesem zu unterschreiben.

Nach Erledigung dieser Formalitäten kann der Kapitän die notwendigen Reparaturen ausführen lassen. Reicht die von den Taxatoren festgesetzte Summe zur Bestreitung der Kosten nicht aus, dann müssen diese nochmals zusammentreten, um eine neue Taxation vorzunehmen, worüber ebenfalls ein Protokoll anzufertigen ist.

d) Revisionsprotokoll. Nach beendeter Reparatur bestellt der Kapitän die Besichtiger zu einer letzten Besichtigung. Hierüber wird, wenn alle Schäden ausgebessert und das Schiff sich in einem seetüchtigen Zustande befindet, das R e v i s i o n s p r o t o k o l l ausgestellt.

e) Haverei-Revers. Um die entstandenen Kosten begleichen zu können, wendet sich der Kapitän im Falle der großen Haverei vor Auslieferung der Ladung an den bzw. die Empfänger und läßt sich den sog. H a v e r e i - R e v e r s unterzeichnen, worin die Verpflichtung eingegangen wird, den entsprechenden Betrag zu zahlen. Bei einem unsicheren Empfänger läßt er die in Frage kommende Summe deponieren.

f) Beitragspflichtige Werte. Zur großen Haverei tragen nach dem HGB. bei:

1. das Schiff mit dem Werte im beschädigten Zustande am Ende der Reise zuzüglich des als große Haverei in Rechnung kommenden Schadens am Schiffe;

2. die am Ende der Reise bei dem Beginn der Löschung noch vorhandenen Güter nach ihrem Marktpreis abzüglich der Fracht, Zölle und sonstigen Kosten, zuzüglich der Entschädigung für geopferte Güter;

3. die Frachtgelder mit zwei Dritteln des verdienten Bruttobetrages, ferner des Betrages, der als Entschädigung für entgangene Fracht gezahlt wird.

g) **Bodmerei.** Ist der Kapitän selbst Reeder des Schiffes oder kann er von seinem Reeder keine Barmittel erlangen, so darf er das Schiff v e r b o d m e n , d. h. verpfänden, worüber er dem Geldgeber, dem B o d m e r e i g l ä u b i g e r , den B o d m e r e i b r i e f auszustellen hat.

h) **Kondemnationsprotokoll.** Wenn die Kosten der Reparatur eines Schiffes drei Viertel seines früheren Wertes übersteigen würden, so ist es r e p a r a t u r - u n w ü r d i g*). Wenn aber in dem Hafen, wo das Schiff sich befindet, die Reparatur wegen Fehlens geeigneter Anlagen nicht ausgeführt werden kann und eine Überführung nach einem geeigneten Hafen wegen der Schwere des Schadens nicht möglich ist, so ist das Schiff r e p a r a t u r u n f ä h i g. Im ersten Falle k a n n , im zweiten m u ß das Schiff kondemniert werden. Im Falle einer Kondemnation muß seitens der Experten ein K o n d e m n a t i o n s p r o t o k o l l ausgestellt werden.

i) **Auktionsprotokoll.** Falls ein Schiff strandet und nicht wieder abgebracht wird, muß der Kapitän auch ein Kondemnations-Protokoll anfertigen lassen. Erst dann darf er das Inventar des Schiffes verkaufen. Soweit es ihm möglich ist, muß er die Ladung retten und muß dem Bestimmungshafen schaffen lassen, wenn der Ladungsempfänger nicht mit einem Verkauf einverstanden ist. Beschädigte Ladung sowie das Wrack werden auch verkauft. Jeder Verkauf muß öffentlich sein. Über den Verkauf läßt er von der Behörde, bei der er den Verkauf begründet und die den Grund anerkannt hat (Ortsgericht unter Zuziehung des deutschen Konsuls), das A u k t i o n s p r o t o k o l l ausstellen. Es dient dies als Rechtfertigungsmittel für seine Handlungen.

k) **Seetüchtigkeitsattest.** Wenn sich aus zwingenden Gründen eine gründliche Reparatur nicht durchführen läßt, man vielmehr gezwungen ist, nur die schlimmsten Schäden beseitigen zu lassen, so läßt sich der Kapitän ein S e e - f ä h i g k e i t s a t t e s t ausstellen. Wie unter 20, „Die Klassifikation der Schiffe", schon gesagt wurde, verliert nach einer Haverei, wodurch die Seetüchtigkeit zweifelhaft wird, das Schiff die Klasse. Der Kapitän wendet sich daher bezüglich der Ausstellung des Attestes an den Experten seiner Klassifikationsgesellschaft oder an den seiner Versicherung. Sollte weder der eine noch der andere dort ansässig sein, so läßt er es sich von sonst einem nautischen Sachverständigen ausstellen.

27. Von der seeamtlichen Untersuchung von Seeunfällen.

Nach dem Gesetz zur Untersuchung von Seeunfällen vom 28. September 1935 werden Seeunfälle im allgemeinen von den Seeämtern dann untersucht, wenn ein öffentliches Interesse vorliegt (§ 1).

Nicht jeder Seeunfall braucht untersucht zu werden, das Gesetz enthält eine Kann- und eine Mußvorschrift. Es k a n n eine Untersuchung eingeleitet werden, wenn ein Seefahrzeug oder ein Binnenfahrzeug auf See einen Schaden in seinem Bestande oder Betriebe erlitten oder einen Schaden angerichtet hat; ferner, wenn jemand im Bereich des Betriebes eines solchen Fahrzeugs schwer verletzt worden ist oder wenn er versucht hat, seinem Leben ein Ende zu machen (§ 2).

---

*) Nach den A.D.S. gilt ein Schiff als reparaturunwürdig, wenn die geschätzten Ausbesserungskosten mehr betragen als der Versicherungswert.

Es **m u ß** aber eine Untersuchung stattfinden, wenn ein Schiff verlorengegangen oder verschollen ist; ferner, wenn jemand bei einem Seeunfall zu Tode
gekommen ist (§ 3).

In der seeamtlichen Untersuchung soll festgestellt werden, ob der Unfall
verschuldet worden ist durch Fehler im Schiffahrtsbetriebe, Mängel in der
Bauart, Einrichtung, Ausrüstung, Beschaffenheit, Beladung oder Bemannung des
Schiffes; durch Verstöße gegen das Seestraßenrecht oder die Beistandspflicht;
durch Mängel des Fahrwassers, der Seezeichen, des Lotsenwesens, der benutzten Seekarten und nautischen Bücher usw. (§ 5).

Wenn ein Schiff einen Unfall erlitten hat, so ist nach dem Handelsgesetzbuch der Schiffer verpflichtet, ohne Verzug unter Zuziehung aller Personen der
Schiffsbesatzung oder einer genügenden Anzahl von ihnen eine Verklarung abzulegen. Die Verklarung, das Tagebuch oder ein Tagebuchauszug, der sich auf den
Unfall bezieht, dienen vielfach bei der Seeamtsverhandlung als Grundlage.

Zuständig für die Untersuchung ist das Seeamt,

1. in dessen Bezirk das Seefahrzeug oder die gerettete Besatzung oder, wenn sie
   sich geteilt hat, der Kapitän, der Schiffer oder der rangälteste Schiffsoffizier
   oder Schiffsmann nach dem Unfalle ankommt,
2. dessen Sitz dem Orte des Unfalls am nächsten liegt,
3. in dessen Bezirk der Heimathafen des Fahrzeugs liegt (§ 10).

Das Seeamt setzt sich zusammen aus dem Vorsitzenden und 'vier Beisitzern
(§ 6). Der Vorsitzende muß Richter oder höherer Verwaltungsbeamter sein (§ 7).
Als Beisitzer werden Kapitäne auf großer und kleiner Fahrt, Schiffer auf Küstenfahrt, Schiffsoffiziere, Lotsen und Sachverständige für nicht' rein seemännische
Fragen berufen (§ 8). Von den vier an der Verhandlung teilnehmenden Beisitzern
müssen zwei die Befähigung zum Kapitän auf großer Fahrt besitzen und einer
von ihnen muß mindestens ein Jahr ein Schiff geführt haben. Möglichst sollen
solche Kapitäne und Schiffsoffiziere als Beisitzer gewählt werden, die innerhalb
der letzten zehn Jahre gefahren haben (§ 16).

An der Verhandlung nimmt ferner als Vertreter der obersten Reichsbehörde
ein Reichskommissar teil (§ 9).

Von den als Zeugen geladenen Personen werden der Kapitän, der Schiffer,
die Schiffsoffiziere und der Lotse des vom Unfall betroffenen Fahrzeugs Beteiligte genannt. Ein Beteiligter kann sich der Hilfe eines rechts- und sachkundigen Beistandes bedienen. Einen sachkundigen Beistand kann der Vorsitzende
ablehnen, wenn er ihn für ungeeignet hält, doch steht dem Sachkundigen das
Beschwerderecht zu. Die Entscheidung fällt in solchem Falle der Vorsitzende
des Oberseeamts (§§ 12, 30).

Der Beteiligte hat das Recht, sowohl den Vorsitzenden als auch einen Beisitzer abzulehnen. Darüber, ob dem stattzugeben ist, entscheidet im ersten Falle
das Seeamt, im Falle eines Beisitzers der Vorsitzende (§ 20).

Jeder Beteiligte hat zu Beginn der Verhandlung sein Befähigungszeugnis auszuhändigen.

Die Verhandlung wird vom Vorsitzenden geleitet (§ 18). Der Reichskommissar, die Beteiligten und ihre Beistände können Anträge stellen.

Am Schlusse der Verhandlung fällt das Seeamt einen Spruch; er besteht
aus Formel und Gründen. In ihm kann ein schuldhaftes Verhalten eines Beteiligten ausgedrückt werden. Auch kann er die Entziehung der Gewerbebefugnis
enthalten.

Wenn in der Spruchformel dem Beteiligten ein schuldhaftes Verhalten zur Last gelegt oder wenn ihm die Gewerbebefugnis entzogen wird, so kann er innerhalb zwei Wochen nach der Verkündigung oder der Zustellung Berufung bei demselben Seeamt einlegen. Das gleiche Recht steht dem Reichskommissar zu, wenn das Seeamt seinen Anträgen nicht entsprochen hat. Binnen weiteren zwei Wochen nach Ablauf der Einlegungsfrist muß die Berufung begründet werden.

Die Berufungsverhandlung findet vor dem Oberseeamte in Hamburg statt. Es besteht aus dem Vorsitzenden und sechs Beisitzern. Der Reichskommissar, der bei der Seeamtsverhandlung tätig war, nimmt an der Verhandlung teil.

Durch das Oberseeamt kann der Spruch des Seeamts zugunsten, aber auch zuungunsten des Beteiligten abgeändert werden. Auch kann nach der Spruchpraxis des Oberseeamts einem Beteiligten, dem in dem Seeamtsspruch nichts zur Last gelegt wurde, die Schuld beigemessen werden.

Hat die Berufung Erfolg, so hat der Beteiligte Anspruch auf Reise- und Versäumnisentschädigung. Auch können ihm die notwendigen Auslagen für seine Verteidigung erstattet werden. Andernfalls sind ihm die baren Auslagen des Verfahrens aufzuerlegen.

Gegen den Spruch des Oberseeamts gibt es kein Rechtsmittel, doch kann die oberste Reichsbehörde eine entzogene Gewerbebefugnis nach Ablauf eines Jahres unter bestimmten Voraussetzungen wieder einräumen.

Wird die Gewerbebefugnis als Kapitän, Schiffer oder Schiffsingenieur, See- und Kleinmaschinist und Seemotorführer entzogen, so ist die Ausübung des Gewerbes eines Schiffers oder leitenden Maschinisten verboten. Der Spruch kann darüber hinaus die Gewerbebefugnis als Seesteuermann oder Wachmaschinist entziehen.

Ein Seeamtsspruch entscheidet nicht über die Rechtsverhältnisse zweier Parteien, z. B. bei Kollisionen; darüber urteilt das ordentliche Gericht.

28. Bergung und Hilfeleistung in Seenot.

Aus dem Handels-Gesetzbuch vom 7. Januar 1913 (RGBl. Nr. 10 S. 90).

§ 740. Wenn in Seenot ein Schiff oder die an Bord befindlichen Sachen von dritten Personen in Besitz genommen und in Sicherheit gebracht werden, nachdem die Schiffsbesatzung die Verfügung darüber verloren hatte (Bergung), oder wenn außer dem bezeichneten Falle ein Schiff oder die an Bord befindlichen Sachen aus einer Seenot durch die Hilfe dritter Personen gerettet werden (Hilfeleistung), so ist ein Anspruch auf Berge- oder Hilfslohn nach Maßgabe der Vorschriften dieses Titels begründet. Ein solcher Anspruch ist auch dann begründet, wenn von einem den Vorschriften des Handelsgesetzbuches unterliegenden Schiffe ein der Binnenschiffahrt dienendes Schiff geborgen oder einem solchen Schiffe Hilfe geleistet wird.

§ 741. Sind die geleisteten Dienste ohne Erfolg geblieben, so kann kein Berge- oder Hilfslohn beansprucht werden.

Der zu zahlende Betrag darf in keinem Falle den Wert der geborgenen oder geretteten Gegenstände übersteigen.

§ 742. Wer einem Schiffe gegen das ausdrückliche Verbot des Kapitäns Beistand geleistet hat, kann Berge- oder Hilfslohn nicht beanspruchen, es sei denn, daß das Verbot unverständig war.

Auch der Schiffsbesatzung des in Gefahr befindlichen Schiffes steht ein solcher Anspruch nicht zu.

Der Schlepper kann für die Bergung oder Rettung des von ihm geschleppten Schiffes oder dessen Ladung Berge- oder Hilfslohn nur beanspruchen, wenn er außergewöhnliche Dienste geleistet hat, die nicht als zur Erfüllung des Schleppvertrags gehörig angesehen werden können.

§ 743. Berge- oder Hilfslohn kann auch beansprucht werden, wenn die Bergung oder Hilfeleistung zwischen mehreren Schiffen desselben Reeders stattgefunden hat.

§ 744. In Ermangelung einer Vereinbarung der Parteien ist der Betrag des Berge- oder Hilfslohns unter Berücksichtigung der Umstände des Falles nach billigem Ermessen zu bestimmen.

Das gleiche gilt, unbeschadet der Vorschrift des § 749, von dem Verhältnis, in dem der Berge- oder Hilfslohn unter mehrere an der Bergung oder Hilfeleistung Beteiligte zu verteilen ist.

Der Berge- oder Hilfslohn ist in Geld festzusetzen. Er darf ohne den übereinstimmenden Antrag der Beteiligten nicht auf einen Bruchteil des Wertes der geborgenen oder geretteten Gegenstände festgesetzt werden.

§ 745. Bei der Bestimmung des Betrages des Berge- oder Hilfslohnes kommen insbesondere in Anschlag:

der erzielte Erfolg, die Anstrengungen und Verdienste der tätig gewesenen Personen, die Gefahr, die dem geborgenen oder geretteten Schiffe und den darauf befindlichen Personen oder Sachen gedroht hat, die Gefahr, welcher die an der Bergung oder Rettung Beteiligten sich und ihre Fahrzeuge ausgesetzt haben, die verwendete Zeit, die entstandenen Kosten und Schäden, die Gefahr einer Haftung oder anderer Nachteile, der sich die an der Bergung oder Rettung Beteiligten unterzogen haben, der Wert des von ihnen in Gefahr gebrachten Materials, gegebenenfalls auch die besondere Zweckbestimmung des be genden oder rettenden Schiffes.

Der Wert der geborgenen oder geretteten Gegenstände mit Einschluß des erhalten gebliebenen Anspruchs auf Fracht- und Überfahrtsgelder ist nur an zweiter Stelle zu berücksichtigen*).

Auf die im § 744, Abs. 2 vorgesehene Verteilung finden diese Vorschriften entsprechende Anwendung.

§ 746. In dem Berge- oder Hilfslohn sind nicht enthalten die Kosten und Gebühren der Behörden, die von den geborgenen oder geretteten Gegenständen zu entrichtenden Zölle und sonstige Abgaben sowie die Kosten zum Zwecke der Aufbewahrung, Erhaltung, Abschätzung und Veräußerung dieser Gegenstände.

§ 747. Ein über die Bergung oder Hilfeleistung geschlossener Vertrag kann von dem Gericht auf Antrag geändert oder für nichtig erklärt werden, wenn der Vertrag zur Zeit und unter dem Einfluß der Gefahr geschlossen ist und die vereinbarten Bedingungen unbillig sind. Das gleiche gilt, wenn einer der Vertragschließenden zu dem Vertragsschluß durch arglistige Täuschung bestimmt worden ist oder der Berge- oder Hilfslohn in einem außerordentlichen Maße nach der einen oder andern Richtung außer Verhältnis zu den geleisteten Diensten steht.

§ 748. Der Berge- oder Hilfslohn kann herabgesetzt oder gänzlich versagt werden, wenn die Berger oder Retter die Notwendigkeit der Bergung oder Hilfeleistung durch ihre Schuld herbeigeführt oder sich des Diebstahls, der Verheimlichung oder anderer unredlicher Handlungen schuldig gemacht haben.

§ 749. Wird ein Schiff oder dessen Ladung ganz oder teilweise von einem anderen Schiffe geborgen oder gerettet, so wird der Berge- oder Hilfslohn zwischen dem Reeder, dem Kapitän und der übrigen Besatzung des anderen Schiffes in der Weise verteilt, daß zunächst dem Reeder die Schäden am Schiffe und Betriebsmehrkosten ersetzt werden, welche durch die Bergung oder Rettung entstanden sind, und daß von dem Reste der Reeder eines Dampfschiffs zwei Drittel, eines Segelschiffs die Hälfte, der Kapitän und die übrige Besatzung eines Dampfschiffs je ein Sechstel, eines Segelschiffs je ein Viertel erhält.

Der auf die Schiffsbesatzung mit Ausnahme des Kapitäns entfallende Betrag wird unter alle Mitglieder derselben mit besonderer Berücksichtigung der sachlichen und persönlichen Leistungen eines jeden verteilt. Die Verteilung erfolgt durch den Kapitän mittels eines vor Beendigung der Reise der Besatzung bekanntzugebenden Verteilungsplanes, der den jedem Beteiligten zukommenden Bruchteil festsetzt.

Gegen den Verteilungsplan ist Einspruch bei demjenigen Seemannsamte zulässig, welches nach Bekanntgabe des Planes zuerst angegangen werden kann. Das Seemannsamt entscheidet nach Anhörung der Beteiligten endgültig unter Ausschluß des Rechtsweges über den Einspruch und eine etwaige andere Verteilung.

Beglaubigte Abschrift der Entscheidung ist dem Reeder vom Seemannsamte mit möglichster Beschleunigung mitzuteilen.

---

*) Hieraus darf jedoch keineswegs gefolgert werden, daß dieser Wert eine untergeordnete Rolle spielt!

Vereinbarungen, welche den Vorschriften der Abs. 1, 2 zuwiderlaufen, sind nichtig.

Diese Vorschriften finden für den Fall der Bergung oder Rettung durch Bergungs- oder Schleppdampfer keine Anwendung.

§ 750. Wer sich bei Gelegenheit des Unfalls, der den Anlaß zur Bergung oder Hilfeleistung gibt, der Rettung von Menschenleben unterzieht, kann einen billigen Anteil an der Vergütung beanspruchen, die den Personen zusteht, welche das Schiff oder die an Bord befindlichen Sachen gerettet haben. Die geretteten Personen haben Berge- oder Hilfslohn nicht zu entrichten.

§ 751. Wegen der Bergungs- und Hilfskosten, insbesondere auch wegen des Berge- und Hilfslohnes, steht dem Gläubiger ein Pfandrecht an den geborgenen oder geretteten Gegenständen, an den geborgenen Gegenständen bis zur Sicherheitsleistung zugleich das Zurückbehaltungsrecht zu.

§ 752. Der Kapitän darf die Güter vor der Befriedigung oder Sicherstellung des Gläubigers weder ganz noch teilweise ausliefern, widrigenfalls er dem Gläubiger insoweit persönlich verpflichtet wird, als dieser aus den ausgelieferten Gütern zur Zeit der Auslieferung hätte befriedigt werden können.

Hat der Reeder die Handlungsweise des Kapitäns angeordnet, so kommen die Vorschriften des § 512, Abs. 2, 3*) zur Anwendung.

§ 753. Eine persönliche Verpflichtung zur Entrichtung der Bergungs- und Hilfskosten wird durch die Bergung oder Rettung an sich nicht begründet.

Der Empfänger von Gütern wird jedoch, wenn ihm bei Annahme derselben bekannt ist, daß davon Bergungs- oder Hilfskosten zu berichtigen sind, für diese Kosten insoweit persönlich verpflichtet, als sie, falls die Auslieferung nicht erfolgt wäre, aus den Gütern hätten berichtigt werden können.

---

*) Nach Abs. 2 des § 512 wird der Kapitän dadurch, daß er auf Anweisung des Reeders gehandelt hat, von der Haftung nicht befreit.
Der Abs. 3 besagt, daß durch eine solche Anordnung auch der Reeder persönlich verpflichtet wird, wenn er bei Erteilung der Anweisung von dem Sachverhältnis unterrichtet war.

29. Aus der Strandungsordnung.

Vom 17. Mai 1874 (RGBl. S. 73; Fassung mehrmals geändert).

I. Abschnitt.

Von den Strandbehörden.

§ 1. Die Verwaltung der Strandungsangelegenheiten wird durch Strandämter geführt.

Den Strandämtern werden Strandvögte untergeordnet. Letztere haben insbesondere diejenigen Maßregeln zu leiten, welche zum Zwecke der Bergung oder Hilfeleistung zu ergreifen sind.

II. Abschnitt.

Von dem Verfahren bei Bergung und Hilfeleistung in Seenot.

§ 4. Wer ein auf den Strand geratenes oder sonst unweit desselben in Seenot befindliches Schiff wahrnimmt, hat hiervon sofort dem zuständigen Strandvogt oder der nächsten Gemeindebehörde Anzeige zu machen. Der Überbringer der ersten Anzeige hat Anspruch auf eine angemessene Vergütung.

§ 6. Der Strandvogt hat unverzüglich nach Empfang der Nachricht sich an Ort und Stelle zu begeben und daselbst die zur Aufrechterhaltung der Ordnung sowie zur Bergung oder Hilfeleistung erforderlichen Anordnungen zu treffen. Auch hat er für schleunigste Benachrichtigung des Strandamts sowie des nächsten Zollbeamten Sorge zu tragen, bis zur Ankunft des letzteren aber das Zollinteresse selbst wahrzunehmen.

Bis zum Erscheinen des Strandvogts sind die Strandunterbeamten und in deren Ermangelung die nächste Gemeindebehörde zu den erforderlichen Anordnungen berufen.

§ 7. Wider den Willen des Kapitäns dürfen Maßregeln zum Zweck der Bergung oder Hilfeleistung nicht ergriffen werden. Insbesondere darf wider den Willen des Kapitäns weder an das Schiff angelegt, noch dasselbe betreten werden. Ist das Schiff von der Schiffsbesatzung verlassen, so bedarf es zum Anlegen an dasselbe oder zum Betreten desselben, sofern nicht dringende Gefahr im Verzuge liegt, der Erlaubnis des Strandvogts.

Auf die Tätigkeit der Vereine zur Rettung Schiffbrüchiger finden diese Bestimmungen keine Anwendung.

§ 8. Der Kapitän ist befugt, dem Strandvogt die Leitung des Verfahrens jederzeit wieder abzunehmen, sobald er für die etwa bereits entstandenen Bergungs- und Hilfskosten einschließlich des Berge- und Hilfslohnes (§ 751 des Handelsgesetzbuchs) die von dem Vorsteher des Strandamtes oder dem Strandvogt erforderlich befundene Sicherheit bestellt hat.

§ 9. Die Verpflichtung, den polizeilichen Aufforderungen zur Hilfe Folge zu leisten, bestimmt sich nach § 360, Nr. 10 des Strafgesetzbuchs*) mit der Maßgabe, daß als Polizeibehörde im Sinne dieser Vorschrift auch der Strandvogt gilt.

Während der Seenot ist der Strandvogt befugt, zur Rettung von Menschenleben die erforderlichen Fahrzeuge und Gerätschaften sowie jeden außerhalb der öffentlichen Wege zum Strande führenden Zugang auch ohne Einwilligung der Verfügungsberechtigten in Anspruch zu nehmen. Der hieraus entstehende wirkliche Schaden ist zu vergüten. Wer der Anordnung des Strandvogts nicht Folge leistet, wird mit der im § 360, 10 a.a. O. angedrohten Strafe belegt.

Die Fahrzeuge und Gerätschaften der Vereine zur Rettung Schiffbrüchiger dürfen nur, insoweit die Vereinsmannschaft nicht selbst einschreitet, zur Rettung von Menschenleben in Anspruch genommen werden.

§ 11. Der S t r a n d v o g t hat vor allem für die Rettung der Personen zu sorgen. Im Falle der Bergung hat er zunächst die Schiffs- und Ladungspapiere, insbesondere das S c h i f f s j o u r n a l an sich zu nehmen, dies so bald wie möglich mit dem Datum und seiner Unterschrift a b z u s c h l i e ß e n und darauf sämtliche Papiere dem Kapitän zurückzugeben.

§ 12. Ohne Genehmigung des Kapitäns darf nichts aus dem Schiffe fortgeschafft werden. Auch hat zunächst der Kapitän darüber Bestimmung zu treffen, wohin die fortgeschafften Gegenstände sowie das Schiff selbst zu bringen sind. Sowohl jene Genehmigung als auch diese Bestimmung steht dem Strandvogt zu, wenn derselbe die Leitung des Verfahrens übernommen hatte. In Ermangelung einer Bestimmung des Kapitäns oder des Strandvogts muß das Geborgene, sofern keine Hindernisse entgegenstehen, nach dem zunächst erreichbaren deutschen Hafen oder Landungsplatze gebracht und sofort der nächsten Polizeibehörde oder dem Strandvogt angezeigt werden. Die aus dem Schiffe fortgeschafften Gegenstände sind, sobald dies möglich ist, zu verzeichnen.

§ 13. Werden einzelne Stücke der Ladung oder des Schiffes oder sonstige Gegenstände, welche auf dem Schiffe sich befunden oder zu demselben gehört haben, an das Land getrieben, so hat derjenige, welcher dieselben birgt, dies sofort einem der mitwirkenden Beamten anzuzeigen und auf Erfordern die Sachen abzuliefern.

§ 14. Der Strandvogt hat dem nächsten Steuerbeamten von der Bergung sofort Nachricht zu geben und bis zur Ankunft desselben das steuerfiskalische Interesse wahrzunehmen.

Die geborgenen Gegenstände werden von dem Strandamt und dem Zollbeamten gemeinschaftlich in Gewahrsam genommen.

§ 15. Das Strandamt hat mit Zuziehung des Kapitäns und des Zollbeamten ein Inventarium der geborgenen Gegenstände unter Angabe der etwa vorhandenen Marken und Nummern und mit Benutzung der vorläufigen Verzeichnisse (§ 12) aufzunehmen, dabei auch überall den Wert und die Menge zu vermerken, soweit dieselben sich aus vorhandenen Schriftstücken ergeben oder anderweitig ohne Verletzung der Verpackung festzustellen sind. Das Inventarium ist von dem Zollbeamten und dem Kapitän zu unterschreiben, die Einsicht desselben oder die Fertigung einer Abschrift ist auch anderen Beteiligten zu gestatten.

§ 16. Die geborgenen Gegenstände sind dem Kapitän, in Ermangelung desselben demjenigen, welcher sonst seine Empfangsberechtigung nachweist, aus-

---

*) S t r a f g e s e t z b u c h § 360: „Mit Geldstrafe bis zu 150 Mark oder mit Haft wird bestraft: 10. wer bei Unglücksfällen oder gemeiner Gefahr oder Not, von der Polizeibehörde oder deren Stellvertreter zur Hilfe aufgefordert, keine Folge leistet, obgleich er der Aufforderung ohne erhebliche eigene Gefahr genügen konnte.''

zuliefern. Die Auslieferung darf jedoch mit Ausnahme der für d is augenblickliche
Bedürfnis der Mannschaft und Passagiere erforderlichen Gegenstände erst nach
Bezahlung oder Sicherstellung der Bergungskosten einschließlich des Berge-
lohnes (§ 715 des Handelsgesetzbuchs) und nach erfolgter zollamtlicher Abferti-
gung geschehen.

§ 18. Leicht verderbliche und solche Gegenstände, deren Aufbewahrung mit
Gefahr oder unverhältnismäßigen Kosten verbunden sein würde, können von
dem Strandamt öffentlich verkauft werden, jedoch bei Anwesenheit des Empfangs-
berechtigten nur mit Zustimmung desselben oder nach fruchtlos an ihn er-
gangener Aufforderung, die Gegenstände gemäß § 16 in Empfang zu nehmen.

III. Abschnitt.

Von Seeauswurf und strandtriftigen Gegenständen
sowie von versunkenen und seetriftigen Gegenständen.

§ 20. Wenn außer dem Falle der Seenot eines Schiffes besitzlos gewordene
Gegenstände von der See auf den Strand geworfen oder gegen denselben getrieben und vom Strande aus geborgen werden, so haben auch in diesen Fällen
die Berger Anspruch auf Bergelohn nach den Vorschriften des Handelsgesetzbuches, Buch IV, 8. Abschnitt. Sie sind verpflichtet, von den geborgenen Gegenständen der nächsten Polizeibehörde oder dem Strandvogt sofort Anzeige zu
machen und dieselben zur Verfügung zu stellen.

§ 21. Denselben Anspruch und dieselbe Verpflichtung haben die Berger, wenn
versunkene Schiffstrümmer oder sonstige Gegenstände vom Meeresgrunde herauf-
gebracht oder wenn ein verlassenes Schiff oder sonstige besitzlos gewordene
Gegenstände, in offener See treibend, von einem Fahrzeuge geborgen werden.
Die Verpflichtung tritt in diesem Falle ein, sobald das bergende Fahrzeug
nach der Bergung an der deutschen Küste anlegt oder vor Anker geht, fällt aber
fort, wenn das Fahrzeug inzwischen an einer fremden Küste angelegt hat oder
vor Anker gegangen ist und die Berger dort die geborgenen Gegenstände dem
Eigentümer oder einer Behörde zur Verfügung gestellt haben.

§ 23. Das Strandamt hat den Berger über die Zeit, den Ort und die Umstände
der Bergung sowie über den beanspruchten Lohn zu hören und für die angemessene Aufbewahrung der Gegenstände zu sorgen, auch dem nächsten Zollbeamten Nachricht zu geben. Die Bestimmungen der §§ 14, 15 und 18 finden auch
hier Anwendung.

§ 25. Wird die Schiffahrt dadurch beeinträchtigt, daß in einem Fahrwasser,
auf einer Reede oder in einem Hafen ein Schiff oder Wrack hilflos treibt oder
gestrandet oder gesunken ist oder Anker oder sonstige Gegenstände auf den Grund
geraten, so ist die Behörde befugt, die Beseitigung des Hindernisses zu veranlassen.

Sobald die Behörde eingeschritten und dies öffentlich erkennbar oder den
Beteiligten bekanntgemacht ist, darf ohne Genehmigung der Behörde das Hindernis nicht mehr beseitigt und von dem Schiff oder Wrack nichts mehr fortgeschafft werden.

Zur Deckung der Kosten der Beseitigung kann die Behörde die beseitigten
Gegenstände öffentlich verkaufen, soweit nicht Sicherheit gestellt wird. Dieses
Recht erstreckt sich im Falle der Beseitigung eines Schiffes oder Wracks auch
auf alle Gegenstände, welche zur Zeit des Einschreitens der Behörde auf dem
Schiffe oder Wrack vorhanden waren, mit Ausnahme der Habe der Schiffs-

besatzung, des Reiseguts der Reisenden und der Post. Gegenstände, welche dem Reiche oder einem Bundesstaate gehören, sind zunächst der zuständigen Verwaltung gegen Erstattung des Wertes zur Verfügung zu stellen.

Wird durch einen der im Abs. 1 bezeichneten Vorgänge die Gefahr einer Beeinträchtigung der Schiffahrt herbeigeführt, so ist der Kapitän, in dessen Ermangelung oder Verhinderung sein Stellvertreter verpflichtet, dem nächsten Strandamt unverzüglich Anzeige zu erstatten.

. Von der Festsetzung der Bergungs- und Hilfskosten.

§ 36. Wer Berge- oder Hilfslohn oder die Erstattung sonstiger Bergungs- oder Hilfskosten verlangt, hat in Ermangelung einer gütlichen Einigung seine Ansprüche bei dem Strandamt anzumelden.

§ 37. Das Strandamt hat nach Anhörung der Beteiligten, soweit dieselben anwesend sind, eine Berechnung der aufgestellten Forderungen zu entwerfen und mit seinen gutachtlichen Bemerkungen der Aufsichtsbehörde einzureichen.

§ 38. Die Aufsichtsbehörde hat die angemeldeten Ansprüche nach den Bestimmungen des Handelsgesetzbuchs, Buch IV, 8. Abschnitt, zu prüfen und durch Bescheid festzusetzen. Jedem Beteiligten ist der Bescheid zu Protokoll bekanntzumachen oder eine Ausfertigung desselben zuzustellen.

Die Zustellung ist gültig, wenn sie unter Beobachtung der für Zustellung in bürgerlichen Rechts-Streitigkeiten vorgeschriebenen Formen erfolgt. Die vereideten Verwaltungsbeamten haben dabei die Glaubwürdigkeit der Gerichtsbeamten.

§ 39. Gegen den Bescheid der Aufsichtsbehörde findet nur der Rechtsweg statt.

Die Partei, welche sich durch den Bescheid beschwert fühlt, hat binnen einer Ausschlußfrist von 14 Tagen — vom Tage nach der Bekanntmachung oder Behändigung des Bescheides (§ 38) an gerechnet — die Klage bei dem für den Ort des Strandamts zuständigen Gerichte anzubringen. Das Gericht kann aus Gründen, die in der Sache selbst liegen, diese Frist angemessen verlängern.

Durch die rechtzeitige Erhebung der Klage verliert der Bescheid zwischen den Prozeßparteien seine Kraft.

§ 41. Die Erhebung der festgesetzten Beträge und die Verteilung derselben unter die Berechtigten erfolgt in der Regel durch das Strandamt.

Allgemeine Bestimmungen.

§ 42. Kapitän im Sinne dieses Gesetzes ist der Führer des Schiffes (Schiffskapitän), in Ermangelung oder Verhinderung desselben dessen Stellvertreter.

§ 43. Wer den Vorschriften der §§ 4, 7, Abs. 1, 12, Abs. 1, 13, 20, 21, 25, Abs. 2 und 4 zuwiderhandelt, wird, sofern nicht nach allgemeinen Strafgesetzen eine höhere Strafe verwirkt ist, mit Geldstrafe bis zu 150 DM. oder mit Haft bestraft.

Soweit die gesetzlichen Bestimmungen. Schon manche Hilfeleistung aus Seenot hat zu langwierigen und ärgerlichen Prozessen geführt. Um dem aus dem Wege zu gehen, empfiehlt sich folgendes Verfahren: Beide Kapitäne einigen sich dahingehend, die Sache dem deutschen Seeschiedsgericht in Hamburg oder einem Schiedsgericht zu übergeben, das sie selbst bestimmen. Jeder von ihnen ernennt einen nautischen Sachverständigen als Beisitzer, und diese einigen sich auf einen Obmann; evtl. entscheidet das Los. Als Obmann wählt man am besten einen tüchtigen Seejuristen.

Vor Eintritt in die Verhandlung geben beide Parteien die bindende Erklärung ab, daß der zu fällende Schiedsspruch unanfechtbar sein soll. Damit ist die Meinungsverschiedenheit in ganz kurzer Zeit aus der Welt geschafft, man hat weder mit dem Strandamt, noch mit den Gerichten zu tun.

30. Aus der Instruktion zur Strandungsordnung.
Vom 24. November 1875 (RGBl. S. 751).

§ 1. Wenn ein Schiff vor der deutschen Küste oder in deutschen Gewässern in Seenot gerät, sind die Strandvögte der benachbarten Bezirke gleichmäßig verpflichtet, die erforderlichen Vorkehrungen zur Rettung von Menschenleben sowie zur Bergung und Hilfeleistung zu treffen. Die Leitung des Verfahrens steht für die ganze Dauer desselben demjenigen Strandvogt zu, welcher zuerst das Schiff betritt.

Die Fürsorge für die geborgenen Gegenstände liegt der Strandbehörde ob, in deren Bezirk dieselben gelandet werden.

§ 2. Solange sich ein Schiff in Seenot befindet, ist es dem Strandvogt unbedingt verboten, mit dem Schiffer einen Vertrag über die Höhe des Berge- oder Hilfslohns abzuschließen.

§ 3. Der Wertbetrag der Sicherheitsbestellung, welche im Falle des § 8 der Strandungsordnung vom 17. Mai 1874 zu beanspruchen ist, darf vom Strandvogt höchstens auf den dritten Teil des Wertes der unter seiner Leitung geborgenen Gegenstände bemessen werden.

Wird die Sicherheit durch Hinterlegung von Geldern oder Wertpapieren bestellt, so sind dieselben unverzüglich an das Strandamt abzuliefern.

31. Aus dem internationalen Vertrag zum Schutze der unterseeischen Telegraphenkabel.

Vom 14. März 1884, RGBl. von 1888, S. 151.

Art. 2. Das Zerreißen oder Beschädigen eines unterseeischen Kabels, sofern es vorsätzlich oder durch schuldbare Fahrlässigkeit geschieht und zur Folge haben kann, daß die telegraphischen Verbindungen ganz oder teilweise unterbrochen oder gestört werden, ist strafbar, unbeschadet der Zivilklage auf Entschädigung...

Art. 5. Die mit dem Legen oder der Wiederherstellung der unterseeischen Kabel beschäftigten Fahrzeuge müssen die bereits bestehenden oder unter den Hohen vertragschließenden Teilen noch zu vereinbarenden Vorschriften über die zur Verhütung des Zusammenstoßens von Schiffen auf See zu führenden Signale beobachten.

Wenn ein mit dem Legen oder mit der Wiederherstellung eines Kabels beschäftigtes Fahrzeug die besagten Signale trägt, so müssen die anderen Fahrzeuge, welche diese Signale bemerken oder zu bemerken imstande sind, s i c h m i n d e s t e n s e i n e S e e m e i l e v o n d i e s e m F a h r z e u g e z u r ü c k - z i e h e n o d e r e n t f e r n t h a l t e n, um dasselbe in seinen Arbeiten nicht zu behindern.

Die Geräte oder Netze der Fischer müssen in derselben Entfernung gehalten werden.

Den Fischerbooten, welche ein Kabelschiff mit den besagten Signalen bemerken oder zu bemerken imstande sind, soll jedoch, um sich der so gegebenen Aufforderung zu fügen, eine Frist von längstens 24 Stunden zustehen, während welcher ihren Bewegungen keinerlei Hindernis bereitet werden darf.

Die Arbeiten des Kabelschiffes müssen in möglichst kurzer Frist vollendet werden.

Art. 6. Die Fahrzeuge, welche die zur Kenntlichmachung der Lage der Kabel bestimmten Bojen sehen oder zu sehen imstande sind, müssen, wenn es sich um die Legung, um eine eingetretene Betriebsstörung oder um den Bruch der Kabel handelt, sich mindestens eine Viertelseemeile von diesen Bojen entfernt halten.

Die Geräte oder Netze der Fischer müssen in derselben Entfernung gehalten werden.

32. Aus dem internationalen Vertrag, betr. die polizeiliche Regelung der Fischerei in der Nordsee außerhalb der Küstengewässer.

(Haager Vertrag.)

Vom 6. Mai 1882, RGBl. von 1884, S. 25.

Art. 2. Die Fischer jeder Nation sollen das ausschließliche Recht zum Betriebe der Fischerei haben in dem Gebiete bis zu drei Seemeilen Entfernung von der Niedrigwassergrenze, in der ganzen Längenausdehnung der Küsten ihres Landes und der davorliegenden Inseln und Bänke.

In den Buchten ist das Gebiet der drei Seemeilen von einer geraden Linie ab zu rechnen, welche in dem dem Eingange der Bucht zunächst gelegenen Teile von einem Ufer derselben zum andern da gezogen gedacht wird, wo die Öffnung zuerst nicht mehr als zehn Seemeilen beträgt...

Art. 5. Die Fischerfahrzeuge der Hohen vertragschließenden Teile sind nach Maßgabe der Verwaltungsvorschriften der verschiedenen Länder in Register einzutragen. Für jeden Hafen erfolgt die Eintragung unter fortlaufenden Nummern mit Vorsetzung des oder der für denselben von der zuständigen höheren Verwaltungsbehörde bestimmten Unterscheidungsbuchstaben...

Art. 6. Die Fischerfahrzeuge haben den oder die Unterscheidungsbuchstaben des Heimathafens und die Nummer zu tragen, unter welcher sie in das Register desselben eingetragen sind.

Art. 7. Der Name und Heimathafen jedes Fischerfahrzeugs ist am Heck desselben mit Ölfarbe weiß auf schwarzem Grunde in Schriftzeichen von wenigstens acht Zentimeter Höhe und zwölf Millimeter Breite anzubringen.

Art. 8. Der oder die Unterscheidungsbuchstaben und die Nummern sind auf jeder Seite am Bug des Fahrzeugs, und zwar acht oder zehn Zentimeter unterhalb des Schandeckels, deutlich und in die Augen fallend anzubringen. Sie sind in Ölfarbe weiß auf schwarzem Grunde zu malen.

Indessen ist die vorerwähnte Entfernung von dem Schandeckel für diejenigen Fahrzeuge von geringer Tragfähigkeit nicht maßgebend, bei welchen unter dem Schandeckel nicht genügender Raum vorhanden ist.

Die Größe der Buchstaben und Zahlen beträgt bei Fahrzeugen von fünfzehn Tons Tragfähigkeit und darüber fünfundvierzig Zentimeter Höhe bei sechs Zentimeter Breite.

Bei Fahrzeugen unter fünfzehn Tons beträgt die Größe fünfundzwanzig Zentimeter Höhe bei vier Zentimeter Breite.

Dieselben Buchstaben und Zahlen sind, in Öl gemalt, auch auf jeder Seite des Großsegels des Fahrzeugs unmittelbar über dem obersten Reffbande sehr sichtbar anzubringen, und zwar: auf weißen Segeln in schwarzer, auf schwarzen

Segeln in weißer Farbe, auf zwischenfarbigen Segeln in weißer oder schwarzer Farbe, je nachdem die zuständige höhere Behörde es für am meisten wirksam erachtet.

Der oder die auf den Segeln angebrachten Buchstaben und Nummern müssen in jeder Richtung um drei Viertel größer sein als die am Bug des Schiffes angebrachten.

Art. 11. Der oder die für jedes Fahrzeug bestimmten Buchstaben und Nummern müssen auch an den Beibooten, Bojen, Hauptschwimmern, Schleppnetzen, Draggen, Ankern und überhaupt an allen Fischereigeräten, die zu dem Fahrzeuge gehören, angebracht sein ...

Art. 12. Der Führer jedes Fischerfahrzeugs muß im Besitze eines von der zuständigen Behörde seines Landes ausgestellten amtlichen Schriftstückes sein, durch welches er sich über die Nationalität seines Schiffes ausweisen kann.

Diese Urkunde muß den oder die Buchstaben und die Nummern des Fahrzeugs sowie die Beschreibung desselben und den oder die Namen oder die Firma seines Eigentümers enthalten.

Art. 16. Wenn zum Zweck der Treibnetzfischerei gedeckte und ungedeckte Fischerfahrzeuge gleichzeitig ihre Netze auszusetzen anfangen, müssen jedesmal die letzteren ihre Netze luvwärts von den ersteren auswerfen.

Dagegen müssen die gedeckten Fahrzeuge ihre Netze in Lee der ungedeckten Fischerboote auswerfen.

Wenn gedeckte Fahrzeuge luvwärts von offenen bereits im Fischen begriffenen Fischerbooten ihre Netze auswerfen und wenn ungedeckte Fischerboote in Lee gedeckter, bereits im Fischen begriffener Fischerfahrzeuge ihre Netze auswerfen, so gilt als Regel, daß die Verantwortlichkeit für die dadurch veranlaßte Beschädigung von Netzen diejenigen trifft, welche zuletzt angefangen haben zu fischen, sofern sie nicht nachweisen können, daß der Schaden durch höhere Gewalt oder sonst ohne ihre Schuld entstanden ist.

Art. 17. Es ist verboten, Netze oder sonstige Fischereigeräte an solchen Stellen festzumachen oder zu verankern, wo bereits Treibnetzfischer ihre Netze ausgesetezt haben.

Art. 18. Den Fischern ist untersagt, ihre Fahrzeuge an den Netzen, Bojen, Schwimmern oder irgendeinem sonstigen Fischereigerät eines anderen Fischers festzumachen oder festzuhalten.

Art. 19. Wenn Fischer, die das Grundschleppnetz gebrauchen, sich in Sicht von Fischern befinden, die Treibnetze oder Grundangeln gebrauchen, so müssen sie alle erforderlichen Maßregeln ergreifen, um jede Beeinträchtigung der letzteren zu vermeiden; im Falle einer Beschädigung fällt die Verantwortlichkeit den Grundschleppnetzfischern zur Last, sofern sie nicht nachweisen können, daß der Schaden durch höhere Gewalt oder sonst ohne ihre Schuld entstanden ist.

Art. 25. Alle Fischerfahrzeuge, Boote, Gegenstände der Ausrüstung oder der Takelage von Fischerfahrzeugen, Netze, Angelleinen, Bojen, Schwimmer oder sonstige Fischereigeräte, welche auf See treibend angetroffen oder aufgefischt werden, müssen, dieselben mögen gezeichnet oder nicht gezeichnet sein, von dem bergenden Fahrzeuge in dem ersten Hafen, nach welchem dasselbe zurückkehrt oder in welchem es Zuflucht sucht, den zuständigen Behörden übergeben werden.

Die Behörden haben die Konsuln oder Konsularagenten der Nation sowohl des bergenden Fahrzeugs als auch des Eigentümers der gefundenen Gegenstände hiervon zu unterrichten und jene Gegenstände den Eigentümern oder ihren Bevollmächtigten auszuliefern, sobald dieselben zurückgefordert werden und die Ansprüche der Berger gehörig sichergestellt sind ...

33. Gesetz über das Verbot der Fischerei mit Schleppnetz bei Island.

Vom 27. Februar 1920 mit Zusatz vom 7. Mai 1926.

§ 1.

Im Hoheitsgebiet bei Island ist das Fischen mit Schleppnetzen untersagt.

§ 2.

Befindet sich ein Fischdampfer (Trawler) im Hoheitsgebiet, so sollen sämtliche Fanggeräte innenbords verstaut sein.

§ 3.

Auf Vergehen gegen § 1 stehen Geldstrafen von 10 000 bis 20 000 Kr.; daneben sollen sämtliche Fanggeräte einschließlich Kurrleinen und außerdem der gesamte Fang an Bord beschlagnahmt werden.

Auf Vergehen gegen § 2 stehen Geldstrafen von 2000 bis 10 000 Kr. Beschlagnahme von Fang und Fanggeräten wird wie bei Vergehen gegen § 1 gehandhabt, wenn es sich um ein wiederholtes Vergehen handelt.

Z u s a t z . Falls es nach allen Einzelumständen augenscheinlich ist, daß das Schiff weder im Hoheitsgebiet gefischt noch Vorbereitungen in dieser Absicht getroffen hat, kann der Fall durch eine Verwarnung beigelegt werden, wenn es sich um einen erstmaligen Verstoß handelt. Handelt es sich dagegen um einen wiederholten Verstoß, so tritt eine Geldstrafe von 400 bis 1600 Goldkronen ein.

Nach vorausgegangener Pfändung kann das Schiff zur Tilgung der gemäß diesem Paragraphen verwirkten Geldstrafen und der Kosten mit Beschlag belegt und verkauft werden.

§ 4.

Wer einem Schiffe beim Fischen mit Schleppnetz im Hoheitsgebiet bei Island Weisungen gibt oder ihm beim derartigen Fischen zur Hand geht oder dem, der einen Verstoß begangen hat, behilflich ist, sich der Bestrafung dafür zu entziehen, hat eine Geldstrafe von 500 bis 5000 Kr. verwirkt. Dieselbe Bestrafung hat verwirkt, wer sich mit einem Fischdampfer oder einem Boot längsseits des Schiffes befindet, wenn dieses im Hoheitsgebiet fischt, es sei denn, daß er seinen Aufenthalt dort in der Weise rechtfertigen kann, daß es wahrscheinlich erscheint, daß er an dem gesetzwidrigen Fischen des Schiffes keinen Anteil hat.

Die Bestimmungen dieses Paragraphen gelten nicht für die Personen, die zu der angemusterten Besatzung des Fischdampfers gehören.

§ 5.

Ein Kapitän, der sich des wiederholten Vergehens gegen § 1 schuldig macht, hat außer der in § angeführten Bestrafung Gefängnis verwirkt, und zwar nicht unter zwei Monaten einfachen Gefängnisses. Außerdem kann auch im übrigen, wenn erschwerende Umstände vorliegen, über den Kapitän Gefängnisstrafe für Vergehen gegen § 1 verhängt werden außer der Geldstrafe, die in § 3 festgesetzt ist.

§ 6.

Die gemäß diesem Gesetz eingehenden Strafgelder wie auch der Ertrag aus der Beschlagnahme von Fang und Fanggeräten fließen dem Fonds für das isländische Hoheitsgebiet (Landhelgissjòour Islands) zu. Wegen des Verkaufs des beschlagnahmten Fanges und der Fanggeräte soll stets die Genehmigung des Ministeriums eingeholt werden. Es dürfen jedoch niemals beschlagnahmte Fanggeräte dem Angeklagten verkauft werden und der Fang nur dann, wenn eine dringende Notwendigkeit vorliegt.

§ 7.

Die Fälle, die sich aus dem Verstoß gegen dieses Gesetz ergeben, sollen als öffentliche Polizeiangelegenheiten verfolgt werden.

§ 8.

Durch dieses Gesetz werden aufgehoben die Gesetze Nr. 8 vom 6. April 1898, Nr. 18 vom 8. Juli 1902, Nr. 27 vom 25. September 1902, Nr. 56 vom 30. Juli 1909 wie auch § 2 des Gesetzes Nr. 55 vom 10. November 1913 über die Gründung des Fonds für das isländische Hoheitsgebiet, soweit es sich auf die Strafgelder und den Ertrag von beschlagnahmtem Fanggerät und Fang nach diesem Gesetz erstreckt. (27—879.)

34. Gesetz, betreffend Fischereirechte in den isländischen Hoheitsgewässern.

§ 1.

Fischerei in den isländischen Hoheitsgewässern darf nur von isländischen Staatsangehörigen ausgeführt werden, und nur isländische Boote oder Schiffe dürfen für solche Fischerei verwendet werden.

§ 2.

Die Bezeichnung „isländische Boote oder Schiffe" bezieht sich nur auf solche Boote oder Schiffe die im Besitze von isländischen Staatsangehörigen sind.

§ 3.

Ausländischen Fischern, die Fischerei außerhalb der isländischen Hoheitsgewässer ausführen, ist es erlaubt, Schutz gegen Sturm oder schlechtes Wetter an den Küsten zu suchen. Sonst ist es Ausländern verboten, sich an der Küste oder in Häfen aufzuhalten, um diese als Basis für die Fischerei außerhalb der isländischen Hoheitsgewässer zu benutzen.

Es ist ebenfalls fremden Schiffen verboten, ihren Fang innerhalb der Hoheitsgewässer oder in Häfen zuzubereiten. Ferner ist es allen anderen als isländischen Staatsangehörigen verboten, ihren Fang in die isländischen Hoheitsgewässer oder ans Ufer zu bringen, um denselben dort zuzubereiten.

§ 4.

Wenn ein ausländisches Fischereifahrzeug einen Hafen in Island aufsucht, soll der Schiffer alsbald oder so bald wie möglich — und spätestens innerhalb

24 Stunden nach Eintreffen des Schiffes — den Polizeimeister oder den stell-vertretenden Polizeimeister oder deren Vertreter von dem Eintreffen des Schiffes unterrichten. Der Beamte soll die Papiere des Schiffes prüfen und genau darauf achten, daß die Gesetze hinsichtlich der Fischerei, des Handels, des Zolls oder der Quarantäne von den Schiffen nicht verletzt oder umgangen werden, und erforderlichenfalls eine gesetzliche Untersuchung vornehmen.

Für die Prüfung der Schiffspapiere ist eine Gebühr nach Maßgabe der Be-stimmungen des Steuergesetzes an den zuständigen Polizeimeister oder stell-vertretenden Polizeimeister zu zahlen. Die Schiffsgegenstände sollen daraufhin mit einem Attest versehen werden dahingehend, daß die Prüfung stattgefunden hat und die gesetzliche Gebühr entrichtet worden ist.

In den Fällen, wo der stellvertretende Polizeimeister die Inspektion im Auftrage des Polizeimeisters ausführt, soll die Gebühr gleichmäßig zwischen ihnen geteilt werden.

§ 5.

Ausländische Heringsfischereifahrzeuge müssen, wenn sie sich innerhalb der Hoheitsgewässer befinden, ihre Boote an den gewöhnlichen Stellen auf Deck halten und ihre Netze oder Trawls innenbords, aber nicht in den Booten haben.

§ 6.

Der Arbeitsminister kann dem Besitzer eines isländischen Fischereifahr-zeugs erlauben, ausländische Fischer bei der Fischerei oder zur Hilfe in anderer Weise für den jeweiligen Zeitraum von einem Jahre zu beschäftigen voraus-gesetzt, daß mindestens die Hälfte der Besatzung Isländer sind. Wenn ein islän-disches Boot oder Schiff nur für die Heringsfischerei verwendet wird, darf die Hälfte der Besatzung ohne besondere Erlaubnis Ausländer sein.

§ 7.

Der Reeder und Schiffer soll dafür verantwortlich sein, daß die Besatzung die vorgesehenen Bedingungen für die Ausübung der Fischerei nach Maßgabe des obigen Paragraphen 1 (vgl. auch § 6) erfüllt.

§ 8.

Ausländische Staatsangehörige, die durch eine von den zuständigen Behörden ausgestellte Bescheinigung nachweisen, daß sie in diesem Lande während einer Zeit von zwölf Monaten vor Inkrafttreten dieses Gesetzes wohnhaft gewesen sind, sollen dieselben Rechte und Bedingungen wie isländische Staatsangehörige ge-nießen. Ferner kann der Arbeitsminister für einen Zeitraum von drei Jahren von dem Tage ab, an dem dieses Gesetz in Kraft tritt, trotz des Verbotspassus im letzten Absatz des obigen § 3 solchen ausländischen als auch eigenen Fisch-zubereitungsanstalten in diesem Lande Erlaubnis erteilen, ihre Fische in solchen Anstalten zuzubereiten. Die Erlaubnis darf sich nicht im Widerspruch mit diesem Gesetze auf Fischerei innerhalb der Hoheitsgewässer oder Benutzung auslän-discher Schiffe erstrecken.

§ 9.

Der Arbeitsminister kann Besitzern von Heringsöl- oder ähnlichen Fabriken die Erlaubnis erteilen, daß sie ausländische Schiffe verwenden zum Fischen für die eigenen Zwecke solcher Fabriken trotz des Verbotspassus des letzten Ab-satzes des obigen § 3. Es soll in der Genehmigung, die für einen jeweiligen Zeitraum von zwei Jahren gegeben werden darf, bemerkt werden, daß es aus-

ländischen Schiffen nicht erlaubt ist, innerhalb der Hoheitsgewässer zu fischen
oder ihren Fang innerhalb derselben zuzubereiten, und ferner angegeben werden, daß die Genehmigung hinfällig wird, falls die darin vorgeschriebenen Bedingungen nicht vollständig innegehalten werden.

§ 10.

Wenn der Fang eines Schiffes, das zum Fischen innerhalb der Hoheitsgewässer berechtigt ist, an Bord zubereitet wird, soll das Schiff vorher eine
Sicherheit bei dem zuständigen Polizeimeister stellen, deren Betrag von ihm
bestimmt wird und die Gebühren deckt, die das Schiff zu entrichten hat. Der
Schiffer soll mit einem Attest darüber versehen werden, daß eine solche Sicherheit gestellt worden ist, und dasselbe auf Verlangen vorzeigen.

§ 11.

Aktiengesellschaften sollen das Recht zur Ausübung der Fischerei und Fischzubereitung innerhalb der isländischen Hoheitsgewässer nur unter der Bedin-
gung erhalten, daß das ganze Kapital Eigentum isländischer Staatsangehöriger
ist. Aktiengesellschaften, bei denen 'Angehörige ausländischer Staaten Aktieninhaber sind, dürfen indessen Fischerei innerhalb der Hoheitsgewässer unter-
der Voraussetzung ausüben, daß mehr als die Hälfte des Kapitals Eigentum
isländischer Staatsangehöriger ist, daß die Gesellschaft ihren Sitz in Island hat,
daß die Direktoren isländische Staatsbürger sind und die Hälfte derselben dort
wohnhaft ist.

Bevor eine Aktiengesellschaft ihre Tätigkeit aufnimmt, müssen ihre Statuten dem Polizeimeister an dem Ort, wo die Gesellschaft ihren Sitz hat, oder,
falls die Gesellschaft ihren Sitz nicht in Island hat, an dem Ort, wo die Fischerei-
tätigkeit beginnt, vorgezeigt werden. Änderungen der Statuten müssen ebenfalls dem zuständigen Polizeimeister vorgelegt werden. Diese Anzeige oder Vor-
zeigung befreit die fragliche Partei nicht von der Pflicht der Anmeldung auf
Grund des Gesetzes über Aktiengesellschaften. Die Statuten müssen u. a. eine
Bestimmung enthalten, daß alle Aktien auf Namen ausgestellt sind und daß
keine Übertragung oder Verkauf von Aktien gültig ist, wenn es nicht den Direktoren schriftlich angezeigt worden ist. Diese haben unverzüglich die Namen
aller Aktieninhaber in ein Register einzutragen, in welchem der Kapitalanteil
jedes Aktieninhabers zu spezifizieren ist. Der Polizeimeister hat darauf zu achten,
daß die Statuten mit dem Gesetz übereinstimmen.

§ 12.

Dieses Gesetz berührt in keiner Weise die Rechte, die gemäß dem Unions-
vertrage dänischen Staatsangehörigen zugestanden sind, oder die Rechte, welche
auf Grund internationaler Vereinbarungen an andere Staatsangehörige erteilt
werden.

§ 13.

Ungesetzliche Fischerei oder Fischzubereitung in isländischen Häfen, an
Küsten oder innerhalb der Hoheitsgewässer wird nach Maßgabe des gegenwärtigen Gesetzes mit Bußen von 100 bis 5000 Kronen bestraft.

Falls mehr ausländische Seeleute an Bord eines isländischen Fischerei-
fahrzeuges vorhanden sind, als das Gesetz zuläßt, wird die Übertretung des Gesetzes mit Geldstrafe von 50 bis 1000 Kronen geahndet. Zuwiderhandlungen der
Bestimmungen des § 4 dieses Gesetzes werden mit Bußen von 50 bis 500
Kronen belegt.

Übertretung der Bestimmungen der §§ 5 und 10 dieses Gesetzes sind mit Bußen von 100 bis 2000 Kronen zu bestrafen. Sonst ist andere ungesetzliche Fischerei als Trawlfischerei in isländischen Hoheitsgewässern mit Strafen von 200 bis 10 000 Kronen zu ahnden. Außerdem sollen sowohl die Fischereigeräte als auch der unerlaubte oder nicht zubereitete Fang des Schiffes konfisziert werden und der Überschuß in die Staatskasse gehen. In Fällen von groben Vergehen kann bestimmt werden, daß der ganze Fang an Bord sowie auch die Packung, falls der Fang aus Heringen besteht, die in Fässern gesalzen sind, konfisziert wird.

Das fragliche Schiff kann, wenn notwendig, beschlagnahmt und nach gesetzlichem Arrest verkauft werden, um die Geldstrafen und Unkosten auf Grund des gegenwärtigen Gesetzes zu decken.

Straffälle, die durch Zuwiderhandlungen gegen die Bestimmungen dieses Gesetzes entstehen, sollen als gewöhnliche Polizeisachen behandelt werden. Die Bußen fallen in die Staatskasse.

§ 14.

Dieses Gesetz tritt am 1. Juli 1922 in Kraft.

. . . .

Angenommen vom Alting (isländischer Reichstag) am 21. April 1922.

35. Anweisung
zur Handhabung des Raketenapparates.

Wenn ein Schiff an den deutschen Küsten in kurzer Entfernung vom Ufer strandet und das Leben der Mannschaft dadurch gefährdet ist, wird dieser, wenn irgend möglich, vom Ufer aus auf folgende Weise Beistand geleistet werden:

1. Eine Rakete, an der eine dünne Leine befestigt ist, wird über das Schiff hingeschossen. Diese R a k e t e n l e i n e muß möglichst rasch erfaßt und festgehalten werden. Ist dieses geschehen, so muß einer von der Mannschaft bei Seite treten und, wenn es T a g ist, seinen Hut, seinen Arm, eine Flagge oder ein Tuch schwenken; ist es aber N a c h t, so muß eine Rakete oder ein Blaufeuer angezündet oder eine Kanone abgefeuert werden, oder man zeigt eine Laterne und läßt sie wieder verschwinden. Alles dies geschieht, um denen am Lande ein Signal zu geben, daß die Leine gefaßt ist.

2. Wenn dann die Schiffsmannschaft einen der am Ufer befindlichen Leute seitwärts von den übrigen eine r o t e F a h n e schwenken sieht oder wenn ihr zur Nachtzeit ein r o t e s L i c h t gezeigt wird, das dann wieder verschwindet, so muß sie die vorerwähnte Raketenleine vom Lande her einholen, bis sie einen Steertblock mit Wirbel daran befestigt findet, durch welchen ein J o l l t a u geschoren ist.

3. Dieser Steertblock ist am Untermast ungefähr 2 Meter unter dem Mars zu befestigen oder, wenn die Masten nicht mehr stehen, an dem h ö c h -

sten festen Gegenstande auf dem Schiffe. Sobald der Block fest-
gemacht ist, muß wieder einer von der Schiffsmannschaft beiseite treten
und das unter 1. beschriebene Signal geben.

4. Sobald dies Signal am Lande gesehen ist, wird durch die Leute am Lande
ein starkes Tau, das R e t t u n g s t a u, an dem Jolltau befestigt und vom
Lande aus an Bord gezogen werden.

5. Wenn dieses Rettungstau an Bord gezogen ist, muß die Mannschaft es sogleich
etwa einen halben Meter o b e r h a l b des Steertblocks, womöglich mit
diesem an demselben Schiffsteile befestigen und dabei Sorge tragen, daß das
Jolltau klar von dem Rettungstau bleibt.

6. Wenn das Rettungstau in solcher Weise an Bord befestigt ist, muß das Jolltau losgemacht und, wenn dies geschehen ist, das unter 1. beschriebene
Signal wiederholt werden.

7. Die Leute am Lande werden dann das Rettungstau steif anholen und an
ihm mittels des Jolltaues eine Hosenboje an Bord ziehen; in diese hat sich
die Person, welche ans Land gezogen werden soll, zu setzen, indem sie die
Beine in die Hose steckt und die Arme über die Boje legt. Alsdann muß
abermals einer von der Mannschaft beiseite treten und den Leuten am
Lande das unter 1. beschriebene Signal geben. Diese werden dann die Boje
ans Land holen und, nachdem die Person gelandet ist, leer wieder ans
Schiff ziehen. Dies Verfahren wiederholt sich, bis alle Personen gerettet sind.

8. Es kann zuweilen der Fall sein, daß das Wetter und der Zustand des
Schiffes die Befestigung des Rettungstaues nicht zulassen. In solchen Fällen
wird die Hosenboje mittels des Jolltaues hingezogen, und die Schiffbrüchigen
werden dann in der Hosenboje mit dem Jolltau durch die Brandung geholt
anstatt längs des Rettungstaues.

**Die Kapitäne und Mannschaften gestrandeter Schiffe müssen hierbei stets
vor Augen haben, daß ihre Rettung nur bei eigener Besonnenheit und bei strenger
Befolgung der oben gegebenen Vorschriften gelingen kann.**

**Die Vorschriften über die zu gebenden Signale müssen besonders genau be-
folgt werden.**

**Alle Frauen, Kinder, Passagiere und alle hilflosen Personen sind zuerst zu
landen.**

36. Der Schiffer.

Aus dem Handelsgesetzbuch.

§ 511. Der Führer des Schiffes (Schiffskapitän, Schiffer) ist verpflichtet, bei allen Dienstverrichtungen namentlich bei der Erfüllung der von ihm auszuführenden Verträge, die Sorgfalt eines ordentlichen Schiffers anzuwenden. Er haftet für jeden durch sein Verschulden entstehenden Schaden, insbesondere für den Schaden, welcher aus der Verletzung der in diesem und den folgenden Abschnitten ihm auferlegten Pflichten entsteht.

§ 512. Diese Haftung des Schiffers besteht nicht nur gegenüber dem Reeder, sondern auch gegenüber dem Befrachter, Ablader und Ladungsempfänger, dessen Forderung aus einem Kreditgeschäft entstanden ist, insbesondere dem Bodmereigläubiger.

Der Schiffer wird dadurch, daß er auf Anweisung des Reeders gehandelt hat, den übrigen vorgenannten Personen gegenüber von der Haftung nicht befreit. Durch eine solche Anweisung wird auch der Reeder persönlich verpflichtet, wenn er bei der Erteilung der Anweisung von dem Sachverhältnis unterrichtet war.

§ 513. Der Schiffer hat vor dem Antritte der Reise dafür zu sorgen, daß das Schiff in seetüchtigem Zustande, gehörig eingerichtet und ausgerüstet, gehörig bemannt und verproviantiert ist und daß die zum Ausweise für Schiff, Besatzung und Ladung erforderlichen Papiere an Bord sind.

§ 514. Der Schiffer hat zu sorgen für die Tüchtigkeit der Gerätschaften zum Laden und Löschen sowie für die gehörige Stauung nach Seemannsbrauch, auch wenn die Stauung durch besondere Stauer bewirkt wird. Er hat dafür zu sorgen, daß das Schiff nicht überladen und daß es mit dem nötigen Ballast und der erforderlichen Garnierung versehen wird.

§ 515. Wenn der Schiffer im Auslande die dort geltenden Vorschriften, insbesondere die Polizei-, Steuer- und Zollgesetze nicht beobachtet, so hat er den daraus entstehenden Schaden zu ersetzen.

Desgleichen hat er den Schaden zu ersetzen, welcher daraus entsteht, daß er Güter ladet, von denen er wußte oder wissen mußte, daß sie Kriegskonterbande seien.

§ 516. Sobald das Schiff zum Abgehen fertig ist, hat der Schiffer die Reise bei der ersten günstigen Gelegenheit anzutreten. Auch wenn er durch Krankheit oder andere Ursachen verhindert ist, das Schiff zu führen, darf er den Abgang des Schiffes oder die Weiterfahrt nicht ungebührlich aufhalten; er muß vielmehr, wenn Zeit und Umstände es gestatten, die Anordnung des Reeders einholen, diesem ungesäumt die Verhinderung anzeigen und für die Zwischenzeit die geeigneten Vorkehrungen treffen, im entgegengesetzten Falle einen anderen Schiffer einsetzen. Für diesen Stellvertreter ist er nur insofern verantwortlich, als ihm bei dessen Wahl ein Verschulden zur Last fällt.

§ 517. Vom Beginne des Ladens an bis zur Beendigung der Löschung darf der Schiffer das Schiff gleichzeitig mit dem Steuermann nur in dringenden Fällen verlassen. Er hat in solchen Fällen zuvor aus den Schiffsoffizieren oder der übrigen Mannschaft einen geeigneten Vertreter zu bestellen. Dasselbe gilt auch vor dem Beginne des Ladens und nach Beendigung der Löschung, wenn das Schiff in einem nicht sicheren Hafen oder auf einer nicht sicheren Reede liegt.

Bei drohender Gefahr oder wenn das Schiff sich in See befindet, muß der Schiffer an Bord sein, sofern nicht eine dringende Notwendigkeit seine Abwesenheit rechtfertigt.

§ 518. Wenn der Schiffer in Fällen der Gefahr mit den Schiffsoffizieren einen Schiffsrat zu halten für angemessen findet, so ist er gleichwohl an die gefaßten Beschlüsse nicht gebunden; er bleibt stets für die von ihm getroffenen Maßregeln verantwortlich.

37. Das Signalisieren mit Morsezeichen.

Einleitung. Die drahtlose Telegraphie hat trotz ihrer großen Bedeutung es nicht vermocht, die übrigen Verständigungsmittel zwischen Schiff und Schiff und zwischen Schiff und Landstation ganz zu verdrängen. Nach wie vor benutzt man bei Tage Signalflaggen, Fernsignalkörper oder die Dampfpfeife, bei Nacht Morsezeichen zum Meinungsaustausch. Auf die Einrichtung des Internationalen Signalbuches einzugehen, scheint uns nicht wünschenswert, weil wir es für zweckmäßiger halten, beim Durchnehmen in der Klasse das Buch selbst zur Hand zu haben.

Von der Wichtigkeit des Morseverkehrs überzeugt, hat die Reichsregierung im Art. 6 der „Verordnung über die Sicherheit der Seefahrt" vom 25. Dezember 1932 bestimmt: „Alle Schiffe mit einem Bruttoraumgehalt von über 150 Tonnen mit Ausnahme der in der inländischen kleinen Küstenfahrt beschäftigten müssen eine wirksame Morsesignallampe an Bord haben."

Die Morsezeichen bestehen als Schriftzeichen aus Punkten und Strichen. Der Punkt wird dargestellt durch einen Lichtblick oder einen Ton von 1 Sekunde Dauer oder durch Ausstrecken eines Armes mit einer Flagge oder Mütze usw. in der Hand. Der Strich wird durch einen Lichtblick oder einen Ton von 3 Sekunden Dauer oder durch Ausstrecken beider Arme mit Handflaggen ausgedrückt. Zwischen jedem Morsezeichen läßt man eine Pause von 3 Sekunden, zwischen zwei Worten oder Gruppen eine solche von 6 Sekunden Dauer.

Die Morsebuchstaben dienen einzeln zum Buchstabieren, gruppenweise zum Signalisieren nach dem Internationalen Signalbuche. Die Benutzung von Morsehilfszeichen ist nicht international geregelt, doch haben die im „Internationalen Vertrag zum Schutze des menschlichen Lebens auf See" enthaltenen Zeichen internationale Bedeutung erlangt.

Die Morse=Buchstaben*).

A • — Anton	H • • • • Hebelarme	O — — — Oporto
B — • • • Bolzentreiber	I • • Igel	P • — — • Peloponnes
C — • — • Coriolan	J • — — — Jakob Otto	Q — — • — Quolsdorfer
D — • • Doberan	K — • — Kohlenstoff	Forst
E • Eis	L • — • • Lithographie	R • — • Revolte
F • • — • Friedensbote	M — — Motor	S • • • Steuerstrich
G — — • Goldrose	N — • Nobel	T — Ton
U • • — Usedom		— — — — bedeutet
V • • • — Versammlungsort		beim Signalisieren
W • — — Wieboldshof		nach dem Intern. Signalbuch
X — • • — Xo ist kein Wort		„Signalbuchwimpel",
X — • — — York bleibt doch York		beim Buchstabieren
Z — — • • Zollvorlage		„Ch" Chloroformtopf

Ferner werden beim Buchstabieren noch benutzt

Ä • — • — Äsop ist tot
Ö — — — • Ökonomie
Ü • • — — Überrockstoff

Um die Morsebuchstaben dem Gedächtnis leichter einzuprägen, stellt man sie auch in folgende Gruppen zusammen:

1. Gruppe	2. Gruppe	3. Gruppe
A • — N	R • — •	E •
B — • • • V	K — • —	I • •
D — • • U		S • • •
—	P • — — •	H • • • •
F • • — • L	X — • • —	
G — — • W		T —
Y — • — — Q		M — —
—		O — — —
C — • — • Ä		Ch — — — —
J • — — — Ö		
Z — — • • Ü		

Man merke sich: Es stimmen umgekehrt überein A—N, B—V, D und U; F—L, G—W, Y - Q; C-Ä, J—Ö, Z - Ü.

Die Morse=Zahlen.

1 • — — — —	9	6 — • • • •	4
2 • • — — —	8	7 — — • • •	3
3 • • • — —	7	8 — — — • •	2
4 • • • • —	6	9 — — — — •	1
5 • • • • •	5	0 — — — — —	0

*)Mnemotechnik; Zur besseren Einprägung der Morsezeichen dienen die ihnen folgenden Worte und Ausdrücke. Jede Silbe mit einem o bedeutet in dem Morsezeichen „lang" (—), jede andere Silbe „kurz" (·).

Anleitung zum Signalisieren. — Morse=Hilfszeichen.

Der Signalgeber gibt • • • • • • • • • usw., um die Aufmerksamkeit auf sich zu ziehen. Der Empfänger antwortet, sobald er „klar zum Empfang" ist, mit — (T.)

Soll ein Empfänger besonders bezeichnet werden, so wird dessen Unter=scheidungssignal oder der Schiffsname buchstabiert. Dem Namen hat das Hilfszeichen • • — • • • — • (FF) „das Folgende sind Buchstaben" voranzugehen.

Geber		Empfänger
• • • • • • • usw. (Anzahl E) Achtung! ➤→	— (T) Verstanden, klar
• • — • • • — • (FF) ich beabsichtige zu buchstabieren ➤→	— (T) Verstanden
— — — — (MM) das Folgende sind Gruppen des Int. Signalbuches ➤→	(T) Verstanden
— — — — Signalbuchwimpel	
• • • • (I—I getrennt) Nach der An= rede, vor und nach dem Signal	
• • • • • • (I–I–I getrennt) Punkt	
• • • — • (VE) Schluß des ganzen Signals ➤→	• — • — • • (R–D getrennt) Ver= standen
• • • • • • • usw. (Anzahl E) Ver= sehen; letztes Wort od. letzte ➤→ Gruppe ausstreichen	• • • • • • • usw. (Anzahl E) Ver= standen
• — — • — — (WW) Das ganze Signal ausstreichen ➤→	• — — • — — (WW) Verstanden
— (T) Verstanden ←◄	• • — — • • (IMI) • — — • — (W–A getrennt) Wiederholen Sie das Wort nach (folgt das Wort, das dem, dessen Wiederholung gewünscht wird, vorangeht)
— (T) Verstanden ←◄	• • — — • • (IMI) • — • — (A–A getrennt) Wiederholen Sie von — ab, wenn die Wiederholung meh= rerer Wörter gewünscht wird
— (T) Verstanden ←◄	• • — — • • (IMI) • — • — • • • — • • (ALL getrennt) Wiederholen Sie alles.

Internationale Signale dringender Bedeutung.

Die folgenden Signale, die zu jeder Zeit durch Lichtblinke oder Töne (Dampf-
ife, Nebelhorn usw.) oder mit Handflaggen gegeben werden können, haben
ngende Bedeutung. Man kann sie daher auch ohne Vorbereitungszeichen oder,
nn ein solches gegeben wird, ohne daß das Verstanden-Zeichen abgewartet
:d, geben. Sie werden in Unterbrechungen wiederholt, bis sie ihren Zweck er-
lt haben.

U • • ▬ Sie sind in Gefahr.

V • • • ▬ Ich brauche Hilfe, bleiben Sie bei mir.

W • ▬ ▬ Habe Eis angetroffen.

P • ▬ ▬ • Ihre Lichter sind erloschen, (oder brennen schlecht'.

R • ▬ • Ich habe keine Fahrt mehr, Sie können vorsichtig an mir vorbeifahren.

L • ▬ • • Stoppen Sie oder drehen Sie bei! Ich habe Ihnen wichtige Mitteilungen
   zu machen.

F • • ▬ • Ich bin beschädigt, treten Sie mit mir in Verbindung.

O ▬ ▬ ▬ Mann über Bord.

38. Vergleich von Maßen und Gewichten.

Raummaße.

Deutsch—Englisch

1 Liter	=	0,2201	Gallonen
1 „	=	1,75	Pints
1 Kubikmeter	=	0,3532	Registertons
1 „	=	0,7063	Loads
1 „	=	35,317	Kubikfuß
1 „	=	220,10	Gallonen

Englisch – Deutsch

1 Pint		=	0,568	Liter
1 Quart	= 2 Pint .	=	1,136	„
1 Gallone	= 4 Quart	=	4,544	„
1 Bushel	= 8 Gallonen	=	36,35	„
1 Quarter	= 8 Bushel	=	291,00	„
1 Kubikfuß		=	28,32	„
1 „		=	0,02832	cbm
1 Load	'	=	1,41576	„
1 Registertonne	= 2 Load = 100 cbfß	=	2,83152	cbm

1 engl. Maßtonne (ton measurement) zu 40 cbfß = 1,1326 cbm
1 „ „ „ 50 „ = 1,4158 „

1 Hogshead = 286 Liter

1 Barrel = 2 Kilderkin = 164 „

Gewichte.

Deutsch — Englisch

1 Kilogr. (kg) = 2 Pfd. (*u*) = 1000 g = 2 engl. Pfd. 3 Unzen
                     = 2,20455 engl. Pfd.
1 Zentner =   100 *u* = 50 kg   = 110,228 engl. Pfd.
1 Tonne   = 1000 kg = 20 Zentner = 2204,55   ,,   ,,
                = 0,984 engl. Tonnen.

Englisch — Deutsch

1 Unze (Handelsgewicht)   =   28,3   Gramm
1 engl. Pfund   = 16 Unzen   = 453,6   ,,
1 ,,   Zentner = 112 engl. Pfund =   50,802 Kilogramm
1 engl. Tonne (dead weight) = 20 engl. Zentner = 1016 Kilogramm
                = 1,016 deutsche Tonnen.

Längenmaße.

Tabelle zur Verwandlung von englischen Fuß in Meter und umgekehrt.
1 F = 0,3048 m, 1 m = 3,2809 F

Fuß

Einer → / Zehner ↓	0	1	2	3	4	5	6	7	8	9
	Meter	Meter	Meter	Meter	Meter	Meter	Meter	Meter	Meter	Meter
0	0,000	0,305	0,610	0,914	1,219	1,524	1,829	2,134	2,438	2,743
10	3,048	3,353	3,658	3,962	4,267	4,572	4,877	5,182	5,486	5,791
20	6,096	6,401	6,705	7,010	7,315	7,620	7,925	8,229	8,534	8,839
30	9,144	9,449	9,753	10,058	10,363	10,668	10,973	11,277	11 582	11,887
40	12,192	12,497	12,801	13,106	13,411	13,716	14,020	14,325	14,630	14,935
50	15,240	15,544	15 849	16,154	16,459	16,764	17,068	17,373	17,678	17,983
60	18,288	18,592	18,897	19,202	19,507	19,812	20,116	20,421	20,726	21,031
70	21,336	21,640	21,945	22,250	22,555	22,860	23,164	23,469	23,774	24,079
80	24,384	24,688	24,993	25,298	25,603	25,907	26,212	26,517	26,822	27,127
90	27,431	27,736	28,041	28,346	28,651	28,955	29,260	29,565	29,870	30,175

Tabelle zur Verwandlung von englischen Faden in Meter und umgekehrt.
1 engl. Faden = 1,8288 m, 1 m = 0,5467 engl. Faden.

Faden

Einer → / Zehner ↓	0	1	2	3	4	5	6	7	8	9
	Meter	Meter	Meter	Meter	Meter	Meter	Meter	Meter	Meter	Meter
0	0,00	1,83	3,66	5,49	7,32	9,14	10,97	12,80	14,63	16,46
10	18,29	20,12	21,95	23,77	25,60	27,43	29,26	31,09	32,92	34,75
20	36,57	38,40	40,23	42,06	43,89	45,72	47,55	49,38	51,21	53,03
30	54,86	56,69	58,52	60,35	62,18	64,01	65,84	67,66	69,49	71,32
40	73,15	74,98	76,81	78,64	80,47	82,29	84,12	85,95	87,78	89,61
50	91,44	93,27	95,10	96,92	98,75	100,58	102,41	104,24	106,07	107,90
60	109,73	111,55	113,38	115,21	117,04	118,87	120,70	122,53	124,36	126,18
70	128,01	129,84	131,67	133,50	135,36	137,16	138,99	140,82	142,64	144,47
80	146,30	148,13	149,96	151,79	153,62	155,45	157,27	159,10	160,93	162,76
90	164,59	166,42	168,25	170,08	171,90	173,73	175,56	177,39	179,22	181,05

Eingegangen........................   Eingangs-Nr. ....

Kleines Meteorologisches Tagebuch

Form A

An Bord ausfüllen!°)

$\dfrac{\text{M.S.}}{\text{F.D.}}$ .... Reederei ....

Kapitän ....

Beobachter:

(Vor- und Zuname, bitte deutlich schreiben)

I. Offizier: ....   III. Offizier: ....

II. Offizier: ....   IV. Offizier: ....

. Offizier: .... Offizier: ....

Reise von .... nach ....

und ....

aus der Zeit vom .... bis ....

Wasserthermometer Nr. .... Luftthermometer Nr. ....

$\dfrac{\text{Quecksilber-}}{\text{Aneroid-}}$Barometer Nr. .... Verfertiger: ....

Korrektionen bei 710 .... 750 ....

730 .... 760 ....

730 .... 770 ....

740 .... 780 ....

Aufhängung des Barometers über See

Ausreise: .... m Rückreise: .... m evtl. Zwischenreise: .... m

Bemerkungen:

_____

°) Nur rechtes Blatt ausfüllen, linkes Blatt für die nächte Reise benutzen, sofern noch Blätter für eine solche übrigbleiben.

An Bord nicht ausfüllen!

Tagebuch Nr. ....

Enthält .... Beobachtungssätze auf .... Blättern.

davon sind verwendbar .... Beobachtungen.

Bemerkungen:

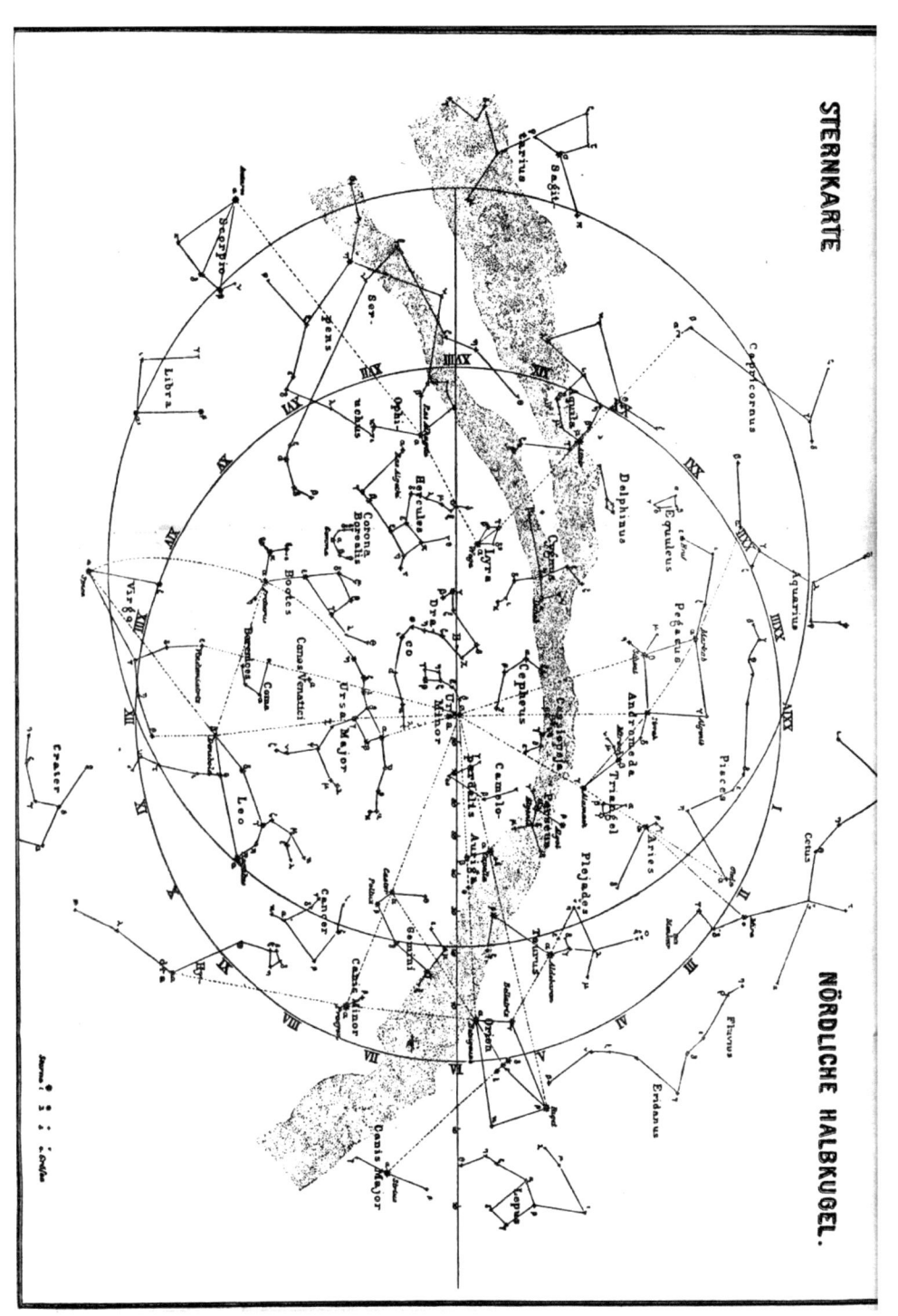